21世纪高等院校经济学系列教材

国家重点学科
国家级一流本科专业建设点教材

Macroeconomics

3rd Edition

宏观
经济学

（第三版）

王志伟 范家骧 主编

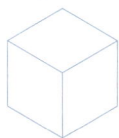

东北财经大学出版社
Dongbei University of Finance & Economics Press

大连

图书在版编目（CIP）数据

宏观经济学 / 王志伟，范家骧主编. —3版. —大连：东北财经大学出版社，2021.7

（21世纪高等院校经济学系列教材）

ISBN 978-7-5654-4198-1

Ⅰ．宏… Ⅱ．①王… ②范… Ⅲ．宏观经济学-高等学校-教材 Ⅳ．F015

中国版本图书馆CIP数据核字（2021）第088754号

东北财经大学出版社出版

（大连市黑石礁尖山街217号　邮政编码　116025）

网　　址：http://www.dufep.cn

读者信箱：dufep@dufe.edu.cn

大连天骄彩色印刷有限公司印刷　东北财经大学出版社发行

幅面尺寸：185mm×260mm　　字数：505千字　　印张：21.75

2021年7月第3版　　　　　　2021年7月第1次印刷

责任编辑：蔡　丽　　　　　　　责任校对：蓝　海

封面设计：冀贵收　　　　　　　版式设计：冀贵收

定价：58.00元

Forewords

总　序

　　编写一套适合全国高等院校财经类专业教学需要、反映当前理论研究成果的经济学类课程教材，是一项意义深远、任务艰巨的工程。

　　为适应高等院校经济学类专业教学需要，我们与长期从事经济学课程教学的同仁组成"21世纪高等院校经济学系列教材"编审委员会，经过反复讨论和研究以及多次修改与完善，陆续完成了系列教材的编写，并交付出版社出版。这套教材的编者分别来自北京大学、清华大学、中国人民大学、北京交通大学、复旦大学、南开大学、华中科技大学、上海财经大学等高校。

　　在编写过程中，我们强调了五点要求：第一，要按照教育部规定的经济学类核心课程教学基本要求编写教材；第二，要注意吸收经济学领域已公认的最新研究成果；第三，要将经济理论与我国社会主义市场经济建设的实践紧密结合，努力解释和解决现实问题；第四，理论讲解要深入浅出，避免晦涩冗长和平淡无味；第五，篇章结构要科学合理，内容形式生动活泼。

　　这套经济学教材考虑了不同层次读者的情况，读者可根据需要学习其中的内容。其既适合全国高等院校财经类专业教学使用，也适合各类管理人员及其他读者学习或研究使用。

　　我们希望这套教材能够给使用者带来方便，并成为广大读者的良师益友。书中难免有不妥及疏漏之处，欢迎读者批评指正和提出宝贵意见。

胡代光

北京大学

高鸿业

中国人民大学

3th edition Preface

第三版前言

　　国外的宏观经济学教材多以经济增长问题作为主线和主题框架，将经济波动和其他问题作为从属内容处理。国内也有教材采用类似的写法。考虑到我国的学生对西方经济学的了解有限，本教材采取了由浅入深、由静态到动态、由基本模型到扩展模型的循序渐进的写法。

　　本教材作为一本适合大学本科及高级管理人员学习使用的教材，具有如下一些特点：

　　第一，为全面正确地认识当今经济全球化的客观趋势，本教材将开放经济部分做了适当的加强。不过，在次序上，本教材仍然采用由简单到复杂、由封闭到开放的叙述方法。这样做，一方面，便于初涉宏观经济学的读者和学生更容易理解和把握教材中所述内容；另一方面，这样的叙述次序也符合宏观经济学长期以来以凯恩斯主义理论体系为基础和主干的传统。此外，这种编排也与宏观经济学各重要流派的理论观点更容易相互衔接和对照，可以为读者和学生进一步阅读与学习关于西方经济学方面的书籍提供某些帮助。

　　第二，为使教材中知识更加系统化，本教材注意保持整体分析结构的一致性和完整性。宏观经济涉及相关因素和变量繁多，而且头绪复杂抽象，如果缺乏一个整体的分析框架结构及贯穿始终的线索，会使读者产生以偏概全、见木不见林的误解，以至于不能对宏观经济学的整体和全貌做出适当的把握。

　　第三，本教材以凯恩斯主义理论框架为主，并适当注意平衡处理其他重要宏观经济学的理论观点。宏观经济学是在西方国家的经济实践和西方经济学各个不同流派的争论中发展起来的。本教材从一开始就注意把宏观经济学两大基本流派的理论观点和政策对照，方便学生和读者历史性地正确理解宏观经济学的理论和观点。在本教材的最后部分，再次将当前西方宏观经济学两大主要流派的理论体系和政策加以进一步介绍和说明，以便在前面知识的基础上，从不同的层次上加深对宏观经济学基本理论体系和相关政策的理解。

　　第四，注意适当兼顾宏观经济学的新近理论动态与发展趋势。本教材最后一章对宏观经济学各主要流派之间的基本共识、争论，以及当前的发展动向和可能出现的趋势，进行了概括性的说明。

　　第五，本教材在内容上重点强调对宏观经济运行机制和政策作用的理解。因为对宏观经济运行机制的理解是认识和解决一切宏观经济问题的钥匙，而对宏观经济政策作用的认识，则是学习宏观经济学的主要目的之一。尽管有些宏观经济学派并不赞成过多使用宏观经济政策对经济施加影响，但是，客观地讲，完全没有宏观经济政策的宏观经济学是不可思议的，也是缺少实用价值的。

第六，本教材着重文字和图表的表述方法，而较少采用数学分析和推导的方法，以求更加通俗和简明。

基于上述这些特点，编者期望本教材能够成为适合当前我国大多数读者和学生需要的教材。我们学习西方经济学的目的当然是要"洋为中用"，也就是说，是为了推进我国的经济建设和发展而学习国外的经济学理论。因此，我们在通过本教材学习西方国家的宏观经济学时，一定要真正搞清楚西方宏观经济学理论体系的具体适用条件和范围，理论推导中所涉及的必要的假设条件，其特定的适用性和一般适用性，切忌将西方宏观经济学中的某些理论结论和做法直接地、不分条件和场合地盲目照搬套用。我们相信，只要读者坚持理论联系实际的学习态度，坚持历史唯物主义和辩证唯物主义的分析方法，就一定能够取得真正的收获，达到既定的目的。

本教材第三版增加了8.4部分"西方国家宏观经济政策基本取向的演变"；对第21章的部分观点以及其他数据和资料进行了更新。

使用本教材的教师和学生可以根据自己的实际情况安排教学内容，做必要的删减或增补，而不必拘泥于本教材的内容。

我国著名经济学家胡代光教授不辞辛劳，为本教材审稿，提出了十分宝贵的修改意见，在此，向胡教授表达崇高的敬意和诚挚的谢意！本教材在编写、出版过程中，还得到了东北财经大学出版社领导和编辑的鼓励、支持和帮助，在此向他们表示发自内心的感谢。本教材在编写过程中，参考了诸多国内外教材，这里不便一一列举，谨在此对有关作者表示真诚的谢意！

由于各种主客观的原因，本教材难免出现疏漏和不当之处，切望各位读者、学界前辈和同仁不吝赐教，以便匡正，增益社会。

编　者

2021年4月

Contents
目 录

Contents

目　录

第 5 章
IS-LM 模型：产品市场与货币市场的一般均衡 | 74

第 6 章
总需求曲线与需求管理政策 | 94

Contents

Contents

第 9 章
消费函数 | 156

第 10 章
投资函数 | 164

Contents

Contents

目 录

第 14 章

开放经济条件下的宏观经济政策 | 205

第 15 章

通货膨胀理论 | 220

Contents

Contents

目 录

Contents

Contents

第1章
宏观经济学概述

学习目标

1.1
宏观经济学的研究对象与基本问题
1.2
宏观经济学的产生与发展概况
1.3
宏观经济学的研究方法

本章小结
本章基本概念
复习思考题

学习目标

通过学习本章，你应该能够：

◎ 了解宏观经济学的性质、研究对象以及宏观经济学所要研究和解决的基本问题。

◎ 掌握宏观经济学的由来和发展的基本历史背景。

◎ 明白宏观经济学研究中所使用的几种主要方法。

在正式学习宏观经济学之前，本章先对宏观经济学的一些相关问题和基本情况加以介绍，以便使学生对宏观经济学有一个整体上的大概了解。

1.1 宏观经济学的研究对象与基本问题

"宏观经济学"是理论经济学或基本经济理论的一个重要方面。它是和"微观经济学"的提法相对应的。"宏观"（macro）具有宏大、总体、整体或综合的含义；"微观"（micro）具有微小、单个、个体的含义。

很多人都知道具备一些经济学知识和常识的重要性。他们从自己的切身体验中感受到，当自己的经济利益受到影响时，一些相关的经济知识对他们有重要帮助。也许有人认为，只有和自己的具体经济活动相关的经济知识（如微观经济学知识）才是最重要的，其他知识，特别是宏观经济学知识，应该是国家或政府决策者们考虑问题时用到的，离自己较远。这种认识有片面性。请回想一下2008年全球金融危机，有关各国或地区中，谁又能够完全避免其冲击和影响呢？我们还可以再回想一下，当整个经济不景气时，个人的企业是否能够完全置身事外而不受影响呢？再比如说，当政府出台一项全国性的税收政策或者决定调整存贷款利率时，个人和企业的利益是否也能不必做出适当调整就能维持原状或进一步增进？显然，在上述情况下，个人和企业的利益必然受到经济大形势和大环境的重要影响。有些情况下，在对整个经济形势和动向有所了解的基础上，个人和企业可以经过对自身行为的适当调整，尽可能地减少损失或增加收益。但是，在某些情况下，由于缺乏对整个经济形势和动向的了解，个人和企业无法做出相应的调整，就只能听任外来的冲击和影响。实际上，宏观经济环境的变化对个人和企业经济利益的影响还不止这些。如果宏观经济环境的变化涉及企业和个人经济利益的战略性调整，则其影响就会更大。可见，宏观经济学知识对个人和企业同样是至关重要的。

为了进一步理解宏观经济学的性质和特点，下面我们把宏观经济学和微观经济学的有关方面对照起来加以说明。

1.1.1 宏观经济学的性质

从性质上说，宏观经济学是研究经济总体情况与趋势的基本理论；微观经济学是关于单个厂商、消费者个人或家庭经济活动的研究。二者是个别与整体之间的关系。但是要注意的是，这里不能把个体的经济变量简单加总直接等同于整体经济变量。也就是说，不能简单地认为宏观经济学变量就是微观经济学变量的总和；否则，就会产生研究或认识上的错误。

比如，从微观经济学的角度，在个别的厂商看来，它们在加强经营管理的过程中，总是会想办法降低成本的。我们在建立社会主义市场经济的过程中，也经常看到一些企业取得较好的经济效益与其成本的降低不无关系。假定一个企业能够在保持其原有产量及价格的条件下，通过降低其工资水平来使成本下降，或者通过低工资来多使用工人，那么，在外部条件不变的情况下，其经济效益必定会提高。但是这个在个别企业可行的方法，在宏观经济学上或在整体上不能成立。因为每个工资获得者在商品市场上又是消费者，当所有的企业都这么做的时候，全体工资获得者的工资下降，社会商品购买力降低，从而降低对商品的社会需求，继而引起商品价格降低，企业利润下降，生产萎缩，经济萧条。这就是所谓逻辑上合成错误（合成谬误）的明显例子。

又如，个人或家庭勤俭节约，当然会在实际上增加收入，此即所谓"节流"与"开源"同义。但是，如果全社会的家庭都这么做，看起来会增加储蓄或收入，但实际上不会增加全社会的储蓄和收入，而只会对社会造成不利的影响。因为全社会都增加储蓄就意味着全社会都减少了消费和投资，当社会的总需求降低的时候，生产也会由于销售的困难而缩减，价格也会因此而下降，最终社会的总收入就会减少。当社会总收入减少的时候，储蓄当然也会随之减少。这就是宏观经济学者所说的储蓄悖论。

由此看来，宏观经济学的确在很多方面和微观经济学是有所不同的。

1.1.2　宏观经济学的研究对象

宏观经济学的研究对象是经济中的总量问题和总体性问题，如商品和服务的总产量、社会总收入的增长、社会的通货膨胀和失业问题、国际收支的平衡问题、经济的繁荣和萧条问题等。对上述问题的研究是围绕着短期经济波动和长期经济增长展开的。宏观经济学就是要通过对这些问题的研究，达到提高资源配置的整体效率的目的。这些与微观经济学的研究对象是完全不同的。

微观经济学的研究对象是经济社会中个体的经济行为和决策方面的问题，如个别消费者怎样才能使其消费效用达到最大化的问题，个别厂商如何才能使其生产要素的配置达到最优化或者使其利润达到最大化的问题，个别市场上均衡产量和均衡价格是如何形成或决定的问题等。微观经济学是要通过对这些问题的研究，达到提高个体的资源配置效率的目的。

宏观经济学的分析和研究完全超越了微观经济学中对经济行为个体、局部和细节的关注。它忽略了经济生活中极其复杂的细节问题，将其抽象化和一般化为一些易于把握的基本问题，再分别从整个商品市场、货币市场、劳动市场和国际大市场的角度加以分析，从这些基本问题在整个国民经济中的相互作用和地位进行研究。由于这种特点，宏观经济学也许不能对厂商和消费者遇到的具体问题给出明确答案，但是可以对国民经济中的一些重大问题做出较为可信的解释，如一国经济在某一时期繁荣或衰退、物价水平变动、国际收支不平衡的原因等。

微观经济学研究、分析的中心问题是个别价格的变化问题，而整体的价格水平被认为是既定的。但是，在宏观经济学中，个别价格的决定与变化问题恰恰不是分析的中心问题，而整体价格水平的决定和变化问题是研究的重要方面。

微观经济学会把收入变量作为既定因素，而在宏观经济学中，国民收入和支出总水平的变化恰恰是关键性变量。

微观经济学中总是把充分就业作为既定变量，但宏观经济学中往往把就业问题作为重要的研究对象。

在微观经济学中会把政府假定为外生的、与分析无关的，但在宏观经济学中，政府是一个重要的行为主体，政府的财政预算、国债等都是重要的经济变量，都是宏观经济学要研究的重点问题。

一般说来，尽管宏观经济学和微观经济学的侧重点不同，研究的方法也有所不同，但是在它们各自的研究中是互相关联的，是互以对方为既定条件的。没有各个微观变量，宏观总量就失去了相加的基础；失去了宏观经济的大环境和总体趋势，微观分析结果的意义也可能大不一样。所以，宏观经济学要以微观经济学为基础，微观经济学又要以宏观经济学为既定条件。

宏观经济学和微观经济学在根本目标方面也有一致性，双方都是要实现社会福利的最大化。只不过微观经济学是通过市场自动调节机制，借助对个别厂商和消费者最优化行为的分析，达到整体经济最优的均衡结果。而宏观经济学从整体上抓住最重要的问题进行调节和控制，并借助政府的经济政策使人们的福利尽可能地达到最优化或者最大化。

此外，宏观经济学和微观经济学在研究方法上也有很多一致性和相似性。比如，双方都运用均衡分析方法、供求分析方法、弹性分析方法和经济模型分析的方法等。

1.1.3 宏观经济学研究的基本问题

宏观经济学的主要研究内容是国民经济的总量、结构、机制和绩效以及政府怎样运用经济政策来提高经济的绩效。这些内容一般涉及以下基本问题：

1.充分就业

失业是世界各国普遍存在的重要的社会问题和经济问题，也是经济学家十分关注的问题。西方经济学家一直在花费大量精力对各种不同条件下失业的原因、机制、影响及解决它的对策进行研究，提出了许多不同的理论观点。特别是在主张政府以财政政策和货币政策等方法进行干预的观点和反对政府干预的观点之间，一直存在争论，至今未能达成一致。所以，实现充分就业的问题便成为宏观经济学研究的一个基本问题。

2.通货膨胀

如果一国出现持续的物价上涨，经济活动就会受其影响而出现波动，人们的利益也将会受到不同程度的损害。世界各国经济发展的实践证明，通货膨胀是经济活动中一个十分敏感的重要问题，必须给予充分的重视。但是，通货膨胀的原因是什么？它在经济活动中的传导机制是怎样的？怎样控制和预防它？抑制通货膨胀的时候会不会产生其他负面作用？它是不是在某种程度上也有一定的积极作用？这些也是经济学家十分关注的基本问题。

3.经济波动和经济周期

我们知道，任何国家的经济发展过程都不是一帆风顺的，都会在不同的时候发生或快或慢、时好时差的情况，这就是经济波动。如果这种经济波动具有大致的时间间隔，就是经济周期。从西方国家的经济发展历史来看，在19世纪的资本主义经济发展早期就已经出现了经济波动，到19世纪末20世纪初，这种经济波动更进一步呈现出某种"周期性"的特征，因而被称为商业周期或者经济周期。几乎从那时起，西方经济学家就开始对经济周期问题展开广泛而深刻的研究，提出了形形色色的经济周期和经济波动理论。1929—1933 年的经济大萧条更是这种经济周期最严重的表现。这时出现的凯恩斯的经济理论就是对经济周期和经济波动理论的一种探讨。在凯恩斯的经济理论启发下，经济学家继续对经济周期和经济波动理论进行探讨，又不断地提出一些新的理论观点。尽管这种研究后来又经受了低潮，但是研究并没有中断。今天，经济周期和经济波动问题仍然是经济学家研究的基本问题。

4.经济增长

世界各国发展经济的主要目的是提高本国人民的生活水平和质量，增加他们的综合福利。解决这一问题的首要途径就是实现经济增长。但是，历史证明，各国实现其经济增长的具体途径并不相同。那么，其中究竟有没有一种普遍规律呢？经济增长在各个阶段中有什么特征呢？经济增长又主要是由什么因素决定的呢？有什么模式吗？这一类问题也是经济学家在长期中始终关注的对象。所以，经济增长问题也是宏观经济学的基本问题。

5.开放经济下的宏观经济

在世界经济日益一体化和全球化的今天，一国的经济状况会与其他国家的经济活动发生越来越密切的联系，会越来越多地受到其他国家的经济状况的影响。在这种情况下，一个国家在发展经济的过程中必须考虑其国际收支的平衡问题，也必须考虑其本国经济活动与其他国家的经济活动之间的相互影响问题，必须考虑一旦宏观经济失衡将如何应对和调节的问题。此外，有关全球贸易和资本流动、国际经济危机在各国之间的传递与扩散、在开放经济条件下如何有效地运用宏观经济政策进行调控等问题，也是不可忽视的。进一步说，21 世纪宏观经济学的发展是以经济视角的国际化为主要方向。

6.宏观经济政策及其效果

在当今世界上，并不具有真正意义上的经济自由。任何一国政府在对外方面总是在最大限度地保护本国人民的利益，而在对内方面也总是试图对经济活动施加积极的影响，以鼓励本国经济的健康发展和收入分配的公平合理。无论如何，政府的宏观经济政策总会影响经济的绩效。所以，经济学家必然要对宏观经济政策的性质、对经济所产生的具体影响、对经济的作用机制、政策间的相互联系以及政策如何运用等问题进行研究。所以，宏观经济政策也是宏观经济学研究的基本问题之一。

1.2　宏观经济学的产生与发展概况

从狭义角度来说，现代宏观经济学作为经济学中的一个重要分支，是从 20 世纪 30 年代中期开始正式产生的。但是，从广义的角度来说，宏观经济学很早就有了。可以说，早在 4 个多世纪前，就有了对宏观经济学所涉及的总体经济问题的关注和研究。以后，特别是最近的两个世纪当中，宏观经济问题更进一步成为经济学家长期关注的中心。

1.2.1　早期、古典与新古典的宏观经济学

1.重商主义时代的宏观经济学说

重商主义经济学说是 15 至 18 世纪活跃于欧洲的一种经济思想和学说。它是资本主义社会正式产生初期、资本主义近代民族国家形成过程中的一种经济理论观点。众所周知，

"经济"（economy）一词最早来自希腊文，其含义是指对奴隶制庄园的管理或者"家庭管理"。到15世纪中期以后，对资本主义经济关系做最早理论研究的重商主义者，开始把研究的重点和关注的问题转向民族国家的经济强盛与发财致富方面。在17世纪初期，法国早期重商主义者孟克列钦最先在他1615年出版的一本小册子《献给国王和王后的政治经济学》中提出了"政治经济学"（political economics）一词，用来表示他对经济问题研究重点的转移，以及与以往"经济"（economy）一词含义的区别。这一提法实际上涉及了全体重商主义经济学家对宏观经济学问题的强调。

在重商主义时代，欧洲商品经济迅速发展，商业资本的力量迅速增强，在社会上具有压倒性影响。重商主义者既适应当时资产阶级积累财富的需要，也从民族国家的立场出发，提出了一系列经济思想和政策。他们把金银看作真正的财富，并且认为这种财富对国家来说只能来自对外贸易的不平等交换。为了保证本国财富的扩大，重商主义者主张国家积极地干预经济生活，以保证本国的贸易顺差，获取更多的金银。重商主义的这种政策与现代国家干预主义的宏观经济政策在方向上是基本一致的。

尽管重商主义者也涉及如何通过发展工农业来发展一国经济的问题，但他们主要是想在流通领域中发财致富。因此，重商主义的宏观经济观点和政策还是比较粗糙和浅显的，并没有真正涉及现代社会所关心的宏观经济问题。

2.古典与新古典经济学时代的宏观经济学说

17世纪中叶以后，一直到19世纪70年代，是欧洲经济学的古典经济学时代；此后，直到20世纪30年代是新古典经济学的时代。

古典经济学家研究的重点是在市场自由竞争条件下经济活动的规律和增进国民财富的途径。但是，他们也研究了有关的宏观经济问题：

（1）以亚当·斯密（Adam Smith）、大卫·李嘉图（David Ricardo）、约翰·穆勒（John S. Mill）为主要代表的古典经济学家在研究劳动分工、生产专业化和市场调节机制引导资源配置的基础上，从宏观经济学的角度论述了一国经济如何通过国际分工与贸易增进国民财富和福利的问题，也研究了经济增长中的变动趋势问题。

（2）重农学派的主要代表人物弗朗斯瓦·魁奈（Francios Quesnay）则以其"经济表"的独特关系分析和研究了宏观经济部门之间的联系、平衡问题和社会再生产问题。这是古典经济学家对宏观经济学理论所做的重大贡献。

此外，古典经济学家中的威廉·配第（William Petty）、李嘉图、大卫·休谟（David Hume）、让·巴蒂斯特·萨伊（Jean Baptiste Say）、让·沙尔·列奥纳尔·西蒙·德·西斯蒙第（Jean Charles Leonard Simonde de Sismondi）、托马斯·罗伯特·马尔萨斯（Thomas Robert Malthus）等人也对宏观经济理论和分析方法做出了重要的贡献。休谟对一国中货币供给、价格水平以及与贸易差额间联系的分析方法，后来被称作国际收支的货币分析方法，对现代宏观经济理论和分析产生了重要的影响。李嘉图、萨伊、西斯蒙第、马尔萨斯之间关于经济均衡与生产过剩经济危机的争论，以及李嘉图在当时的"金块论战"中所表述的观点和思想，都直接涉及宏观经济学中的主要问题，对后来的宏观经济学理论的发展产生了重要作用。不过，从经济政策倾向上来说，古典经济学家绝大多数是主张实行自由放任政策让市场调节机制充分发挥作用的；只有马尔萨斯的观点对后来的凯恩斯理论产生了重大的影响。

19世纪70年代以后的新古典经济学家，基本沿袭了古典经济学家侧重研究微观经济问题的倾向。只有德国历史学派和美国制度学派的经济学家以及少数经济学家在某些问题上涉及宏观经济理论和问题。德国历史学派更多地从本国的民族立场提倡国家对经济生活的较多干预，从宏观角度强调经济发展的问题。美国制度学派则从更加广阔和综合的角度提出宏观经济问题。不过，20世纪20至30年代一些经济学家开始将他们的眼光逐渐转向宏观经济问题的研究。欧文·费雪（Irving Fisher）、阿瑟·塞西尔·庇古（Arthur Cecil Pigou）分别从货币问题和福利政策问题角度介入宏观经济理论和政策的研究，提出了著名的货币交易方程式和剑桥方程式（又称现金余额方程式）。瑞典的克努特·维克塞尔（Knut Wicksell）则进一步将货币问题和实际经济问题结合起来，提出了关于宏观经济波动和协调的理论以及比较新颖的财政理论。他们的这些努力都为20世纪30年代中期以凯恩斯理论为标志的现代宏观经济学的出现开辟了道路和奠定了基础。

1.2.2 现代宏观经济理论和学说

现代宏观经济学时代是指20世纪30年代中期以后直至当前西方宏观经济学活动的时代。其标志就是1936年凯恩斯的《就业、利息和货币通论》一书的出版。

1.现代宏观经济学产生的背景

1929—1933年的经济大萧条对现代宏观经济学的产生起到了直接的推动作用。尽管从19世纪下半叶开始，欧美国家就经常发生经济危机，但是，1929—1933年的经济大萧条是最为严重的。据统计，在这一期间，美国的经济下跌了将近50%，德国下跌了大约40%，法国下降了近30%，英国下降了大约10%。不过，英国的经济衰退开始得较早，从20世纪20年代一直到30年代，长期持续萧条，所以仅仅从1929—1933年的下跌数据来看，似乎降幅并不大。经济大萧条期间，这些国家也经历了史无前例的通货紧缩。当时，英国物价下降了将近25%，德国和美国物价下降了30%，法国物价下降了40%。然而，最严重的问题还在于特大规模的失业。1933年，美国的失业率达到了25%，德国、法国、英国的失业率也出现了灾难性的上升情况。经济大萧条打破了长期以来人们所信奉的市场调节机制完美性的信条。传统经济理论和政策在经济大萧条面前一筹莫展、无能为力。这使得人们对传统的经济理论发生了信任危机。严酷的现实迫切要求有新的经济理论来解释和解决现实的经济问题。

但是，西方国家究竟要走一条什么样的道路呢？1917年俄国爆发了社会主义革命，1922年苏联成立。这是一条与西方资本主义迥然不同的道路。30年代初，在经济大萧条的背景下，希特勒上台，德国走上了一条法西斯主义的道路。这也不是西方国家所普遍认同的道路。在这种情况下，经济理论如果不能为现实发展找到一条出路，资本主义也许只能走向灭亡。所以，当时的国际环境也要求西方经济理论界找出一种新的理论。

2.现代宏观经济学产生的理论条件

现代宏观经济学产生的理论条件主要是两方面的准备：

第一，19世纪以来的关于经济危机和周期波动的理论为现代宏观经济学的产生提供了必要的理论准备。19世纪以来，西方国家，特别是英国，已经较频繁地发生经济危机和经济波动，一些经济学家也对之进行了一定的研究，提出了一些关于经济周期和经济波动的理论见解。从20世纪20年代开始，以韦斯利·克莱尔·米切尔（Wesley Clair

Mitchell）和西蒙·史密斯·库兹涅茨（Simon Smith Kuznets）为首的美国国家经济研究局（NBER）也对经济周期进行了大量的理论与实证分析。费雪、庇古分别从货币问题和福利政策问题涉及宏观经济理论和政策的研究。维克塞尔也提出了具有真正宏观经济学意义上的经济分析理论。这些理论和分析方法甚至某些结论，都属于宏观经济分析，也都为现代宏观经济学的产生奠定了直接的、必要的基础。

第二，20世纪20年代以来经济统计学和经济计量学的发展为宏观经济数据的处理和分析提供了有效的工具。20世纪20年代，许多统计学家也开始搜集与整理宏观经济数据。像约翰·理查德·尼古拉斯·斯通（John Ricard Nicolas Stone）创立了国民经济核算的体系和方法；挪威的雷格纳·安东·季特尔·弗瑞希（Ragnar Anton Kittil Frisch）、荷兰的简·丁伯根（Jan Tinbergen）发展了一套对宏观经济数据进行计量的方法，为宏观经济计量学奠定了基础。

3. 凯恩斯宏观经济学的出现

尽管维克塞尔是实际上最先提出较完整意义上的现代宏观经济学理论体系的经济学家，但是，由于其著作在语言上的局限性，其在经济理论发展中的应有地位并没有为人们及时了解。实际上最有影响的也是为大多数西方经济学家所公认的现代宏观经济学的创始人或者奠基人，是英国的约翰·梅纳德·凯恩斯（John Maynard Keynes）。

凯恩斯在1936年出版的《就业、利息和货币通论》是现代宏观经济学正式产生的标志，其中的重要思想和观点构成了经济学领域的一次变革，即"凯恩斯革命"。凯恩斯在该书中提出了一个较为完整的宏观经济分析理论框架。他以解决就业问题为主要目标，通过有效需求理论的分析，说明有效需求对社会总产出和总就业的决定性作用，以及有效需求不足怎样导致经济失调和失业的增加，最后得出了资本主义市场自动调节机制无法有效解决大规模失业问题的结论。他指出，只有借助国家对经济生活的"总揽"和干预，才可能提高有效需求水平，克服经济萧条，达到充分就业。

在《就业、利息和货币通论》中，凯恩斯提出了"边际消费倾向递减""资本边际效率递减""流动性偏好"3个心理规律，将货币问题与实际经济问题结合起来，从而克服了传统经济理论将货币与实际经济活动分开的"两分法"。凯恩斯首次在宏观经济分析中涉及商品市场、货币市场和劳动市场，并把3个市场结合起来。凯恩斯也首次强调了宏观经济政策，特别是赤字财政政策对克服经济衰退、保持充分就业的重要意义。

凯恩斯为现代宏观经济理论和分析方法的发展开辟了一条重要的道路。

4. 现代宏观经济学的发展

20世纪30年代以后，现代宏观经济学伴随着西方国家经济实践的发展，沿着凯恩斯开辟的道路，在不断的争论当中得到了发展。

（1）20世纪40年代中期至70年代初期的宏观经济学。

20世纪40年代中期至70年代初期的宏观经济学是凯恩斯主义经济学的兴盛时期。由于凯恩斯的经济学一产生不久就遇到了第二次世界大战，所以，在第二次世界大战结束之前，他的理论并没有得到广泛传播，也没有成为宏观经济学的主流。第二次世界大战后，由于美国经济学家的努力，凯恩斯的经济学开始逐渐成为美国经济学的主流。在这方面，美国的新古典综合派是一个最主要的代表；在英国，则以新剑桥学派为主要代表。可以说，在20世纪40年代中期至70年代，现代宏观经济学已经基本上是凯恩斯主义的一统天下了。

这一时期，经济学家普遍接受了凯恩斯宏观经济学的分析和政策，认为社会总产出和总就业的波动主要是由总需求的波动引起的，所以，经济学家的主要任务就应该是研究在一般情况下如何通过控制总需求来稳定经济、防止波动，而在经济出现衰退时，怎样提高总需求水平，促进经济复苏，增加就业和产出。这一时期，需求导向的宏观经济分析成为宏观经济学的主流，也成为经济实践的主流。20世纪60年代，美国在肯尼迪总统执政时，这一倾向达到了高峰，其大幅度减税和增加政府购买的政策成为主流政策的象征。与此同时，在西方国家经济形势较好的情况下，经济增长理论和经济发展理论也成为当时宏观经济学中的重要组成部分。

（2）20世纪70至80年代中期的宏观经济学。

这一时期是现代宏观经济学的理论大论战时期，也是凯恩斯主义宏观经济学遭受挫折与批评、凯恩斯主义经济学的反对派活跃的时期。

在第二次世界大战结束后到20世纪70年代初这段时间，凯恩斯主义的理论和政策在西方国家日益盛行。大部分国家的经济恢复和发展很快，没有出现严重的经济衰退和通货膨胀情况。这就使人们普遍相信，政府可以通过采取积极的财政政策和货币政策来主动地稳定经济、防止衰退。在这种情况下，凯恩斯主义的宏观经济理论和政策稳居主导地位。

但是到了20世纪70年代，西方国家的经济情况发生了变化。一方面，以美国为首的西方国家经济中出现了日益严重的通货膨胀情况；另一方面，在石油危机的冲击下，通货膨胀更为加剧，经济也出现了衰退状况，商品滞销，生产萎缩，银行倒闭，失业加剧。这种经济停滞和通货膨胀并发的情况就是所谓的"滞胀"。对这种情况和问题，凯恩斯主义的理论和政策显得无能为力、束手无策。一些反对派的经济学家甚至说，严重的通货膨胀局面正是长期实行凯恩斯主义政策的结果。于是，一场宏观经济理论和政策领域的大辩论、大论战就开始了。

在这场争论中，有人认为，经济滞胀的产生并不是由于需求方面的原因，而是由于供给方面的原因，所以，传统的凯恩斯主义宏观经济学理论和政策并不能解决问题，应该从供给方面入手寻求解决之道。也有人说，凯恩斯主义的宏观经济学缺乏一个微观基础，因而它没有很好地在分析和研究微观资源配置机制的效率基础上运用宏观经济政策。为此，应该很好地检讨宏观经济学的微观基础问题，以求达到宏观分析和微观分析的一致与统一。还有人认为，经济中发生这些问题的原因主要是没有很好地处理货币问题。

在这场大争论中出现了一些宏观经济学中的重要的、有影响的学术流派，比如以米尔顿·弗里德曼（Milton Friedman）为代表的现代货币主义学派。他们认为，经济中现有的问题主要是由凯恩斯主义不适当的宏观经济政策特别是货币政策造成的。由于市场自动调节的机制是有效的，所以，政府应该尽量减少宏观调节，稳定货币供给，以避免出现大的问题。

以阿瑟·拉弗（Arthur B. Laffer）等人为代表的供给学派也赞成市场自动调节机制的有效性。他们认为，经济中的问题是片面强调总需求而忽视了总供给的缘故。所以，解决问题的出路就在于千方百计扩大总供给，特别是采用减税的办法来增加总供给。

以罗伯特·卢卡斯（Robert E. Lucas）、托马斯·萨金特（Thomas J. Sargent）、罗伯特·巴罗（Robert J. Barro）为代表的理性预期学派则建立了新古典宏观经济学。他们坚持微观经济主体决策的最大化和最优化原则，坚持人们的预期是理性的观点，坚持市场可以出清的假定。他们坚信市场自动调节的充分有效性，坚持认为政府的宏观经济政策在系统地稳定经济方面是无效的。这些学术流派的观点对现代宏观经济学理论和方法的发展产生了极其重要的影响。

（3）20世纪80年代以来的现代宏观经济学。

经过20世纪70至80年代的理论论战，现代宏观经济学在20世纪80至90年代获得了一些新的进展和变化。这主要表现在现代宏观经济学在许多方面达成了一定的共识，产生了一定的理论和方法上的趋同。当然，这一时期也主要在以下方面出现了一些新的进展。

第一，新凯恩斯主义经济学的出现。经过20世纪70至80年代的理论论战，坚持原凯恩斯主义宏观经济学观点的一些经济学家，并不相信市场总会即时出清。他们发展出了一种既与原凯恩斯主义有所区别又有某种联系的新凯恩斯主义宏观经济学的理论、观点和政策。他们认为，即使接受凯恩斯主义理论体系批评者提出的理性预期假定、经济活动当事人利益最大化原则，市场的非完全竞争、信息的不完备等诸多因素也会使价格和工资出现刚性或黏性，造成市场非出清，从而产生宏观经济中产出和就业的波动。为了避免社会的较大损失，政府的宏观经济政策调节还是必要的，也是有效的。这种新理论观点的提出，既减少了凯恩斯主义理论批评者的激烈批评，也为坚持凯恩斯主义开辟了一条新的道路。

第二，新的内生增长理论的出现。经过10多年的消沉之后，从20世纪80年代中期开始，至少在美国，经济增长理论似乎又有抬头的趋势。以保罗·罗默（Paul Romer）和卢卡斯等人为主要代表的一些经济学家，鉴于过去经济增长理论的某些缺陷，提出了所谓的"新经济增长理论"。这种理论主要是从知识、经验、技术、教育等方面对经济增长的源泉和增长机制进行了新的探索。这种经济理论强调专业化知识、技术创新、劳动分工、人力资本、技术扩散等因素在经济增长中的重要作用，并且构建了一些内生动态模型，由此突破了过去的经济增长理论关于资本、劳动等因素的边际收益递减规律的假定，重新解释了长期经济增长的源泉和机制。这被西方经济学家认为是宏观经济理论的新进展。

第三，对经济周期理论的新兴趣。自从20世纪50年代，特别是60年代以后，西方宏观经济学中对经济周期理论的研究逐渐沉寂，理论的兴趣转向经济增长和通货膨胀问题。但是，到了20世纪80至90年代，学者们对经济周期理论的研究热情重新高涨起来。先是新古典宏观经济学派的一些经济学家，如爱德华·普雷斯科特（Edward C. Prescott）、芬恩·基德兰德（Finn E. Kydland），提出了"实际经济周期"的理论和模型，引起了其他经济学家的更大兴趣。

第四，对宏观经济学发展中制度因素的探索。传统的宏观经济学对经济制度似乎并没有加以特别的注意。尽管在第二次世界大战后曾经出现了以约翰·肯尼思·加尔布雷思（John Kenneth Galbraith）、卡尔·纲纳·缪达尔（Karl Gunnar Myrdal）为代表的新制度经济学派，他们从制度方面对资本主义经济进行了分析和探讨，但是，主流宏观经济学似乎并没有对制度加以重视和注意。只有英国的新剑桥学派强调了对收入分配制度的适当改变问题。

在20世纪80至90年代，宏观经济学在以道格拉斯·诺斯（Douglass C. North）等人的新经济史学理论的启发下，在亚洲一些发展中国家经济崛起的形势面前，对经济发展过程中的制度因素的作用开始给予一定的关注。

第五，宏观经济学理论在观点上有所趋同情况下的继续发展。宏观经济学经过20世纪70至80年代的大争论以后，经济学家在一定程度上逐渐接受了对立面的观点和方法，在一些问题上相对取得了共识。比如，对货币长期效应和短期效应的看法、对菲利普斯曲线的看法、对预期基础的看法、对经济行为假定的看法、对构造模型的研究方式的看法等，都大致上取得了某种共识。当然，分歧依然存在。不过，从80年代后期开始，经济学家已经在新的基础和共识之上进行自己的理论研究了。

总而言之，在第二次世界大战之后的70多年中，在西方国家经济发展的背景之下，宏观经济学经过长期研究和探讨、不断地争论，得到了很大的发展。今天的宏观经济学，无论在内容上、广度上、深刻性上都是凯恩斯时代的宏观经济学所无法相比的。宏观经济学的流派纷呈可能会使初学者大感困惑，但是，只要认真对待，初学者将会在对宏观经济学的各种争论中学会更深刻地理解宏观经济学。当然，在本书中，我们不会过多关注宏观经济学的流派和争论，而是主要留意于宏观经济学的基本概念、基本原理、基本问题和主要经济政策的选择及效应方面，只是在最必要的地方适当介绍一些有关的内容。

1.3 宏观经济学的研究方法

宏观经济学是一门内容极其复杂的学科。这一方面是由于该学科至今仍然处于不断发展变化之中，其理论内容充满了存有争议的问题和观点；另一方面是由于新的分析方法和研究角度被不断地引入该学科，形成了不同的流派和表述方式。所以，在学习宏观经济学的时候，注意这些宏观经济学的研究方法是十分必要的。一般说来，宏观经济学中所运用的研究方法主要有如下几方面：

1.总量分析方法

根据前面的叙述，我们知道宏观经济学是以国民经济的整体情况和问题为研究对象的，它和微观经济学有很大的不同。这就决定了宏观经济学在研究方法上强调总量分析方法。所谓总量分析方法，就是指我们在分析有关问题时，要把一些具体的、分散的经济变量合理地综合与抽象成一些反映总体经济情况和问题的、更加概括的经济变量。总量分析方法在分析问题时，着重于大的经济趋势和动向、整体的经济反应和效果，而不必过分关注具体的、个别的解决问题或经济变量。

2.实证分析方法与规范分析方法

实证分析是指对宏观经济现象、经济行为及其结果进行一种纯粹客观的、科学的考察和描述性的说明。实证分析并不对经济活动的结果做出个人的主观价值判断。一般说来，实证分析方法可以回答"是什么"的问题，但是不能回答"应该如何""应该怎样"的问题。例如，实证分析方法可以如实说明，当中央银行发行了超过经济实际需要的货币量时就会出现通货膨胀。但是，这种方法并不说明通货膨胀究竟是好还是坏，也不涉及中央银行究竟应该怎么办的问题或建议。

规范分析是对经济现象或者经济行为进行主观价值判断性的考察，它要说明对某种经济现象或者经济行为应该做出什么样的选择性判断，其经济结果是好是坏，是否应该采取某种做法等。一般说来，规范分析方法回答"好不好""对不对""应不应该"的问题。比如，当某种程度的通货膨胀发生时，该方法将指出这种通货膨胀的结果究竟好不好，要不要对其采取措施，怎样做才会达到最为理想的结果。

在实证分析方法中，尽管经济学家之间也许会有一些分歧，但在规范分析方法方面，他们之间的分歧也许会更大一些。不过，实证分析方法和规范分析方法不是截然对立的。规范分析往往以实证分析为基础，而实证分析也往往导致规范性的结论。

3.均衡分析方法与非均衡分析方法

宏观经济学和微观经济学一样，也大量运用了均衡分析方法；但是，宏观经济学中的均衡分析方法并非微观经济学中的局部均衡分析方法，而更多的是类似微观经济学中的一般均衡分析那样的方法。同时，宏观经济学运用了微观经济学中所不常见的非均衡分析方法。这既包含了所谓的"非瓦尔拉斯均衡"，也包含了一般意义上的失衡，如失业的长期状态。宏观经济学就是要对这两类经济状况展开研究，并从中发现它们之间的联系和转化的规律。当然，均衡分析和非均衡分析两者间也存在相互对应的关系。在研究中，我们要注意不可将两种方法截然对立起来。

4.存量分析方法与流量分析方法

宏观经济学中存量和流量的区别是非常重要的，所以，对这两种分析方法应该加以区别。

流量是指在某一段时间内所发生的经济总量。比如，某一年内一国的国内生产总值就是该国在这一年内所生产的所有最终产品和服务的总和，所以，它是一个流量。

存量则是指一国在某一特定时点上的经济总量。比如，某年某月某日一国的货币供应量就是一个存量。在主要的宏观经济总量中，收入、支出、消费、投资、储蓄等都是流量，而货币供给量、失业量等都是存量。

流量与存量之间有着密切的关系。流量的累积会形成存量，而存量的变动就是流量。比如，历年对厂房和机器设备的投资，在扣除折旧之后，就构成资本的存量，而某一时期内资本存量的变动就是作为流量的投资。再比如，每一个时期的储蓄是流量，但是，各时期储蓄的累加结果形成存量。

所谓存量分析，主要是指在分析中涉及特定时点上的经济总量，如在对经济活动进行历史性分析和比较中涉及的年度总量值、某一特定时点的货币总量等。

所谓流量分析，是指经济分析中所涉及的某一时期内的经济活动的变动总量，这往往表现为以单位时间内发生的经济变动（活动）量的总值的形式，如某月份、季度的总产量、工资总量等。

在宏观经济学的分析中，有时会涉及流量分析，有时又会涉及存量分析，有时则会同时涉及两者。此外，在分析过程中，我们有时也会遇到存量和流量相对应的情况，这也应该加以注意。比如，投资的流量会与资本的存量相对应，储蓄的流量会与财富的存量相对应。一般说来，存量是流量的基础，而流量是存量的条件。这就好比某一时刻水库中的实际库存量是存量，而一段时间内流入的水量或者流出的水量则是流量。存量分析和流量分析的主要区别就在于所涉及的时间特性。

5.静态分析方法、比较静态分析方法与动态分析方法

静态分析是指经济分析中并不特意涉及时间的差别和影响，或者说只关注于某一时刻的经济状态分析，而不涉及经济变动或者变动的过程分析。比较静态分析是只涉及两个或者多个时点上的经济对象的性质、状态、特征等的比较分析。这种分析同样不涉及经济变动的过程。动态分析则与前两者不同，它重点是考察和分析经济因素连续的变动过程，说明变动的原因和机制。

在宏观经济学的分析和研究中，上述这3种方法都会遇到。比如，我们在分析当前宏观经济状况时，首先会涉及静态分析，由它说明当前经济的性质、特征，发现存在的不协调或者失衡之处。但是，我们在把以前的经济状况与当前经济状况进行比较，或者把我国经济状况与某一外国的经济状况进行比较时，就会涉及比较静态分析的方法。如果我们需要进一步分析当前的经济情况是怎样由以前的经济情况一步步地发展和变化的，就会涉及动态分析方法。

6.即期分析方法与跨时期分析方法

在宏观经济学中，有时我们分析的对象和因素会集中在同一个当前时期内，这种分析就叫作即期分析。在另外的时候，我们的分析对象和因素则分布在不同的时期内，因而我们的分析就会涉及两个或者更多的时期，这种分析就是跨时期分析。

在现实经济生活中，即期分析和跨时期分析是不可缺少的。比如，对某些经济政策所产生的影响的分析、对投资效果的分析等，都不会仅限于一个时期之内，这就需要进行跨时期分析。但是，这种跨时期分析又是以一个个的即期分析为基础的；没有即期分析，就无法很好地进行跨时期分析。

7.经济模型分析方法

在宏观经济学的分析中，建立和运用经济模型是非常普遍的分析方法。由于社会经济生活的复杂性，分析的困难可想而知。如果经济学家能够借鉴自然科学家的分析方法，排除一些不必要的因素或者固定某些分析中暂时不涉及的因素，只分析一些最必要的因素，那将是十分有利的。在这一思路下，经济学家把最主要的经济因素之间的联系通过理论和数学手段或者逻辑手段建立起来，从而形成其进一步分析的工具。这就是所谓的经济模型分析方法。这种方法的最大好处是比较简化和易于操作。

从西方经济学发展的历史上看，古典经济学家就已经开始尝试运用这一方法了。现代经济学家更是把这种方法加以大力推广，从某种意义上说，经济学家的理论探讨和比较都是在经济模型基础上展开的，甚至直接就是对经济模型本身的探讨。

一般说来，经济模型分析方法主要包括经济模型的建立、经济模型有效性的理论检验和经验检验、经济模型的运用。其步骤大致是：

第一，提出需要研究的问题；

第二，选择已有的经济分析模型或者建立新的经济分析模型；

第三，以该模型对经济现象进行描述，以期得出其是否可用的初步结论；

第四，由该模型分析得出初步结论；

第五，以现实数据进行必要的计量检验和分析；

第六，决定其分析结论是否正确，并对其进行完善性补充和修改。

总之，一个经济模型的好坏主要取决于：其前提假定是否合理？是否易于操作和理解？是否可以对其分析结果进行经验性检验和验证？能否对经济变动的结果做出较准确的预测？了解了经济模型分析方法的这些特征，我们就能够更容易地理解有关的宏观经济学理论和分析了。

本章小结

1.从性质上说，宏观经济学是研究经济总体情况与趋势的基本理论。

2.宏观经济学的研究对象是经济中的总量问题和总体性问题。宏观经济学的重点是围绕着短期经济波动和长期经济增长展开的。宏观经济学就是要通过对这些问题的研究，达到提高资源配置的整体效率的目的。

3.一般说来，宏观经济学和微观经济学的侧重点有所不同，研究的方法也有所不同，但是在它们各自的研究中是互相关联的，是互以对方为既定条件的。

4.宏观经济学的研究涉及实现充分就业的问题、防止和抑制通货膨胀的问题、经济波动和经济周期问题、经济增长问题、开放经济下的宏观经济问题，以及宏观经济政策及其效果问题等。

5.今天的宏观经济学是有关理论和观点的历史性发展的结果。它也是以对不同时期、不同国家和地区的具体宏观经济问题的研究为基础发展起来的。目前，它仍是一门在经济活动的实践中不断发展变化的学科，我们应该避免将其看作一成不变和完全成熟的理论体系。

本章基本概念

宏观经济学　合成错误（合成谬误）　储蓄悖论　总量分析　实证分析　规范分析　均衡分析　非均衡分析　存量分析　流量分析　静态分析　比较静态分析　动态分析　即期分析　跨时期分析　经济模型分析

复习思考题

1.宏观经济学的性质和研究对象分别是什么？

2.宏观经济学和微观经济学的区别与相互关系分别是什么？

3.宏观经济学研究哪些基本问题？

4.宏观经济学主要涉及哪些基本分析方法？

5.怎样理解宏观经济学发展变化的历史性、现实性和一般意义？

6.我们应该怎样看待宏观经济学中的一些理论观点和政策？

7.一个时期占主流地位的宏观经济学理论和政策，是否就是当时最正确与最合理的理论与政策？

第2章
宏观经济活动的衡量与国民收入核算

学习目标

通过学习本章，你应该能够：

◎掌握 GDP 和 GNP 之间的区别。

◎掌握名义 GDP 与实际 GDP 之间的区别。

◎掌握最基本的两种 GDP 的核算方法之间的联系和区别。

◎掌握同属国民收入的几个不同层次的概念之间的区别和联系。

◎掌握几个不同层次的国民收入恒等式之间的联系和各自的特定含义。

由于宏观经济学所关注的是一国经济的总体表现，因而，它必定涉及能够表现整体经济状况的经济指标。一般说来，宏观经济学中最重要的总量指标就是国内生产总值（gross domestic product，GDP）和国民生产总值（gross national product，GNP）。GDP（或GNP）代表一国在既定时期内总体经济的活动成果，因而它是宏观经济学所要涉及的最主要指标之一。

2.1 GDP 与 GNP

要通过 GDP 或者 GNP 来了解和研究整个社会的经济活动，就需要有定义和衡量它们的一套方法。西方经济学所采用的国民收入核算体系（也叫作 SNA 体系），就是满足这种需要的一套方法。

GDP 和 GNP 指标究竟具有什么含义呢？这里以前者为例来进行说明。

假如我们要衡量一家企业在上一年的生产和经营状况，就可以通过产量和利润来了解其生产和销售状况。但是，怎样才能知道该企业上一年的产出和利润呢？我们可以了解该企业上一年出售了多少产品，比如说是价值 500 万美元的产品。但是，在没有通货膨胀的情况下，这 500 万美元的产品价值是否真正就是该企业上一年所生产和创造的利润呢？答案当然是否定的。因为该企业不能凭空生产任何产品。它必须通过消耗原材料、设备、能源和辅助材料等，才能在生产中创造出利润来。该企业新生产的价值（价值增值或者利润），实际上是从产品的全部销售价值中扣除掉生产中所消耗的厂房、设备、材料、能源和辅助材料等价值之后的剩余部分。只有这部分剩余的价值才真正是该企业上一年生产出来的新价值（或者利润）。因此，我们要衡量一家企业在某一年的产出状况，实际上涉及的就是它在那一年所创造的价值增值的总量。

与此相似，我们想要了解一个社会（或者一个国家）在某一年的经济状况（总产出）时，同样是要了解它在那一年内所创造的总价值增值量。只是在计算该社会（国家）某一年内创造的总价值增值量时，像上面所举例子中企业的总售价不必扣除其消耗费用，因为那些不属于某一企业所创造的新价值却是别的企业创造的新价值。当某一企业出售的产品是最终产品（该企业是该产品生产的最后一个环节，其产品能够直接进入消费领域）时，最终产品的售价就代表了与该产品有关的所有生产单位的新贡献。于是，一件最终产品在整个生产过程中的价值增值就等于该最终产品的价值（在正常情况下，一般也可以认为是售价）。经济学把在一定时期内生产出来并由其最后使用者购买的产品和服务叫作最终产品，而把不具有这种性质的产品叫作中间产品。中间产品是需要由其他生产者再进一步加工（也许需要进行多次加工）后才能由消费者最终使用的产品。

一个国家（或地区）在一定时期内（通常指一年）会生产出许多种最终产品。我们在将社会上所有的最终产品（包含服务）的售价加在一起的时候，就可以得出全社会在一年内所创造的总价值，这就是国内生产总值。由此可见，国内生产总值就是经济社会（一国或一地区）在一定时期内所生产的全部最终产品的市场价值总和。

对GDP含义的理解应该注意以下几点：

（1）GDP是一个市场价值的概念。它衡量了参与市场经济活动的各种最终产品的价值，而且这些价值都是用货币量加以衡量的。产品的市场价值就是用这些最终产品的单位价格乘以产出量得出的。

（2）GDP表示的只是最终产品的价值，中间产品的价值不能计入GDP；否则，就会造成重复计算而使GDP的衡量发生错误。

（3）GDP是在一定时期（一般为一年）内所生产的而不是所售出的最终产品价值。比如，某企业上一年生产了价值100万美元的产品，但是只卖掉了80万美元的产品，剩下的价值20万美元的产品可以被看作企业自己买下来的存货投资，因此，这20万美元未售出产品同样应该计入GDP。相反，如果企业当年生产了价值100万美元的产品，却售出了价值120万美元的产品，那么计入GDP的仍然应该是100万美元，只是上一年的库存减少了20万美元。

（4）由于GDP是在计算期内所生产出来的最终产品的价值总和，因而GDP是流量，而不是存量。比如，某人花2万美元买了一辆二手汽车，那么这2万美元就不能计入GDP，因为这辆二手汽车的价值在它被生产出来的那个年份就已经计算进当年的GDP了。不过，买卖这辆二手汽车所花费的经纪人费用可以计入计算期的GDP，因为这笔费用是经纪人在买卖二手汽车过程中所提供的服务的报酬。

（5）GDP是一国（或地区）范围内生产的最终产品的市场价值，这是个地域范围的概念。与此相联系的GNP则是一个涉及国民范围的概念，是指某国国民所生产的最终产品的市场价值。所以，一个在中国工作的美国人在中国取得的收入应当被计入美国的GNP，但不能被计入美国的GDP，而要被计入中国的GDP。反之，一个在美国开展业务的中国公司所取得的利润，则是中国当年GNP的一部分，而不是美国GNP的一部分，但它可以计入美国的GDP。所以，如果某国的GNP超过GDP，就说明该国国民从外国获得的收入超过了外国国民从该国获得的收入，而当GDP超过GNP时，说明情况正好相反。

在1991年11月之前，美国用GNP作为对经济总产出的基本测量指标，此后改用了GDP。这是因为：①因为大多数国家都采用GDP；②国外净收入数据不足，GNP不好衡量，GDP则较容易衡量；③GDP比GNP能更好地衡量国内就业的潜力；④对美国来说，GDP和GNP的差异比较小，二者在使用时差别并不大。

（6）GDP一般仅涉及市场上的经济活动所导致的价值，像家务劳动、自给自足的产品等不经过市场的经济活动则无法被计入GDP。

我们从实际经济生活中不仅可以看到企业的产出是指企业的增值，或者说企业的产出等于它新增加的价值，而且可以看出其总产出总是等于总收入；在市场上实现的交易中，总产出也总是等于总支出。

对此，我们用另一个具体的例子加以说明。假定农民共生产了价值10万美元的亚麻，并且假定这10万美元就是农民的生产新增加的价值。这意味着10万美元的价值就是生产亚麻时所投入的生产要素（劳动、资本、土地等）共同创造的。把这10万美元的亚麻卖给亚麻加工厂，纺成麻纱后可卖20万美元，这就又增值了10万美元。因为亚麻加工厂把亚麻纺成麻纱也需要投入劳动、资本、土地等生产要素，这10万美元的增值也是由纺织麻纱过程中使用的这些生产要素共同创造的。由于企业使用生产要素必须支付报酬（使用劳动者要付工资，使用资本要付利息，使用土地要付租金），这些生产要素报酬就等于这些生产要素在生产中做出的贡献。所以，这10万美元的增值要转化为生产要素提供者的收入。假定工资是4万美元，利息是3万美元，地租是2万美元，则10万美元售价中还剩1万美元，这就是企业利润。亚麻加工厂的情况是这样，其他企业的情况也都一样。它们所生产的价值都要转化为生产要素报酬和企业利润，也就是说要转化为生产要素提供者和企业经营者的收入。由于我们把利润看作产品售价中扣除工资、利息和地租等成本支出后的余额，因而，产出（生产的价值）总等于收入。同理，一个国家的总产出也必然等于总收入。

此外，最终产品的每次销售收入也是最终产品购买者每次的支出。所以，从全社会看，总产出就等于购买最终产品的总支出。如果社会在某一年内生产了2000亿美元的最终产品，但只卖掉了1800亿美元的产品，在进行国民收入核算时，由于这没有卖掉的200亿美元产品可以被看作企业在存货上的投资支出（存货投资），因此，社会的总支出仍然等于总收入，即2000亿美元。

了解总产出等于总收入、总产出等于总支出，对理解核算GDP的方法具有十分重要的意义。由于GDP是社会在一定时期内生产的全部最终产品的市场价值，所以，从理论上说，只要把全部最终产品的市场价值相加就可以得到GDP了。但是，实际上不大可能这样核算GDP，因为我们无法找到确切的标准来区分最终产品，而且最终产品也为数极多。在这种情况下，我们几乎不可能用全部最终产品的数量乘以各自的价格之后再相加，因此只能采取其他方法来进行核算：

（1）生产法（部门法）。由于最终产品的价值等于全部生产过程中价值增加量的总和，所以可以通过核算各行各业在一定时期中生产的价值增值量来计算GDP，这种方法被称为生产法，也叫部门法。价值增值量可以用企业的销售收入和生产成本之间的差额来计算，这是企业对GDP的贡献。整个经济中的GDP就是所有的生产者创造的增加值的总和。

（2）支出法。由于总产出等于总支出，GDP也就可以通过核算全社会在一定时期内用于购买最终产品的支出总和来求出，这种方法被叫作支出法。

（3）收入法。由于总产出等于总收入，GDP也可以通过核算整个社会在一定时期内获得的全部收入来求出，这种方法被叫作收入法。

2.2　名义 GDP 与实际 GDP

由于 GDP 是用货币量来计算的，因此，它往往会由于两个因素的变化而发生变动：一是所生产的最终产品的数量变动；二是最终产品的价格变动。有时候，为了分清 GDP 的变动究竟是由产量变动引起的还是由价格变动引起的，我们需要区分名义 GDP 与实际 GDP。

名义 GDP 是用最终产品的当年价格计算的 GDP。实际 GDP 是用以前某一年份作为基期的价格计算出来的 GDP。

假如某国生产的最终产品以香蕉和皮鞋来代表。两种产品在 2021 年（现期）和 2018 年（基期）的价格和产量分别列在表 2-1 中。以 2018 年价格计算的 2021 年的实际 GDP 为 620 万美元。

表 2-1　　　　　　　　　　　　名义 GDP 和实际 GDP 的关系示例

项　　目	2018 年的名义 GDP	2021 年的名义 GDP	2021 年的实际 GDP
香　蕉	15 万单位×1 美元=15 万美元	20 万单位×1.5 美元=30 万美元	20 万单位×1 美元=20 万美元
皮　鞋	5 万单位×100 美元=500 万美元	6 万单位×110 美元=660 万美元	6 万单位×100 美元=600 万美元
合　计	515 万美元	690 万美元	620 万美元

2021 年名义 GDP 和实际 GDP 的差别，可以反映出当前时期和基期相比的价格变动的程度。在表 2-1 中，690÷620×100%=111.29%，说明从 2018 年到 2021 年该国价格水平上升了 11.29%。在这里，111.29% 被称为 GDP 折算指数（实际也是通货膨胀率）。可见，GDP 折算指数是某年份名义 GDP 与其实际 GDP 的比率。如果知道了 GDP 折算指数，就可以将名义 GDP 折算为实际 GDP，其公式为：

实际 GDP=名义 GDP/GDP 折算指数

从表 2-1 中可以看出，从 2018 年到 2021 年，GDP 名义上（从货币价值看）从 515 万美元增加到 690 万美元，实际只增加到 620 万美元。也就是说，如果扣除物价变动因素，GDP 只增长了 20.39%（（620−515）÷515×100%），而名义上增长了 33.98%（（690−515）÷515×100%）。可见，在一般价格水平发生变动时，名义 GDP 并不能真正反映实际产出的变动。

以后我们在各章分析中所讲的产出，如果不做特殊说明，总是指实际 GDP。

2.3　GDP 的核算方法

我们在上面说到，核算 GDP 可用生产法（部门法）、支出法和收入法，但是常用的一般是后两种方法。

2.3.1　用支出法核算 GDP

用支出法核算 GDP，就是通过核算在一定时期内全社会购买最终产品的总支出（最终产品的总售价）来得到 GDP。这里涉及的最终产品的购买者就是产品和服务的最后使用者。在现实生活中，产品和服务的最后使用者，除了居民，还有企业、政府，以及国外的消费者、企业和政府。因此，用支出法核算 GDP，就是计算社会（一个国家或地区）在一定时期内消费、投资、政府购买以及净出口这几方面支出的总和。

1. 消费

居民的消费支出包括购买耐用消费品（如小汽车、洗衣机等）、非耐用消费品（如食物、衣服等）和服务（如医疗、旅游、理发等）的支出。建造住宅的支出不包括在内。

2. 投资

投资是指增加或更换资本资产（包括厂房、住宅、机械设备及存货）的支出。用于投资的物品为什么是最终产品而不属于中间产品呢？这是因为资本品（如厂房、设备等）和中间产品有重大的区别。中间产品在生产别的产品时会被全部消耗掉，但资本品在生产别的产品的过程中只是被部分地消耗掉。资本品由于损耗所造成的价值减少被叫作折旧。折旧不仅包括生产中资本品的物质磨损，还包括资本过时和陈旧所带来的精神磨损。例如，购买后并未及时使用的电脑，就会由于更先进的新式电脑的迅速问世而贬值。

投资包括固定资产投资和存货投资两大类：

（1）固定资产投资指用于新厂房、新设备、新商业用房以及新住宅的投资。住宅建筑算作投资，而不算作消费，主要因为住宅也是像别的固定资产投资一样，是在长期中使用，逐渐被消耗的。

（2）存货投资是企业掌握的存货价值的增加（或减少）。比如年初时，全部企业的存货价值为 1 000 亿美元，到年末为 1 500 亿美元，则该年内全部企业的存货投资量就是 500 亿美元。存货投资可能是正值，也可能是负值，因为年末存货的价值可能大于也可能小于年初存货的价值。

另外，投资是一定时期内增加到资本存量中的资本流量，而资本存量是经济社会在某一时点上的资本总量。假定某国在某年的投资是 100 亿美元，该国在该年年末时资本存量也许是 5 000 亿美元。由于机器、厂房等固定资产会不断被磨损、消耗，为保持原有的生产能力，每年必须对它们加以补偿或重新购置。假定该国每年要消耗（折旧）价值 20 亿美元的固定资产，则 100 亿美元的当年投资中就有 20 亿美元是用来补偿资本消耗的，因而当年净增加的投资实际上只有 80 亿美元。由于那 20 亿美元是用于重置资本设备的，所以被叫作重置投资。净投资和重置投资加在一起就构成了总投资。我们用支出法计算 GDP 时涉及的投资，就是总投资。

3. 政府购买

政府对商品和服务的购买指各级政府购买商品和服务的支出。政府进行国防建设、维持社会治安、建筑道路、开办学校等方面支出都包括在内。政府支出的另一部分，如转移支付、公债利息等都不计入 GDP。因为转移支付只是把已经产生的收入从一些人（或组织、机构）手里转移到另一些人（或组织、机构）手里，并没有为社会增加新的商品和服务。比如政府给灾民发放救济金，并不是因为这些人提供了商品和服务，而是因为他们遭遇了意外的、无法抗拒的自然灾害，生活遇到了较大的困难。

4. 净出口

净出口是指出口和进口的差额。出口应该加到外国对本国的总支出当中，因为出口表示外国对购买本国商品和服务的支出。进口应从外国对本国的总支出中减去，因为进口表示收入流到了国外，是购买外国商品和服务的支出，而不是外国用于购买本国商品和服务的支出。所以，本国的净出口应该计入外国对本国的总支出。不过，它可能是正值，也可能是负值。

假定用 C 表示消费，用 I 表示投资，用 G 表示政府购买（或政府支出），用 X 表示出口，用 M 表示进口，X−M 表示净出口，则把上述 4 个项目加起来，用支出法计算 GDP 的公式就可以写成：

GDP=C+I+G+（X−M）

2.3.2　用收入法核算 GDP

用收入法核算 GDP，就是用生产要素收入来核算 GDP。在严格意义上说，最终产品的市场价值中除了生产要素收入所构成的成本，还有间接税、折旧、公司未分配利润等部分。因此用收入法核算的 GDP 应该包括以下一些项目：

1. 工资、利息和租金等生产要素的报酬

工资包括所有工作的薪酬、津贴和福利费，也包括工资收入者必须缴纳的个人所得税及社会保障税。利息是指人们给企业提供货币资金所得到的利息收入，如银行存款的利息、企业债券的利息等。不过，政府公债的利息及消费信贷利息不包括在内。租金包括在一定时期内出租土地、房屋等资源或物品使用权所获得的租赁收入及专利和版权等收入。

2. 非公司企业主收入

这是指医生、律师、农民和小业主等个体从业者的收入。他们使用自己的资金，为自己工作，其工资、利息、利润、租金常常被混在一起作为非公司企业主收入。

3. 企业税前利润

它包括企业所得税、社会保障税、股东红利以及企业未分配利润等。

4. 企业转移支付及间接税

这些虽然不是生产要素创造的收入，但要通过产品价格转嫁给购买者，所以一般也将其看作成本。企业转移支付包括对非营利组织的社会性慈善捐款和消费者呆账。企业间接税包括货物税或销售税、周转税。

5. 资本折旧

它虽然不是生产要素收入，但包括在总投资中，所以也应计入 GDP。

这样，按照收入法来计算，GDP 的计算公式就是：

GDP=工资+利息+租金+利润+企业转移支付和间接税+折旧

从理论上说，这和支出法计算出的 GDP 是相等的，但由于实际核算过程中常常会发生误差，所以还要加上一个统计误差，才能使二者真正相等。

2.4　国民收入中几个重要概念间的关系

在国民收入核算体系中，除了 GDP 和 GNP 的概念，还有一些在经济分析中较常涉及的重要指标，也需要我们清楚地加以识别，并且能够正确地把握它们之间的关系，国民生产净值、国民收入、个人收入和个人可支配收入。

1.国内生产总值

前面已经说过，GDP可以计量一定时期内一个国家所发生的所有经济活动。不过，GDP并未扣除当年的资本耗费（折旧）；如果扣除资本耗费，那就是国民生产净值了。

2.国民生产总值

要了解本国国民在某一时期所创造的增加值，就要了解国民生产总值的概念。我们从GDP中减去外国国民在本国同时期所创造的价值增值，再加上本国国民在国外同时期所创造的价值增值，就可以得到国民生产总值。

3.国民生产净值

由于产品价值中不仅包含消耗的原材料、燃料等的价值，还包含被使用的资本设备的耗费（折旧），所以，最终产品价值在没有减去资本设备消耗的价值之前，还不能算作社会净增的价值，而最终产品市场价值总和只能被称为国民生产总值。只有从最终产品价值中把所消耗掉的资本设备价值（折旧）也扣除了，才能得到总的净增价值，即国民生产净值（NNP）。因而：

NNP=GNP-资本折旧

4.国民收入

这里的国民收入（NI）是狭义的国民收入，是指按生产要素报酬计算的本国的国民收入。从国民生产净值中扣除企业转移支付和间接税加政府补助金，就得到了一国生产要素在一定时期内提供生产性服务所得到的报酬，即工资、利息、租金和利润的总和，这就是国民收入。企业转移支付和间接税虽构成产品价格，但不是生产要素收入；相反，政府给企业的补助金虽不列入产品价格，但算是生产要素收入。所以，前者应该扣除，后者应该加入。

NI=NNP-企业转移支付和间接税+政府补助金

　　=工资、利息、租金和利润

5.个人收入

生产要素报酬意义上的国民收入并不能全部成为个人的收入。比如，公司的利润要给政府缴纳企业所得税，还要留下一部分用于企业发展等，最终只有一部分利润才会以红利和股息的形式分配给个人。即使是员工收入中，也有一部分要以社会保险费的形式上缴给有关机构。此外，人们也会以各种形式从政府那里得到转移支付，如退伍军人津贴、失业救济金、职工养老金、职工困难补助等。所以，从国民收入中减去企业未分配利润、企业所得税及社会保险费，再加上政府给个人的转移支付，才得到个人收入（PI）。

6.个人可支配收入

个人收入实际上也不能全归个人支配，因为还要缴纳个人所得税，所以，税后的个人收入才是个人可支配收入（DPI），即人们可用来消费或储蓄的收入。

下面我们借用2012年美国的材料来说明上面所讨论的从GDP到个人可支配收入之间各项指标逐步变动的关系和步骤（见表2-2）。

这里应该注意的是，来自国外的净要素收入是指本国生产要素在其他国家所获得的收入（如利润、服务报酬等）减去本国付给外国生产要素在本国获得的收入之后的部分。这样，GDP加上来自国外的生产要素净支付就可以得到GNP。

另外，国民收入（生产要素报酬）并不会全部分给个人，而要从中减去公司保留利润和社会保障缴款。社会保障缴款是指公司为自己的员工参加社会保险而缴纳给社会保险机

表2-2　　　　　　　　　　**2012年美国GDP和个人可支配收入**　　　　　　单位：10亿美元

国内生产总值			15 864.1
加	本国居民来自国外的生产要素收入	808.5	
减	本国支付给外国居民的生产要素收入	541.8	
等于	国民生产总值		16 130.8
减	固定资本消耗	2 037.4	
等于	国民生产净值		14 093.4
	统计误差	−56.6	
等于	国民收入		14 150.0
减	包含存货价值和资本消耗调整的公司利润	2 013.0	
	净税收*	1 071.3	
	净利息	439.8	
	社会保险税	970.2	
	政府所经营之企业的当期盈余	−34.5	
	企业当期转移支付	129.7	
加	个人资产收入	1 858.7	
	个人当期接收的转移支付	2 399.2	
等于	个人收入		13 764.3
减	个人所得税和非税收支付	1 529.1	
等于	个人可支配收入		12 235.2

*净税收指生产与进口税和补贴的差额。

资料来源　美国商务部。

构的费用。当然，个人收入也会通过政府和企业向个人的转移支付、利息调整和红利分配的途径得到增加。利息调整是指不包括在利息净额（个人从企业获得的因资金借贷所产生的利息）之中的个人利息收入。

2.5　国民收入核算中的几个重要的恒等式

以上面的分析为基础，我们可以得到国民收入构成的基本公式，并进而得到对分析宏观经济活动具有十分重要意义的储蓄-投资恒等式。储蓄-投资恒等式的基础是收入-支出恒等式，而收入-支出恒等式又是以每次市场交易中的买方与卖方的收支相等为前提的。下面，我们将依照这一原则分别对两部门经济、三部门经济和四部门经济的情况加以说明。

2.5.1 两部门经济的收入构成及储蓄–投资恒等式

两部门经济实际上是一种理论上的简化。它是指一个假设的经济社会中只有居民（消费者）和企业（厂商）两种经济活动的主体，因而不存在企业间接税。同时，为了使分析简化，我们也可以先撇开折旧（假定它为零）。这样一来，国内生产总值就等于国内生产净值（NDP）和国民收入，都用 Y 表示。在两部门经济中，也没有税收、政府支出及进出口贸易。

在这种情况下，从支出的角度看，由于把企业库存的变动作为存货投资，所以，国内生产总值总是等于消费加投资：

GDP=Y=C+I

同时，从收入的角度看，由于把利润看作最终产品的售价超过工资、利息和租金的余额，所以，GDP 就等于总收入。总收入的一部分用来消费，其余部分都作为储蓄（S），于是，从供给方面看的国民收入构成就是：

GDP=Y=工资+利息+租金+利润=C+S

即 Y=C+S

由于 C+I=Y=C+S，所以：

I=S

这就是储蓄–投资恒等式。

这里请读者务必记住，储蓄–投资恒等式是根据储蓄和投资的定义得出来的。根据定义，国内生产总值等于消费加投资，国民总收入等于消费加储蓄，国内生产总值又等于国民总收入，于是得出储蓄–投资的恒等关系。这种恒等关系就是两部门经济中的总供给（C+S）和总需求（C+I）的恒等关系。只要遵循这些定义，储蓄和投资就一定相等，而不管经济是处于充分就业、通货膨胀，还是处于均衡状态。

但是，这个恒等式绝不意味着人们意愿的（或者说事前计划的）储蓄总会等于企业想要有的（或者说事前计划的）投资。由于在实际经济生活中，储蓄主要由居民进行，投资主要由企业进行，个人储蓄量和企业投资量也不相同，所以计划储蓄和计划投资不一致，总需求和总供给不均衡，从而引起经济收缩或扩张。以后我们分析宏观经济均衡时所涉及的投资要等于储蓄，是指计划投资等于计划储蓄，或者说事前投资等于事前储蓄，只有达到这一条件，才能达到经济的均衡状态。这里讲的储蓄和投资恒等，是从国民收入会计角度看的，事后的储蓄和投资总是相等的。

2.5.2 三部门经济的收入构成及储蓄–投资恒等式

所谓三部门经济，是指在居民和企业之外，再加上政府的经济活动。政府的经济活动是指政府收入（主要是向企业和居民征税）和政府支出（包括政府对商品和服务的购买以及政府给居民的转移支付）。

把政府的经济活动考虑进去后，国民收入的构成将是：从支出角度看，国内生产总值等于消费、投资和政府购买的总和，可用公式表示为：

GDP=Y=C+I+G

由于可以把政府向居民的转移支付所形成的对产品的需求看作已包括在消费和投资中，所以，公式中不再单独列出政府的转移支付。

从收入角度看，国内生产总值仍旧是所有生产要素获得的收入总和，即工资、利息、租金和利润的总和。总收入除了用于消费和储蓄，还先要纳税，但是，居民一方面要纳税，另一方面又会得到政府的转移支付收入。税金扣除了转移支付才是政府的净收入，也就是国民收入中归于政府的部分。假定 T_0 表示全部税金收入，T_r 表示政府转移支付，T 表示政府净收入，则：

$T=T_0-T_r$

这样，从收入方面看国民收入的构成就是：

$GDP=Y=C+S+T$

按照社会总产出等于总支出、总产出价值构成总收入的原理，我们可以把三部门经济中的国民收入构成的基本公式概括为：

$C+I+G=Y=C+S+T$

公式两边消去 C，得：

$I+G=S+T$

或 $I=S+(T-G)$

这里的 T-G 可看作政府储蓄，因为 T 是政府净收入，G 是政府购买性支出，二者差额即政府储蓄。该政府储蓄可能是正值，也可能是负值，这样 $I=S+(T-G)$ 的公式也就表示储蓄（私人储蓄和政府储蓄的总和）和投资恒等。

2.5.3 四部门经济的收入构成及储蓄-投资恒等式

把三部门经济加进一个国外部门就成了四部门经济。四部门经济有对外贸易，从支出角度看，国民收入的构成就等于消费、投资、政府购买和净出口的总和，用公式表示就是：

$Y=C+I+G+(X-M)$

从收入角度看，国民收入构成的公式可写成：

$GDP=Y=C+S+T+K_r$

式中：C+S+T 的含义和三部门经济中一样；K_r 则表示本国居民对外国人的转移支付，如对外国遭受灾害时的救济性捐款，这种转移支付也来自生产要素的收入。

于是，四部门经济中国民收入构成的基本公式就是：

$C+I+G+(X-M)=Y=C+S+T+K_r$

公式两边消去 C，则得到：

$I+G+(X-M)=S+T+K_r$

该等式也可以看成四部门经济中的储蓄-投资恒等式，因为这一等式可以转化为：

$I=S+(T-G)+(M-X+K_r)$

式中：S 表示居民私人储蓄；（T-G）表示政府储蓄；$(M-X+K_r)$ 表示本国用于对外国消费和投资的那部分储蓄。因为从本国的立场看，M（进口）表示其他国家向本国出口商品，从而这些国家获得收入；X（出口）表示其他国家从本国购买商品和服务，从而这些国家需要支出；K_r 表示本国对其他国家的转移支付。可见，当 $(M+K_r)>X$ 时，本国对外国的支出大于收入，也就是储蓄；相反，则有负储蓄。这样，$I=S+(T-G)+(M-X+K_r)$ 的公式就表示四部门经济中总储蓄（私人、政府和国外）和投资之间的恒等关系。

在上面介绍的两部门经济、三部门经济和四部门经济中国民收入构成的基本公式以及储蓄和投资的恒等关系时，我们把折旧和企业间接税暂时撇开了；实际上，即使把它们考虑进来，上述的收入构成公式及储蓄和投资的恒等关系也仍然成立。如果上面的 Y 指GDP，则上述所有等式两边的 I 和 S 分别表示把折旧包括在内的总投资和总储蓄。如果 Y指国内生产净值，则等式两边的 I 和 S 分别表示不含折旧的净投资和净储蓄。如果 Y 指 NI，则 C、I、G 是按出厂价计量的，等式两边减少了一个相同的等于间接税的量值。所以，不管 Y 代表哪一种国民收入概念，只要其他变量的意义能和 Y 的概念相一致，储蓄–投资恒等式就是成立的。

以上是衡量宏观经济活动的主要指标以及国民收入核算的基本方法。一般说来，当前绝大部分国家，或者说，市场经济国家采用的基本上都是这种指标体系与核算体系。当然，这种方法和体系虽然有其方便之处，但是我们也应该清楚其缺点和不足之处。这些缺点和不足之处主要表现在以下方面：

（1）GDP 和 GNP 并不能反映社会上大量的非市场化经济活动。如一些家务劳动、自给自足的经济活动等，就无法反映到 GDP 和 GNP 之中。

（2）GDP 和 GNP 并不能说明商品和服务在其中的比例和结构，从而无法反映社会产出的性质。这也就是说，仅仅依靠 GDP 和 GNP，是无法看出一个国家或地区的经济性质究竟是以物质生产为主还是以服务业为主，也看不出这方面的相应变化。

（3）GDP 和 GNP 无法反映社会收入的分配状况和福利状况。

（4）GDP 和 GNP 无法反映社会经济活动中所产生的环境污染、人口增长等方面的问题。

（5）GDP 和 GNP 无法反映社会产品的品质和种类。比如，它无法反映一国或地区的经济活动中是否包含了一些非法的地下经济活动和不适当的经济活动。

（6）GDP 和 GNP 无法在世界各国之间对经济活动和水平做出真正、准确的比较。因为在按照统一的美元计价标准去衡量和比较各国的 GDP 和 GNP 时，要涉及该体系所无法包括的汇率换算问题。

明确了这些问题，我们就能够在宏观经济理论分析中更好地把握和运用有关的概念、指标和相关知识。

本章小结

1. GDP 和 GNP 是衡量宏观经济的最重要和最基本的经济指标和数据。

2. 核算 GDP 可用生产法、支出法和收入法 3 种方法。生产部分由每个产业的增值所构成。支出部分由消费、投资、政府支出和净出口构成。收入部分由工资、利息、租金和利润等组成。

3. 名义 GDP 是用最终产品的当年价格计算的 GDP。实际 GDP 是用以前某一年份作为基期的价格计算出来的 GDP。

4. 增加值就是一个厂商的产品和服务的销售收入和购买该产品和服务的成本之间的差额。这是厂商对 GDP 的贡献。整个经济中的 GDP 就是所有的生产者创造的增加值的总和。

5. 折旧是资本的磨损和消耗。净投资等于总投资减去折旧。

6.从观念上看，收入等于产出。全部增值都是人们的收入。在国民收入核算中有好几种收入的概念和指标。国民收入等于从国民生产净值中减去企业转移支付和间接税加政府补助金。个人收入等于国民收入减企业未分配利润、企业所得税及社会保险费，再加上政府给个人的转移支付。个人可支配收入等于个人收入减去个人所得税。

7.收入等于产出的一个重要引申是：储蓄等于投资。投资总是等于私人储蓄加政府盈余，再加外国资本的流入。

本章基本概念

最终产品　中间产品　国内生产总值　生产法（部门法）　支出法　收入法　名义GDP　实际GDP　GDP折算指数　固定资产投资　存货投资　重置投资　净出口　国民生产总值　国内生产净值　国民收入　个人收入　个人可支配收入　来自国外的净要素收入

复习思考题

1.用GDP和GNP指标衡量同一个国家或地区的经济状况时，有何重要区别？
2.为什么用收入法和支出法核算的GDP是相等的？
3.区分名义GDP和实际GDP有什么重要性？
4.国民收入核算体系有何不足之处？

第3章
古典宏观经济模型

学习目标

学习目标

通过学习本章，你应该能够：

◎明白凯恩斯所说的古典经济学的含义。

◎懂得萨伊定律的含义。

◎了解在古典宏观经济学理论中产品市场和劳动市场的关系。

◎了解古典的就业理论。

◎掌握古典的货币市场的基本模型和理论含义。

◎掌握古典宏观经济学关于储蓄、投资和利率的关系。

◎掌握古典宏观经济模型的基本倾向。

为了更好地进入现代宏观经济学理论部分的学习，我们在本章从与现代宏观经济学理论相对照的角度，先介绍一下古典宏观经济学的基本理论和相关内容。

3.1 古典宏观经济学理论概述

这里所谓的"古典宏观经济学"，也就是凯恩斯所说的"古典经济学"。它是在凯恩斯以前占统治地位的边际主义经济学派的经济理论体系。该理论体系有它关于社会产量、就业、消费、储蓄、投资、利率、工资和价格水平的一整套理论。

这种古典经济学的理论体系，与一般所说的以斯密、李嘉图和约翰·穆勒为代表的古典经济学的理论体系并不相同。凯恩斯所说的古典经济学是指以阿尔弗雷德·马歇尔（Alfred Marshall）、庇古为代表的剑桥学派的经济理论和学说。它是19世纪70年代以后，在边际主义理论传统基础上发展起来并经马歇尔加以综合的经济理论体系。这种经济理论体系在基本内容上看，是属于微观经济学的体系。但是，对产量、就业、收入、价格水平等宏观经济的问题，它也有所涉及。现代西方经济学家将这方面的观点集中起来，加以系统化，并且配以现代经济学常用的代数方程和几何图形，就形成了所谓的"古典"宏观经济模型。这就是我们所要加以说明的"古典宏观经济模型"或者"古典学派模型"。

古典宏观经济模型的基本内容就是在完全竞争条件下论证和说明所谓的"萨伊定律"。萨伊定律的说法是凯恩斯在评论传统经济理论时提出来概括传统的古典经济学基本观点的。萨伊定律的核心是要说明市场具有一种自动调节的机制，可以使社会的经济活动在各方面达到和谐与均衡的理想状况。萨伊是古典经济学时代的法国经济学家。他曾经提出过关于销售取决于生产和销售不存在困难的观点。萨伊认为，一种商品一旦生产出来，就会立即有和它的价值完全相等的购买力，即只要有一个供给量，就会产生一个相应的需求量。这样，社会的生产和供给就总是能够创造出对商品和服务的足够数量的需求。这种观点被凯恩斯概括为"供给自动创造需求"的萨伊定律。

在这里，完全竞争的市场是指有大量的买者和卖者、产品完全相同、厂商可以自由进出市场、生产要素具有完全的流动性、厂商生产和销售的成本没有差别、买卖双方对市场的知识和信息都是完全掌握的这样一种市场。古典经济学派认为，经济中各类市场都是完全竞争的，各种价格都具有完全的弹性。市场上的供给和需求会共同决定与调整价格，使之可以充分伸缩变动；同时，价格会对市场的供给和需求加以调节，使它们可以达到相等的均衡状态。产品市场和生产要素市场都是如此。灵活变动的价格可以使商品市场达到供求平衡，实现市场出清；灵活变动的工资可以使劳动市场供求平衡，达到充分就业。

萨伊定律表明总供给和总需求之间总是存在一种恒等的关系。社会上有多少供给，就会有多少需求，一定量的商品和服务总是可以找到其他商品和服务来与其相交换。如果出现了某种商品或服务的生产过剩，那一定是因为另外的和它们相交换的商品或服务生产得太少了。由此，社会上不可能出现长期的生产过剩。由萨伊定律可以推论，任何商品和服务的增加都会使收入和支出按照同等的数量增加；任何资源和生产要素也都会产生同样相等的供给和需求。最终，整个社会就经常处于充分就业的水平和状态。

按照萨伊定律，产品市场如果有生产过剩，那么一定是局部过剩或者暂时过剩；劳动市场如果有失业，那么也一定是暂时的摩擦性失业和自愿性失业。总之，在完全竞争的条件下，价格、工资、利率等都可以自由伸缩进行调节，从而使各种市场自动处于均衡状态。所以，萨伊定律意味着市场自动调节机制的完全有效性。这样，它就成为传统经济理论中极为重要的组成部分和基本内容。而整个古典宏观经济模型也就是利用完全竞争的市场条件来论证萨伊定律的合理性与有效性。

3.2 生产函数

既然萨伊定律非常强调生产和供给的极端重要性，强调供给总能创造自己的需求，所以经济社会中最重要的问题就不是需求，而是供给。于是，古典宏观经济模型就把总供给或总产量的决定作为了中心内容。

古典宏观经济学理论认为，总供给或总产量可以通过生产函数计算出来。而生产函数是指在一定技术水平下，不同数量生产要素的组合与它们所生产的最大产品数量之间的关系。

生产函数可分为长期生产函数和短期生产函数。它们的区别仅仅在于：长期生产函数中，一切投入生产要素的数量都是可变的；短期生产函数中，只有一部分生产要素的数量才可以发生变化。假定经济社会在既定的技术水平下使用劳动和资本设备两种生产要素进行生产，资本设备假定在短期内不能改变，该社会的短期生产函数就可以表示为：

$$y=f(N, K^*)$$

式中：y 表示总产量；N 表示劳动的总就业量；K^* 表示短期内无法改变的投入生产的资本设备数量。该式表明，总产量是劳动总就业量的函数，它是随劳动总就业量的改变而改变的。不过，在劳动总就业量逐渐增加时，在边际收益递减规律的作用下，所增加的边际劳动投入量带来的总产量的增加量却逐渐减少。

如果以横轴表示劳动的总就业量，纵轴表示总产量，图 3-1 就表示边际产量的递减情况。

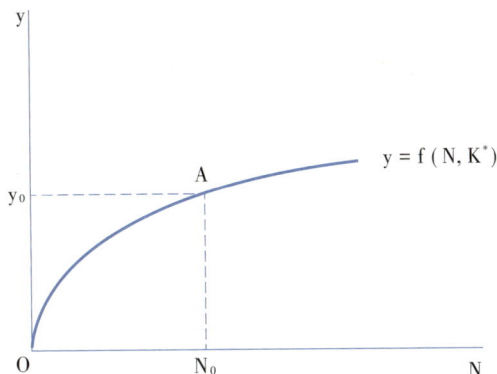

图 3-1　生产函数及边际产量递减

3.3　劳动市场

总产量决定于总就业量，而要了解总就业量，就必须了解劳动市场的供求情况。

本部分将说明古典经济学对劳动市场及均衡就业量决定的观点。古典经济学是以劳动供给函数和劳动需求函数的形式来说明劳动市场的供求的。

3.3.1　劳动供给函数

古典学派认为，劳动的供给决定于实际工资，也就是说，劳动供给是实际工资的函数。他们认为，劳动会给劳动者带来不舒服或痛苦的感觉，这与商品和服务给人带来愉快和享乐的效用恰好相反，这种效用被叫作负效用。工资就是对人们在劳动中得到的负效用的一种补偿。从工资的标准来说，它恰好补偿了边际劳动量所得到的边际负效用。工资可以分为名义工资（也叫作货币工资）和实际工资。名义工资是劳动者提供一定量劳动所得到的以货币形式表示的工资量。实际工资是指名义工资所能购买的商品和服务的数量。一般说来，实际工资也可以表示为名义工资和价格水平之比。

古典经济学家假定工人（劳动供给者）在劳动市场上具有完全的信息和行为的理性。如果工资提高 1 倍，价格也上涨了 1 倍，那么工人会清楚地知道自己的境况并没有改善。在这种情况下，工人认为其收入状况会有所改进，那只能说明他们没有得到完全的信息而存在货币幻觉（money illusion）。因为只有具有货币幻觉的人才只考虑所得到的货币量，而不考虑货币的实际购买力，在名义工资和物价水平按照相同的比率上升时，误认为自己的收入状况比以前好。古典学派在谈到劳动供给是实际工资的函数时，是将货币幻觉排除在外的。因为具有完全信息的工人考虑的是实际工资，而不是名义工资。

劳动供给函数可以写作：

$N_s = f(W/P)$

式中：N_s 表示总劳动供给量；W/P 表示实际工资。劳动供给是实际工资的增函数。实际工资水平低时，劳动供给量就小；实际工资水平高时，劳动供给量就大。

劳动供给函数也可以用图 3-2 中的劳动供给曲线表示。图 3-2 中横轴表示劳动供给量，纵轴表示实际工资水平，$N_s=f(W/P)$ 表示劳动供给曲线。当实际工资为 $(W/P)_0$ 时，劳动供给量为 N_0；当实际工资下降为 $(W/P)_1$ 时，劳动供给量下降到 N_1；当实际工资上升为 $(W/P)_2$ 时，劳动供给量就上升为 N_2。

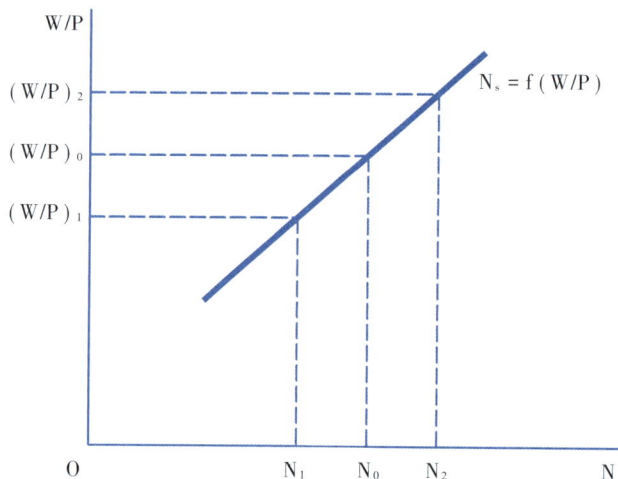

图 3-2　劳动供给曲线

3.3.2　劳动需求函数

古典学派认为，劳动需求取决于劳动边际产品，所以，劳动需求是劳动边际产品的函数。劳动需求来自厂商，厂商对劳动的需求量又取决于厂商获取最大利润的愿望。在完全竞争的市场中，厂商为了获取最大化的利润，一定会使生产一直进行到实际工资等于劳动边际产品那一点为止。由于整个社会的生产是由全体厂商共同组织的，所以社会的劳动需求总量也决定于实际工资等于劳动的边际产品那一点。用公式表示就是：

$$W/P=MP_L$$

式中：W/P 表示实际工资；MP_L 表示劳动边际产品。由于劳动边际产品又取决于劳动需求量的大小，所以，上面的式子就表明实际工资和劳动需求量之间的函数关系。由此，劳动需求函数就可以写为：

$$N_d=f(W/P)$$

式中：N_d 表示劳动需求总量；W/P 表示实际工资。这说明劳动需求是实际工资的减函数：实际工资低时，劳动需求量大；实际工资高时，劳动需求量小。

劳动需求函数也可以用图 3-3 中的劳动需求曲线来表示。图 3-3 的横轴表示劳动需求总量，纵轴表示实际工资水平，$N_d=f(W/P)$ 表示劳动需求函数。当实际工资为 $(W/P)_0$ 时，劳动需求总量为 N_0；当实际工资下降到 $(W/P)_1$ 时，劳动需求总量就上升为 N_1；当实际工资上升为 $(W/P)_2$ 时，劳动需求总量就下降为 N_2。

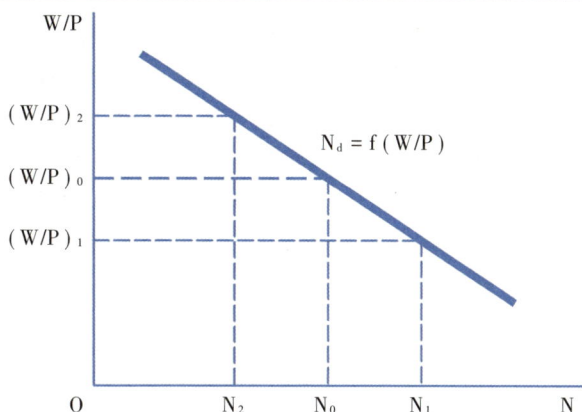

图3-3　劳动需求曲线

3.3.3　劳动市场的均衡

古典学派的经济学家认为，劳动供给和需求的相互作用决定实际工资水平和劳动的就业水平。在劳动供给总量和劳动需求总量相等的那一点，即劳动供给曲线和劳动需求曲线的交点，就是均衡的实际工资水平和均衡的就业水平。该情况可以用图3-4加以说明。

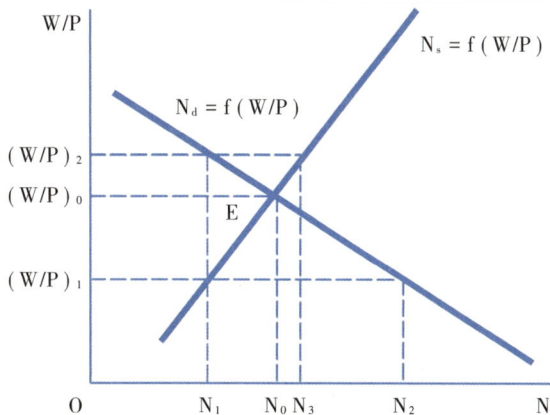

图3-4　劳动市场的均衡

在图3-4中，当实际工资为$(W/P)_2$时，劳动的供给总量就是N_3，劳动的需求总量只是N_1。$N_s > N_d$，劳动供过于求，过剩的数量是$N_1 N_3$，这说明社会上有失业存在。如果实际工资是$(W/P)_1$，劳动的供给总量就是N_1，而劳动的需求总量是N_2。$N_s < N_d$，劳动供不应求，短缺的数量是$N_1 N_2$。只有在劳动供给曲线和劳动需求曲线的交点E上，劳动市场才处于均衡状态。在交点上，劳动的供给总量和需求总量刚好相等，既无过剩，也无短缺。均衡点决定的实际工资就是均衡的实际工资，该均衡点所决定的劳动就业量就是均衡的就业量。由此可以知道，劳动市场的均衡条件就是：

$N_s = N_d$

即　$N_s(W/P)=N_d(W/P)$

按照古典学派的解释，首先，在古典宏观经济模型中，劳动市场的均衡就业水平就是充分就业水平；其次，由于古典宏观经济模型中工资具有充分的伸缩性，所以在出现失业时，通过降低名义工资来降低实际工资就可以恢复充分就业。

实际上，在古典宏观经济模型中，劳动需求曲线和劳动供给曲线的交点不仅决定均衡就业量，而且决定充分就业的产量。生产函数 $y=f(N,K^*)$ 表示总产量是总就业量的函数，即劳动市场的就业量通过生产函数决定国民收入。由于均衡就业量就是充分就业量，所以它通过生产函数所决定的总产量就是充分就业的总产量。这可以由图3-5表示出来。

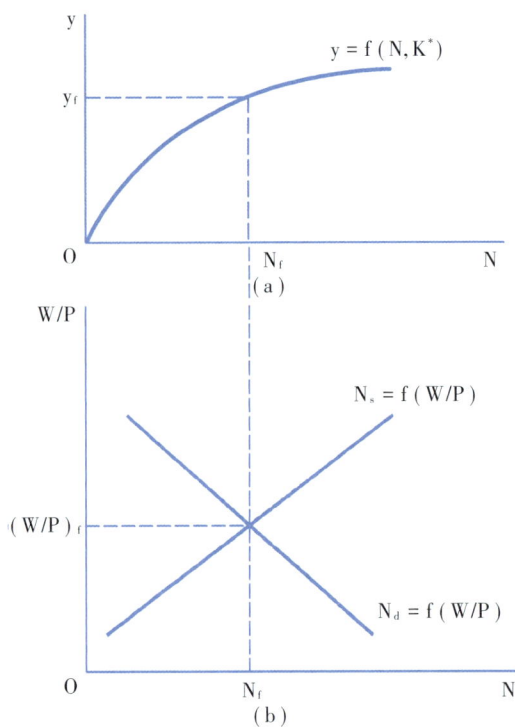

图3-5　充分就业量和充分就业产量

3.4　货币数量与价格水平

在古典宏观经济模型中，货币只是价值尺度和交易媒介，并没有价值储藏的功能。人们持有货币的动机是满足交易需要。人们不会保存闲置的货币，因为他们不愿意为此而蒙受利息或利润的损失。所以，古典学派认为，货币需求量只是收入的函数。

古典学派的货币理论是货币数量论，其表现形式是货币交易方程式和剑桥方程式。

3.4.1　货币交易方程式

货币交易方程式最早是由美国经济学家费雪在埃德温・甘末尔（Edwin W.

Kemmerer）观点的基础上，于其1911年出版的《货币的购买力》一书中提出的，所以也被叫作费雪方程式。货币交易方程式是：

MV=Py

式中：M表示流通中的货币数量；V表示货币的平均流通速度；P表示一般物价水平；y表示实际国民收入。

货币交易方程式表示流通中的货币数量同货币流通速度的乘积等于一般物价水平同实际国民收入的乘积。流通中的货币数量同货币流通速度的乘积是总支出，一般物价水平同实际国民收入的乘积是名义国民收入（货币国民收入）。这样，货币交易方程式也就表示了总支出和总收入之间的均等关系。

货币交易方程式也表明了价格水平的决定。可以通过对货币交易方程式重新整理来得出其表达式：

P=MV/y

该表达式表明一般物价水平（P）的高低，取决于流通中的货币数量（M）、货币的平均流通速度（V）和实际国民收入（y），M和V的变动会引起价格水平的正比例变化，y的变化会引起价格水平的反比例变化。不过，在短期中，货币的平均流通速度大致不会发生变化，实际国民收入也是由充分就业水平所决定的，也不会发生变化，所以，只有流通中的货币数量才是决定一般物价水平的最重要原因和最终原因。由此，可以得出结论：

价格水平随货币数量的变化而发生正比例变化。当货币数量按照某种比率增加时，价格水平也会按照相同的比率提高；当货币数量按照某种比率减少时，价格水平也会按照相同的比率下降（如图3-6所示）。

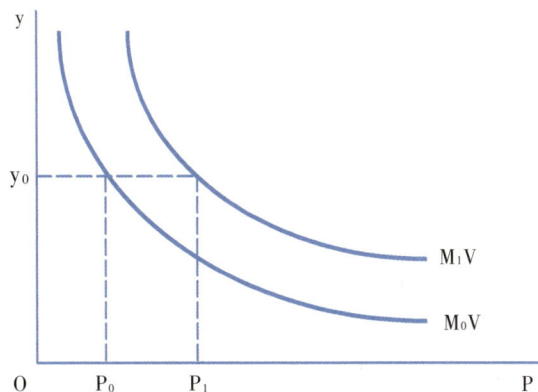

图3-6　货币数量和价格水平

在图3-6中，纵轴表示实际国民收入，横轴表示一般物价水平。曲线MV表示流通中的货币数量与货币的平均流通速度的乘积，其中V是常数。如果已知实际国民收入为y_0，一般物价水平就决定于货币数量。当货币数量为M_0时，对应的价格水平就是P_0；当货币数量从M_0增加到M_1时，对应的价格水平也就从P_0提高到P_1。

3.4.2 剑桥方程式

凯恩斯的《就业、利息和货币通论》出版之前，英国剑桥学派的经济学家庇古主张一种现金余额数量理论，表示该理论的剑桥方程式是：

M=kY=kPy

式中：M 表示流通中的货币数量，即货币供给量；P 表示一般物价水平；y 表示最终产品数量或实际国民收入；Y 表示名义国民收入；k 表示交易动机货币需求率，即人们为了交易而持有的货币数量对货币国民收入之比；kY 或 kPy 表示货币需求量，其中，Y=Py。

剑桥方程式也表明了一般物价水平的决定。交易动机货币需求率（k）的大小取决于社会的商业习惯和制度等因素，在短期内固定不变，可以看作常数；名义国民收入（Y）在达到充分就业均衡时也是一个已知的常数，因此，价格水平（P）同货币数量（M）呈正比例变化，价格水平的高低取决于货币数量的大小。

其实，货币交易方程式和剑桥方程式只是在形式上不同，在本质上是完全相同的。两个方程式中的 M 都是流通中的货币数量，P 都是一般物价水平，y 都是实际国民收入，剑桥方程式中的 k 等于货币交易方程式中的 V 的倒数，即 1/V。

3.4.3 货币数量和价格水平与货币工资水平

货币交易方程式和剑桥方程式都试图说明，在短期中，由于其他变量稳定不变，所以价格水平仅仅由货币数量决定，与货币数量呈正比例变化。

古典货币数量论中的传导机制，即超额货币需求或超额货币供给影响价格水平的机制，据说是一个直接的机制。当人们所实际持有的货币数量大于他们所愿意持有的货币数量时，就发生了超额货币供给，于是人们就会增加对商品和服务的购买；当 y 既定时，物价水平就会上升。相反，当人们所实际持有的货币数量小于他们所愿意持有的货币数量时，就发生了超额货币需求。这时，他们就会减少对商品和服务的购买；当 y 既定时，物价水平就会下降。因而，传导机制最终作用的结果就是，超额货币供给使物价水平上升，超额货币需求使物价水平下跌，直至货币供给等于货币需求。

实际上，在古典宏观经济模型中，货币数量论不仅被用于说明一般物价水平，而且被用于说明货币工资水平。

在图 3-7 中，MV 曲线是以物价水平为纵轴、实际国民收入或产量为横轴的坐标平面上的一条等轴双曲线。根据每一条既定的 MV 曲线，在 y 已知时，都可以确定一个同 y 相对应的价格水平（P）。在产量不变时，货币供应量增加，价格水平就上升；货币供应量减少，价格水平就下降。这样，古典宏观经济模型就通过引进货币数量论来解释经济体系中的物价水平，说明物价水平完全取决于货币数量。

此外，在图 3-7 中，当均衡产量和货币数量已知，从而价格水平也已知时，借助实际工资率的表达式 W/P，就可以确定同价格相对应的货币工资率。货币数量增加时，价格水平也增加，从而货币工资也增加，但实际工资不变。货币工资取决于货币数量，同货币数量呈正比例变化。

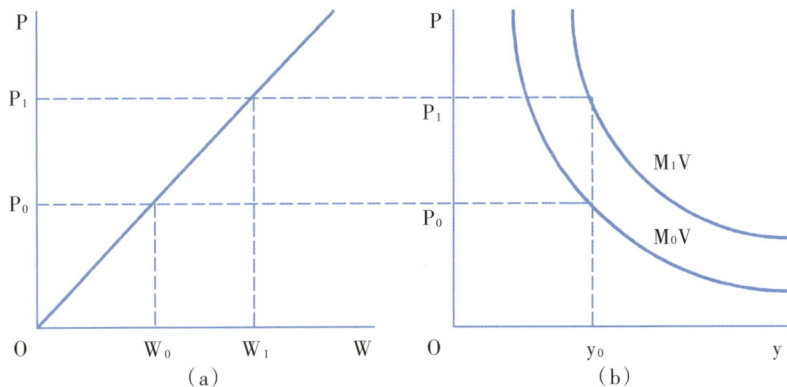

图3-7 货币数量和价格水平与货币工资水平

3.5 储蓄、投资与利率

在萨伊定律下，供给会创造自己的需求。不存在储蓄时，消费者的总收入会全部用于消费，总收入恒等于总支出，总供给恒等于总需求。但是，实际上消费者总会节省一部分收入，形成储蓄。存在储蓄，意味着总支出减少，即发生了总需求小于总供给的情况，于是生产萎缩，失业增加，收入下降。不过，古典学派认为，有伸缩性的利率机制会使储蓄全部转化为投资，从而弥补总需求的不足。这就是说，在伸缩性利率机制下，储蓄会自动转化为投资，总供给会自动等于总需求。这样，萨伊定律依然是有效的。

3.5.1 储蓄函数

古典宏观经济模型关于储蓄和利率的关系可以表示为储蓄函数：

$S=s(r)$

式中：S表示储蓄；r表示利率。这表明，储蓄是利率的函数，储蓄同利率呈同方向变化。利率高，储蓄多；利率低，储蓄少。理性的人会更偏好于当前消费，而不是未来的消费。当人们进行储蓄时，就意味着他们放弃当前消费而选择未来的消费。为了对他们放弃当前消费的损失加以补偿，就要对储蓄支付利息。当利率较高时，人们会为得到更多的利息而倾向多储蓄，减少当前消费，或者减少手持的超额货币余额。

储蓄函数可以表示为如图3-8所示的储蓄曲线。在图3-8中，纵轴为利率，横轴为储蓄量，储蓄曲线$S=s(r)$由左下方向右上方倾斜。

3.5.2 投资函数

古典宏观经济模型将投资和利率的关系描述为：

$I=i(r)$

式中：I为投资；r为利率。投资是利率的减函数，即投资与利率呈反方向变化。利率高，投资就少；利率低，投资就多。古典学派认为，投资取决于资本的边际生产力。

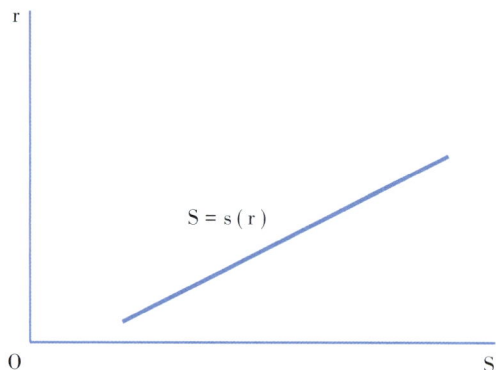

图 3-8　储蓄曲线

投资函数也可以用投资曲线来表示（如图 3-9 所示）。在图 3-9 中，纵轴表示利率，横轴表示投资。由于投资随利率呈反方向变化，所以，I=i(r)曲线就由左上方向右下方倾斜。

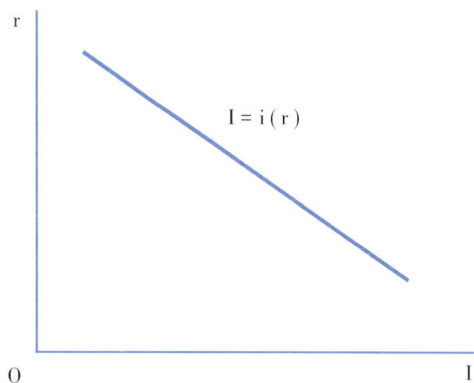

图 3-9　投资曲线

3.5.3　储蓄与投资的相等及与利率的关系

在古典宏观经济模型中，利率是调节储蓄和投资并使二者相等的机制。这种储蓄等于投资的均衡情况可以表示为方程：

$$S=I$$

或　　$s(r)=i(r)$

古典学派认为，只要存在一个能使储蓄等于投资的均衡利率，该均衡利率也一定能使消费者的储蓄全部自动地转化为生产者的投资，从而使总需求等于总供给。

如果将储蓄曲线和投资曲线放在一起，就可以得到使上面方程成立的图形（如图 3-10所示）。在图 3-10 中，纵轴表示利率，横轴表示储蓄和投资。投资曲线和储蓄曲线的交点表示均衡的利率和储蓄与投资相等的量。

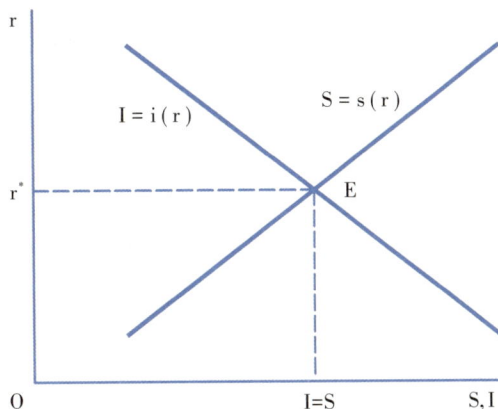

图 3-10 均衡利率和储蓄与投资的均衡

古典学派认为，利率富于弹性，可以上下调整。利率的任何变动都会引起储蓄和投资的变动。如果利率高于均衡利率，储蓄就会增加，投资就会下降，结果是储蓄大于投资。这时，社会上没有被消费的资源未被投资全部吸收，失业和存货就会增加。不过，这只是暂时的现象。社会上过多的储蓄将会引起放贷者之间的竞争，导致利率下降。反之，如果利率低于均衡利率，储蓄就会减少，投资就会增加，结果是投资大于储蓄。这时，社会上没有被消费的资源就不能满足投资的需要，导致物价上涨。但这种情况也是暂时的，因为储蓄不足将会引起投资者之间的竞争，推动利率上升。最终，只有利率达到均衡水平，储蓄和投资才会相等，只有这时的利率才是均衡利率。储蓄和投资的均衡意味着，社会上没有被消费的资源和没有被使用的劳动正好被投资所吸收了，社会既实现了充分就业，也实现了其他资源的充分利用。

3.6 古典宏观经济模型及总供求的均衡

在上述几部分的基础上，西方经济学家把古典宏观经济模型归纳为如下形式：

1.劳动市场

$N_d = N_d(W/P)$

$N_s = N_s(W/P)$

$N_d = N_s$ 或者 $N_d(W/P) = N_s(W/P)$

2.生产函数

$y = f(N, K^*)$

3.产品市场

$S = s(r)$

$I = i(r)$

$S = I$ 或者 $s(r) = i(r)$

4.货币市场

$MV = Py$ 或者 $M = kY = kPy$

在表示古典宏观经济模型的上述方程中：

（1）生产函数 $y=f(N,K^*)$ 表示总产量是总就业量的函数；

（2）劳动市场中 $N_d(W/P)=N_s(W/P)$ 表示劳动供给等于劳动需求，而劳动供求都是实际工资的函数；

（3）产品市场的 $s(r)=i(r)$ 表示投资等于储蓄，投资和储蓄都是利率的函数；

（4）货币市场的 $MV=Py$ 或者 $M=kY=kPy$ 表示货币的供给等于货币的需求，同时，货币数量决定了价格水平。

像以前一样，这些方程都可以用图形表示（如图3-11所示）。

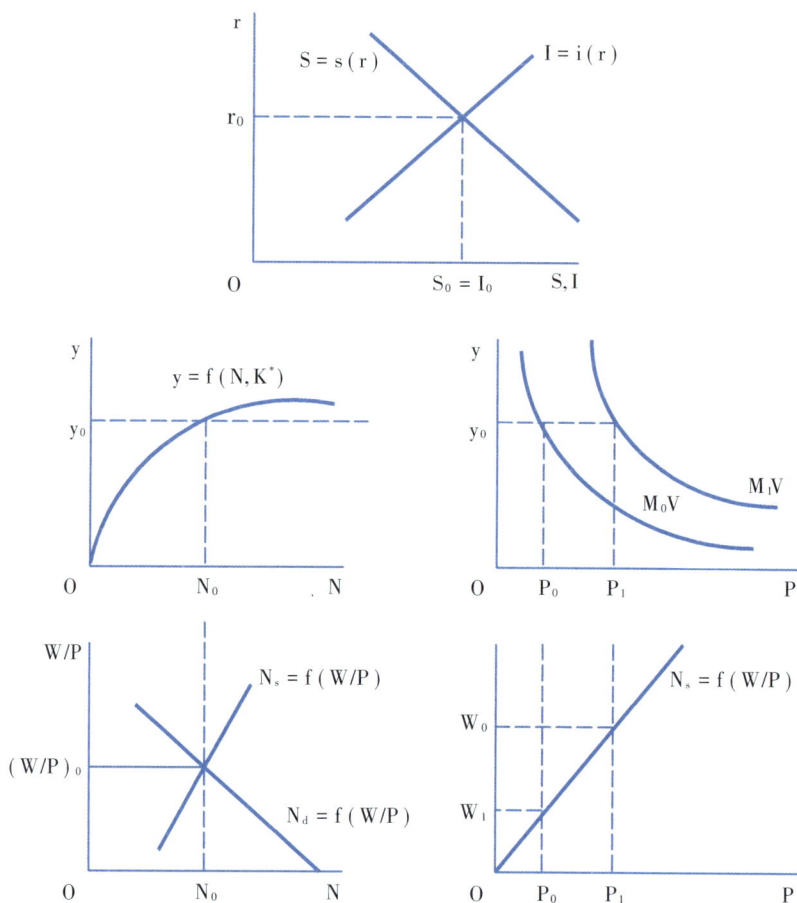

图3-11　古典宏观经济模型构成图

古典宏观经济模型的基本观点和结论可以归纳为以下几点：

（1）劳动的供给和需求都是实际工资的函数。由于劳动的"负效应"是随着劳动的增加而递增的，所以劳动供给曲线向右上方倾斜。这就是说，只有实际工资较高，工人才愿意提供较多的劳动。由于边际实物产量递减，所以劳动需求曲线向右下方倾斜。这就是说，只有实际工资较低时，企业才会雇用较多的劳动。劳动供给曲线和劳动需求曲线的交点确定了均衡的实际工资水平和就业水平。该均衡的就业水平也是充分就业水平。

（2）在各种生产要素既定、生产函数既定的情况下，产量或实际国民收入在短期内是劳动就业量的函数。

（3）在产量既定时，如果像古典学派所说的那样，货币的流通速度不变，则价格水平取决于货币存量（货币供给量）。价格水平与货币存量成正比。

（4）名义工资取决于价格和实际工资。如果名义工资是均衡工资，那么它就是充分就业的名义工资。

（5）储蓄和投资都是利率的函数。利息是储蓄的"报酬"，储蓄与利率呈正比例变化。利息是投资的"价格"，投资与利率呈反比例变化。均衡利率决定于储蓄曲线和投资曲线的交点，或者说，决定于储蓄和投资的相等。储蓄和投资的均衡点一方面决定实际收入在消费和储蓄之间的分配，另一方面决定生产在资本品和消费品之间的分配。

以上这些观点也意味着，如果名义工资伸缩自由，价格升降自如，经济就会有自动达到均衡的趋势。所以，古典宏观经济模型就是一个充分就业的模型。这一点是古典宏观经济模型的核心，也是剑桥学派就业理论的核心。对此，剑桥学派的著名经济学家庇古曾经说过：在稳定的条件下，一切愿意工作的人实际上都会就业。在庇古看来，经济中的失业只是自愿性失业和摩擦性失业，或者说，消除了自愿性失业和摩擦性失业，就可以说达到了充分就业。

把以上的观点加以合并，可以形成总供给和总需求。这可以用图3-12加以说明。

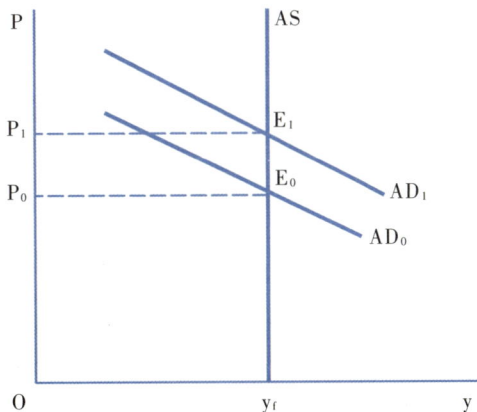

图3-12 古典总供求模型

由于在古典宏观经济模型中价格变动并不影响实际工资，价格变动也不影响实际产出（这就是古典学派的二分法），所以，图3-12基本上反映了古典宏观经济模型的观点。而垂直的总供给曲线从某种意义上说，也就成了古典学派的观点的代表。它说明，不论价格水平如何，社会所能提供的国民收入总是充分就业的收入水平。此外，古典学派还认为，如果国家实行货币政策来扩大货币供给量，那么总需求曲线就会向上移动。不过，由于总供给曲线是垂直的，所以不管总需求曲线如何移动，其交点只能表明价格可以上升和下降，但均衡产量和均衡国民收入不会变动。由此，图3-12也说明无论怎样通过经济政策去改变总需求，除了使价格上涨或下降之外，并不能对宏观经济产生实质性的影响。这种情况也表明，古典学派认为，经济不会总是处于失业状态，在长期中经济总是处于充分就业状态。

3.7 古典宏观经济模型的基本倾向

凯恩斯所说的古典学派以及现代西方经济学家所说的古典宏观经济模型，其实指的是在凯恩斯理论出现以前的、以马歇尔和庇古为代表的剑桥学派的经济理论和模型。这种理论是在19世纪末20世纪初边际主义经济理论基础上发展起来的集西方经济学理论之大成的理论体系。这种理论体系并不是以斯密、李嘉图为代表的古典经济学体系。凯恩斯对此曾经做出过说明："'古典学派经济学家'是马克思创造出来的一个名词，用来包括李嘉图和詹姆斯·穆勒（James Mill）以及他们的前辈即这个学派理论的奠基者，这一理论在李嘉图经济学中达到顶点。我习惯把李嘉图的后继者即那些接受并完善李嘉图经济理论的人，如约翰·穆勒、马歇尔、埃奇沃斯和庇古教授都包括在'古典学派'之内。这也许犯了文理不通的错误。"①其他人对凯恩斯所说的古典学派也做出了类似的说明。比如，狄拉德就说过："凯恩斯在对'古典学派'经济学进行的一些批评中，是以庇古教授的著作为特殊目标的，因为庇古教授是这一学派学说体系的最后一个伟大的代表人物。"

这种古典宏观经济模型的前提是自由竞争的资本主义市场经济，或者说是完全竞争的市场经济。萨伊定律是该模型最主要的理论依据。萨伊定律所体现的最主要的思想之一就是后来经济学家所说的二分法，即把货币看成是蒙在实物经济上面的面纱，和实物经济没有实际的联系的观点。萨伊定律所体现的另一个重要观点就是凯恩斯所说的"供给自动创造需求"。这种观点其实是把市场经济中的所有关系都归结为直接相互交换产品的关系，并且把货币仅仅看成瞬间的交换媒介，最终谁也不会把货币留在手里。在这种思想支配下，经济总会自动地达到均衡；如果暂时出现失衡，则只要解决好供给方面的问题，在市场中弹性的价格会最终将供求调节到新的均衡点上去。

为了更具体地说明和体现萨伊定律的思想，赞成古典学派观点的经济学家分别以表示生产函数、劳动市场、货币市场和产品市场的方程，借助不变的技术和其他投入、弹性的实际工资、弹性的利率、弹性的价格，进一步论证了萨伊定律的合理性。

总之，以萨伊定律为基础与核心的古典宏观经济模型，代表了赞成市场自动调节机制总是充分有效的观点和倾向。这一观点在1929—1933年的经济大萧条中遭到了"破产"。以凯恩斯为代表的经济学家对其产生了怀疑，最终与其分道扬镳，提出了完全不同的理论体系。所以，要真正理解凯恩斯的经济思想和理论体系，就要了解所谓的古典经济学体系。当然，到20世纪70年代以后，当凯恩斯主义理论体系因无法解释经济滞胀问题而濒于破产的时候，新古典宏观经济学体系便又改头换面，卷土重来了。我们要了解当代的宏观经济学理论体系，也必须对古典宏观经济模型及其倾向有基本的了解。

本章小结

1.萨伊定律的核心是要说明市场具有一种自动调节的机制，可以使社会的经济活动在各方面达到和谐与均衡的理想状况。萨伊定律表明总供给和总需求之间总是存在一种恒等

① 凯恩斯. 就业、利息和货币通论 [M]. 高鸿业，译. 北京：商务印书馆，1999.

的关系，社会的生产和供给总是能够创造出对商品和服务的足够数量的需求。

2.古典宏观经济模型的基本观点和结论可以归纳为以下几点：

（1）劳动的供给和需求都是实际工资的函数。劳动供给曲线和劳动需求曲线的交点确定了均衡的实际工资水平和就业水平。该均衡的就业水平也是充分就业水平。

（2）各种生产要素既定、生产函数既定的情况下，产量或实际国民收入在短期内是劳动就业量的函数。

（3）产量既定时，如果像古典学派所说的那样，货币流通速度不变，则价格水平取决于货币存量（货币供给量）。价格水平与货币存量成正比。

（4）货币工资取决于价格水平和实际工资水平。如果货币工资是均衡的工资水平，那么它就是充分就业的货币工资水平。

（5）储蓄和投资都是利率的函数。利息是储蓄的"报酬"，储蓄随利率呈正比例变化。利息是投资的"价格"，投资随利率呈反比例变化。均衡利率决定于储蓄曲线和投资曲线的交点。储蓄和投资的均衡点一方面决定实际收入在消费和储蓄之间的分配，另一方面决定生产在资本品和消费品之间的分配。

本章基本概念

萨伊定律　负效用　货币工资　实际工资　货币幻觉　古典学派的二分法

复习思考题

1.萨伊定律的核心思想是什么？
2.古典学派是如何说明储蓄、投资和利率之间的关系的？
3.古典宏观经济模型的基本观点和结论的要点是什么？
4.古典学派的二分法的含义是什么？
5.在古典学派看来，国民收入和产量是由什么决定的？

第4章
凯恩斯模型：简单的国民收入决定理论

学习目标

学习目标

通过学习本章，你应该能够：

◎明白凯恩斯简单国民收入决定理论的必要前提和背景、均衡国民收入的概念和均衡条件。

◎掌握消费函数和储蓄函数、边际消费倾向和边际储蓄倾向的含义，以及它们对总需求水平所起的作用。

◎掌握投资需求的决定原理、利率和资本边际效率对投资需求所起的作用，以及其他一些重要因素对投资水平的影响。

◎了解两部门、三部门和四部门经济模型中均衡国民收入的决定与变动。

◎了解乘数原理以及三部门、四部门经济中的乘数的差异。

本章讨论国民收入如何决定，即经济社会的生产或收入水平是怎样决定的问题。现代西方宏观经济学的奠基人凯恩斯所提出的理论学说的中心内容就是国民收入决定理论。以凯恩斯本人的经济理论为基础的凯恩斯主义的全部经济理论涉及 4 个市场：产品市场、货币市场、劳动市场和国际市场。仅包括产品市场的凯恩斯主义理论（一般以只包含消费者和企业的两部门经济情况为对象）被称为简单的国民收入决定理论。

4.1　均衡国民收入决定的原理

4.1.1　必要的假设

为了说明均衡国民收入决定的原理，需要从分析最简单的经济关系开始。因此，我们需要为分析方便而先做一些必要的假设：

（1）假设我们在分析经济活动时不考虑（或不存在）政府，也不考虑对外贸易，只有家庭部门和企业部门。消费行为和储蓄行为都发生在家庭部门，生产和投资行为都发生在企业部门。再假定企业投资是既定的，不随利率和产量而发生变动。

（2）假设需求量在任何水平上，经济制度都能以不变的价格提供与需求相适应的供给量。也就是说，社会总需求变动时，只会引起产量变动，使供求相等，而不会引起价格变动。这一含义被有些经济学家称为凯恩斯定律。因为凯恩斯写作《就业、利息和货币通论》时，面对着 1929—1933 年经济大萧条时工人大批失业、资源大量闲置的情况。在这种情况下，社会总需求增加会使闲置的资源得到利用，使生产增加，而不会使资源的价格上涨，从而产品成本和价格大体上也能保持不变。凯恩斯定律被认为适用于分析短期内收入和就业的决定问题。因为在短期中，价格不易变动，或者说具有黏性，当社会需求变动时，企业首先考虑的是调整产量，而不是改变价格。

（3）假设折旧和公司未分配利润为零。在这种情况下，GDP、NDP、NI 和 PI 就可以相等。

4.1.2 均衡国民收入（或产出）的含义

在上述假设下，经济社会中的产量或者国民收入决定于总需求水平。我们把与总需求相等的国民收入（或产出）叫作均衡国民收入（产出）。这里所说的均衡是指一种不再变动的经济情况。当国民收入（产出）等于总需求时，企业的生产就会稳定，经济也就达到了均衡。因为如果生产（供给）超过需求，企业的非意愿存货量就要增加，企业就会减少生产；反之，如果生产（供给）低于需求，企业的非意愿存货量就要减少，企业就会增加生产。这时，均衡国民收入（产出）可以用公式表示为：

y=c+i

式中：小写字母 y、c、i 分别表示实际国民收入（产出）、实际消费数量和实际投资数量（以后，我们仍将用小写字母表示不包含价格变化因素在内的实际经济变量，而用大写字母表示包含价格变化因素在内的名义经济变量）。不过，应该注意的是，这里的 c 和 i 分别具体代表家庭和企业的意愿消费数量和意愿投资数量，而不是实际发生的消费数量和投资数量。如果整个经济中企业由于错误估计形势，而生产了 1 亿元产品，但市场实际需要的只是 0.5 亿元产品，就会有 0.5 亿元产品成为企业的非意愿存货投资（或称非计划存货投资）。这部分存货投资在国民收入核算中是投资支出的一部分，但不是计划投资的部分，所以，在国民收入核算中，实际国民收入（产出）等于计划支出（或称计划需求）加非计划存货投资。但在国民收入决定理论中，均衡国民收入（产出）是指与计划支出相一致的产出。因此，在均衡产出水平上，计划支出和计划产出正好相等，非计划存货投资等于零或者说不存在。

均衡产出是和总需求相一致的产出，也是正好等于全体家庭消费者和企业希望支出数量的社会的收入。假如企业生产 100 亿元产品，家庭和企业要购买产品的支出也是 100 亿元，那么这 100 亿元的产出就是均衡国民收入（产出）。因为经济要处于均衡的收入水平上，就必须使实际收入水平等于计划（或者意愿）的支出量。只有如此，才能使相同的收入水平被维持下去。如果以 E 代表支出，y 代表收入，则经济均衡的条件就是 E=y（这和 y=c+i 是相同的意思，因为在两部门的经济中 E=c+i）。

在图 4-1 中，纵轴表示支出，横轴表示收入，45°线上的各点都表示支出和收入相等。假定图 4-1 中的总支出（总需求量）为 100 亿元，而总产出（总收入）也为 100 亿元时就是均衡产出，B 点为均衡点。同 B 点相对应的总支出和总收入都是 100 亿元。这说明生产的数量正好等于需要支出（消费加投资）的数量。如果产出大于 100 亿元，非意愿的存货投资（图 4-1 中用 I_u 表示）就大于零，企业就要削减生产。假如在相反的情况下，企业就会扩大生产。所以，经济总是会趋于 100 亿元的产出水平。如果再假定总需求为 80 亿元，则均衡产出必定也为 80 亿元；如果总需求为 120 亿元，则均衡产出也必定为 120 亿元。

4.1.3 投资等于储蓄

E=y 作为得到均衡产出或收入的条件，也可用 i=s 表示，因为这里的计划支出等于计划消费加计划投资，即

E=c+i

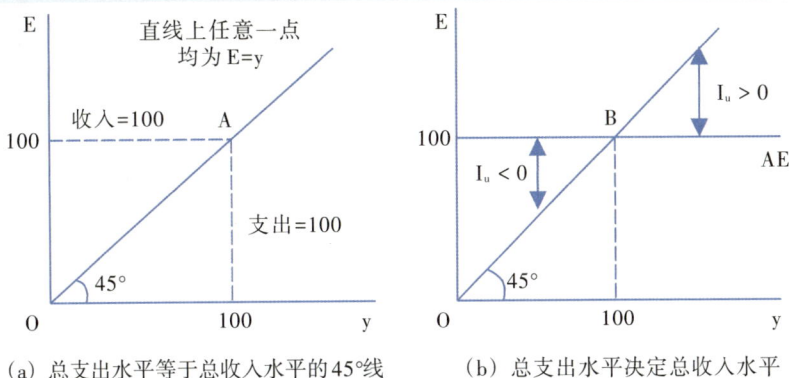

(a) 总支出水平等于总收入水平的45°线　　(b) 总支出水平决定总收入水平

图4-1　均衡产出

生产中所创造的收入也等于计划消费加计划储蓄，即

$y=c+s$

所以，$E=y$，即

$c+i=c+s$

从方程等式两边消去 c，就会得到：

$i=s$

投资等于储蓄是指经济要达到均衡，就必须使计划投资等于计划储蓄。而国民收入核算中的 i=s，是指实际发生了的投资（包括计划和非计划存货投资在内）始终等于储蓄。前者是经济达到均衡的条件，也就是说，要想让经济达到均衡，就必须让投资等于储蓄。但是，实际上计划投资不一定等于计划储蓄，也就是说设想的经济均衡不一定就是已经实现了的均衡。只有投资和储蓄二者在计划上和实际上都相等时，收入才真正处于均衡状态。而国民收入核算中所指的实际投资和实际储蓄相等，是根据定义而得到的事后的实际数字，所以二者必定相等。

4.2　消费函数与储蓄函数

4.2.1　消费函数

由于均衡国民收入在短期内主要是由总需求水平所决定的，所以，分析均衡国民收入的决定，就是分析总需求各个组成部分的决定。

我们首先分析消费的决定，因为消费是总需求中最主要的部分。此外，经济均衡的条件是计划投资等于计划储蓄，而要找出计划储蓄量的大小，也必须先找出计划消费量的大小。我们一旦知道了消费的数量，就可以从国民收入中减去这个消费量，从而求出储蓄量。

在现实生活中，影响各个家庭消费的因素有很多，有家庭收入、商品价格、利率、社会的收入分配状况、消费者的偏好、家庭财产状况、可提供的消费信贷状况、消费者的年龄构成，以及社会的各种制度、风俗习惯等。但是凯恩斯认为，这些因素中最有决定意义的是家庭收入。

凯恩斯认为，在收入和消费的关系方面，存在一条基本的心理规律，即随着人们收入的增加，他们的消费也会增加，但是消费的增加不如收入的增加多。消费和收入之间的这种关系就是凯恩斯所说的消费函数（或消费倾向）。如果把这种关系用公式表示出来，就是：

$c=c(y)$

我们以某个家庭的消费函数为例加以说明（见表4-1）。

表4-1 　　　　　　　　　　　　　　　某个家庭的消费函数表 　　　　　　　　　金额单位：元

	收入（y）	消费（c）	边际消费倾向（MPC）	平均储蓄倾向（APC）
A	9 000	9 110		1.01
			0.89	
B	10 000	10 000		1.00
			0.85	
C	11 000	10 850		0.99
			0.75	
D	12 000	11 600		0.97
			0.64	
E	13 000	12 240		0.94
			0.59	
F	14 000	12 830		0.92
			0.53	
G	15 000	13 360		0.89

表4-1中的数字表明：当该家庭收入为9 000元时，消费为9 110元，这意味着是借贷消费或者消费以前的储蓄。当收入为10 000元时，消费为10 000元，收支平衡。当收入逐渐增加到11 000元、12 000元、13 000元、14 000元和15 000元时，消费依次增加到10 850元、11 600元、12 240元、12 830元和13 360元。由此可以看出，当家庭收入增加时，消费也会随之增加，但增加得越来越少。在表4-1中，收入依次增加1 000元时，消费依次增加890元、850元、750元、640元、590元和530元。增加的消费与增加的收入之比，也就是每增加的1单位收入中用于增加的消费部分所占的比率，叫作边际消费倾向（MPC）。

边际消费倾向可以用公式表示为：

$MPC=\Delta c/\Delta y$

或者　　$\beta=\Delta c/\Delta y$

当收入增量和消费增量都极小时，上述公式也可以写为：

$MPC=dc/dy$

平均消费倾向（APC）指任意一个收入水平上的消费支出在收入中所占的比率。平均消费倾向的计算公式是：

$APC=c/y$

根据表4-1，我们也可以大致上画出一条消费曲线（如图4-2所示）。在图4-2中，横轴表示收入 y，纵轴表示消费 c，45°线上任一点到纵轴和横轴的垂直距离都相等，表示收入全部用于消费。c=c(y)曲线是消费曲线，表示消费和收入之间的函数关系。E点是消费曲线和45°线的交点，表示此时的消费支出和收入相等。E点左方消费曲线上的点，表示消费大于收入；E点右方消费曲线上的点，表示消费小于收入。随着消费曲线向右延伸，该曲线和45°线的距离越来越大，表示消费随收入增加而增加，但增加的幅度越来越小于收入增加的幅度。消费曲线上任意一点的斜率，就是与该点相对应的边际消费倾向；消费曲线上任意一点与原点相连而成的射线的斜率，则是与该点相对应的平均消费倾向。从图4-2上消费曲线的形状可以知道，随着这条曲线向右延伸，曲线上各点的斜率越来越小，说明边际消费倾向递减；同时，消费曲线上各点与原点连线的斜率也越来越小，说明平均消费倾向也递减，但平均消费倾向始终大于边际消费倾向，这和表4-1中的数据也是一致的。由于消费增量只是收入增量的一部分，所以边际消费倾向总是大于零和小于1，但平均消费倾向可能大于1、等于1或小于1，因为消费可能大于、等于或小于收入。

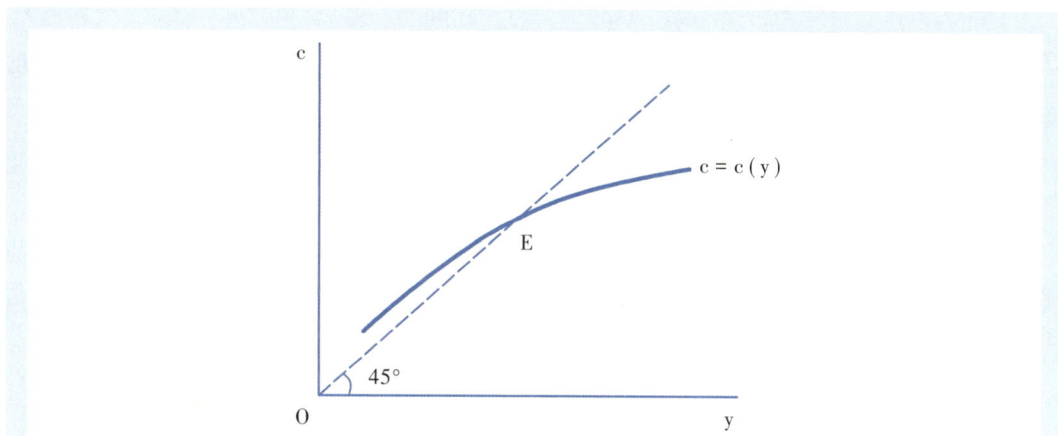

图4-2　消费曲线

对消费倾向递减的问题，凯恩斯也曾经说过："我们可以具有很大的信心来使用一条基本心理规律。该规律为：在一般情况下，平均说来，当人们收入增加时，他们的消费也会增加，但消费的增加不像收入增加得那样多。"[①]

表4-1所表示的是边际消费倾向递减的情况。如果消费和收入之间存在线性关系，则边际消费倾向就是一个常数，这时消费函数就可以表示为：

$c=\alpha+\beta y$

式中：α表示自发消费部分，也就是即使收入为零时，消费者通过举债或使用其原先的储蓄也必须要进行的消费；β表示边际消费倾向；β和y的乘积表示收入变动引起的消费，即引致消费。所以，$c=\alpha+\beta y$的经济含义就是：总消费等于自发消费与引致消费之和。例如，α=300，β=0.75，则c=300+0.75y。这表示，当收入增加1单位时，其中就有75%用于增加消费，所以，只要知道y，就可算出全部消费支出量。

当消费和收入之间呈线性关系时，消费函数就是一条向右上方倾斜的直线，消费函数上每一点的斜率都相等，并且大于0而小于1（如图4-3所示）。

① 凯恩斯. 就业、利息和货币通论 [M]. 高鸿业，译. 北京：商务印书馆，1999：101-102.

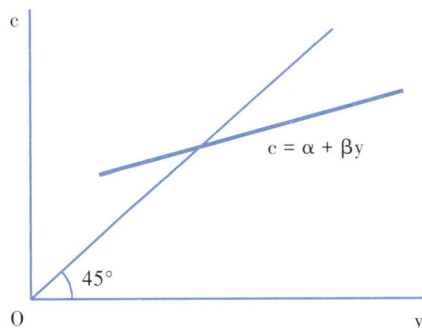

图 4-3　线性消费函数

当消费函数为线性时，更容易看出 APC>MPC，因为消费函数上任意一点与原点相连所形成的射线的斜率都大于消费曲线（这里是直线）的斜率。而且从公式看，$APC=\dfrac{c}{y}=\dfrac{\alpha+\beta y}{y}=\dfrac{\alpha}{y}+\beta$，这里的 β 就是 MPC，由于 c 和 y 都是正数，所以，APC>MPC。随着收入的增加，α/y 的值会越来越小。这说明 APC 逐渐趋近于 MPC。

4.2.2　储蓄函数

储蓄函数是与消费函数相联系的概念。储蓄是收入中没有被消费的部分。由于消费随收入增加而增加的比率是递减的，可以想到储蓄随收入增加而增加的比率是递增的。储蓄与收入的这种数量关系就是储蓄函数，其公式是：

$s=s(y)$

根据表 4-1 的数据，可以在表 4-2 中列出某个家庭的储蓄函数的数据。

表 4-2　　　　　　　　　　　某个家庭的储蓄函数表　　　　　　　　　　　金额单位：元

项目	收入（y）	消费（c）	储蓄（s）	边际储蓄倾向（MPS）	平均储蓄倾向（APS）
A	9 000	9 110	−110		−0.01
				0.11	
B	10 000	10 000	0		0.00
				0.15	
C	11 000	10 850	150		0.01
				0.25	
D	12 000	11 600	400		0.03
				0.36	
E	13 000	12 240	760		0.06
				0.41	
F	14 000	12 830	1 170		0.08
				0.47	
G	15 000	13 360	1 640		0.11

根据表4-2，可画出储蓄曲线的图形（如图4-4所示）。在图4-4中，s=s(y)曲线表示储蓄和收入之间的函数关系。B点是储蓄曲线和横轴交点，表示消费和收入相等，即收支平衡，B点右方有正储蓄，B点左方有负储蓄。随着储蓄曲线向右延伸，它和横轴的距离越来越大，表示储蓄随收入而增加，且增加的幅度越来越大。

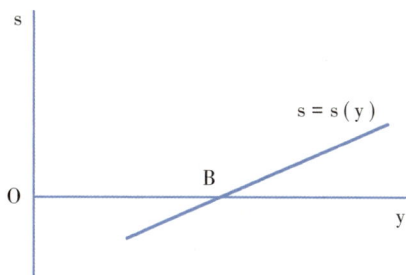

图4-4 储蓄曲线

储蓄曲线上任意一点的斜率都是该点的边际储蓄倾向（MPS），它是该点上的储蓄增量与收入增量的比率，其公式是：

$MPS=\Delta s/\Delta y$

如果收入与储蓄增量都极小，则边际储蓄倾向的公式就可写成：

$MPS=ds/dy$

储蓄曲线上任意一点与原点相连而形成的射线的斜率，就是平均储蓄倾向（APS）。平均储蓄倾向是指任意一个收入水平上的储蓄在收入中所占的比率。其公式是：

$APS=s/y$

表4-2中所列的某个家庭的储蓄函数表和图4-4所示的储蓄曲线所表示的储蓄和收入的关系是非线性的。如果二者呈线性关系，消费曲线和储蓄曲线就都是一条直线，那么，由于s=y-c，而且c=α+βy，于是：

$s=y-c=y-(\alpha+\beta y)=-\alpha+(1-\beta)y$

这就是线性储蓄函数的方程。线性储蓄函数的图形如图4-5所示。

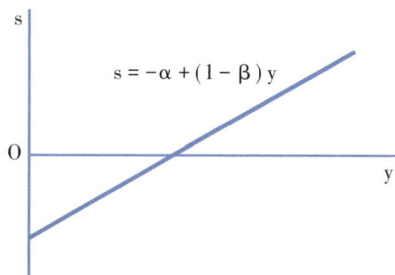

图4-5 线性储蓄函数

4.2.3 消费函数与储蓄函数的关系

由于储蓄被定义为收入和消费之差，因此，消费函数和储蓄函数的关系表现出：

（1）消费函数和储蓄函数互补，二者之和总等于收入。从公式上看：

$\because c=\alpha+\beta y$

$s=-\alpha+(1-\beta)y$

$\therefore c+s=\alpha+\beta y-\alpha+y-\beta y=y$

这种关系可以在图4-6中表示出来。在图4-6中，当收入为y_0时，消费支出等于收入，储蓄为0。在A点左方，消费曲线c位于45°线之上，表明消费大于收入，因此，储蓄曲线s相对应的部分位于横轴下方；在A点右方，消费曲线c位于45°线之下，因此，储蓄曲线s位于横轴上方。

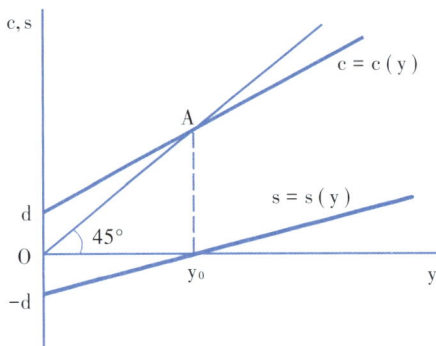

图4-6　消费曲线和储蓄曲线的关系

（2）APC和MPC都随收入增加而递减，但APC>MPC；APS和MPS都随收入增加而递增，但APS<MPS。从图4-6上看，在y_0点的右方，储蓄曲线上任意一点与原点连成的射线的斜率都小于储蓄曲线上该点的斜率。

（3）APC和APS之和恒等于1，MPC和MPS之和也恒等于1。对此，可以证明如下：

$\because y=c+s$

$\therefore \dfrac{y}{y}=\dfrac{c}{y}+\dfrac{s}{y}$

即　　APC+APS=1

由此可知：

1-APC=APS

1-APS=APC

再看MPC和MPS的情况：

$\because \Delta y=\Delta c+\Delta s$

$\therefore \dfrac{\Delta y}{\Delta y}=\dfrac{\Delta c}{\Delta y}+\dfrac{\Delta s}{\Delta y}$

即　　MPC+MPS=1

由此可知：

1－MPC=MPS

1－MPS=MPC

根据以上特点，消费函数和储蓄函数只要有一个被确定，另一个就会随之被确定。当消费函数已知时，就可求出储蓄函数；当储蓄函数已知时，也可求出消费函数。

4.2.4 家庭消费函数与社会消费函数的不同

宏观经济学关心的是作为家庭消费函数总和的整个社会的消费函数。不过，这并不是通过对家庭消费函数简单加总得到的。通过家庭消费函数去求社会消费函数时，还要考虑另外一些因素的影响。这些因素主要有：

1.国民收入的分配状况

一般说来，人们越富有，就越有能力储蓄。但是，不同收入阶层的边际消费倾向不同。富有者的边际消费倾向较低，贫穷者的边际消费倾向较高。所以，国民收入分配越不均等，社会消费曲线就越向下移动；反之，则向上移动。

2.不同的税收政策

如果政府实行累进个人所得税，将富有者原来可能用于储蓄的一部分收入征收过来，再以政府支出形式花费掉，社会的消费数量就会增加，社会消费曲线就会向上移动。税收降低，则会收到相反的效果。

3.公司未分配利润在利润中所占比例

公司未分配利润等于一种储蓄，若将其分给股东，就会有一部分被消费掉。因此，公司未分配利润在利润中所占比例大，则消费少、储蓄多；反之，则消费多、储蓄少，社会消费曲线向上移动。

由于上面这些因素，社会消费曲线并不必然等于家庭消费曲线的简单相加。不过，在考虑到各种限制条件后，社会消费曲线的基本形状仍然会和家庭消费曲线有很大的相似之处。

不过，上述消费函数只是凯恩斯提出的消费函数，被称为凯恩斯的绝对收入消费理论。它假定消费是收入水平的函数。但这只是消费函数最简单的形式。至于其他经济学家对其进行的补充和修改，本书将在后面部分加以适当说明。

4.3 投资函数

在通常情况下，人们购买证券、土地和其他财产的行为，都被看作投资。但从经济学角度看，这只是资产所有权的转移。经济学中的投资是指实际资本的形成和增加，包括厂房、设备、存货、新住宅的建筑等（其中主要是厂房、设备）的增加。本书所涉及的投资就是具有这方面含义的投资。

决定投资的因素有很多，但主要的因素有实际利率、预期收益和投资风险。

4.3.1 实际利率与投资

1.投资函数

凯恩斯认为，企业的投资决策取决于投资的预期利润率和作为投资成本的利率之间的比较。前者大于后者时，投资是有利的；前者小于后者时，投资就是不利的。一般说来，短期内，在决定投资的各种因素中，利率是首要因素。这里的利率是指实际利率。实际利率大致上等于名义利率（货币利率）减去通货膨胀率。假如名义利率为8%，通货膨胀率为3%，则实际利率等于5%。在投资的预期利润率既定时，企业是否进行投资，首先决定于利率的高低。利率上升时，投资需求量会减少；利率下降时，投资需求量会增加。投资是利率的减函数。这里的关键在于，企业用于投资的资金多半是借来的，利息是投资的成本。即使企业投资的资金是自有的，企业也会把利息看成投资的机会成本，因而也是投资的成本。所以，利率上升时，投资者自然就会减少对投资物品（如机器设备等）的购买。投资与利率之间的这种数量关系被称为投资函数，可写作：

i=i(r)

比如，我们假定i=i(r)=1 250-250r。1 250表示利率为零时也仍然会有的投资量，被叫作自主投资。250是利率对投资需求的影响系数，表示利率每上升或下降1个百分点，投资就会减少或增加的数量。如果把投资函数写成i=i(r)=e-dr，则式中的e就是自主投资，-dr就是投资需求中与利率有关的部分。投资与利率之间的这种函数关系可用图4-7来表示。图4-7中的投资需求曲线又叫投资边际效率（marginal efficiency of investment，MEI）曲线。投资边际效率概念是从资本边际效率（marginal efficiency of capital，MEC）这一概念引申而来的。

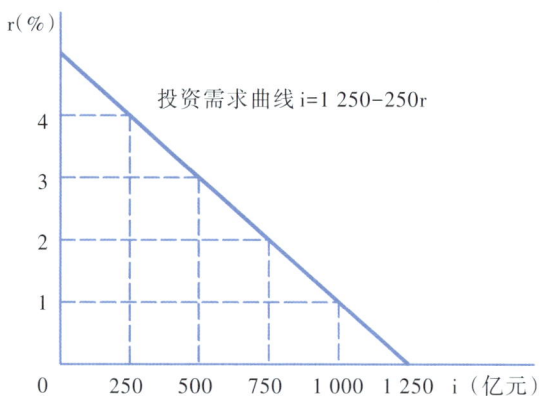

图4-7　投资函数

2.资本边际效率

按照凯恩斯的说法，资本边际效率是一种贴现率，这种贴现率正好使一项资本物品在使用期内各预期收益的现值之和等于该项资本的供给价格或者重置成本。凯恩斯认为，资本边际效率也是一种心理规律。人们对未来收益的预期在很大程度上会受到他们心理因素和信心状态的影响。他说："信心状态之所以重要，其原因在于，它是决定前者（资本边际效率——引者注）的主要因素之一。"[1]

关于贴现率和现值的关系，我们试举一例加以说明。

假定本金为100元，年利率为5%，则：

第1年的本利和为：

① 凯恩斯. 就业、利息和货币通论［M］. 高鸿业，译. 北京：商务印书馆，1999：152-153.

100×（1+5%）=105（元）

第2年的本利和为：

105×（1+5%）=100×（1+5%）²=110.25（元）

第3年的本利和为：

110.25×（1+5%）=100×（1+5%）³=115.76（元）

……

以此类推，现在以r表示利率，R_0表示本金，R_1、R_2、R_3分别表示第1年、第2年、第3年的本利和，则各年本利和为：

$R_1 = R_0(1+r)$

$R_2 = R_1(1+r) = R_0(1+r)^2$

$R_3 = R_2(1+r) = R_0(1+r)^3$

…

$R_n = R_0(1+r)^n$

现在把问题倒过来，设利率和本利和为已知，利用公式求本金。假定利率为5%，1年后本利和为105元，则利用公式$R_1 = R_0(1+r)$就可求得本金：

$$R_0 = \frac{R_1}{1+r} = \frac{105}{1+5\%} = 100（元）$$

即在利率为5%时，1年后105元的现值是100元；在同样利率下，2年后110.25元以及3年后115.76元的现值也是100元。一般说来，n年后R_n的现值是：

$$R_0 = \frac{R_n}{(1+r)^n}$$

再看资本边际效率。假定某企业投资30 000元购买1台机器，该机器的使用期限是3年，3年后全部耗损。再假定把人工、原材料以及其他所有成本（如能源、灯光等，但利息和机器成本除外）扣除以后，3年内各年份的预期收益是11 000元、12 100元和13 310元。这是该投资在各年份内的预期毛收益，3年共36 410元。

若贴现率是10%，那么3年内全部预期收益36 410元的现值正好是30 000元，即

$$R_0 = \frac{11\,000}{1+10\%} + \frac{12\,100}{(1+10\%)^2} + \frac{13\,310}{(1+10\%)^3}$$

$$= 10\,000 + 10\,000 + 10\,000 = 30\,000（元）$$

该贴现率（10%）使3年的全部预期收益（36 410元）的现值（30 000元）正好等于这项资本物品（1台机器）的供给价格（30 000元），所以，这一贴现率就是资本边际效率。它表明一个投资项目的收益应该按照什么比例增长才能达到预期的收益。因此，它也代表了该投资项目的预期利润率。

假定资本物品（如上述机器）不是在3年中而是在几年中报废，并且在停止使用时还有残值，那么，资本边际效率的公式就是：

$$R = \frac{R_1}{1+r} + \frac{R_2}{(1+r)^2} + \frac{R_3}{(1+r)^3} + \cdots + \frac{R_n}{(1+r)^n} + \frac{J}{(1+r)^n}$$

式中：R表示资本物品的供给价格；R_1，R_2，R_3，…，R_n分别表示不同年份（或时期）的预期收益；J表示该资本物品在n年结束时的残值；r表示资本边际效率。

3.资本边际效率曲线与投资边际效率曲线

如果我们能估算出 R_0、J 和各年份预期收益的值，就能算出 r 的值。如果资本边际效率 r 大于市场利率，投资就值得进行；否则，就不值得进行。

从资本边际效率的公式可以知道，r 的数值取决于资本物品供给价格和预期收益。预期收益既定时，供给价格越大，r 越小；供给价格既定时，预期收益越大，r 越大。由于实际生活中，每一个投资项目的资本边际效率不一样，所以每个企业都会面临若干供选择的投资项目。

一个企业的资本边际效率曲线也许是阶梯形的。如果把经济社会中所有企业的资本边际效率曲线加在一起，阶梯形的折线就会逐渐变成一条连续的曲线。因为在相加过程中，所有起伏不平的部分会彼此抵消而转为平滑，这条曲线就是凯恩斯所讲的资本边际效率曲线（如图4-8所示）。

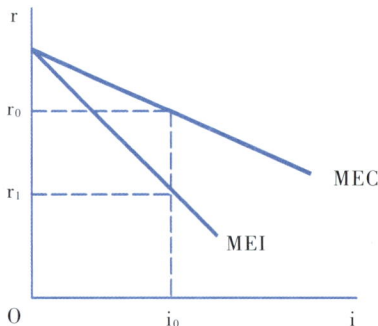

图4-8　资本边际效率曲线和投资边际效率曲线

MEC曲线表明，投资量和利率之间存在反方向变动关系：利率越高，投资量越小；利率越低，投资量越大。

实际上，MEC曲线并不能准确代表企业的投资需求曲线，因为当利率下降时，如果每个企业都增加投资，资本物品的价格就会上涨。这就是说，资本边际效率公式中的 R（资本物品的供给价格）如果要增加，则在相同的预期收益情况下，r 必然缩小；否则，公式两边就无法相等。也就是说，这一贴现率（资本边际效率）无法使未来收益折合等于资本物品供给价格的现值。由于 R 上升而被缩小了的 r 的数值被称为投资边际效率。所以，在相同的预期收益下，投资边际效率小于资本边际效率。例如，在图4-8中，一笔投资量 i 所带来的预期收益量，其资本边际效率为 r_0，但投资边际效率只为 r_1，$r_1 < r_0$。因此，按资本边际效率，市场利率为 r_0 时就可以有 i_0 的投资量；按投资边际效率，市场利率要降为 r_1 时才会有 i_0 的投资量。

由于投资边际效率小于资本边际效率，因此，投资边际效率曲线较资本边际效率曲线更陡峭。不过，MEI曲线和MEC曲线同样都能表示利率和投资量之间存在的反方向变动关系，只是在使用MEI曲线情况下，利率变动对投资量变动的影响较小一些。更精确地表示投资量和利率之间关系的曲线，应该是MEI曲线。所以，西方经济学教材中一般都用MEI曲线来表示利率与投资量之间的关系。投资需求曲线指的就是MEI曲线，也就是前边所说的投资需求函数。

4.3.2　预期收益与投资

实际利率对投资需求的影响，其实是投资成本对投资需求的影响。影响投资需求的另一个重要因素是投资的预期收益，即一个投资项目在未来各个时期中估计可以得到的收益。影响这种预期收益的因素当然也是多方面的，主要有：

1.产品的市场需求预期

企业决定是否投资及投资多少时，首先会考虑市场对该投资项目的产品在未来的需求情况。因为这种需求状况既决定产品的销售前景，也影响产品价格的变化。如果企业认为投资项目的产品的市场需求在未来会增加，就会增加投资。从道理上讲，一定的产出量会要求一定的投资量。产出增量与投资增量之间的关系被叫作加速数，说明产出变动和投资变动之间关系的理论被称为加速原理（本书第 17 章将对这一原理做进一步介绍）。

2.产品的成本

投资的预期收益在很大程度上也取决于投资项目的产品的生产成本，尤其是工资成本。因为在其他条件不变时，工资成本上升会降低企业利润，减少投资预期收益。特别是对那些劳动密集型产品的投资项目而言，工资成本上升显然会降低投资需求。此外，对那些可以用机器设备代替劳动的投资项目，工资上升则意味着多用机器设备比多用劳动更有利可图，从而增加投资需求。可见，工资成本的变动对投资需求的影响具有不确定性。但在多数情况下，随着工资成本的上升，企业会越来越多地考虑采用新机器设备，从而使投资需求增加。

3.加速折旧

政府的加速折旧政策对投资具有很大的影响。加速折旧政策允许企业从其总收入中增加折旧扣除。这将一方面减少企业的应纳所得税税额，从而增加企业的利润；另一方面，加速折旧既可以在一定时期内为企业增加可运用的资金，也可以加快资产重置的投资。这样，加速折旧政策对投资就具有重要的影响和作用。

4.投资税抵免

在一些国家，政府为鼓励企业投资，会采用一种投资税抵免的政策，即政府规定，投资的厂商可以从其所得税中扣除其投资总值的一定百分比。假定某企业在某一年投资 1 亿元，如果规定投资税抵免率是 10%，则该企业可少缴所得税 1 000 万元，这 1 000 万元等于是政府为企业支付的投资项目的成本。如果该企业在这一年的所得税不足 1 000 万元，只有 600 万元，则所余的 400 万元还可以等到下一年甚至第 3 年再进行抵扣。投资税抵免政策对投资的影响，在很大程度上取决于这种政策是临时的还是长期的。如果政策是临时的，则政策效果也是临时的，过了政策期限，投资需求可能反而下降。比方说，政府为刺激经济，如果宣布在某一年实行投资税抵免，则该年的投资可能大幅度增加，甚至本来准备下一年投资的项目也可能提前到上一年进行投资，但下一年投资需求会明显下降。此外，企业会把投资税抵免政策实行前一年的一些项目推迟到实行投资税抵免政策时再进行投资。

4.3.3　投资风险与投资

投资需求与企业的投资风险密切相关。尽管投资是现在进行的，但收益是未来的，也是不确定的。一般说来，人们对未来的收益会做出预测，企业可以根据这种预测进行投资决策。不过，谁也不可能准确无误地预测到将来的结果。所以，投资总有风险，较高的投资收益往往伴随着较高的投资风险，如果收益不足以补偿风险可能带来的损失，企业就不愿意投资。这里所说的风险包括未来的市场走势、产品价格的变化、生产成本的变动、实际利率的变化、政府宏观经济政策的变化等，它们都具有不确定性。一般说来，经济趋于繁荣时，企业对未来会看好，从而会认为投资风险较小；经济呈下降趋势时，企业对未来的看法会悲观，从而感觉投资风险较大。凯恩斯认为，投资需求与投资者的乐观和悲观情绪有较大关系。实际上，这是说明投资需求会随人们承担风险的意愿和能力的变化而变动。

综上所述，投资需求取决于投资的成本和预期收益。具体说来，投资的成本主要受利率、工资成本的影响；投资的预期收益主要受资本边际效率的影响，还受投资项目的产品在未来的需求情况、加速折旧、投资税抵免和投资风险等影响。

4.4　两部门经济模型中均衡国民收入的决定与变动

4.4.1　使用消费函数决定均衡国民收入

均衡国民收入是指与计划总支出相等的总收入。在两部门经济模型中，计划支出由消费和投资构成，即y=c+i。为了使分析简化，在均衡国民收入决定的简单模型中，可以先假定计划投资是一个固定的量，即投资i是一个常数。这样，只要把收入恒等式和消费函数结合起来就可以求出均衡国民收入：

$$\begin{cases} y = c + i & （收入恒等式）\\ c = \alpha + \beta y & （消费函数）\end{cases}$$

求解上述联立方程，就可以得到均衡国民收入：

$$y=\frac{\alpha + i}{1 - \beta}$$

可见，在两部门经济模型中，如果已知消费函数和投资量，就可得出均衡国民收入。假定消费函数为c=1 000+0.8y，自发的计划投资始终为600亿元，那么均衡国民收入就是：

$$y=\frac{1\,000 + 600}{1 - 0.8}=8\,000（亿元）$$

我们可以用表格来加以说明均衡国民收入的决定。当消费函数为c=1 000+0.8y及自发投资为600亿元时，均衡国民收入的决定情况见表4-3。

表4-3表明，当y=8 000亿元时，c=7 400亿元，i=600亿元，y=c+i，因此8 000亿元是均衡的国民收入。如果国民收入小于8 000亿元，比方说为6 000亿元，c=5 800亿元，加上投资600亿元，总支出为6 400亿元，超过了总供给6 000亿元，这意味着企业的销售量

大于产量，存货出现意外的减少。企业这时扩大生产有利可图，国民收入将向均衡国民收入靠拢。相反，如果国民收入大于 8 000 亿元，说明企业的产量大于销售量，存货出现意外增加，则企业会减少生产，使国民收入仍向 8 000 亿元靠拢。只有当国民收入达到均衡水平时，经济中既没有非计划存货投资，也没有非计划存货负投资（存货意外地减少），产量正好等于销售量，存货保持正常水平。这时，经济就处于企业愿意保持的产量水平上。当所有的企业都将产量保持在这种水平上时，国民收入就保持在均衡水平上。

表 4-3　　　　　　　　　　　　　　均衡国民收入的决定　　　　　　　　　　　　单位：亿元

收入（y）	消费（c）	储蓄（s）	投资（i）
3 000	3 400	-400	600
4 000	4 200	-200	600
5 000	5 000	0	600
6 000	5 800	200	600
7 000	6 600	400	600
8 000	7 400	600	600
9 000	8 200	800	600
10 000	9 000	1 000	600

　　均衡国民收入的决定也可以用图形来表示。图 4-9 表示，消费加投资（c+i）曲线和 45°线的交点可以决定均衡国民收入。在图 4-9 中，横轴表示收入，纵轴表示消费加投资。在消费（c）曲线上加投资（i）曲线就可得到消费加投资曲线，这条曲线也是总支出曲线。由于投资被假定为始终等于 600 亿元的自发投资，因此，消费加投资曲线所形成的总支出曲线与消费曲线相平行，二者之间的垂直距离等于 600 亿元自发投资，总支出曲线和 45°线相交于 E 点，E 点决定的收入水平就是均衡国民收入 8 000 亿元。这时，家庭意愿的消费支出与企业意愿的投资支出的总和，正好等于国民收入（产量）。如果经济离开了这个均衡点，企业的销售量就会大于或小于它们的产量，从而被迫进行存货负投资或存货投资，即会出现意外的存货减少或增加，这将会引起生产的扩大或收缩，直至回到均衡点为止。

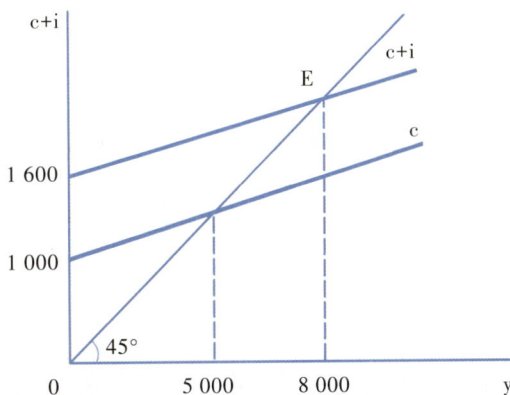

图 4-9　消费加投资曲线和 45°线的交点决定收入（单位：亿元）

4.4.2 使用储蓄函数决定均衡国民收入

前面使用消费函数决定均衡国民收入的方法，也就是使用总支出等于总收入（总供给）来决定均衡收入的方法。除此之外，我们还可以用计划投资等于计划储蓄的方法来求出均衡国民收入。

计划投资等于计划储蓄，即 $i=y-c=s$，而储蓄函数为 $s=-\alpha+(1-\beta)y$。这两个式子组成的联立方程是：

$$\begin{cases} i = s = y - c & \text{（投资等于储蓄）} \\ s = -\alpha + (1-\beta)y & \text{（储蓄函数）} \end{cases}$$

求解该联立方程，同样可以得到均衡国民收入：

$$y = \frac{\alpha + i}{1 - \beta}$$

这种用计划投资等于计划储蓄的方法决定的均衡国民收入，可用图 4-10 来表示。在图 4-10 中，横轴表示收入，纵轴表示储蓄和投资，s 代表储蓄曲线，i 代表投资曲线。由于投资是不随收入而变化的自发投资，所以投资曲线与横轴平行，二者之间的距离始终等于一个固定的数值。投资曲线与储蓄曲线相交于 E 点，与 E 点对应的收入就是均衡国民收入。如果实际产量小于均衡国民收入，就表明投资大于储蓄，社会生产供不应求，企业存货意外地减少。在这种情况下，企业会扩大生产，从而使国民收入向右移动，直至达到均衡国民收入为止。相反，如果实际产量大于均衡国民收入，则表明投资小于储蓄，社会生产供过于求，企业存货会意外地增加。在这种情况下，企业会减少生产，从而使国民收入向左移动，直至达到均衡国民收入为止。只有在均衡国民收入水平上，企业生产才会最终稳定下来。

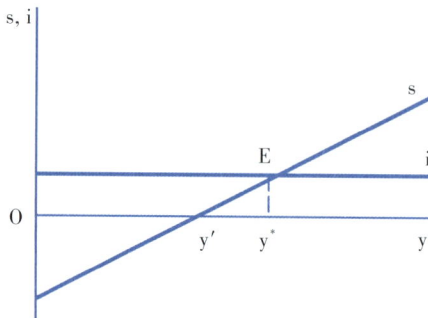

图 4-10 储蓄曲线和投资曲线的交点决定均衡国民收入

以上两种决定均衡国民收入的方法，其实是从同一种关系中引申出来的，因为储蓄函数本来就是从消费函数中派生出来的。因而，无论使用消费函数还是储蓄函数，求出的均衡国民收入都是一样的。

4.5 三部门经济模型中均衡国民收入的决定与变动

在有政府参与其中的三部门经济模型中，从总支出的角度看，国民收入包括消费、投资和政府支出；从总收入的角度看，国民收入则包括消费、储蓄和税收。不过，这里的税收是净税收，即从总税收中减去政府转移支付以后所得到的净纳税额。所以，加入政府部门后的均衡国民收入应该是计划的消费、投资和政府支出的总和，它也是与计划的消费、储蓄和净税收的总和相等时的国民收入：

c+i+g=c+s+t

消去上式中等号两边的c：

i+g=s+t

这就是三部门经济模型中宏观经济均衡的条件。

一般说来，税收有两种情况：

（1）定量税，即税收量不随收入而变动，用t来代表。

（2）比例税，即税收量随收入增加而增加。

如果按一定税率从收入中征税，则可用t=t(y)来表示。在两种情况下，均衡国民收入是不相同的。

假设消费函数为c=100+0.75y_d，y_d表示可支配收入，定量税收t=80，投资i=100，政府购买支出g=200。根据这些条件，先求出可支配收入：

y_d=y-t=y-80

然后根据消费函数求出储蓄函数：

s=y_d-c=y_d-(α+βy_d)=-α+(1-β)y_d=-100+0.25(y-80)=0.25y-120

最后将i、g、s和t代入宏观经济均衡条件i+g=s+t中，得到：

100+200=0.25y-120+80

y=1 360

由此，均衡国民收入为1 360。

如果其他条件不变，把税收从定量税改为比例税，税率t=0.2，则：

t=t(y)=0.2y

y_d=y-t(y)=y-0.2y=0.8y

在这种情况下，储蓄为：

s=-α+(1-β)y_d=-100+(1-0.75)×0.8y=-100+0.2y

然后将i、g、s和t(y)代入宏观经济均衡条件i+g=s+t(y)，得到：

100+200=-100+0.2y+0.2y

y=1 000

由此，均衡国民收入为1 000。

如图4-11所示，如果把根据定量税求出的均衡国民收入写作y_1，把根据比例税求得的均衡国民收入写作y_2，则$y_1>y_2$，这是因为s+t(y)线的斜率大于s+t线的斜率。但i+g线是一条与横轴相平行的直线，因此，E_1点必定位于E_2点的右方，这决定了$y_1>y_2$。为什么s+t(y)线的斜率较大呢？因为这条线意味着储蓄和税收会随着收入的增加而增加，而在s+t线上，税收不随收入的增加而增加。

不过，在求税收直接作用下的均衡国民收入时，如果采用的是比例税，则税率的改变会改变s+t(y)线的斜率。该情况如图4-12所示。

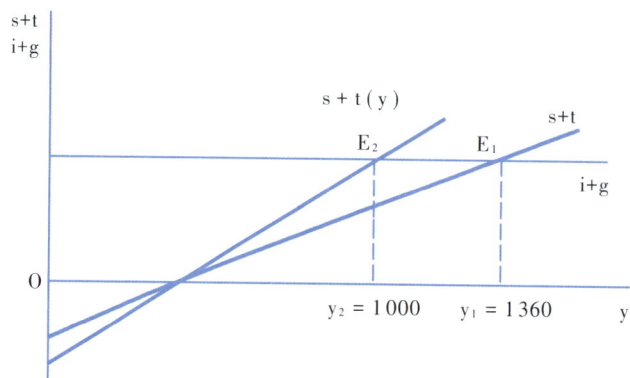

图4-11 三部门经济中均衡国民收入的决定

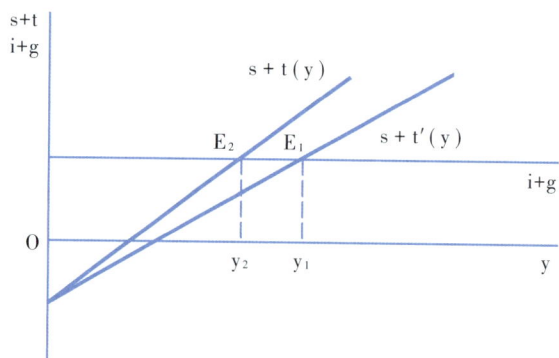

图4-12 税率变动改变s+t(y)线的斜率

如果采用定量税t，则税收量变动只会使s+t线平行移动，即改变s+t线的截距。图4-13表明了这种情况。

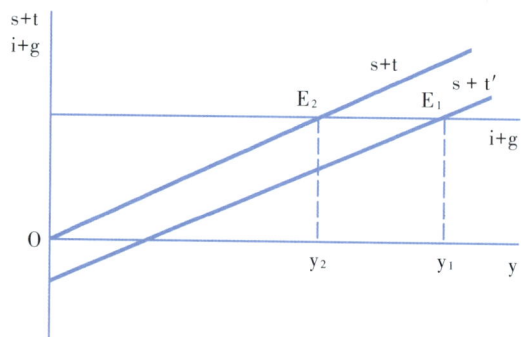

图4-13 定量税变动改变s+t线的截距

4.6 四部门经济模型中均衡国民收入的决定与变动

在经济全球化下，各国经济都是不同程度的开放经济。在开放经济中，一国的均衡国民收入在短期内不仅取决于国内消费、投资和政府支出，还取决于净出口，即

$$y=c+i+g+nx$$

式中：nx表示净出口，即出口和进口的差额，$nx=x-m$。现在，nx也是总需求的一部分。其中，出口代表国外对本国产品和服务的需求。但是，本国企业会购买外国设备，本国政府会购买外国武器，本国居民家庭会购买外国的消费品，所以，应当从国内总支出$c+i+g$中扣除进口部分的支出，剩下的余额才真正代表对本国产品和服务的总支出或总需求。这样，$c+i+g+(x-m)$就是对本国产品和服务的真正需求。显然，进出口的变动也会同其他变量（如消费、投资、政府购买、税收、储蓄等）一样影响国民收入。

当国民收入水平提高时，一般可假定nx会减少，而国民收入水平下降时，nx会增加。这是因为在$nx=x-m$中，出口是由外国的购买力和购买要求决定的，本国无法左右，因而一般假定出口是一个外生变量。反之，进口会随着本国收入水平的提高而增加，因为本国收入水平提高后，人们对进口消费品和投资品（如机器设备、仪器等）的需求也会增加。这样，可以把进口写成收入的一个函数：

$$m=m_0+\gamma y$$

式中：m_0表示自发性进口，和国民收入水平没有关系。例如本国不能生产但又为国计民生所必需的产品，不管国民收入水平如何，都必须进口。γ表示边际进口倾向，即当国民收入增加1单位时进口会增加多少单位。

有了净出口以后，国民收入决定的模型可以表示如下：

$$y=c+i+g+x-m$$
$$c=\alpha+\beta y_d$$
$$y_d=y-T+t_r$$
$$T=T_0+ty$$
$$t_r=t_{r0}$$
$$i=i_0$$
$$g=g_0$$
$$x=x_0$$
$$m=m_0+\gamma y$$

式中：t_r表示政府转移支付；T表示税收。

由此可得出四部门经济模型中的均衡国民收入为：

$$y=\frac{1}{1-\beta(1-t)+\gamma}(\alpha+i_0+g_0-\beta T_0+\beta t_{r0}+x_0-m_0)$$

4.7 乘 数

4.7.1 乘数及乘数原理

i=s 是宏观经济均衡的条件，若 i>s，生产会增加；若 i<s，生产会减少，并最终达到均衡收入水平。不过，投资的增加引起生产和国民收入的增加，并不是一下子就实现的，而是有一个逐渐变动的过程。

假设本期生产由本期消费和投资决定，即 $y_t=c_t+i_t$（t 表示时期）。但本期的消费支出并不一定是本期收入的函数。假设本期消费是上一期收入的函数。这是考虑到，居民进行消费时，必须先有收入，而这种收入被认为只能来自上一时期的生产。这样，消费函数就可以表示为：

$c_t=\alpha+\beta y_{t-1}$

"时期"并没有确切的具体时间规定，可以是一天、一星期、一月或一年。究竟代表多长时间，取决于研究问题的实际需要。t 的符号表明某一时期，（t−1）则为某时期前的一个时期，（t+1）为其后的一个时期，其余情况依此类推。这样一来，将 $c_t=\alpha+\beta y_{t-1}$ 代入 $y_t=c_t+i_t$，就可以得到如下差分方程：

$y_t=\beta y_{t-1}+\alpha+i_t$

该方程可以反映国民收入决定的变动过程。假如消费函数是 c=1 000+0.8y，实际上是假定居民在任何时期的消费支出都是本期国民收入的函数。在这种情况下，如果投资 i=600，就可求出均衡的国民收入 y=(α+i)/(1−β)=8 000。但现在我们知道，实际的情况是 $y_t=c_t+i_t$，而 $c_t=\alpha+\beta y_{t-1}$，于是，任何一期的国民收入便是：

$y_t=0.8y_{t-1}+1 000+600$

假定投资 i 从 600 增至 700，收入从原先的 8 000 增加到 8 500 的变动过程将是：

第1期收入：y_1=0.8×8 000+1 000+700=8 100

第2期收入：y_2=0.8×8 100+1 000+700=8 180

第3期收入：y_3=0.8×8 180+1 000+700=8 244

第4期收入：y_4=0.8×8 244+1 000+700=8 295.2

……

这样不断增加下去，最后会达到 8 500。

如果要知道变动过程中某一期的国民收入，就得一期一期地顺次计算；否则，若想直接算出，就需要运用差分方程来求解。该差分方程的求解公式是[①]：

$$y_t=\left(y_0-\frac{\alpha+i_t}{1-\beta}\right)\beta^t+\frac{\alpha+i_t}{1-\beta}$$

式中：y_t 表示任何一期的国民收入；y_0 表示初始的国民收入或产量，在例子中为 8 000；i_t 表示任意一期的投资，本例中为 700；β 表示边际消费倾向；α 表示自发消费部分。有了上述差分方程的一般求解公式，我们就可以求出任意一期的国民收入。

从上例可知，当 i 的数值改变后，国民收入能从一个均衡值 8 000 逐渐变为另一个均

①　这里我们略去差分方程求解公式的推导过程。

衡值 8 500。事实上，从差分方程的解中也可知道，由于假定边际消费倾向大于 0 而小于 1
（$0<\beta<1$），所以，不管 y_t 和 $\frac{\alpha+i_t}{1-\beta}$ 之间有多大差距，随着时间 t 的推移，$\left(y_0-\frac{\alpha+i_t}{1-\beta}\right)\beta^t$ 的值
都必然越来越小，最终会趋于零，从而使 $y_t=\frac{\alpha+i_t}{1-\beta}$。

在上面的例子中，我们已经提到，当自发投资量从 600 增加到 700 时，均衡国民收入
逐渐从 8 000 增加到 8 500。这里，投资增加 100，国民收入增加 500，增加的国民收入是
增加的投资的 5 倍。由此可见，总投资量增加时，国民收入的增量将是投资增量的数倍。
如果以 k 代表这个倍数，k 就是投资乘数。所以，投资乘数指收入的变化与带来这种变化
的投资支出的变化的比率。在上述例子中，投资乘数为 5。

为什么投资增加 100 时，国民收入会增加投资增量的 5 倍呢？因为当增加 100 投资用
来购买投资物品时，实际上是用来购买制造投资物品所需要的生产要素。这 100 以工资、
利息、利润和租金的形式流入生产要素的所有者（居民）手中，居民的收入便因此而增加
了 100。这 100 是投资使国民收入实现的第一轮增加。

但是，100 投资怎么都能转化为居民的收入呢？如果这 100 投资是购买机器设备，难
道这些机器设备中不包含制造机器设备所需要的原材料价值吗？难道这些原材料价值也会
转化为居民收入吗？解释这一问题的关键，是要记住这 100 投资购买的机器设备被当作了
最终产品，就像消费者购买的上衣是最终产品一样。最终产品的价值是要构成国民收入
的，也就是说，这批机器设备的价值等于为生产这批机器设备所需要的全部生产要素（包
括开采铁矿、炼钢铁、制造机器等整个生产程序中所需要的各种生产要素）所创造的价
值。这些价值都可以被认为转化为工资、利息、利润和租金。所以，投资 100 买机器设
备，就会使国民收入增加 100。

假定社会的边际消费倾向是 0.8（这在消费函数 c=1 000+0.8y 中为已知）。因此，增加
的这 100 中会有 80 用于购买消费品。于是，这 80 又以工资、利息、利润和租金的形式流
入生产消费品的生产要素所有者手中，从而使该社会居民收入又增加 80，这是国民收入
实现的第 2 轮增加。

同样道理，这些消费品生产者又会把这 80 收入中的 64（100×0.8×0.8）用于消费，使
社会总需求提高 64。这个过程不断持续下去，最后会使国民收入一共增加 500。其具体过
程就是：

$$100+100\times0.8+100\times0.8\times0.8+\cdots+100\times0.8^{n-1}$$
$$=\frac{1}{1-0.8}\times100=500$$

这表明，当投资增加 100 时，收入最终会增加 500。如以 Δy 表示增加的国民收入，Δi
表示增加的投资，则二者之比 $k=\Delta y/\Delta i=5$。因此，$\Delta y=k\Delta i$。

上式表明：

$$k=\frac{1}{1-MPC}$$

如果以 β 代表 MPC，上面的式子就变为：

$$k=\frac{1}{1-\beta}$$

由于 MPS=1-MPC，所以：

$$k=\frac{1}{1-MPC}=\frac{1}{MPS}$$

可见，乘数大小和边际消费倾向有关，边际消费倾向越大或边际储蓄倾向越小，乘数就越大。

从投资增加的方面来看，存在乘数效应或乘数原理。实际上，投资减少也会引起国民收入减少若干。所以，乘数效应或乘数原理的作用是双向的。

乘数效应也可以用图形来表示。在图4-14中，c+i代表原来的总支出曲线，c+i*代表新的总支出曲线（i*=i+Δi），原来的均衡国民收入为y_1，新的均衡国民收入为y_2。引用上例中的数据，投资从600增加到700，即Δi=100时，收入从8 000增加到8 500，即Δy=500，k=5。

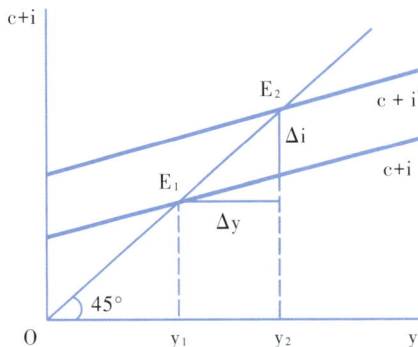

图4-14　乘数效应

实际上，乘数作用不限于投资。总需求的任何变动，如消费的变动、政府支出的变动、税收的变动、净出口的变动等，都会引起国民收入若干倍的变动。比如消费，假定原来的消费函数为c=1 000+0.8y，投资i=600，则均衡国民收入为8 000。如果自主消费由于人们的节俭而从1 000减为800，则国民收入变为7 000。可见，消费需求减少200，会使国民收入减少1 000，减少量是消费减少量的5倍。

4.7.2　三部门经济中的乘数

当经济中加入政府部门以后，政府支出、税收和政府转移支付的变动同样具有乘数效应，因为政府支出、税收、转移支付等都会影响消费。

三部门经济中总支出为：

$$y=c+i+g=\alpha+\beta(y-t)+i+g$$

式中：t表示定量税。在该情况下，均衡国民收入为：

$$y=\frac{\alpha+i+g-\beta t}{1-\beta}$$

在前面的公式表述中，我们用t和t(y)分别表示定量税和比例税。从现在起，我们用t表示边际税率，用T表示税收。通过上式，我们就可以求出几个乘数。

1. 政府支出乘数

政府支出乘数是指国民收入变动与引起这种变动的政府支出变动的比率。如果以 Δg 表示政府支出变动，以 Δy 表示国民收入变动，以 k_g 表示政府支出乘数，则政府支出乘数就可以表示为以下形式：

$$k_g = \frac{\Delta y}{\Delta g} = \frac{1}{1-\beta}$$

式中：β 表示边际消费倾向。我们可以发现，政府支出乘数和投资乘数是相等的。这可以做如下理解：

在 $y = \frac{\alpha + i + g - \beta T}{1-\beta}$ 的公式中，如果其他条件不变，只有政府购买支出发生变动，那么政府购买支出从 g_0 变为 g_1 时的国民收入就分别是：

$$y_0 = \frac{\alpha_0 + i_0 + g_0 - \beta T_0}{1-\beta}$$

$$y_1 = \frac{\alpha_0 + i_0 + g_1 - \beta T_0}{1-\beta}$$

$$y_1 - y_0 = \Delta y = \frac{g_1 - g_0}{1-\beta} = \frac{\Delta g}{1-\beta}$$

$$\therefore \frac{\Delta y}{\Delta g} = k_g = \frac{1}{1-\beta}$$

由此可见，k_g 为正值时，它等于 1 与边际消费倾向差的倒数。

2. 税收乘数

税收乘数是指国民收入变动与税收变动的比率。税收乘数有两种：一种是税率变动对总国民收入的影响；另一种是税收绝对量变动对总国民收入的影响，即定量税对总国民收入的影响。我们首先讨论定量税对总国民收入的影响。

假定在 $y = \frac{\alpha + i + g - \beta T}{1-\beta}$ 的公式中，只有税收 T 发生变动。这样，当税收分别为 T_0 和 T_1 时的国民收入分别是：

$$y_0 = \frac{\alpha_0 + i_0 + g_0 - \beta T_0}{1-\beta}$$

$$y_1 = \frac{\alpha_0 + i_0 + g_0 - \beta T_1}{1-\beta}$$

$$y_1 - y_0 = \Delta y = \frac{-\beta T_1 + \beta T_0}{1-\beta} = \frac{-\beta \Delta T}{1-\beta}$$

$$\therefore \frac{\Delta y}{\Delta T} = k_t = \frac{-\beta}{1-\beta}$$

式中：k_t 表示税收乘数。税收乘数为负值，表示国民收入随税收增加而减少，随税收减少而增加。因为税收增加时，人们的可支配收入会减少，从而使消费相应减少，于是，税收变动和总支出变动的方向就是相反的。税收乘数等于边际消费倾向与 1 和边际消费倾向的差之比，或边际消费倾向与边际储蓄倾向之比。

3. 政府转移支付乘数

政府转移支付乘数指国民收入变动与政府转移支付变动的比率。政府转移支付增加会增加人们的可支配收入，因而消费会增加，最终导致总支出增加和国民收入增加，因而政府转移支付乘数为正值。如果用k_{tr}表示政府转移支付乘数，则其可以表示为下列形式：

$$k_{tr}=\frac{\beta}{1-\beta}$$

这是因为有了政府转移支付后，$y_d=y-T+t_r$，因此：

$$y=c+i+g=\alpha+\beta y_d+i+g=\alpha+\beta(y-T+t_r)+i+g$$

$$\therefore y=\frac{\alpha+i+g+\beta t_r-\beta T}{1-\beta}$$

在其他条件不变，只有t_r变动时，转移支付为t_{r0}和t_{r1}时的国民收入分别为：

$$y_0=\frac{\alpha_0+i_0+g_0+\beta t_{r0}-\beta T_0}{1-\beta}$$

$$y_1=\frac{\alpha_0+i_0+g_0+\beta t_{r1}-\beta T_0}{1-\beta}$$

$$y_1-y_0=\Delta y=\frac{\beta t_{r1}-\beta t_{r0}}{1-\beta}=\frac{\beta\Delta t_r}{1-\beta}$$

$$\therefore\frac{\Delta y}{\Delta t_r}=k_{tr}=\frac{\beta}{1-\beta}$$

可见，政府转移支付乘数也等于边际消费倾向与1和边际消费倾向的差之比，或边际消费倾向与边际储蓄倾向之比，其绝对值和税收乘数相同，但符号相反。

比较一下政府支出乘数、税收乘数和政府转移支付乘数，就可以看到，$k_g>k_t$，$k_g>k_{tr}$。因为当政府支出（这里专指政府购买）增加1元时，一开始就会使总支出（总需求）增加1元，但是，减税1元只能使居民的可支配收入增加1元，这1元中又只有一部分（在前面的例子中是80分）用于增加消费，另一部分（20分）增加了储蓄。所以，减税1元只使总需求增加了80分，由于总产出（或者说总收入）由总支出（总需求）决定，因而，减税1元对国民收入变化的影响没有增加政府购买支出1元对国民收入变化的影响大。

由于政府支出乘数大于税收乘数和政府转移支付乘数，所以，西方学者认为，改变政府购买水平对宏观经济活动的效果要大于改变税收和政府转移支付的效果。改变政府购买水平是财政政策中最有效的手段。

同时，由于政府支出乘数大于税收乘数，所以，当政府购买支出和税收各自增加相同的数量时，也会使国民收入增加，不过，其增加的幅度要小得多。这就是所谓平衡预算乘数的作用。

4.平衡预算乘数

平衡预算乘数是指政府收入和支出同时以相等的数量增加或减少时国民收入变动与政府收支变动的比率。比如，政府购买支出和税收同时增加200时，从政府预算来看是平衡的，但国民收入增加了200，即收入增加了一个与政府购买支出和税收变动相等的数量。这种情况可以用公式来表示。如果我们用Δy代代表政府购买支出和税收各增加相同数量时国民收入的变动量，那么它可以表示为以下形式：

$$\Delta y=k_g\Delta g+k_t\Delta T=\frac{\Delta g-\beta\Delta T}{1-\beta}$$

由于假定了$\Delta g=\Delta T$，所以：

$$\Delta y=\frac{\Delta g-\beta\Delta g}{1-\beta}=\frac{(1-\beta)\Delta g}{1-\beta}=\Delta g$$

或者　　$$\Delta y=\frac{\Delta T-\beta\Delta T}{1-\beta}=\frac{(1-\beta)\Delta T}{1-\beta}=\Delta T$$

$$\therefore \frac{\Delta y}{\Delta g}=\frac{\Delta y}{\Delta T}=\frac{1-\beta}{1-\beta}=1=k_b$$

式中：k_b 表示平衡预算乘数，它的值为1。

5.对乘数的进一步说明

以上几种乘数都需要假定一个变量的变动不会引起另一些变量的变动。例如，讨论政府支出乘数时，假设 g 的改变不会引起利率或消费行为的变动。但是，实际上，政府购买支出增加时，如果通过发行或出售公债筹集经费（这在西方国家是常事），就会引起债券价格下降（也意味着市场利率上升）。这样就会抑制私人投资和消费（利率上升会刺激储蓄），从而使总支出水平下降，最终使政府支出乘数大打折扣。

此外，我们应该指出，平衡预算乘数为1，只限于采用定量税收的情况。如果税收是比例税，则平衡预算乘数会小于1。这是因为当税收随收入而变动时，以上4个乘数的值都要变小。假定税收为收入的函数，表示为 $T=T_0+ty$（这里，T_0 是常数，t 是边际税率），那么可支配收入可以写成：

$$y_d=y-T+t_r=y-T_0-ty+t_r=(1-t)y-T_0+t_r$$

消费函数 $c=\alpha+\beta y_d$ 可写成：

$$c=\alpha+\beta(1-t)y-\beta T_0+\beta t_r$$

由于均衡时 $y=c+i+g$，即

$$y=\alpha+\beta(1-t)y-\beta T_0+\beta t_r+i+g$$

于是，均衡收入就是：

$$y=\frac{\alpha+i+g-\beta T_0+\beta t_r}{1-\beta(1-t)}$$

在这种情况下，政府支出乘数、税收乘数和政府转移支付乘数将分别等于 $\dfrac{1}{1-\beta(1-t)}$、$\dfrac{-\beta}{1-\beta(1-t)}$ 和 $\dfrac{\beta}{1-\beta(1-t)}$。因为当税收为收入的函数时，收入中要有一定比例作为税收上缴给政府，造成了可支配收入的减少。由于消费是可支配收入的函数，现在的消费函数是 $c=\alpha+\beta(1-t)y-\beta T_0+\beta t_r$，如果 $0<t<1$，该消费函数的斜率 $\beta(1-t)$ 将小于原消费函数（税收不是收入的函数时的消费函数）的斜率 β。假定投资 i、政府购买 g 和政府转移支付 t_r 都是外生变量，不随收入而变化，那么总支出（c+i+g）曲线的斜率也就等于新的消费函数的斜率。这一斜率小于原消费函数的斜率，意味着由此决定的国民收入要相对小一些。这说明各种乘数的绝对值也都会比原来相对小一些。

从投资乘数、政府支出乘数来说：

$$\frac{1}{1-\beta(1-t)}<\frac{1}{1-\beta}$$

从税收乘数来说：

$$\left|\frac{-\beta}{1-\beta(1-t)}\right|<\left|\frac{-\beta}{1-\beta}\right|$$

从转移支付乘数来说：

$$\frac{\beta}{1-\beta(1-t)} < \frac{\beta}{1-\beta}$$

我们仍然以上面的例子来加以说明。假定边际消费倾向 $\beta = 0.8$，则投资乘数和政府支出乘数为：

$$k_i = k_g = \frac{1}{1-\beta} = \frac{1}{1-0.8} = 5$$

税收乘数为：

$$k_t = \frac{-\beta}{1-\beta} = \frac{-0.8}{1-0.8} = -4$$

转移支付乘数为：

$$k_{tr} = \frac{\beta}{1-\beta} = \frac{0.8}{1-0.8} = 4$$

如果加进边际税率 $t = 0.25$，则上面的乘数将分别变为：

$$k_i = k_g = \frac{1}{1-\beta(1-t)} = \frac{1}{1-0.8 \times (1-0.25)} = 2.5$$

$$k_t = \frac{-\beta}{1-\beta(1-t)} = \frac{-0.8}{1-0.8 \times (1-0.25)} = -2$$

$$k_{tr} = \frac{\beta}{1-\beta(1-t)} = \frac{0.8}{1-0.8 \times (1-0.25)} = 2$$

在税收随收入而变化的模型中，虽然各种乘数的值变小了，但是平衡预算乘数仍然等于1。这是因为在这种情况下，国民收入的变化为政府购买支出变化 Δg 加消费支出的变化。而消费支出的变化为可支配收入的边际消费倾向 β 和可支配收入变动量 Δy_d 的乘积，即

$$\Delta y = \Delta g + \beta \Delta y_d$$

可支配收入会随税收增加而减少，其变动量是：

$$\Delta y_d = \Delta y - \Delta T$$

于是：

$$\Delta y = \Delta g + \beta \Delta y_d = \Delta g + \beta(\Delta y - \Delta T)$$

在平衡预算情况下，$\Delta g = \Delta T$，因此：

$$\Delta y = \Delta g + \beta(\Delta y - \Delta T) = \Delta g + \beta(\Delta y - \Delta g) = \Delta g + \beta \Delta y - \beta \Delta g$$

$$(1-\beta)\Delta y = (1-\beta)\Delta g$$

$$\therefore \frac{\Delta y}{\Delta g} = \frac{1-\beta}{1-\beta} = 1$$

上述情况如果以实际例子的数据来检验的话，结果也一样。

4.7.3　四部门经济中的乘数

由于净出口的变动也会影响总需求，从而影响国民收入水平，所以，这方面也存在乘数效应，这就是对外贸易乘数。对外贸易乘数表示出口每增加1单位时国民收入的变动量与出口的变动量的比率。

从四部门经济模型中均衡国民收入决定的公式可以得到：

$$\frac{dy}{dx}=\frac{1}{1-\beta(1-t)+\gamma}$$

由于公式中 0<t<1，0<γ<1，因此：

$$\frac{1}{1-\beta}>\frac{1}{1-\beta(1-t)}>\frac{1}{1-\beta(1-t)+\gamma}$$

实际上，由四部门经济模型中的均衡国民收入决定公式可知，有了对外贸易之后，与封闭经济相比，出口、投资、政府支出、税收的变动对国民收入变动的影响都发生了变化。在封闭经济中，投资、政府支出增加，国民收入增加的倍数是 $\frac{1}{1-\beta(1-t)}$，而现在变成了 $\frac{1}{1-\beta(1-t)+\gamma}$，乘数变得更小了。这主要是由于增加的国民收入中的一部分现在被用到进口商品方面去了。

4.7.4 乘数理论发挥作用的条件

乘数理论在凯恩斯的经济理论中占有重要的地位。借助乘数理论，凯恩斯说明了作为总需求中最重要部分的投资和政府支出，对一国经济的增长和就业具有成倍增加的巨大作用。

不过，在现实中，乘数理论发挥作用要受到一些条件的限制。这些条件包括：

（1）社会过剩生产能力。社会过剩生产能力越大，闲置资源越多，乘数的作用就越大；相反，乘数的作用就越小。

（2）投资和储蓄的决定是互相独立的。这就是说，投资需求的增加不会引起利率的上升，从而不会引起储蓄的增加和消费的减少。只有在这种情况下，乘数作用才会较大；否则，乘数的作用就较小。

（3）货币供给量的增加能否适应支出增加的需要；如果不能，乘数作用就较小。

（4）增加的收入不能用于购买进口商品和服务；否则，也无法产生较大的乘数作用。

（5）政府不能在乘数发挥作用期间同时向社会征税或借款；否则，会因为产生挤出效应[①]而使乘数作用打折扣。

4.8 凯恩斯理论的基本框架与基本倾向

4.8.1 凯恩斯理论的基本框架

凯恩斯在其《就业、利息和货币通论》中阐释的经济理论奠定了现代西方宏观经济学的基础，其基本框架如图 4-15 所示。

凯恩斯经济理论的基本框架包含了凯恩斯宏观经济学理论的如下要点：

（1）国民收入决定于消费和投资。

（2）消费由消费倾向和收入决定。消费倾向分平均消费倾向和边际消费倾向。边际消费倾向大于0且小于1，所以，收入增加时，消费也增加。但是，在增加的收入中，用来增加消费的部分所占的比例可能会越来越小，用于增加储蓄的部分所占的比例可能会越来越大。

---

① 我们将在本书后面的章节中讨论挤出效应。

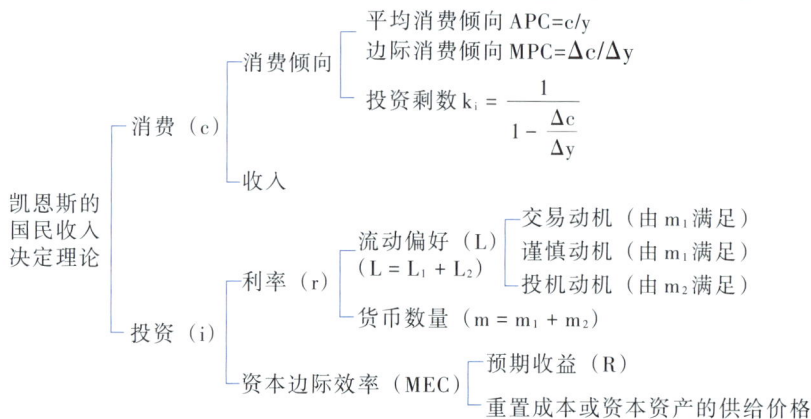

平均消费倾向 APC=c/y
边际消费倾向 MPC=Δc/Δy
投资剩数 $k_i = \dfrac{1}{1 - \dfrac{\Delta c}{\Delta y}}$

交易动机（由 m_1 满足）
谨慎动机（由 m_1 满足）
投机动机（由 m_2 满足）

流动偏好（L）
（$L = L_1 + L_2$）
货币数量（$m = m_1 + m_2$）

预期收益（R）
重置成本或资本资产的供给价格

凯恩斯的国民收入决定理论
消费（c）
消费倾向
收入
投资（i）
利率（r）
资本边际效率（MEC）

资料来源　狄拉德. 凯恩斯经济学［M］. 陈彪如，译. 上海：上海人民出版社，1963：46.

图 4-15　凯恩斯经济理论的基本框架

（3）消费倾向比较稳定。所以，国民收入的波动主要是投资的变动。投资的增减会通过投资乘数引起国民收入增加或减少。投资乘数与边际消费倾向有关。边际消费倾向大于0且小于1，所以，投资乘数大于1。

（4）投资由利率和资本边际效率决定。投资与利率呈反方向变动关系，与资本边际效率呈正方向变动关系。

（5）利率决定于流动偏好和货币数量。流动偏好是货币需求，由 L_1 和 L_2 组成，其中，L_1 来自交易动机和谨慎动机，L_2 来自投机动机。货币数量 m 是货币供给，由满足交易动机与谨慎动机的货币（m_1）和满足投机动机的货币（m_2）组成。

（6）资本边际效率由预期收益和资本资产的供给价格或者说重置成本决定。

凯恩斯认为，资本主义经济萧条的根源是消费需求和投资需求所构成的总需求不足。消费需求不足是由于边际消费倾向小于1，投资需求不足则是由于资本边际效率在长期内递减。为了解决有效需求不足的问题，必须发挥政府的作用，用财政政策和货币政策来实现充分就业。财政政策是通过政府增加支出或减少税收以增加总需求，通过乘数原理引起收入多倍增加。货币政策是通过增加货币供给量来降低利率，刺激投资从而增加收入。由于存在流动性陷阱，因此，货币政策增加收入的效果有限，主要靠财政政策。

4.8.2　凯恩斯理论的基本倾向

凯恩斯理论在基本倾向上是和古典宏观经济学理论相对立的。凯恩斯的经济学理论实际上就是国民收入决定模型（或者说是有效需求决定国民收入的模型）。

这个模型在否定萨伊定律的前提下，强调了需求对经济中国民收入和就业水平的重要意义。该模型着重探讨和分析了形成需求的几个主要方面，说明总需求的构成和总需求可以在乘数作用的支持下对均衡的国民收入水平产生至关重要的影响。应当说，凯恩斯的宏观经济学模型对说明和解释萧条经济背景下的经济活动是具有合理性和可取性的。它所涉及的政策含义和政策倾向对实际经济活动也具有重要的实践意义。了解凯恩斯宏观经济理论模型的这些基本倾向将有助于我们后面的进一步学习。

不过，对凯恩斯的经济理论，应当结合具体的经济条件和形势加以判断。我们应当了解，凯恩斯的宏观经济理论是有其适用的特定条件的，不能盲目套用。比如，对凯恩斯宏观经济学理论来说至关重要的乘数原理，在运用时就要求一些必要的条件：

（1）社会上有充分的闲置资源和生产能力；

（2）投资和储蓄的决定应该是互相独立的；

（3）社会的货币供给量应该能够满足支出增加的需要；

（4）增加的收入不能用来购买进口物品等。

如果经济社会中不具备上述条件，或者说这些条件没有充分具备，在扩张总需求时，就不会发生乘数作用或者只会发生很小的乘数作用。

对凯恩斯宏观经济学理论所包含的国家或者政府应当对社会经济活动进行干预的含义，应该以辩证的态度对待，不可一概而论。

本章小结

1.短期内，经济中对产品和服务的需求决定均衡国民收入和均衡产出。

2.短期内，当需求增加时，厂商的反应是增加产量，而不是提高价格。

3.消费函数表明，收入和消费是正相关的。

4.当消费、投资、政府支出和净出口之和等于消费者制订消费计划所依据的GDP时，收支平衡就实现了。

5.投资乘数表示投资和GDP之间的关系。由于GDP增加时，消费也会增加，所以，如果投资增加10亿元，GDP的增加就会超过10亿元。

6.在开放经济中，收支平衡就是包括净出口的所有支出的总额等于GDP。

7.开放经济乘数小于封闭经济乘数。

8.政府支出增加，既会增加财政赤字，也会增加贸易赤字。

本章基本概念

凯恩斯定律 均衡国民收入（产出） 均衡产出 消费函数 边际消费倾向 平均消费倾向 边际储蓄倾向 平均储蓄倾向 资本边际效率 投资税抵免 投资乘数 政府支出乘数 税收乘数 政府转移支付乘数 平衡预算乘数 对外贸易乘数

复习思考题

1.在均衡产出水平上，是否计划存货投资和非计划存货投资都必定为零？

2.边际消费倾向和平均消费倾向是否总是大于0且小于1？

3.按照凯恩斯主义的观点，增加储蓄对均衡收入有什么影响？

4.简单的凯恩斯消费函数有什么不足之处？

5.投资是怎样决定的？怎样看待其决定因素的地位和作用？

6.怎样理解资本边际效率和投资边际效率？

第5章
IS-LM 模型：产品市场与货币市场的一般均衡

学习目标

学习目标

通过学习本章，你应该能够：

◎ 明确 IS 曲线和产品市场均衡的关系、IS 曲线的形成和移动的原因，以及利率在产品市场中的地位和作用。

◎ 掌握凯恩斯的利率决定理论、货币需求动机的分析、流动性陷阱的概念和货币需求函数的构成。

◎ 理解 LM 曲线和货币市场的关系、LM 曲线的形成和移动的原因、不同形状的 LM 曲线的经济含义以及利率在货币市场中的地位和作用。

◎ 知道 IS 曲线和 LM 曲线相互连接的机制和它们能够构成一个理论模型的合理性。

◎ 掌握 IS-LM 模型中均衡点的经济含义，以及均衡点的移动和调整。

凯恩斯以后，一些经济学家沿着凯恩斯的理论方向进一步扩展和充实了有关的理论。尽管这些理论并不完全与凯恩斯本人的理论相一致，但是，在基本理论重点和政策倾向上是大体一致的。他们在这些理论方面进一步把凯恩斯的理论从产品市场和货币市场两个方面加以区分，并从不同的角度对其加以研究与综合，从而在更为一般的层次上说明和解释国民收入的决定和变动。与此同时，凯恩斯反对古典的二分法，反对货币中性观点，提倡把货币问题和实际经济活动结合起来的主张，也在这一过程中得到了体现。这就是本章所要重点说明的 IS-LM 模型。

5.1 IS 曲线及其含义：产品市场的均衡

5.1.1 IS 曲线及其推导

把投资作为利率的函数以后，可以进一步用 IS 曲线来说明产品市场均衡的条件。产品市场的均衡是指产品市场上总供给与总需求相等。前面已经说过，三部门经济模型中总需求等于总供给是指 c+i+g=c+s+t，经济均衡条件是 i+g=s+t；两部门经济模型中总需求等于总供给是指 c+i=c+s，经济均衡条件是 i=s。假定消费函数为 c=α+βy，则无论从总需求等于总供给还是从投资等于储蓄的角度进行分析，两部门经济模型中均衡国民收入决定的公式都是 $y=\dfrac{\alpha+i}{1-\beta}$。在这里，投资（i）是作为外生变量参与均衡国民收入决定的。现在把投资作为利率的函数，即 i=e-dr，则均衡国民收入决定的公式就要变为：

$$y=\frac{\alpha+e-dr}{1-\beta}$$

该公式是从投资（i=e-dr）等于储蓄（s=y-c=y-α-βy=-α+(1-β)y）的均衡条件中得来的。可以看出，要使产品市场保持均衡，即储蓄等于投资，则均衡国民收入与利率之间存在反方向变化的关系。

假设投资函数 i=1 250-250r，消费函数 c=500+0.5y，则储蓄函数为 s=y-c=-500+0.5y，

所以：

$$y = \frac{\alpha + e - dr}{1 - \beta} = \frac{500 + 1\,250 - 250r}{1 - 0.5} = 3\,500 - 500r$$

当 r=1 时，y=3 000

当 r=2 时，y=2 500

当 r=3 时，y=2 000

当 r=4 时，y=1 500

当 r=5 时，y=1 000

……

如果画一个坐标图形，如图 5-1 所示，以纵轴表示利率，以横轴表示收入，则可得到一条反映利率和收入间相互关系的曲线。这条曲线上的任何一点都代表一定的利率和收入的组合，在这些组合中投资和储蓄都是相等的，即 i=s，从而产品市场是均衡的，因此这条曲线被称为 IS 曲线。

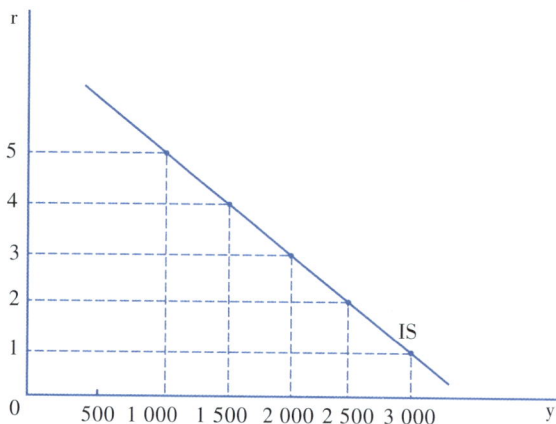

图 5-1 IS 曲线

上面的例子表明，IS 曲线是从投资与利率的关系（投资函数）、储蓄与收入的关系（储蓄函数）以及储蓄与投资的关系（储蓄等于投资）中推导出来的。

首先，我们可以利用已有的熟悉图形来推导 IS 曲线。

在图 5-2 中，假定在（a）图中，$r_1 < r_2$，则 $i(r_1) + g > i(r_2) + g$，它们和 s+t 曲线的交点分别决定了均衡国民收入 y_1 和 y_2。在（b）图中，对应（a）图分别画出表示利率 r_1 和 r_2 的虚线，再把相应的收入虚线 y_1 和 y_2 画出来。然后，我们找出点 A 和点 B，过这两点画出 IS 曲线。

经济学家常常用含有 4 个象限的图形（如图 5-3 所示）来描述这个推导过程。

第二象限的垂直线表示与利率无关的政府支出曲线。$i(r) + g$ 曲线则表示加上政府支出的投资需求曲线。该曲线仍然表明投资与利率的反向变动关系。这里的投资需求曲线是其正常形式在横坐标颠倒方向后的形式。在该象限中，纵轴表示利率 r，横轴表示投资与政府支出之和。

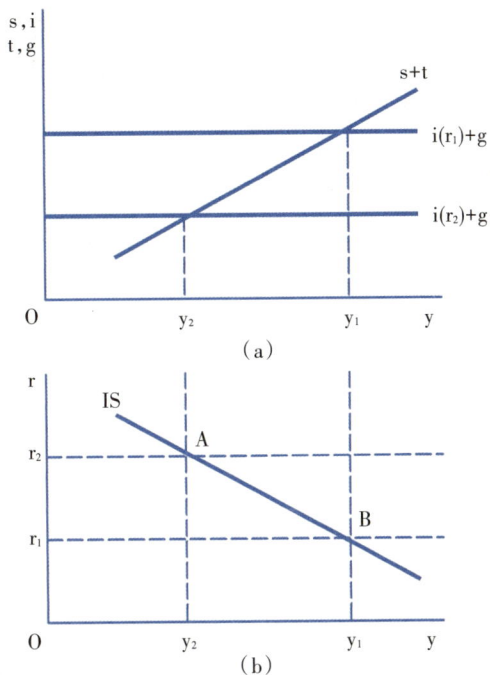

图 5-2 IS曲线的推导（一）

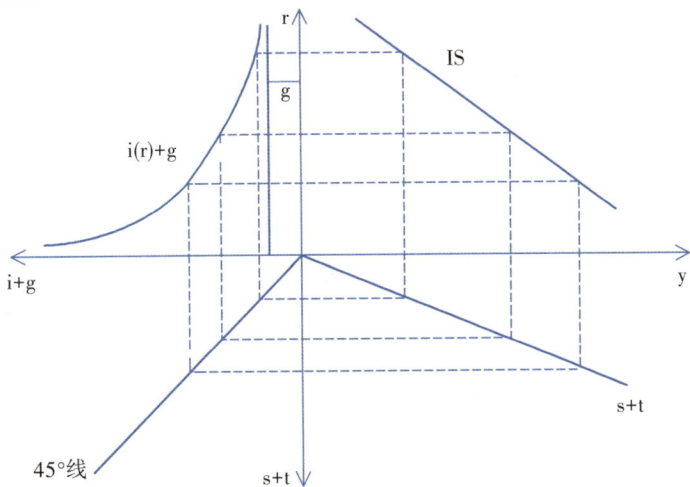

图 5-3 IS曲线的推导（二）

第三象限中起自原点的45°线表示投资和储蓄处于均衡状态的组合点的集合。纵轴表示储蓄与税收之和，横轴仍表示投资与政府支出之和。

第四象限中的曲线表示加上税收函数后的储蓄曲线。为了做图方便，这里假定该曲线表明储蓄和税收都与收入同比例变动。图 5-3 中的储蓄加税收曲线是纵坐标颠倒方向后的形式。该象限中，纵轴表示储蓄与税收之和，横轴表示收入。

第一象限是待推导的IS曲线的空间，其中，纵轴表示利率r，横轴表示收入y。在该坐标空间里，给定任何一个y的值，都可以借助i+g=s+t的几何关系找到一个相对应的r值，从而找到一个代表产品市场均衡条件下的y与r的组合点。相反，在该坐标空间里，给定任何一个r值，也都可以借助i+g=s+t的几何关系找到一个相对应的y值，从而找到一个代表产品市场均衡条件下的y与r的组合点。无数这样的点组成的曲线就是IS曲线。

IS曲线是描绘产品市场均衡状态的一个简单图形，它表示与任一给定的利率相对应的国民收入水平，在这个水平上，投资恰好等于储蓄，因此这条曲线被称为IS曲线。由于利率下降意味着一个较高的投资水平，从而也意味着一个较高的储蓄和收入水平，因此，IS曲线的斜率是负值。

5.1.2 IS曲线的斜率

由上可知，如果知道了一个经济体系的消费函数（从而储蓄函数已知）和投资函数，就不难求得IS曲线。IS曲线的斜率的大小或者说倾斜的程度，取决于投资函数的斜率，这从IS曲线的代数表达式中可以看出。

在两部门经济中，均衡国民收入的代数表达为：

$$y=\frac{\alpha+e-dr}{1-\beta}$$

该表达式也可以转化为：

$$r=\frac{\alpha+e}{d}-\frac{1-\beta}{d}y$$

转化后的表达式就是IS曲线的代数表达式，因为IS曲线图形上的纵轴表示利率，横轴表示收入。IS曲线的代数表达式中y前面的系数$\frac{1-\beta}{d}$就是IS曲线的斜率，显然，IS曲线的斜率既取决于β，也取决于d。

d是投资需求对利率变动的反应程度，它表示利率变动一定幅度时投资变动的程度。如果d的值较大，即投资对利率变化比较敏感，IS曲线的斜率就较小，即IS曲线较平缓。这是因为投资对利率较敏感时，利率的较小变动就会引起投资较大的变化，进而引起收入较大的变化，反映在IS曲线上就是：利率的较小变动要求有收入的较大变动与之相配合，这样才能使产品市场均衡。

β是边际消费倾向，如果β的值较大，IS曲线的斜率就较小。这是因为β的值较大，意味着支出乘数较大，从而当利率变动引起投资变动时，收入就会以较大幅度变动，因而IS曲线就较平缓。从图5-3中也可看出，当边际消费倾向β较大时，边际储蓄倾向较小，即储蓄曲线较平缓，因而IS曲线也较平缓。

在三部门经济模型中，由于存在税收和政府支出，消费成为可支配收入的函数，即c=α+β(1-t)y，于是上述IS曲线的斜率就要相应地变为$\frac{1-\beta(1-t)}{d}$。在这种情况下，IS曲线的斜率除了和d以及β有关外，还和税率t的大小有关：当d和β固定时，税率t越小，IS曲线越平缓；t越大，IS曲线越陡峭。这是因为在边际消费倾向一定时，税率越小，乘数会越大；税率越大，乘数会越小。

　　影响 IS 曲线斜率的主要是投资对利率的敏感度（也就是投资的利率弹性），因为边际消费倾向比较稳定，税率也不会轻易变动。

5.1.3　IS 曲线的移动

　　从 IS 曲线的推导图中可以看出，如果投资函数或储蓄函数变动，IS 曲线就会变动。

　　如果由于种种原因（如投资边际效率提高、出现技术革新或企业家对经济前景的预期比较乐观等），在同样利率水平上，投资需求或者政府支出增加了，即图 5-3 中的投资加政府支出曲线向左上方移动，IS 曲线就会向右上方移动，其移动量等于投资需求曲线移动的数量乘以乘数；反之，要是投资需求下降，则 IS 曲线向左下方移动。

　　再看储蓄函数变动。假定人们的储蓄意愿增加了，或者人们更节俭了，图 5-3 中的储蓄加税收曲线就要向左下方移动。如果投资需求不变，同样的投资水平现在所要求的均衡收入水平就要下降。因为同样的这一储蓄，现在只要有较低的收入就可以提供出来了，因此 IS 曲线就会向左移动，其移动量等于储蓄增量乘以乘数。如果政府增加一笔税收，则也会使 IS 曲线向左下方移动。这是因为，这笔税收如果增加了企业的负担，则会使投资相应减少，从而会使 IS 曲线向左下方移动。同样，这笔税收如果增加了居民个人的负担，则会使他们的可支配收入减少，从而使他们的消费支出相应减少，也会使 IS 曲线向左下方移动。相反，如果政府减税，则会使 IS 曲线向右上方移动。由此可知：当储蓄加税收曲线在图 5-3 中向左下方移动时，IS 曲线相应地向左下方移动。

　　当然，在三部门经济模型中，由于 IS 曲线是根据国民收入均衡的条件从 i+g=s+t 等式中推导出来的，因此，不仅影响 i 曲线和 s 曲线的因素的变动会使 IS 曲线移动，而且 i、g、s、t 中任何一条曲线的影响因素的变动都会引起 IS 曲线移动。如果考虑到开放经济的情况，则引起 IS 曲线移动的因素还要包括进出口的变动。总之，一切自发支出量的变动都会使 IS 曲线移动。

　　关于增加或减少税收及政府支出如何使 IS 曲线移动，也可以从下面公式中得到说明。假定 T 和 g 分别代表税收和政府支出额，则国民收入等于：

$$y=c+i+g$$
$$=\alpha+\beta(y-T)+e-dr+g$$
$$=\alpha+e+g-\beta T+\beta y-dr$$
$$\therefore y=\frac{\alpha+e+g-\beta T}{1-\beta}-\frac{dr}{1-\beta}$$

　　从上式中可以看出，当政府支出 g 增加或减少 Δg 时，国民收入增加或减少量为 $\Delta y=\frac{1}{1-\beta}\Delta g$，即 IS 曲线右移或左移 $\frac{1}{1-\beta}\Delta g$；当税收 T 增加或减少 ΔT 时，国民收入减少或增加量为 $\Delta y=\frac{\beta}{1-\beta}\Delta T$，即 IS 曲线左移或右移 $\frac{\beta}{1-\beta}\Delta T$。

　　增加政府支出和减税，都属于增加总需求的扩张性财政政策；减少政府支出和增税，都属于降低总需求的紧缩性财政政策。因此，政府实行扩张性财政政策，就表现为 IS 曲线向右上方移动；实行紧缩性财政政策，就表现为 IS 曲线向左下方移动。实际上，进行 IS 曲线分析的重要目的之一，就在于分析财政政策如何影响国民收入变动。

5.2 货币市场及利率的决定

5.2.1 利率决定于货币的需求和供给

在一定条件下，利率可以决定投资，并进而影响国民收入。但是，利率本身又是怎样决定的呢？IS曲线的分析并没有解决这个问题。在IS曲线的分析中，利率被认为是外生决定的。

凯恩斯理论出现以前的新古典经济学派认为，投资与储蓄都只与利率相关。投资是利率的减函数，储蓄是利率的增函数。储蓄是对资金的供给，投资是对资金的需求。当投资与储蓄相等时，均衡利率就被决定了。

凯恩斯否定了新古典经济学的观点。他认为，储蓄不仅决定于利率，更重要的是受收入水平的影响。收入是消费和储蓄的源泉，只有收入增加了，消费和储蓄才会增加；收入不增加，即使利率提高，储蓄也无从增加。如果不知道收入水平是多少，就无法建立储蓄与利率的函数关系。而如果不能确定储蓄函数，也就不能确定利率，从而也不能确定投资水平和国民收入水平。凯恩斯提出，如果利率不是由投资和储蓄的对比关系决定，而是由别的因素决定的，则投资和收入的决定问题有可能得以解决。他认为，利率不是由储蓄与投资决定的，而是由货币的供给量和对货币的需求量所决定的。货币的实际供给量一般由国家（货币当局）加以控制，是一个外生变量，因此，需要分析的主要是货币的需求。

5.2.2 货币需求的动机

货币需求就是人们在不同条件下出于各种考虑对持有货币的需要或要求。

首先是人们作为财产来持有货币的考虑。由于人们在一定时期所拥有的财富的数量总是有限的，他们必须决定自己以何种形式来拥有财富。如果人们以货币形式拥有财富的比例越大，他们以其他资产形式拥有财富的量就越少。由于人们拥有其他资产形式（如证券、实物资本等）将能带来一定的收益，因而会使他们减少对货币的需要。所以，不管人们持有货币的动机多么强烈，都得仔细权衡以货币形式保存财富所花费的成本。

持有货币的成本主要是利息。对一个想借款的人来说，利息是他为获得一定量货币所必须支付的价格。而对一个货币持有者来说，利息表示他持有货币的机会成本，也就是因持有货币而得不到的利息收入。

既然持有货币会失去利息收入，人们为什么还要把不能生息的货币保留在手中呢？凯恩斯认为，人们需要货币是出于以下不同的动机：

1. 交易动机

交易动机是指个人和企业为了进行正常的交易活动而需要持有货币的动机。在经济生活中，由于收入和支出在时间上不同步，因而个人和企业必须有足够的货币资金来支付日常需要的开支。个人和企业出于这种交易动机所需要的货币量，决定于他们的收入水平、经济生活惯例和商业制度。经济生活惯例和商业制度在短期内一般可假定为固定不变的。按凯恩斯的说法，出于交易动机的货币需求量主要决定于收入。收入越高，交易数量越大。交易数量越大，所交换的商品和服务的价格越高，从而为应付日常开支所需的货币量就越大。

2.谨慎动机或预防动机

谨慎动机或预防动机是指为预防意外支出而需要持有一部分货币的动机。在经济生活中，个人和企业为应付事故、失业、疾病等意外事件而需要事先持有一定数量的货币。货币的交易需求产生于收入和支出间缺乏同步性，而货币的预防需求产生于未来收入和支出的不确定性。凯恩斯认为，个人对货币的预防需求数量主要决定于他对意外事件的看法。但从全社会来看，这一货币需求量大体上和收入成正比，是收入的增函数。

因此，如果用L_1表示交易动机和谨慎动机所产生的全部实际货币需求量，用y表示实际收入，则货币需求量和收入的关系可表示为：

$$L_1=L_1(y)=ky$$

式中：k是出于上述两种动机所需要的货币量同实际收入的比例；y为具有不变购买力的实际收入。

3.投机动机

投机动机是指人们为了抓住有利的购买有价证券的机会而需要持有一部分货币的动机。假定人们暂时不用的财富只能用货币形式或债券形式来保存。债券能带来收益，闲置货币则没有收益，人们为什么不全部购买债券而要在二者间做选择呢？因为人们想利用利率水平或有价证券价格水平的变化进行投机获利。在实际生活中，债券价格高低以反比例关系表现利率的高低。假定一张债券一年可获得利息10元，而利率是10%的话，这张债券的市价就是100元。如果市场利率为5%，这张债券的市价就是200元。因为在利率为5%时，把200元存入银行也可得到10元利息。可见，债券价格一般会随利率变化而变化。由于债券市场的价格经常波动，预计债券价格将上涨（预期利率将下降）的人，就会用货币买进债券以便日后以更高的价格卖出；反之，预计债券价格将下跌的人，就会卖出债券而持有货币，以备日后债券价格下跌时再买进。这种预计债券价格将下跌（利率上升）而需要把货币保留在手中的情况，就是对货币的投机需求。可见，有价证券价格的未来不确定性是产生货币投机需求的必要前提。这一需求与利率呈反方向变化。利率越高，有价证券价格就越低。人们如果认为这一价格已降低到正常水平以下，并预计很快会回升，就会抓住机会及时买进有价证券。于是，人们手中出于投机动机而需要持有的货币量就会减少。相反，利率越低，则有价证券价格越高。人们如果认为这一价格已涨到正常水平以上，预计就要回跌，于是，他们就会抓住时机卖出有价证券。这样，人们手中出于投机动机而持有的货币量就会增加。

总之，对货币的投机需求取决于利率。如果用L_2表示货币的投机需求，用r表示利率，则这一货币需求量和利率的关系可以表示为：

$$L_2=L_2(r)=-hr$$

式中：h表示出于投机动机所需要的货币量同利率的比例。

5.2.3　流动性陷阱

对利率的预期是人们调节货币和债券配置比例的重要依据。利率越高，货币需求量就越小。当利率极高时，这一需求量等于零。因为人们认为，这时利率不大可能再上升，或者说有价证券价格不大可能再下降，因而他们会将所持有的货币全部换成有价证券。反之，当利率极低时，人们会认为这时利率不大可能再下降，或者说有价证券市场价格不大可能再上升，而只会跌落，因而会将所持有的有价证券全部换成货币。人们有了货币也绝不肯再去买有价证券，以免证券价格下跌时遭受损失。人们不管有多少货币都愿意保持在手中的情况被称为凯恩斯陷阱或流动性陷阱。流动性偏好是凯恩斯提出的概念，是指人们持有货币的偏好。人们之所以产生对货币的偏好，是由于货币是流动性或者说灵活性最大的资产。货币随时可作交易之用，随时可应付不测之需，随时可作投机用，因而人们对货币的偏好被称作流动性偏好。货币需求关于利率的系数也被称作流动性偏好的利率系数（货币需求的利率弹性）。当利率极低时，人们手中无论增加多少货币，都不会再去购买有价证券，都要留在手中，因而流动性偏好趋向无限大。这时候，即使银行增加货币供给，也不会再使利率下降。

5.2.4 货币需求函数

综合以上观点可以知道，对货币的总需求是人们对货币的交易需求、预防需求和投机需求的总和。货币的交易需求和谨慎需求决定于收入，而货币的投机需求决定于利率，因此，对货币的总需求函数可表示为：

$$L = L_1 + L_2$$
$$= L_1(y) + L_2(r)$$
$$= ky - hr$$

式中：L、L_1 和 L_2 都表示对货币的实际需求，即具有不变购买力的实际货币需求量。名义货币量和实际货币量是有区别的。名义货币量是不管货币购买力如何而仅计算其票面值的货币量。把名义货币量折算成具有不变购买力的实际货币量，必须用价格指数加以调整。如用 M、m 和 P 依次表示名义货币量、实际货币量和物价水平，则：

$$m = \frac{M}{P}$$

或 $M = Pm$

由于 $L = ky - hr$ 仅代表对货币的实际需求量，因此，名义货币需求函数应是实际货币需求函数乘以价格指数，即

$$M = (ky - hr)P$$

该式表示名义货币需求函数，公式 $L = L_1 + L_2 = L_1(y) + L_2(r) = ky - hr$ 则表示实际货币需求函数。式中：k 和 h 是常数。k 衡量收入增加时货币需求增加多少。这是货币需求关于收入变动的系数（货币需求的收入弹性）。h 衡量利率提高时货币需求增加多少，这是货币需求关于利率变动的系数（货币需求的利率弹性）。如果知道了 k、h、y、r 和 P 之值，就不难求得货币需求量。

货币需求函数可用图 5-4、图 5-5 来表示。在图 5-4 中，垂线 L_1 表示为满足交易动机和谨慎动机的货币需求曲线，它和利率无关，因而垂直于横轴。L_2 线表示满足投机动机的货币需求曲线。它起初向右下方倾斜，表示货币的投机需求量随利率下降而增加，最后为水平状，表示流动性陷阱。图 5-5 中的 L 线则是包括 L_1 线和 L_2 线在内的全部货币需求曲线，其纵轴表示利率，横轴表示货币需求量。由于具有不变购买力的实际货币一般用 m 表示，因此横轴也可用 m 表示。这条货币需求曲线表示在一定收入水

平下货币需求量和利率的关系。利率上升时，货币需求量减少；利率下降时，货币需求量增加。

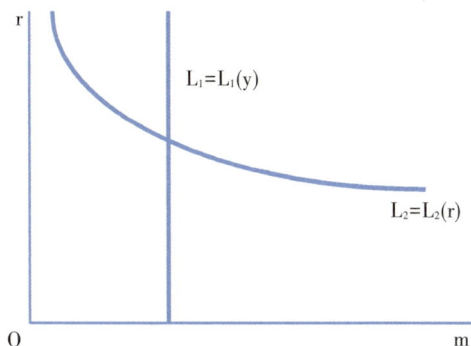

图5-4　货币需求曲线（一）　　　　图5-5　货币需求曲线（二）

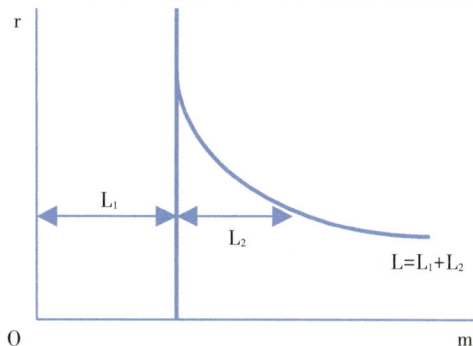

　　货币需求量和收入水平的正向关系可以通过在同一坐标图上画若干货币需求曲线来表示，如图5-6所示。图5-6中有分别代表收入水平为y_1、y_2和y_3时的3条货币需求曲线。可见，货币需求量与收入的正向变动关系是通过货币需求曲线向右上方和左下方移动来表示的，而货币需求量与利率的反向变动关系是通过每一条需求曲线都是向右下方倾斜来表示的。例如，当利率相同，即都为r_1时，由于收入水平不同，实际货币需求量分别为L_1、L_2、L_3，即$y=y_1$时，$L=L_1$；$y=y_2$时，$L=L_2$；$y=y_3$时，$L=L_3$。反之，当收入水平相同，如都为y_1时，由于利率水平不同，实际货币需求量也不同。$r=r_1$时，$L=L_1$；$r=r_2$时，$L=L_4$。

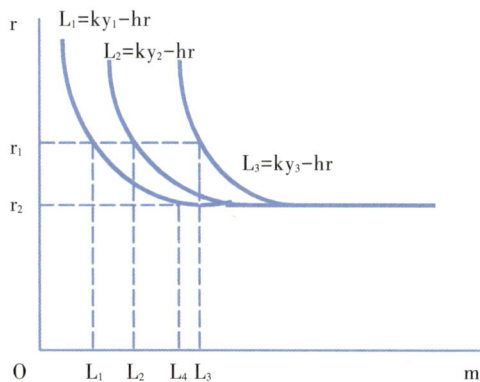

图5-6　不同收入的货币需求曲线

5.2.5　货币供求均衡和均衡利率的决定

　　货币供给有狭义和广义之分。狭义的货币供给是指硬币、纸币和银行活期存款的总和（一般用M1表示）。活期存款可随时提取，并可当作货币在市面上流通，因而它是货币的一个组成部分。狭义的货币供给再加上定期存款，便是广义的货币供给（一般用M2表示）。再加上个人和企业所持有的政府债券等流动资产或"货币近似物"，便是意义更广泛的货币供给（一般用M3表示）。下面所讲的货币供给指M_1。

货币供给是一个存量概念，它是一个国家在某一时点上所保持的不属于政府和银行所有的硬币、纸币和银行存款的总和。绝大多数经济学家认为，货币供给量是由国家用货币政策来调节的，因而是一个外生变量，其大小与利率高低无关。因此，货币供给曲线是一条垂直于横轴的直线，如图5-7中的m直线。这条货币供给曲线m和货币需求曲线L相交的点E决定了均衡利率r_0。这表示，只有当货币供给等于货币需求时，货币市场才达到均衡状态。当市场利率低于均衡利率时，货币的供求处于不均衡状态，对货币的需求大于货币的供给。这也说明经济处于均衡状态时所要求的货币需求超过了市场上现有的货币需求。这时人们感到手中持有的货币太少，就会卖出有价证券。因此，证券价格就要下降，也就是利率要上升。这种超过市场现有利率水平所对应的货币供给量的货币需求量的消失，一直要到均衡利率对应的货币供求相等时为止。相反，当市场现有利率高于均衡利率时，货币供给暂时超过了货币需求，这时人们感到手中持有的货币太多，就会以多余的货币买进有价证券。于是，证券价格要上升，即利率要下降。这种情况也一直要持续到均衡利率对应的货币供求相等时为止。当然，只有当货币供求相等时，利率才不再变动。

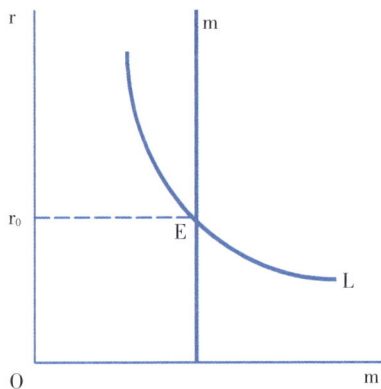

图5-7　货币供给和需求的均衡

实际上，货币需求曲线和货币供给曲线都会变动。例如，当人们对货币的交易需求或投机需求增加时，货币需求曲线就会向右上方移动；当政府增加货币供给量时，货币供给曲线则会向右移动。在图5-8中，若货币供给不变，货币需求曲线从L移动到L′，均衡利率就会从r_0上升到r_1；相反，如果货币需求不变，货币供给曲线从m右移到m′，均衡利率则会从r_0下降到r_2。如果货币需求和供给同时变动，利率就会受到二者的共同影响，在移动后的需求曲线和供给曲线的交点上达到均衡。

从图5-8中可以看到，当利率降低到一定程度时，货币需求曲线呈接近水平的状态。这就是凯恩斯所说的流动性陷阱。这时候，不管货币供给曲线向右移动多少，即不管政府增加多少货币供给，都不可能再使利率下降。

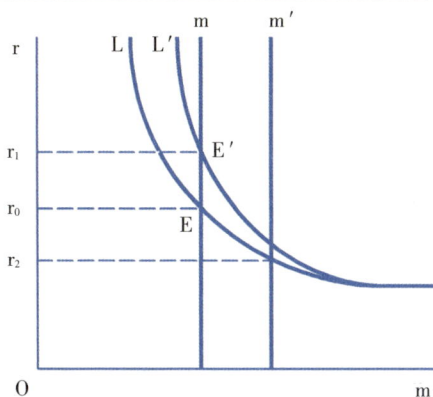

图5-8　货币需求和供给曲线的变动

5.3　LM曲线及其含义：货币市场的均衡

5.3.1　LM曲线及其推导

我们已经知道，利率是由货币市场上的供给和需求的均衡决定的。而货币的供给量由货币当局所控制，即由代表政府的中央银行所控制，因而它被假定为一个外生变量。在货币供给量既定的情况下，货币市场的均衡只能通过调节货币需求来实现。

假定m代表实际货币供给量，则货币市场的均衡是：

$m=L=L_1+L_2=L_1(y)+L_2(r)=ky-hr$

从这个等式中可知，当m为一定量时，L_1增加，L_2必须减少，否则不能保持货币市场的均衡。L_1是货币的交易需求（由交易动机和谨慎动机引起），它随收入增加而增加。L_2是货币的投机需求，它随利率上升而减少。因此，国民收入增加使货币交易需求增加时，利率必须相应提高，从而使货币投机需求减少，才能维持货币市场的均衡。当收入减少时，利率必须相应下降；否则，货币市场就不能保持均衡。

总之，当m给定时，$m=ky-hr$的公式可表示满足货币市场的均衡条件下的收入y与利率r的关系。表示这一关系的图形就是LM曲线。

由于货币市场均衡时，$m=ky-hr$，因此：

$$y=\frac{hr}{k}+\frac{m}{k}$$

或者　$r=\dfrac{ky}{h}-\dfrac{m}{h}$

这两个公式都是LM曲线的代数表达式。该曲线的纵坐标表示利率，横坐标表示收入，因此，上面的公式就代表LM曲线。

LM曲线是一条向右上方倾斜的曲线（如果该曲线代表的是一个线性方程，它就是直线）。LM曲线上任何一点都代表一定利率和收入的组合。在这样的组合下，货币需求与供给都是相等的，也就是说，货币市场是均衡的。

实际上，LM 曲线是从货币的投机需求与利率的关系、货币的交易需求与收入的关系，以及货币需求与供给相等的关系中推导出来的。经济学家常用如图 5-9 所示的包含 4 个象限的图形来推导 LM 曲线。

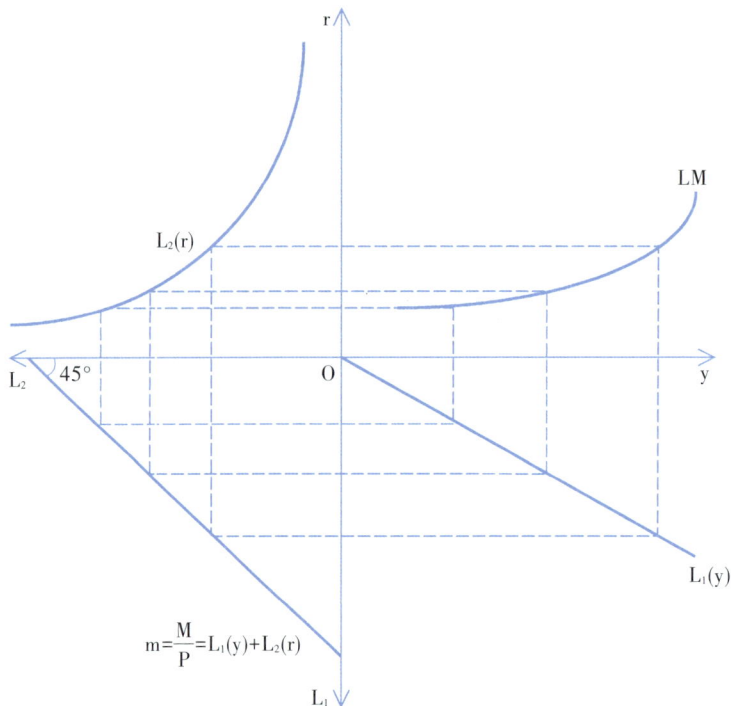

图 5-9　LM 曲线的推导

第四象限中的 $L_1(y)$ 曲线表示作为收入增函数的货币交易需求曲线。不过，其向右下方倾斜的方向，是纵坐标反向调整的结果。这里，纵坐标表示货币的交易需求，横坐标表示收入水平。

第二象限中的 $L_2(r)$ 曲线是横坐标反向调整后的货币投机需求曲线。它表示的经济含义与调整前向右下方倾斜的货币投机需求曲线相同。在该象限中，纵坐标表示利率，横坐标表示货币的投机需求水平。

第三象限中那条和纵轴、横轴都成 45°夹角的直线，表示当货币供给为一定量时，与它相等的保证货币市场均衡的货币需求总量（用于交易需求的货币和用于投机需求的货币之和）。在 $m=\dfrac{M}{P}=L_1(y)+L_2(r)$ 中，先假定货币供给 $m=\dfrac{M}{P}$ 全部用于交易需求（令 $L_2(r)=0$，则全部货币供给满足于交易需求），我们就可以在表示货币交易需求的纵轴上找到一个等于全部货币供给的点；同理，我们再假定货币供给 $m=\dfrac{M}{P}$ 全部用于货币投机需求（令 $L_1(y)=0$，则全部货币供给满足于投机需求），我们就可以在表示货币投机需求的横轴上找到一个等于全部货币供给的点；将这两个点连接起来，我们就得到了一条和纵轴、横轴都成 45°

夹角的直线。

现在，在第一象限中，只要任意给定收入水平，就可以借助货币的交易需求曲线、投机需求曲线，以及表示货币市场均衡的那条与纵轴、横轴都成 45°夹角的直线函数，找到与给出的收入水平相对应的利率水平。相反，如果给定任意利率水平，就可以借助货币的交易需求曲线、投机需求曲线，以及表示货币市场均衡的那条与纵轴、横轴分别都成 45°夹角的直线函数，找到与给出的利率水平相对应的收入水平。将一系列使货币市场均衡的利率和收入的组合点连接起来，就构成了我们所要推导的 LM 曲线。LM 曲线表示与货币市场均衡相一致的利息与收入的一系列组合。LM 曲线表示，曲线上任何一点所代表的利率与所相应的国民收入都会使货币供给（M）等于货币需求（L）。

5.3.2　LM 曲线的斜率

从 LM 曲线的推导图可以看到，LM 曲线的斜率取决于货币的投机需求曲线和交易需求曲线的斜率。如果货币的投机需求曲线和交易需求曲线都是直线型的，LM 曲线也将是直线型的。在 LM 曲线上，其斜率取决于 $r=\dfrac{ky}{h}-\dfrac{m}{h}$ 式中的 k 和 h 之值。这一公式就是 LM 曲线的代数表达式，而 k/h 是 LM 曲线的斜率。当 k 为定值时，h 越大，即货币需求对利率的敏感程度（货币需求的利率弹性）越高，则 k/h 越小，因而 LM 曲线越平缓。另一方面，当 h 为定值时，k 越大，即货币需求对收入变动的敏感程度（货币需求的收入弹性）越高，则 k/h 越大，于是 LM 曲线越陡峭。

从 LM 曲线的推导图来看，h 越大，货币投机需求曲线就越平缓，LM 曲线也越平缓；k 越大，货币交易需求曲线就越陡峭，LM 曲线也越陡峭。

由于货币的交易需求函数一般比较稳定，因此，LM 曲线的斜率主要取决于货币的投机需求函数。由于投机动机的货币需求是利率的减函数，所以当利率降得很低时，货币的投机需求将是无限的，这就是凯恩斯陷阱或流动性陷阱。由于在这一极低的利率水平上货币投机需求量已变得无限大，因此，货币的投机需求曲线就成为一条水平线，这使 LM 曲线也变成水平的。

当利率降到社会公认的极低水平时，货币投机需求曲线就会变成一条水平线，因而，LM 曲线上也相应有一段水平状态的区域，这一区域被称为凯恩斯区域，也称为萧条区域。因为利率降到这样低的水平，政府实行扩张性货币政策时，增加货币供给量，并不能降低利率，也不能增加收入，因而货币政策无效。相反，实行扩张性财政政策，使 IS 曲线向右移动，收入水平就会在利率不发生变化的情况下提高。因而，财政政策很有效。凯恩斯认为，在 20 世纪 30 年代经济大萧条时期，西方国家的经济就是这种情况。

相反，如果利率上升到很高水平，则货币的投机需求量将等于零。这时候，人们为完成交易还必须持有一部分货币（交易需求），但再也不会为投机而持有货币。由于货币的投机需求等于零，因此，这种情况下的货币投机需求曲线就表现为一条垂直线，不管利率再上升多高，货币投机需求量都将是零，人们手持的货币量都是交易需求量。这样，LM 曲线就会存在一段垂直线。一些经济学家认为，这时候如实行扩张性财政政策使 IS 曲线向右上方移动，只会提高利率，而不会使收入增加。但如果实行使 LM 曲线右移的扩张性货币政策，则不但会降低利率，还会提高收入水平。因此，这时候财政政策无效，而货币政策有效。这符合古典学派以及基本上以古典学派经济理论为基础的现代货币主义者的观点。因而 LM 曲线呈垂直状态的这一区域被称为古典区域。

古典区域和凯恩斯区域之间的这段 LM 曲线是中间区域。LM 曲线的斜率在古典区域为无穷大，在凯恩斯区域为零，在中间区域则为正值。这从图 5-10 中可以清楚地看出。从 LM 曲线的代数表达式 $r=\frac{ky}{h}-\frac{m}{h}$ 中也能得到说明。LM 曲线的斜率是 k/h，h 是货币需求的利率弹性系数，当 h=0 时，k/h 为无穷大。因此，LM 曲线在古典区域是一条垂直线。当 h 为无穷大时，其斜率值 k/h 为零。因此，LM 曲线在凯恩斯区域是一条水平线。而当 h 介于零和无穷大之间的任何值时，由于 k 一般总是正值，所以 k/h 的值为正。

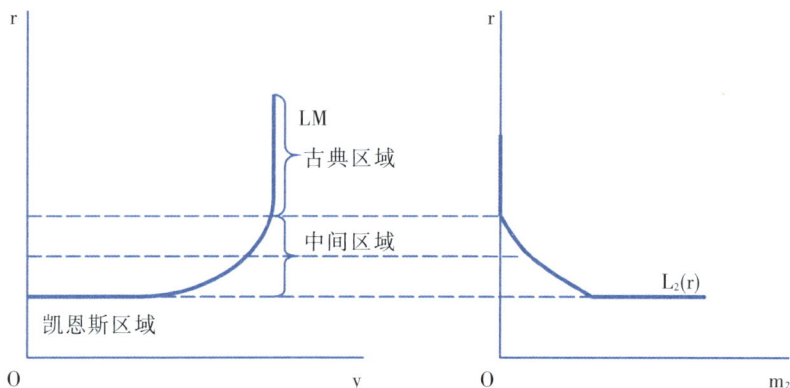

图 5-10　LM 曲线的 3 个区域

5.3.3　LM 曲线的移动

从 LM 曲线的推导图及 LM 曲线的 3 个区域图中可以知道，货币投机需求、交易需求和货币供给量的变化都会使 LM 曲线发生相应的变动。

货币投机需求的变动会使 LM 曲线发生方向相反的移动。如果货币的投机需求量增加，而其他情况不变，则会使 LM 曲线左移。原因是，在同样利率水平上，现在货币投机需求量增加了，在满足社会全部货币需求的货币供给量不变时，如果社会全部货币的投机需求必须满足，交易需求量必须减少，才能保证货币市场的均衡，这样从货币市场均衡的角度出发，就必然要求社会的国民收入水平下降。

如果交易需求减少，而其他情况不变，则会使 LM 曲线右移。原因是完成同样的交易量所需要的货币量减少了，也就是说，原来一笔货币现在能够完成更多国民收入的交易了。

应该注意，上述 LM 曲线移动的两种情况都是在货币的投机需求曲线和交易需求曲线斜率不变时发生的，即在 h 和 k 值都不变时发生的。如果 h 和 k 值发生变化，则会使 LM 曲线发生转动，而不是移动。如果 h 值由小变大，即货币需求对利率的敏感度（货币需求的利率弹性）逐渐增强，则会使 LM 曲线逐渐变得平缓，即发生顺时针方向转动；反之，则发生逆时针方向转动。如果 k 值由小变大，即货币需求对收入的敏感度（货币需求的收入弹性）逐渐增强，则会使 LM 曲线逐渐变陡直，发生逆时针方向转动；反之，则会发生顺时针方向转动。

　　货币供给量变动将使 LM 曲线发生同方向变动。如果货币供给量增加，则 LM 曲线右移。原因是，在货币需求不变时（包括投机需求和交易需求），货币供给增加必然会使利率下降，而利率下降又会刺激投资和消费，从而使国民收入增加。

　　在使 LM 曲线移动的 3 个因素中，特别要重视货币供给量变动。因为货币供给量是国家（货币当局）可以根据经济形势的需要而加以调整的，通过这种调整来调节利率和国民收入，正是政府采用货币政策的内容。

　　不过，还应注意，当价格水平不变时，名义货币供给量可以代表实际货币供给量，因为 m=M/P=M。可是，如果价格水平变动，名义货币供给量就不能代表实际货币供给量。价格水平上升时，货币的实际供给量小于名义供给量；价格水平下降时，货币的实际供给量大于名义供给量。

　　因此，当名义货币供给量不变时，价格水平如果下降，就意味着实际货币供给量增加，这会使 LM 曲线向右移动。相反，如果价格水平上升，LM 曲线就向左移动。认识到这一点，对以后认识总需求曲线的推导很有意义。

5.4　IS-LM 分析：总需求方面的均衡

5.4.1　两个市场同时均衡时的利率和收入

　　按照凯恩斯的观点，国民总收入决定于与总供给相等的总有效需求，而有效需求决定于消费支出和投资支出。由于消费倾向在短期内是稳定的，因而有效需求主要决定于投资支出。投资量又决定于资本边际效率和利率的比较。当资本边际效率一定时，投资决定于利率。利率决定于货币供给数量和流动性偏好（货币需求量）。货币需求量由货币的交易需求量（包括谨慎需求量）和投机需求量构成。货币的交易需求量决定于收入水平，而投机需求量决定于利率水平。可见，在商品市场上，要决定收入，必须先决定利率；否则，投资水平就无法确定。而利率是在货币市场上决定的。在货币市场上，如果不先确定一个特定的收入水平，则利率又无法确定；但收入水平又是在产品市场上决定的，因此，利率的决定又依赖产品市场。这样一来，凯恩斯的理论就陷入了循环推论：利率通过投资影响收入，而收入通过货币需求又影响利率；或者反过来说，收入依赖利率，而利率又依赖收入。英国经济学家约翰·希克斯（John R. Hicks）在解释凯恩斯的理论时，把产品市场和货币市场结合起来，建立了一个产品市场和货币市场的一般均衡模型，即 IS-LM 模型，从而得到了一个反映均衡利率和均衡国民收入的均衡点，在形式上解决了上述循环推论的问题。

　　对此，我们从前面的分析中已经知道，在 IS 曲线上，有一系列利率与相应收入的组合可使产品市场均衡；在 LM 曲线上，又有一系列利率和相应收入的组合可使货币市场均衡。但能够使产品市场与货币市场同时达到均衡的利率和收入的组合点只有一个，即 IS 曲线和 LM 曲线的交点，其数值可以通过求解 IS 和 LM 的联立方程来得到：

　　$i(r)=s(y)$　　　　　　IS 曲线（方程）

　　$\dfrac{M}{P}=L_1(y)+L_2(r)$　　　LM 曲线（方程）

由于货币供给量 M 和价格被假定为不变的，因此，在这个二元方程组中，变量只有利率（r）和收入（y），解这个方程组可得到 r 和 y 的一般解。这个一般解可在 IS 曲线和 LM 曲线的交点上获得（如图 5-11 所示）。在这个交点上，同时实现了两个市场的均衡。因为只要投资、储蓄、货币需求和供给的关系不变，任何失衡情况的出现也都是不稳定的，最终会趋向均衡。

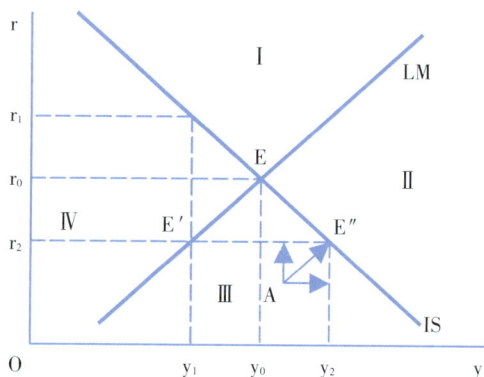

图 5-11 产品市场和货币市场的一般均衡

为了理解这一点，可以考虑两个失衡状况。

首先考察图 5-11 中的 E′点的情况。由于 E′点在 LM 曲线上，因此货币市场是均衡的，但投资和储蓄不相等。这时投资大于储蓄，即总需求大于总供给，生产和收入会增加。收入增加时，货币交易需求增加。在货币供给量不变时，货币投机需求量必须减少，才能保证货币市场的均衡。而货币的投机需求量只有在利率上升时才会减少。在实际生活中的情况是：人们为获得更多用于交易的货币，只能出售有价证券，从而引起证券价格下降（利率上升）。收入上升和利率上升二者结合起来，使 E′点向 E 点靠近，这一过程一直要到利率上升到 E 点的水平，而收入也上升到 y_0 点水平时才会停止。

再考察 E″点情况。由于 E″点在 IS 曲线上，因此，投资和储蓄是相等的，但货币市场不均衡。货币需求量大于货币供给量，这样，利率会上升。利率上升抑制了投资，进而使收入下降。利率上升和收入下降相结合，使 E″点向 E 点逐渐靠拢。这一过程同样一直要到 E 点才会停止。

从上述两种情况可以看到，E′点由于在 IS 曲线下方，因此，投资大于储蓄。进而可知，在 IS 曲线上方区域中利率和收入的任何结合点上，投资一定小于储蓄。再看 E″点，由于是在 LM 曲线右方，因此货币需求大于供给。进而可知，在 LM 曲线左方的利率和收入的任何结合点上，货币需求一定小于货币供给。因此，从图 5-11 中可以看到，IS 曲线和 LM 曲线把坐标平面分成 Ⅰ、Ⅱ、Ⅲ、Ⅳ 4 个区域。在这 4 个区域中都存在产品市场和货币市场的非均衡状态。例如，区域 Ⅰ 中任何一点，一方面由于位于 IS 曲线右上方，因此有投资小于储蓄的非均衡；另一方面位于 LM 曲线左上方，因此有货币需求小于供给的非均衡。其余 3 个区域中的非均衡关系也可这样推导得知。我们可以把这 4 个区域中的非均衡关系归纳为表 5-1 的内容。

表5-1 产品市场和货币市场的非均衡

区　域	产品市场	货币市场
Ⅰ	i<s，供给大于需求	L<M，货币供给大于货币需求
Ⅱ	i<s，供给大于需求	L>M，货币需求大于货币供给
Ⅲ	i>s，需求大于供给	L>M，货币需求大于货币供给
Ⅳ	i>s，需求大于供给	L<M，货币供给大于货币需求

各个区域中存在的、各种不同组合的 IS 和 LM 的非均衡状态，会得到调整。IS 不均衡会导致收入变动：投资大于储蓄会导致收入上升；投资小于储蓄会导致收入下降。LM 不均衡会导致利率变动：货币需求大于货币供给会导致利率上升；货币需求小于货币供给会导致利率下降。这种调整最终都会趋向均衡利率和均衡收入。

例如，在图 5-11 中，经济处于 A 点所表示的收入和利率组合处于不均衡状态。A 点在区域Ⅲ中，一方面有超额产品需求，从而收入会上升，从 A 点沿平行于横轴的箭头向右移动；另一方面有超额货币需求，从而利率会上升，从 A 点沿平行于纵轴的箭头向上移动。这两方面的调整的共同结果是引起收入和利率的组合沿对角线箭头向右上方移到 E″ 点。在 E″ 点，产品市场均衡了，货币市场仍不均衡，于是经济会再调整，直到 E 点才停下来。

5.4.2　均衡收入和利率的变动

经济在 IS 曲线和 LM 曲线的交点上同时实现了产品市场和货币市场的均衡。然而，这一均衡不一定是充分就业的均衡。例如图 5-12 中，IS 曲线和 LM 曲线的交点 E 所决定的均衡收入和利率分别是 y_0 和 r_0，但充分就业的收入是 y^*，均衡收入低于充分就业水平时的收入。在这种情况下，仅靠市场的自发调节无法实现充分就业均衡。这就需要依靠国家用财政政策或货币政策进行调节。财政政策是政府通过变动支出和税收来调节国民收入。如果政府增加支出或降低税收，或二者双管齐下，IS 曲线就会向右上方移动。当 IS 曲线上移到 IS′ 位置时，和 LM 曲线相交于 E′ 点，就会达到充分就业的收入水平。货币政策是政府通过货币当局（中央银行）用变动货币供应量的办法来改变利率和收入。当中央银行增加货币供给量时，LM 曲线就向右下方移动。如果移动到 LM′ 位置时和 IS 曲线相交于 E″ 点，也会达到充分就业时的收入水平。当然，国家也可以同时改变税收（t）、政府支出（g）和货币供给量（M）来改变 IS 曲线和 LM 曲线的位置，使二者相交于 y^* 的垂直线上，以实现充分就业。

从图 5-12 中可以看到，IS 曲线和 LM 曲线移动时，不仅收入会变动，利率也会变动。当 LM 曲线不变，而 IS 曲线向右上方移动时，不仅收入提高，利率也上升。这是因为 IS 曲线右移是由于投资、消费或政府支出的增加（上面分析的只是政府支出增加），即总支出的增加；总支出的增加使生产和收入增加；收入增加了，对货币交易需求也会增加。由于货币供给不变（假定 LM 不变），因此，人们只能通过出售有价证券来获取扩大交易所需要的货币。这就会使证券价格下降，利率上升。依据同样的道理，也可以说明，在 LM 曲线不变、IS 曲线向左下方移动时，收入和利率都会下降。

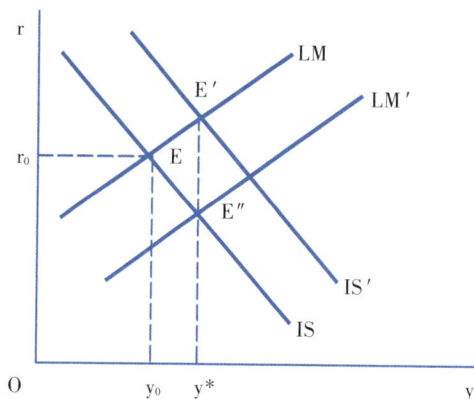

图 5-12　均衡收入和均衡利率的变动

当 IS 曲线不变、LM 曲线向右下方移动时，收入会提高，利率会下降。这是因为 LM 曲线右移，或者由于货币供给不变，而货币需求下降；或者由于货币需求不变，而货币供给增加。在 IS 曲线不变，即产品供求情况没有变化的情况下，凡 LM 曲线的右移都意味着货币市场上供过于求，这必然导致利率下降；利率下降将会刺激消费需求和投资需求，从而使收入增加。相反，当 LM 曲线向左上方移动时，利率会上升，收入下降。

如果 IS 曲线和 LM 曲线同时移动，收入和利率的变动情况则由 IS 曲线和 LM 曲线如何同时移动而定。如果 IS 曲线向右上方移动，LM 曲线同时向右下方移动，则可能出现收入增加而利率不变的情况。这就是所谓扩张性财政政策和适应性货币政策相结合可能出现的情况。

本章小结

1. 在短期内或者当预期利润率既定时，投资决定于利率。较高的利率会使一些投资项目无利可图，因而会减少总投资。

2. LS-LM 模型决定了短期内的产出、利率和总支出的各个组成部分。该模型并不要求经济在其长期均衡状态下运行。

3. IS 曲线表示在各个利率水平上使收支处于平衡状态的 GDP 水平。IS 曲线向右下方倾斜。

4. LM 曲线表示在各个 GDP 水平上使货币供求相等的利率。LM 曲线向右上方倾斜。

5. IS-LM 模型回答了价格水平不变的时期内的政策效果（效率）的问题。扩张性货币政策会增加产出，降低利率；扩张性财政政策会使产出和利率同时上升。

6. 当货币需求对利率很敏感，而投资和净出口对利率不敏感时，财政政策最为有效。

7. 当货币需求对利率不敏感，而投资和净出口对利率很敏感时，货币政策最为有效。

8. IS-LM 曲线的交点表示在前定价格水平与财政-货币政策下的利率和 GDP 水平。它和总需求曲线上的某一点相对应。

本章基本概念

产品市场的均衡　交易动机　谨慎动机　投机动机　凯恩斯陷阱　流动性偏好　名义货币量　LM曲线的凯恩斯区域　LM曲线的古典区域　LM曲线的中间区域

复习思考题

1.决定总需求的重要因素有哪些？各个因素的变化会产生哪些影响？

2.为什么价格水平的上升会提高利率？

3.为什么IS曲线向右下方倾斜？

4.为什么LM曲线向右上方倾斜？

5.为什么减少政府支出会降低利率？

6.为什么增加货币供给会降低利率？

7.经济处于什么情况下会出现流动性陷阱？

第6章
总需求曲线与需求管理政策

学习目标

通过学习本章，你应该能够：

◎了解和掌握凯恩斯的国民收入决定理论（或者说有效需求决定的理论）在总供求的分析框架下，可以怎样浓缩为一条总需求曲线，并通过这条曲线的移动对总供求模型产生影响。

◎掌握在特定的条件下，凯恩斯主义的宏观经济理论是如何主张通过财政政策和货币政策（有时也有收入政策）影响总需求水平来影响整个经济活动，实现政府干预经济的。

本章主要对总需求方面的因素和需求管理的政策进行理论分析。本章重点是从一般理论层次对凯恩斯主义宏观需求管理进行说明。

6.1　总需求曲线的推导及变动

6.1.1　总需求函数（曲线）的含义及相关效应

总需求是社会对产品和服务的需求总量，通常以产出水平来表示。总需求由消费需求、投资需求、政府支出的需求以及国外对本国商品和服务的需求构成。在不考虑国外需求的情况下，经济社会的总需求是指在价格、收入和其他经济变量既定条件下，家庭、企业部门和政府将要支出的数量。因此，总需求衡量的是经济中各种行为主体的总支出：家庭购买的电冰箱、企业购买的卡车、政府购买的办公设备等。实际上，除了价格水平、收入水平、对未来的预期等因素推动总需求的力量外，还包括税收、政府支出或货币供给等政策变量。

总需求函数被定义为对产量（收入）的需求和价格水平之间的关系。它表示在某个特定的价格水平下，社会需要多大数量的产量（收入）。在以价格水平为纵坐标、产出水平为横坐标的坐标系中，总需求函数的几何图形被称为总需求曲线。总需求曲线描述了与每一个价格水平相对应的均衡的支出，因此，总需求曲线可以从简单的收入-支出模型中推导出来。

我们先来看一下价格水平的变化如何导致总支出水平的变化。

（1）价格水平上升，将导致利率上升，进而导致投资和总支出水平下降。价格水平上升时，人们需要更多的货币进行交易。从通常的意义上看，价格水平越高，商品和服务就越昂贵，所需交易的现金就越多，支票的金额就越大。可见，货币的名义需求是价格水平的增函数。如果货币供给没有变化，则价格上升使货币需求增加，利率就会上升；利率上升，会使投资水平下降，因而，总支出水平和收入水平下降。在宏观经济学中，价格水平变动引起利率同方向变动，进而使投资和产出水平反方向变动的情况，被叫作利率效应。

（2）价格水平变动，会使人们所持有的货币及其他以货币固定价值的资产的实际价值提高或降低，人们会变得相对富有或贫穷，于是人们的消费水平就相应地增加或减少，这种效应被称为实际余额效应（财富效应）。

（3）价格水平上升，会使人们的名义收入增加。名义收入增加会使人们进入更高的纳税档次，从而使人们的税负增加，可支配收入下降，进而使人们的消费水平下降。

6.1.2 总需求曲线的推导

现在说明如何根据简单收入决定模型推导总需求曲线。

在图6-1中，当价格水平为 P_0 时，均衡的总支出或收入为 y_0，于是在图6-1（b）中就得到与价格 P_0 相对应的 y_0，即A点，A点是总需求曲线上的一点。当价格水平发生变动，如从 P_0 上升到 P_1 时，根据前面的说明，在构成总支出的其他因素不变的情况下，价格上升将导致消费支出和投资支出下降，从而使总支出水平下降。表现在图6-1（a）中，总支出从 AE_0 下降到 AE_1 的位置，从而使均衡收入从 y_0 下降为 y_1，于是得到了图6-1（b）中的B点，B点也是总需求曲线上的一点。将A、B等这样得出的点用曲线连接起来，便得到图6-1（b）中的总需求曲线AD。

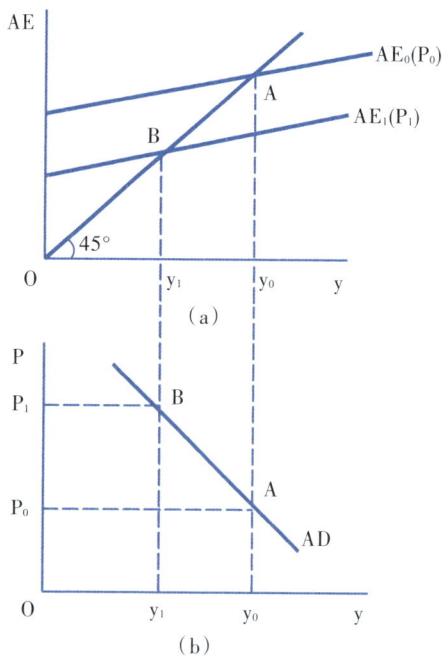

图6-1 从简单收入决定模型导出总需求曲线

从图6-1（b）中可以看出，总需求曲线是向右下方倾斜的，价格水平越高，总需求量或者说均衡总支出水平越低。

总需求函数一般同产品市场与货币市场有关。换句话说，总需求函数也可以从产品市场与货币市场的同时均衡中得到。以两部门经济为例，这时IS曲线的方程为：

$$s(y)=i(r)$$

LM曲线的方程为：

$$\frac{M}{P}=L_1(y)+L_2(r)$$

在上面两个方程中，如果把 y 和 r 当作未知数，而把其他变量，特别是 P 当作参数来将这两个方程联立求解，则所求得的 y 的解式一般包含 P 这一变量。该解式表示了不同价格（P）与不同的总需求量（y）之间的函数关系，即总需求函数。

在这种情况下，总需求曲线反映的是产品市场和货币市场同时处于均衡时价格水平和产出水平之间的关系，因此总需求曲线也可以从 IS-LM 图形中求取。

在 IS-LM 模型中，一般价格水平被假定为是一个常数。在价格水平固定不变且货币供给为已知时，IS 曲线和 LM 曲线的交点决定有效需求，也是均衡的收入（产量）水平。现用图 6-2 说明如何根据 IS-LM 图形推导总需求曲线。

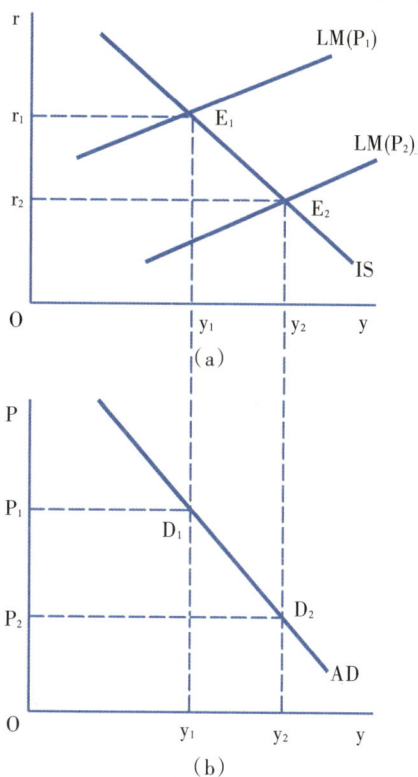

图6-2 总需求曲线的推导

图 6-2（a）为 IS-LM 图。图 6-2（b）表示价格水平和总需求量之间的关系，即总需求曲线。当价格 P 的数值为 P_1 时，LM 曲线 $LM(P_1)$ 与 IS 曲线相交于 E_1 点，E_1 点所表示的国民收入和利率顺次为 y_1 和 r_1。将 P_1 和 y_1 标在图 6-2（b）中便得到总需求曲线上的一点 D_1。现在，假设 P 由 P_1 下降到 P_2。由于 P 的下降，LM 曲线移动到 $LM(P_2)$ 的位置，它与 IS 曲线的交点为 E_2 点。E_2 点所表示的收入和利率顺次为 y_2 和 r_2。对应图 6-2（a）中的 E_2 点，又可在图 6-2（b）中找到 D_2 点。按照同样的程序，随着 P 的变化，LM 曲线和 IS 曲线可以有许多交点，每一个交点都标志着一个特定的 y 和 r，于是就有许多 P 与 y 的组合，从而构成了图 6-2（b）中的一系列点，把这些点连在一起所得到的曲线便是总需求曲线 AD。

应指出的是，价格水平的变化对 IS 曲线的位置没有影响。这是因为决定 IS 曲线的变量被假定是实际变量，而不是随货币价格变化而变动的名义变量。

从以上对总需求曲线的推导中看到，总需求曲线表示社会总需求和价格水平之间的相反方向的关系。总需求曲线是向右下方倾斜的，表示价格水平越高，需求总量越小；价格水平越低，需求总量越大。

当价格水平变动时，考察产品市场和货币市场如何做出反应，将有助于我们更好地理解产量和价格水平之间的反方向关系。价格水平的提高使货币需求提高（居民由于价格上涨而需要比原来持有更多的货币余额），但由于货币量保持不变，于是货币市场出现了非均衡，结果是利率提高。伴随着较高的利率，投资支出下降，从而导致产量下降。相反，较低的价格水平使货币需求下降，进而导致利率下降，较低的利率刺激了投资，从而导致产量的提高。

6.1.3　总需求曲线的移动

根据前面对 IS 曲线和 LM 曲线的讨论，我们还可以讨论财政政策和货币政策变化对总需求曲线的影响。其一般性结论为：扩张性财政政策会使总需求曲线向右移动；扩张性货币政策会使总需求曲线向上移动。这里，我们仅以扩张性财政政策的效果加以说明。

在图 6-3（a）中，IS 曲线和 LM 曲线对应一定的货币数量和价格水平 P_0，均衡点为 E 点，在图 6-3（b）中的 AD 曲线上有与之对应的 E 点。现在增加政府支出，结果是 IS 曲线向右移动到 IS′。在原来的价格水平下，新的均衡点为 E′点，此时，利率提高，收入增加。在图 6-3（b）中也画出对应的 E′点，E′点是新的总需求曲线 AD′上的一点，AD′曲线反映了增加政府支出对经济的影响。可见，在一个既定的价格水平下，政府支出的增加也就意味着总需求的增加。

实际上，总需求方面任何因素的变动都会引起总需求曲线的移动，如消费、投资、政府支出、出口、名义货币供给量、税收额、税率、进口、实际货币需求等因素的自发变动。其他因素不变时，消费、投资、政府支出、出口、名义货币供给量的自发增大，会使总需求曲线向右上方移动；反之，则总需求曲线向左下方移动。税收额、税率、进口、实际货币需求等因素的自发增加，会使总需求曲线向左下方移动；反之，则总需求曲线向右上方移动。

总需求曲线不仅在价格变动的条件下概括了 IS-LM 模型，而且较为直观地说明了财政政策和货币政策都是旨在影响总需求的需求管理政策。

此外，总需求曲线只是给出了价格水平和以收入水平来表达的总需求水平之间的关系，并不能决定价格水平和均衡的总需求水平。为了说明整个经济中价格水平和总产出水平是如何决定的，还需要引出另一个分析工具——总供给曲线。

6.1.4　特殊的总需求曲线

除了向右下方倾斜的正常情况下的总需求曲线之外，出于理论分析的需要，有时也会涉及特殊的总需求曲线。

当投资的利率弹性（或者说投资对利率的敏感程度）为零，即利率的任何变化都不会

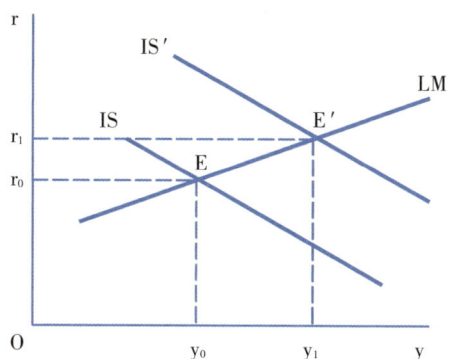

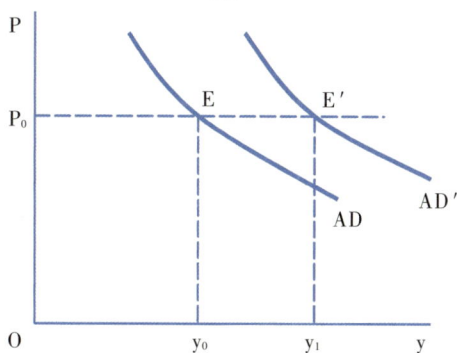

图6-3　总需求曲线的移动

引起投资的变化时，IS曲线就变成垂直的形状，由此，总需求曲线也变成垂直形状。这就是凯恩斯所说的货币政策不起作用的流动性陷阱和其他原因造成的投资利率弹性为零的情况。

投资利率弹性为零情况下的总需求曲线如图6-4所示。

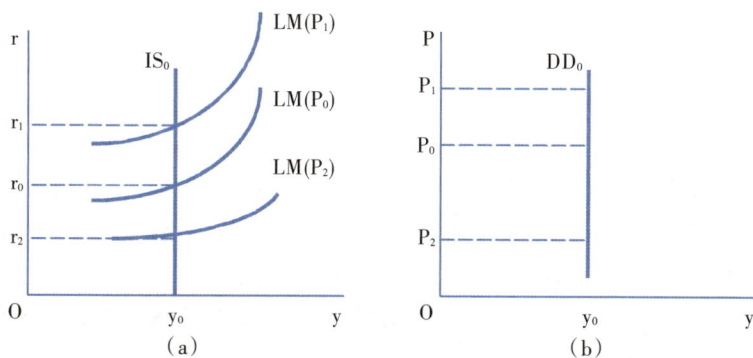

图6-4　投资利率弹性为零情况下的总需求曲线

流动性陷阱的总需求曲线如图6-5所示。

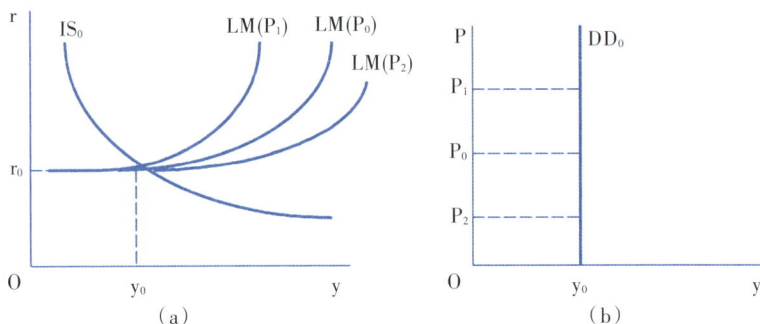

图6-5　流动性陷阱情况下的总需求曲线

6.2　需求管理政策效果的理论分析

IS曲线和LM曲线是进行宏观经济政策分析的重要工具和基础；财政政策和货币政策则是进行总需求管理的两大基本经济政策。这两大经济政策的作用和效果都可以通过IS-LM模型进行分析和说明。

6.2.1　财政政策与货币政策的影响

我们在说明均衡收入和利率的变动时曾经提到，IS曲线和LM曲线的交点所决定的均衡收入不一定就是充分就业的收入。当市场的自发调节无法实现充分就业均衡时，就需要国家运用财政政策和货币政策进行调节。具体地说，就需要运用财政政策和货币政策来改变IS曲线和LM曲线的位置，使它们相交于代表充分就业的国民收入的位置上。

财政政策是指政府通过变动税收和支出来影响总需求，进而影响就业水平和国民收入的政策。变动税收是指改变税率和税率结构。当经济萧条时，政府采用减税政策，可以给个人和企业多留下一些可支配收入，来刺激消费需求，从而增加生产和就业。尽管这又会增加对货币的需求，使利率上升、私人投资受到一些影响，削弱一些减税对增加总需求的作用，但总的说来，国民收入还是增加了。改变所得税结构，使高收入者增加税负，使低收入者减少一些负担，同样可起到刺激社会总需求的作用。变动政府支出是指改变政府对商品和服务的购买支出以及转移支付。在经济萧条时，政府扩大对商品和服务的购买，多搞些公共建设，可以扩大私人企业的产品销路，还可以增加消费，刺激总需求。尽管这也会增加对货币的需求，从而使利率上升，影响一些私人投资，但总的说来，生产和就业还是会增加的。政府还可以利用减税或加速折旧等办法给私人投资以津贴，直接刺激私人投资，增加生产和就业。以上这些措施都是扩张性财政政策。

当然，在经济高涨、通货膨胀率上升太高时，政府也可以采用增税、减少政府支出等紧缩性财政政策来控制物价上涨。

货币政策是一国货币当局——中央银行通过银行体系变动货币供给量（或者利率）来调节总需求的政策。在经济萧条时增加货币供给，降低利率，刺激私人投资，进而刺激消费，使生产和就业增加；反之，在经济过热、通货膨胀率太高时，则可紧缩货币供给量，提高利率，抑制投资和消费，使生产和就业减少些，或增长慢一些。前者是扩张性货币政策，后者是紧缩性货币政策。

　　无论是财政政策还是货币政策，都是通过影响利率、消费、投资进而影响总需求，使就业和国民收入得到调节。这些影响都可以在IS-LM图形中看出。如果LM曲线不变，政府实行扩张性财政政策，就会使IS曲线向右上方移动，它和LM曲线相交所形成的均衡利率和收入都高于原来的利率和收入。而实行紧缩性财政政策，则会使IS曲线向左下方移动，使利率和收入下降。相反，如果IS曲线不变，政府实行扩张性货币政策，则会使LM曲线向右下方移动，它和IS曲线相交所形成的均衡利率低于原来的利率，而收入高于原来的收入。实行紧缩性货币政策，则会使LM曲线向左上方移动，利率上升，收入减少。上述这些结果如表6-1所示。

表6-1　　　　　　　　　　　　财政政策和货币政策的影响

政策种类	对消费的影响	对利率的影响	对投资的影响	对GDP的影响
财政政策（减少所得税）	增加	上升	增加	增加
财政政策（增加政府开支，包括政府购买和转移支付）	增加	上升	增加	增加
财政政策（投资津贴）	增加	上升	增加	增加
货币政策（扩大货币供给）	增加	下降	增加	增加

6.2.2　财政政策效果

　　尽管实行扩张性财政政策和货币政策都能产生增加国民收入的效果，但是政策效果会因为IS曲线和LM曲线的斜率不同而大有差别。

1.财政政策效果的IS-LM图形分析

　　从IS-LM模型看，财政政策效果是指政府收支变化（包括变动税收、政府购买和转移支付等）使IS曲线发生变动，从而对国民收入变动产生的影响。这种影响程度会随着IS曲线和LM曲线的斜率不同而有所区别。

　　在LM曲线不变时，IS曲线斜率的绝对值越大，即IS曲线越陡峭，则移动IS曲线时收入变化就越大，即财政政策效果越好。反之，IS曲线越平坦，则IS曲线移动时收入变化就越小，即财政政策效果越差。这种情况如图6-6所示。

　　在图6-6中，假定LM曲线即货币市场均衡情况完全相同，并且起初的均衡收入y_0和利率r_0也完全相同。政府采取一项扩张性财政政策（增加政府支出或者减少税收），我们假定增加同样一笔支出Δg，则会使IS曲线右移到IS′的位置，右移的距离都是EE″。EE″是政府支出乘数和政府支出增加额的乘积，即EE″=$k_g \cdot \Delta g$。也就是说，一笔政府支出能带来若干倍国民收入的增加，这就是前面所说过的乘数原理。从图形上看，收入应从y_0增加到y_2，但实际上收入不可能增加到y_2。因为如果收入要增加到y_2，就必须假定利率r_0不会上升。可是，利率不可能不上升。因为当IS曲线向右上方移动时，国民收入增加

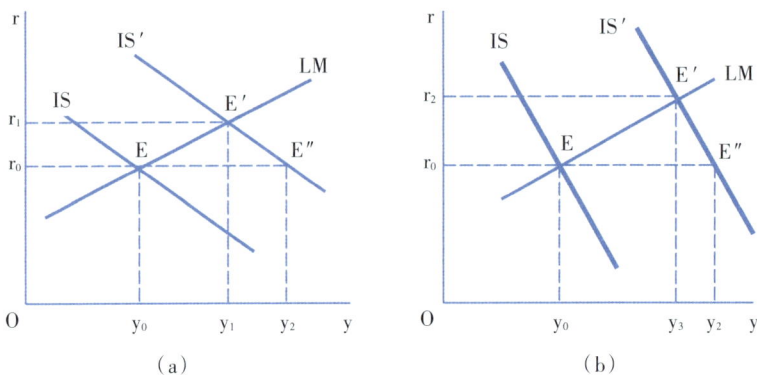

图6-6 财政政策效果因IS曲线斜率不同而不同

了，因而对货币的交易需求增加了，但货币供给未变（LM未变），因而人们用于满足投机需求的货币必须减少，才能保证交易需求的增加。一般说来，在经济生活中，人们总是首先考虑以货币收入或财产满足其交易需求，剩下的货币收入或财产才考虑其保值或增值的问题。在目前这种情况下，人们将满足投机需求的货币移走一部分去满足交易需求，从而造成了在原利率水平上投机性货币需求大于投机性货币供给，这必然要求利率上升。

因此，在图6-6（a）和图6-6（b）中，均衡利率都上升了，利率的上升抑制了私人投资，这就是所谓挤出效应。由于存在政府支出"挤出"私人投资的问题，所以新的均衡点只能处于E'点，收入不可能从y_0增加到y_2，而只能增加到y_1和y_3。从图6-6中可以看出，$y_0y_1 < y_0y_3$，就是说图6-6（a）表示的政策效果比图6-6（b）表示的政策效果差，原因在于图6-6（a）中的IS曲线比较平坦，而图6-6（b）中的IS曲线比较陡峭。前面已说过，IS曲线斜率的大小主要由投资的利率弹性系数所决定，IS曲线越平坦，表示投资的利率弹性系数越大，即利率变动一定幅度所引起的投资变动的幅度越大。如果投资对利率变动的反应较敏感，一项扩张性财政政策使利率上升时，会使私人投资下降很多，也就是挤出效应较大。因此，IS曲线越平坦，实行扩张性财政政策时被挤出的私人投资就越多，从而使国民收入增加得就越少，即财政政策效果越差。图6-6（a）中的y_1y_2就是由于利率上升而被挤出私人投资所减少的国民收入，y_0y_1才是这项扩张性财政政策带来的实际收入。图6-6（b）中的IS曲线较陡直，说明政府支出的挤出效应较小，因而政策效果较好。所以，财政政策的效果会因IS曲线斜率而有所差异的情况，也可以通过把（a）图和（b）图画在一个图形上表现出来。

在图6-7中，IS曲线的斜率不变时，财政政策效果会随着LM曲线斜率的不同而不同。LM曲线的斜率越大，即LM曲线越陡峭，移动IS曲线时收入变动得就越少，即财政政策效果就越差；反之，LM曲线越平坦，财政政策效果就越好。

在图6-7中，有一条斜率逐渐变大的LM曲线。一般说来，在经济萧条，收入和利率较低时，LM曲线较平缓，财政政策效果就较好；在收入水平较高，接近充分就业水平时，LM曲线较陡峭，财政政策效果就较差。表现在图6-7中，政府支出同样增加Δg，使IS曲线向右移动同样距离，即IS_0曲线到IS_1曲线的水平距离和IS_1曲线到IS_2曲线的水平距离是相同的，但国民收入增加的情况 y_0y_1 明显大于 y_1y_2。

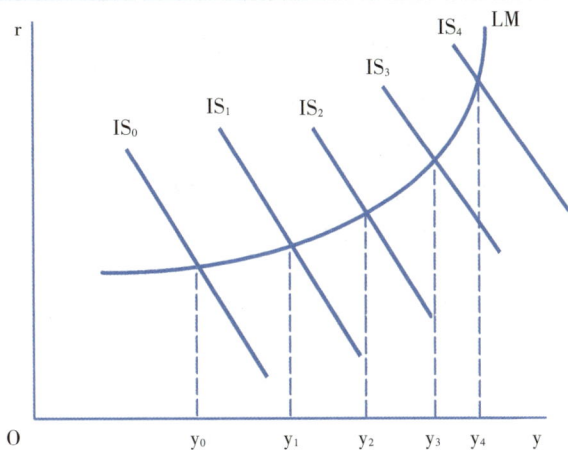

图6-7 财政政策效果因LM曲线斜率不同而不同

为什么政府增加同样一笔支出，在LM曲线斜率较大，即曲线较陡直时，引起的国民收入增量较少，或者说政策效果较差，而在LM曲线较平坦时，引起的国民收入增量较多，或者说政策效果较好呢？这是因为LM曲线斜率较大，即曲线较陡直，表示货币需求的利率弹性系数较小，或者说货币需求对利率的反应不太灵敏。这意味着，反过来看，一定的货币需求增加将使利率上升较多，从而对私人部门投资产生较大的挤出效应，结果使财政政策效果变差。相反，当货币需求的利率弹性系数较大（从而LM曲线较平坦）时，政府增加支出，即使向私人部门借了很多钱（通过出售公债券），也不会使利率上升很多，从而不会对私人投资产生很大影响。这样，政府增加支出就会使国民收入增加较多，即财政政策效果较好。

至于财政政策的效果，也可用财政政策乘数来表示和计量。所谓财政政策乘数是指在实际货币供给量不变时政府财政收支的变化能使国民收入变动多少。也可用公式表示财政政策乘数：

$$\frac{dy}{dg} = \frac{1}{1 - \beta(1-t) + \frac{dk}{h}}$$

式中：β 表示边际消费倾向；t表示税收函数中的边际税率；d表示投资需求函数 $i=e-dr$ 中的投资的利率弹性（投资对利率的敏感程度）；k和h分别表示货币需求函数中的货币需求的收入弹性和利率弹性（货币需求对收入和利率的敏感程度）。

从上述财政政策乘数表达式可知，当 β、t、d、k既定时，h越大，即货币需求对利率变动越敏感，LM曲线越平缓，财政政策乘数就越大，即财政政策效果就越好。如果LM曲线成为一条水平线，财政政策效果就极好。相反，h越小，财政政策乘数就越小，即财政政策效果就越差。

同样，若其他参数既定，d越大，即投资对利率变动越敏感，IS曲线越平缓，财政政策乘数就越小，即财政政策效果就越小。

边际消费倾向 β、边际税率t，以及货币需求对收入的敏感程度k，这些参数的大小也会影响上述乘数，从而影响财政政策效果。

我们应该注意，财政政策乘数和前面说过的政府支出乘数、政府转移支付乘数及税收乘数是不同的概念。政府支出乘数可以用公式表示为 $k_g = \dfrac{1}{1-\beta}$ 或者 $\dfrac{1}{1-\beta(1-t)}$。这是一种简单的支出乘数，是指没有考虑政府支出对利率产生影响的情况。而财政政策乘数是考虑加进货币市场均衡以后，政府支出对利率会有影响的情况。一般说来，由于存在挤出效应，财政政策乘数要小于简单的政府支出乘数。只有在流动性陷阱，即LM曲线呈水平状态的特殊情况下，财政政策乘数才等于政府支出乘数。

总之，投资需求的利率弹性系数和货币需求的利率弹性系数对财政政策效果具有较大的影响。此外，政府支出乘数也会影响财政政策效果。这是因为较大的政府支出乘数意味着一笔政府支出会带来较多的收入增加，从而有较好的政策效果。但是，如果经济处于投资对利率高度敏感，而货币需求对利率不敏感的状态，那么即便政府支出乘数很大，财政政策也不会产生很好的效果。只有当一项扩张性财政政策不会使利率上升很多，或利率上升对投资影响相对较小时，它才会对总需求产生较大的效果。

2.凯恩斯主义的极端情况

由前可知，如果LM曲线越平坦，或IS曲线越陡峭，财政政策效果就越好，货币政策效果就越差。如果出现一种IS曲线为垂直线而LM曲线为水平线的情况，那么财政政策将十分有效，而货币政策将完全无效。这种情况被称为凯恩斯极端情况。因为凯恩斯认为，当利率较低，而投资对利率反应又不很灵敏时，货币政策效果很差，只有财政政策才能对克服萧条、增加就业和国民收入产生作用。水平的LM曲线和垂直的IS曲线的模型分析只是把凯恩斯这一看法推到了极端的情况（如图6-8所示）。

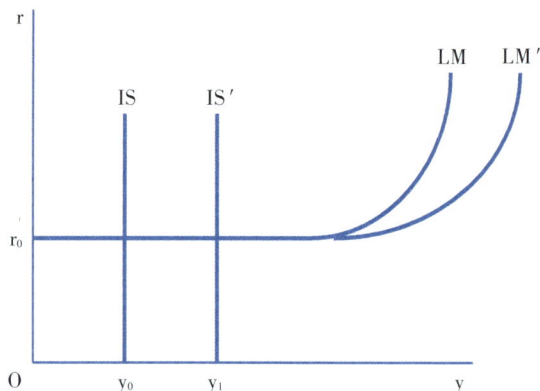

图6-8 凯恩斯极端情况

在凯恩斯极端情况下，财政政策十分有效而货币政策完全无效的原因是：

（1）LM为水平线，说明当利率降到像 r_0 这样的低水平时，货币需求的利率弹性已无限大。这时，人们持有货币而不买债券的利息损失将是极小的；如果去买债券，则资本损失的风险极大（由于利率极低时债券价格极高，人们会认为这样高的债券价格只会下跌，不会再涨，从而买债券的资本损失风险极大）。因此，这时人们不管有多少货币，都只想保持在手中。如果货币当局在这种情况下想用增加货币供给来降低利率以刺激投资，是不可能有效果的。水平的 LM 曲线也就是前面说过的凯恩斯陷阱的情况。这时候，政府用增加支出或减税的财政政策来增加总需求，效果却会很好。因为政府实行这类扩张性财政政策，向私人部门借钱（出售公债债券），并不会使利率上升，因而它对私人投资不会产生挤出效应。这就是说，在凯恩斯陷阱中，即使 IS 曲线不垂直而向右下方倾斜，政府实行财政政策也会十分有效（如图 6-9 所示）。

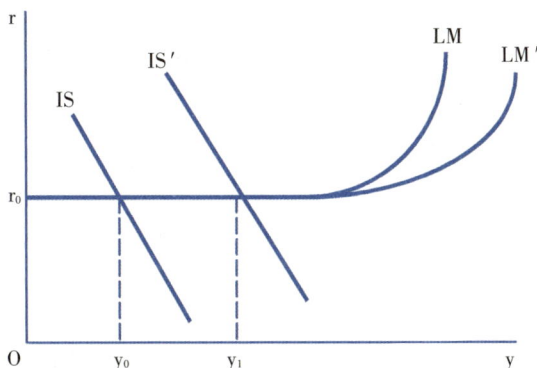

图6-9　向右下方倾斜的 IS 曲线在凯恩斯陷阱中的移动表明财政政策十分有效

（2）图 6-10 中的 IS 曲线为垂直线，说明投资需求的利率弹性系数为零，不管利率如何变动，投资都不会变动。在投资需求呆滞时期，利率即使发生了变化，也不能对投资需求的利率弹性系数为零的投资发生明显的影响。对经济比较萧条的 20 世纪 30 年代前期英国经济情况的研究也说明，在当时条件下，信贷成本对投资决策没有什么作用。可见，垂直的投资需求曲线产生垂直的 IS 曲线。不过，这时即便货币政策能改变利率，对国民收入的增加也不起作用。

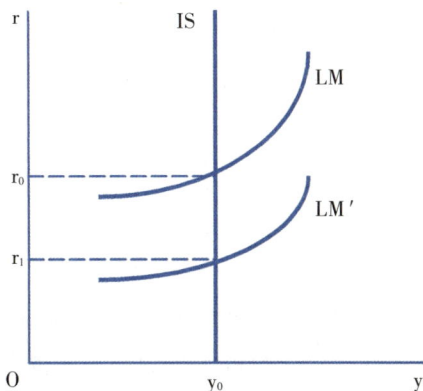

图6-10　IS 曲线垂直时货币政策完全无效

3.关于挤出效应

为了进一步认识财政政策的作用，有必要对"挤出效应"做进一步说明。

挤出效应是指政府财政支出的增加通过利率的提高所引起的私人消费或投资降低的作用。在一个充分就业的经济中，政府支出增加会以下面的方式使私人投资出现抵消性或替代性的减少：由于政府财政支出增加，产品市场上购买产品和服务的竞争会加剧，物价就会上涨，在名义货币供给量不变的情况下，实际货币供给量会因价格上涨而减少，进而使可用于投机目的的货币量减少。结果，利率上升，债券价格下跌，进而导致私人投资减少；投资减少了，利率提高了，人们的消费也随之减少。这种情况就像是政府财政支出的增加"挤占"了私人投资和消费。

在政府支出增加而引起价格水平上涨时，工人可能存在货币幻觉（人们不是对经济变量的实际价值做出反应，而是对用货币来表示的经济变量的名义价值做出反应。例如，物价上涨，名义工资未改变，但实际工资下降了，而工人如果仍然像物价未变时一样提供相同的劳动量，只对用货币表示的名义价值做出反应，则是货币幻觉在起作用）。工人在货币幻觉下（或在工资合同约束下），不会与价格上涨同步调整工资。因此，在短期内，由于企业对劳动需求增加，所以就业和产量将会增加。但是，在长期内，如果经济已经处于充分就业状态，则增加政府支出会完全挤占私人的投资和消费支出。

在非充分就业的经济中，政府推行增加财政支出的扩张性财政政策，也对私人投资有挤出效应。但一般说来，它不可能将私人投资全部"挤出"，因而这种政策多少能使生产和就业增加一些。在非充分就业的经济中，政府支出增加会对私人投资有挤出效应，是因为政府支出增加使总需求水平提高，产出水平相应提高，从而使货币需求量大于货币供给量（货币交易需求量增加了，但名义货币供给量未变），因而利率会上升，并导致投资水平下降。

政府支出究竟能在多大程度上"挤占"私人支出，一般取决于以下几个因素：

（1）政府支出乘数的大小。该乘数越大，政府支出所引起的产出增加就越多，但利率提高使投资减少所引起的国民收入减少也越多，即挤出效应越大。

（2）货币需求的收入弹性或者对收入水平变动的敏感程度，也就是货币需求函数（$L=ky-hr$）中k值的大小。k值越大，收入变动引起的货币交易需求的变动也越大。因而，政府支出增加所引起的一定量收入水平的增加，导致对货币的交易需求增加的幅度也会更大，因而利率上升得就越多，最终产生的挤出效应也就越大。

（3）货币需求的利率弹性或者对利率变动的敏感程度，就是货币需求函数中h值的大小。该弹性系数越小，就说明利率变动较大时货币需求变动并不大；从反面看，则说明货币需求稍有变动，就会引起利率的大幅度变动。因此，在这种情况下，当政府支出增加引起货币需求增加时，它所导致的利率上升就会很多，因而对投资的"挤占"也就越多；相反，如果h值越大，挤出效应就越小。

（4）投资需求对利率变动的敏感程度即投资的利率弹性系数的大小。投资的利率弹性系数越大，则一定量利率水平的变动对投资水平的影响就越大，挤出效应就越大；反之，则挤出效应越小。

在这4个因素中，政府支出乘数主要取决于边际消费倾向。而边际消费倾向一般是比较稳定的。货币需求对收入水平的敏感程度k主要取决于支付习惯和制度，一般认为这也是比较稳定的。因此，决定挤出效应大小的因素主要就是货币需求及投资需求对利率变动的敏感程度，即货币需求的利率弹性系数及投资需求的利率弹性系数的大小。

在凯恩斯极端情况下，货币需求的利率弹性系数为无穷大，而投资需求的利率弹性系数等于零。因此，政府支出的挤出效应为零，财政政策效果极好。反之，在古典极端情况下，货币需求的利率弹性系数为零，而投资需求的利率弹性系数极大。因此，政府支出的挤出效应是完全的，财政政策完全无效。可见，在 IS-LM 模型中，政府支出增加时，LM曲线越陡峭，IS曲线越平坦，则挤出效应越大，财政政策效果就越差。因为LM曲线越陡峭，货币需求的利率弹性系数就越小。同样一笔政府支出的增加，所引起的实际货币需求增加所造成的利率上升就越多，因而挤出效应就越大。IS曲线越平坦，则投资的利率弹性系数越大，从而利率上升所导致的投资减少得越多，最终使挤出效应也越大。

6.2.3 货币政策效果

1.货币政策效果的IS-LM图形分析

货币政策效果是指变动货币供给量的政策对总需求所产生的影响。假如增加货币供给能使国民收入有较大增加，则货币政策效果就好；反之，货币政策效果就差。货币政策效果同样取决于IS曲线和LM曲线的斜率情况。

在LM曲线形状基本不变时，IS曲线越平坦，LM曲线移动（变动货币供给量的政策所致）对国民收入变动的影响就越大；反之，IS曲线越陡峭，LM曲线移动对国民收入变动的影响就越小。

在图 6-11 中，（a）图中的IS曲线较陡峭，（b）图中的IS曲线较平坦。当扩张性货币政策使货币供给增加时，LM曲线向右移到LM′的位置。如果IS曲线较陡峭，国民收入增加就较少，即货币政策效果较差；IS曲线较平坦时，国民收入增加较多，即货币政策效果较好。这是因为IS曲线较陡峭表示投资的利率弹性系数较小（虽然政府支出乘数较小时也会使IS曲线较陡峭，但IS曲线的斜率主要决定于投资的利率弹性系数），即投资对利率变动的敏感程度较小，因此，LM曲线由于货币供给增加而向右移动使利率下降时，投资不会增加很多，从而国民收入也不会有较多增加；反之，当IS曲线较平坦时，表示投资的利率弹性系数较大，因此，当货币供给增加使利率下降时，投资和收入会增加较多。

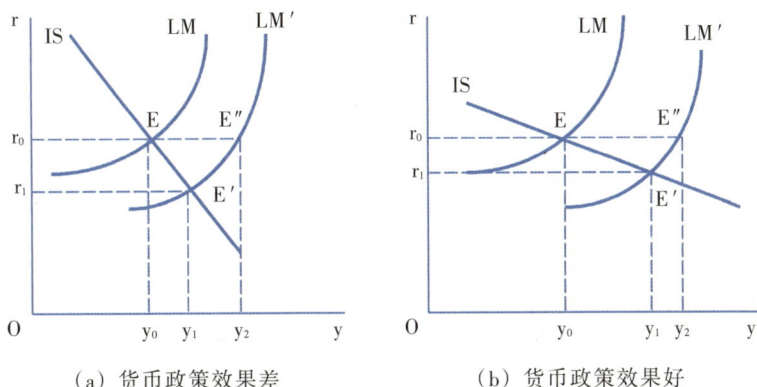

（a）货币政策效果差　　　　　（b）货币政策效果好

图 6-11　货币政策效果因IS曲线斜率不同而不同

当IS曲线斜率不变时，LM曲线越平坦，货币政策效果就越差；反之，货币政策效果就越好（如图6-12所示）。

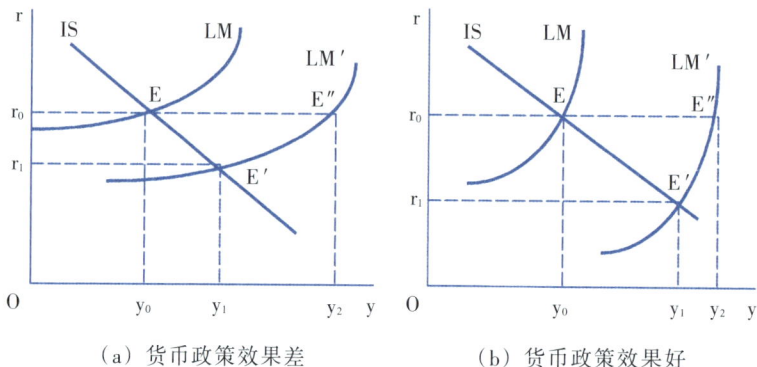

（a）货币政策效果差　　　　　（b）货币政策效果好

图6-12　货币政策效果因LM曲线斜率不同而不同

在图6-12中，IS曲线的斜率相同，货币供给增加使LM曲线从原来的位置右移到LM′的位置，如果LM曲线较平坦，则收入增加不多（如图6-12（a）所示）；在LM曲线较陡峭时，收入增加较多（如图6-12（b）所示）。其原因是，LM曲线较平坦，表示货币需求受利率的影响较大，即利率稍有变动就会使货币需求变动很多，因而货币供给量变动对利率变动的作用较小，实施扩张性货币政策（增加货币供给量）就不会对投资和国民收入产生较大影响。反之，若LM曲线较陡峭，表示货币需求受利率的影响较小，即货币供给量稍有增加就会使利率下降较多，因而对投资和国民收入有较大影响，即货币政策效果较好。

总之，一项扩张性货币政策如果能使利率下降较多（LM曲线较陡峭时就会这样），并且利率的下降能对投资有较大刺激作用（IS曲线较平坦时就会这样），则这项货币政策的效果就较好；反之，货币政策效果就较差。

货币政策效果也可用货币政策乘数来表示和计量。货币政策乘数是指当IS曲线不变或者说产品市场均衡情况不变时，实际货币供给量的变化能使均衡的国民收入变动多少。用公式表示是：

$$\frac{dy}{dm}=\frac{1}{[1-\beta(1-t)]\dfrac{h}{d}+k}$$

从上式可知，当β、t、d、k既定时，h越大，即货币需求对利率的变动越敏感，LM曲线越平坦，货币政策效果就越差；当其他参数既定时，d越大，即投资需求对利率的变动越敏感，IS曲线越平坦，货币政策效果就越好。同样，β、t、k的大小也会影响dy/dm的大小，即货币政策效果。

这里也需注意，货币政策乘数和后面将要论述的货币创造乘数是两个不同的概念。后者是指通过派生存款机制，一笔准备金（高能货币）的变动能带来若干倍存款的最终变动量的关系。

2.古典极端情况

与凯恩斯极端情况相反，如果水平的IS曲线和垂直的LM曲线相交，就出现了所谓古典极端情况（如图6-13所示）。

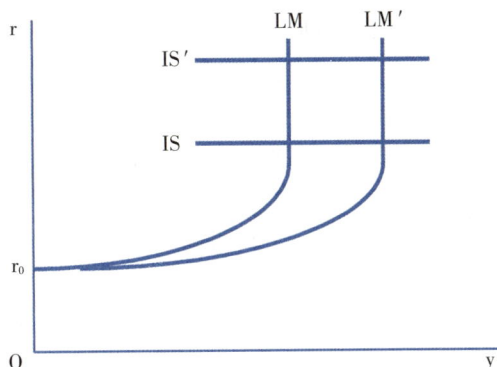

图 6-13 古典极端情况

当出现古典极端情况时,新古典经济学家认为,财政政策完全无效,而货币政策十分有效。其原因是:LM 曲线垂直,说明货币需求的利率弹性系数等于零,就是说,利率已达到极高的程度。这一方面使人们持有货币的成本或者说损失变得极大;另一方面又使人们看到债券价格低到了只会上涨而不会再跌的程度。因此,人们不再愿为投机而持有货币。这时候,政府如果因为推行一项增加支出的扩张性财政政策而要向私人部门借钱,由于私人部门没有闲置货币,所以只有在私人部门觉得减少一笔等于政府借款数目的投资支出比较合算的时候,政府才能借到这笔款项。为此,利率(政府借款利率)一定要上涨到足以使政府公债产生的收益大于私人投资的预期收益。在这样的情况下,政府支出的任何增加都将伴随私人投资的等量减少。这样,政府支出对私人投资的"挤占"就是完全的,扩张性财政政策并没有使收入水平有任何改变。

另外,IS 曲线呈水平形状,说明投资需求的利率弹性系数达到无限大,利率稍有变动,就会使投资大幅度变动。所以,政府因支出增加或税收减少而需要向私人部门借钱时,利率只要稍有上升,就会使私人投资大大减少,从而使挤出效应达到最充分的程度。

总之,新古典经济学家认为,在古典极端情况下,财政政策完全无效,而实行增加货币供给的政策,则效果会很好。这是因为当货币当局准备用购买公债的办法增加货币供给量时,公债价格必须上升到足够的高度,人们才愿意卖出公债以换回货币。由于人们对货币没有投机需求,他们将用出卖公债所得的货币来购买其他生息资产。其他生息资产可以是新的资本投资(新证券),也可以是购买现有的生息证券。新的资本投资将提高生产或者说收入水平,从而提高货币的交易需要量,人们手中只要还有超过交易所需的闲置货币,就会竞相争购生息资产。于是,公债价格将继续上升,利率继续下跌,直到新投资(购买生息资产)把收入水平提高到正好把所增加的货币额全部吸收到交易需求中。假定货币当局增加的货币供给量是 Δm,k 是交易所需货币占收入的比例,即 $k = m/y$,则均衡收入水平必定要增加到 $\Delta y = \Delta m/k$。上述货币供给量增加所带来的实际经济生活的变化其实只是说明,由于 LM 曲线垂直,人们对货币没有投机需求,因此,增加的货币供给量将全部用来增加交易需求,为此,它要求国民收入增加 Δm 的 $1/k$ 倍。

IS 曲线呈水平形状,也可用来说明货币政策效果极好。因为 IS 曲线的斜率为零,说明投资对利率变动极为敏感，因此，当货币供给量增加哪怕使利率稍有下降，也会使投资极大地增加，从而使国民收入有很大增加。

图6-13所表示的情况之所以被称为古典极端情况，是因为古典经济学派认为，货币需求只同产出水平有关，同利率没有多大关系。货币需求对利率变动极不敏感，货币需求的利率弹性系数几乎接近零。因此，LM曲线是垂直的，货币供应量的任何变动都对产出有极大影响。这样一来，货币政策就是唯一有效的政策。

实际上，无论是凯恩斯极端情况还是古典极端情况，在现实生活中都极少见到。真正常见的是LM曲线向右上方倾斜、IS曲线向右下方倾斜的情况，水平的和垂直的LM曲线和IS曲线充其量只是这些曲线斜率变化过程中的一个极端的或者说是特殊的阶段或区域，而介于这两种极端情况之间的是中间状态或中间区域。在大多数情况下，IS曲线和LM曲线的交点是在中间区域。现在许多经济学家都同意，无论是财政政策还是货币政策，都可以对经济起一定的稳定作用，在衰退时期，要多用些财政政策；在通货膨胀严重时期，应多用些货币政策。

尽管凯恩斯极端情况和古典极端情况不常见，但这两个模型也有一定的理论分析价值。它们为分析财政政策和货币政策效果提供了有用的工具。有些经济学家着重财政政策，另一些经济学家则着重货币政策，就是同他们对LM曲线和IS曲线可能有的形状具有不同看法有关。

3.货币政策的局限性

国家实行货币政策，一般是为了稳定经济，减少经济波动，但在实践中也存在一些局限性。

首先，在通货膨胀时期，实行紧缩性货币政策可能对降低通货膨胀率的效果比较显著；但在经济衰退时期，实行扩张性货币政策对扩张经济活动的效果不明显。因为在经济衰退时，厂商对经济前景普遍悲观，即使中央银行松动银根、降低利率，投资者也不肯增加贷款从事投资活动。银行为安全起见，也不愿意轻易贷款。特别是可能存在流动性陷阱时，不论银根如何松动，利率都不会降低。这样，货币政策作为反衰退的政策，其效果就相当微弱。

再进一步说，即使从反通货膨胀的角度看，货币政策的作用也主要表现在反对需求拉动的通货膨胀方面，而对成本推动的通货膨胀，货币政策的效果很差。因为当物价上升是由工资上涨超过劳动生产率上升幅度而引起，或是由垄断厂商为获取高额利润而引起时，中央银行想通过控制货币供给来抑制通货膨胀是比较困难的。

其次，从货币市场均衡情况看，增加或减少货币供给要影响利率的话，必须以货币流通速度不变作为前提。如果这一前提并不存在，货币供给变动对经济的影响就要打折扣。在经济繁荣时期，中央银行为抑制通货膨胀需要紧缩货币供给，或者说放慢货币供给的增长率。然而，那时公众的支出一般说来会增加，而且物价上升较快时，公众不愿把货币留在手上，而是希望尽快花出去，这样会使货币流通速度加快，在一定时期内1美元也许可完成2美元交易的任务，这无异于在流通领域增加了1倍的货币供给量。这时，即使中央银行把货币供给减少一半，也无法使通货膨胀率降下来。反过来说，在经济衰退时期，货币流通速度下降，这时中央银行增加货币供给对经济的影响也就可能被货币流通速度下降所抵消。货币流通速度加快，意味着货币需求增加；货币流通速度放慢，意味着货币需求减少。如果货币供给增加量和货币需求增加量相等，LM曲线就不会移动，因而利率和收入也不会变动。

再次，货币政策发生作用的外部时滞也会影响政策效果。中央银行变动货币供给量，要先影响利率，再影响投资，然后影响就业和国民收入。因而，货币政策的作用要经过相当长一段时间才会充分得到发挥。特别是，市场利率变动以后，投资规模并不会很快发生相应变动。利率下降以后，厂商扩大生产规模需要一个过程。利率上升以后，厂商缩小生产规模更不是一件容易的事。已经开工在建的工程难以停下来，要解雇已经雇用的员工也不是轻而易举的事。总之，货币政策即使在开始采用时不用花费很长时间，但执行后到产生效果的过程需要一个相当长的过程。在该过程中，经济活动有可能发生和人们原先预料的情况相反的变化。比方说，经济衰退时，中央银行扩大货币供给，但尚未到这一政策效果完全发挥出来的时候，经济就已转入繁荣，物价已开始较快地上涨，于是，原来实行的扩张性货币政策就不再发挥反衰退的作用，而是加剧通货膨胀了。

最后，在开放经济中，货币政策的效果还会因为资金在国际上流动而受到影响。例如，在资本自由流动条件下，一国实行紧缩性货币政策时，利率上升，国外资金会流入。若汇率浮动，本币会升值，出口会受抑制，进口会受刺激，从而使本国总需求比在封闭经济情况下有更大的下降。若实行固定汇率制，中央银行为使本币币值稳定，势必抛出本币，按固定汇率收购外币，于是货币市场上本国货币供给量增加，使原先实行的紧缩性货币政策的效果大打折扣。

当然，货币政策在实践中存在的问题远不止这些，但仅从这些方面看，货币政策作为平抑经济波动的手段，作用也是有限的。

4.两种政策的混合使用

根据以上有关分析可知，如果经济处于萧条状态，政府既可采用扩张性财政政策，也可采用扩张性货币政策，还可以将两种政策结合起来使用。

图6-14中假定经济起初处于E点，收入为y_0，利率为r_0，而充分就业的收入为y^*。为克服萧条，达到充分就业，政府可实行扩张性财政政策将IS曲线右移，也可实行扩张性货币政策将LM曲线右移。单独采用这两种政策虽都可以使收入达到y^*，但会使利率大幅度上升或下降。如果既想使收入增加到y^*，又不使利率变动，则可采用扩张性财政政策和货币政策混合使用的办法。如图6-14所示，为了将收入从y_0提高到y^*，可实行扩张性财政政策，使产出水平上升；但为了使利率不因产出上升而上升，可相应地实行扩张性货币政策，增加货币供应量，使利率保持原有水平。从图6-14中可见，如果仅实行扩张性财政政策，将IS曲线移到IS′的位置，则均衡点为E′点，利率上升到r_0之上，产生挤出效应，产量不可能达到y^*；如果采用适应性货币政策，即按利率不上升的要求，增加货币供给，将LM曲线移到LM′的位置，则利率可保持不变，投资不被"挤出"，产量可达到y^*。

财政政策和货币政策可有多种混合方式。这些混合使用的政策的效果，有的是事先可以预计的，有的则必须根据财政政策和货币政策哪一个更强有力而定，因而政策效果是不确定的。例如，图6-14中IS曲线和LM曲线的移动幅度相同，因而产出增加时利率也不变。若财政政策的影响大于货币政策的影响，IS曲线右移的距离超过LM曲线右移的距离，利率就会上升；反之，则会下降。可见，这两种政策混合使用对利率的影响是不确定的。表6-2就给出了各种政策混合使用的效果。

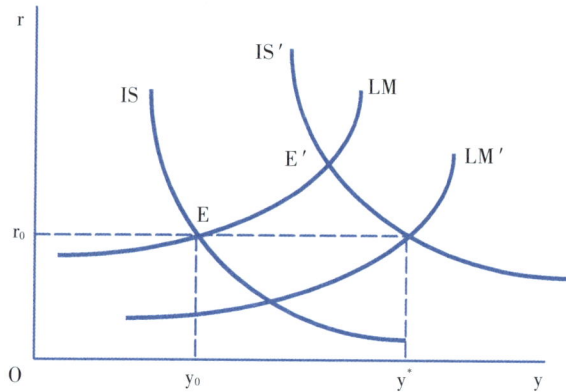

图6-14　财政政策和货币政策混合使用

表6-2　　　　　　　　　　　财政政策和货币政策混合使用的效果

项目	政策混合	产　出	利　率
1	扩张性财政政策和紧缩性货币政策	不确定	上升
2	紧缩性财政政策和紧缩性货币政策	减少	不确定
3	紧缩性财政政策和扩张性货币政策	不确定	下降
4	扩张性财政政策和扩张性货币政策	增加	不确定

政府和中央银行可以根据具体情况及不同目标，选择不同的政策组合：

（1）当经济萧条但不太严重时，可采用第1种组合，用扩张性财政政策刺激总需求，又用紧缩性货币政策控制通货膨胀。

（2）当经济发生严重通货膨胀时，可采用第2种组合，用紧缩性货币政策来提高利率，降低总需求水平，又实行紧缩性财政政策，以防止利率过分提高。

（3）当经济中出现通货膨胀但不太严重时，可用第3种组合，用紧缩性财政政策压缩总需求，又用扩张性货币政策降低利率，以免财政过度紧缩而引起衰退。

（4）当经济严重萧条时，可用第4种组合，用扩张性财政政策增加总需求，用扩张性货币政策降低利率，以克服挤出效应。

例如，20世纪60年代初美国经济萧条，为克服衰退，政府一方面减税，并采用适应性货币政策使产量增加，利率和价格基本上保持不变。到60年代末70年代初，美国经济生活中通货膨胀率过高而失业率较低，为控制通货膨胀，实行了紧缩性财政政策和紧缩性货币政策相结合的政策。在70年代末80年代初，美国里根政府为克服通货膨胀和经济萧条并存的滞胀局面，采用了减税和紧缩通货相结合的政策。这样一方面刺激需求、增加供给，另一方面克服通货膨胀。

在考虑如何混合使用两种政策时，不仅要看当时的经济形势，还要考虑政治上的需要。这是因为虽然扩张性财政政策和货币政策都可增加总需求，但不同政策可以对不同的人群产生不同的影响，也使GDP的组成比例发生变化。例如，实行扩张性货币政策会使利率下降、投资增加，因而对投资部门尤其是住宅建设部门十分有利。实行减税的扩张性财政政策，则有利于增加个人可支配收入，从而可增加消费支出。而同样是采用扩张性财政政策，如果是增加政府支出，如兴办教育、防止污染、培训员工等，则人们受益的情况又不相同。正因为不同政策措施会对GDP的组成比例（投资、消费和政府支出在GDP中的构成比例）产生不同影响，进而影响不同人群的利益，因此，政府在做出混合使用各种政策的决策时，必须考虑各行各业、各个阶层的人群的利益如何协调的问题。

本章小结

1.总需求曲线表示在给定的财政-货币政策下所有满足收支平衡和货币市场均衡的GDP水平和利率的组合。

2.总需求曲线向右下方倾斜。

3.扩张性财政政策和扩张性货币政策都会使总需求曲线向右方或者上方移动。

4.价格水平变动引起利率同方向变动，进而使投资和产出水平反方向变动的情况，叫作利率效应。价格水平变动，会使人们所持有的货币及其他以货币固定价值的资产的实际价值提高或降低，人们会变得相对富有或贫穷，于是人们的消费水平相应地增加或减少，这种效应被称为实际余额效应。

5.当货币需求对利率很敏感，而投资和净出口对利率不敏感时，财政政策最为有效。

6.当货币需求对利率不敏感，而投资和净出口对利率很敏感时，货币政策最为有效。

7.财政政策包括政府支出、转移支付和税收的变化。

8.货币政策包含货币供给的变化。

9.政府支出的增加会对社会原有投资产生不同程度的挤出效应，因而会使它最终的政策效果变差。

10.扩张性货币政策会增加产出，降低利率；扩张性财政政策会使产出和利率同时上升。

11.财政政策与货币政策的适当松紧配合，有可能使它们的负面作用得到某种程度的抵消。

本章基本概念

总需求　总需求函数　利率效应　实际余额效应　财政政策　货币政策　挤出效应　财政政策乘数　货币政策乘数　凯恩斯极端情况　古典极端情况

复习思考题

1.总需求曲线为什么向右下方倾斜？

2.财政政策效果较好的条件是什么?

3.货币政策效果较好的条件是什么?

4.财政政策的局限性是什么?

5.货币政策的局限性是什么?

6.影响挤出效应的主要因素有哪些?

7.将财政政策和货币政策配合使用的理由是什么?

第 7 章
总供求模型

学习目标

学习目标

通过学习本章，你应该能够：

◎明白各种总供给曲线的推导、经济含义和区别。

◎掌握各种总供给曲线的变动。

◎掌握总供求模型的构成和类型。

◎知道总需求扰动和冲击下总供求模型的反应。

◎知道总供给扰动和冲击下总供求模型的反应。

本章承接第6章的内容，从总供求模型角度对宏观经济运行和变动的理论模型进行说明。

7.1 总供给曲线

总供给是社会的收入总量（或总产出），它描述了经济社会的基本资源用于生产时可能有的产量。一般而言，总供给主要是由总量的劳动、生产性资本存量和技术水平决定的。在宏观经济学中，描述总产出与劳动、资本和技术之间关系的适当工具是宏观生产函数。凯恩斯主义的理论主要强调总需求方面，对总供给方面并未加以讨论。当经济学家感到必须引入总供给时，大多数人便把古典经济学关于劳动市场和生产函数的理论与价格变动对劳动市场的影响结合起来，去推导总供给曲线。

总供给曲线（函数）是指总产量与一般价格水平之间的关系。在以价格水平为纵坐标、总产量为横坐标的坐标系中，总供给函数的几何图形表示就是总供给曲线。

按照价格在不同时期变动的情况，宏观经济学将总产出与价格水平之间的关系分为两种情况，即短期总供给曲线和长期总供给曲线。

7.1.1 短期总供给曲线的推导

将第3章的古典经济学劳动市场及生产函数模型加上价格的变化，就可以推导出总供给曲线。

1.凯恩斯主义的总供给曲线——一般形式

凯恩斯模型的总供给曲线是一种短期总供给曲线，是依据凯恩斯的货币工资的下降具有"刚性"的假设条件得出来的。这一假设条件的含义是：工人们会对货币工资的下降进行抵抗，但欢迎货币工资的上升，因此，货币工资只能上升，不能下降。此外，由于工人们具有货币幻觉，即只看到货币的票面数值而不注意货币的实际购买力，所以他们会抵抗价格水平不变情况下的货币工资下降，但不抵抗货币工资不变下价格水平的提高。尽管两种情况都会造成实际工资的下降，然而，由于工人们具有货币幻觉，所以工人们会对相同的后果采取迥然不同的态度。

总之，在工资的下降具有"刚性"的假设条件下，西方经济学家按照劳动市场的理论得出了凯恩斯主义的总供给曲线。

图 7-1（a）和古典模型中的劳动供给和需求曲线图是完全一样的。N_s 和 N_d 相交于均衡点 E。充分就业的实际工资水平和就业量分别为 W/P_0 和 N_0。

图 7-1（b）是生产函数的图形，表示就业量和国民收入之间的关系。该图表明，当就业量为 N_0 时，相应的国民收入为 y_0。

图 7-1（c）的直线是一条 45°线，可以把 y_0 的数值从纵轴转换到横轴。

图 7-1（d）表示价格 P 与产出 y 之间的对应关系。当 W 不变时，任何大于 P_0 的价格水平都会使图 7-1（a）中的实际工资下降到小于 W/P_0 的水平。

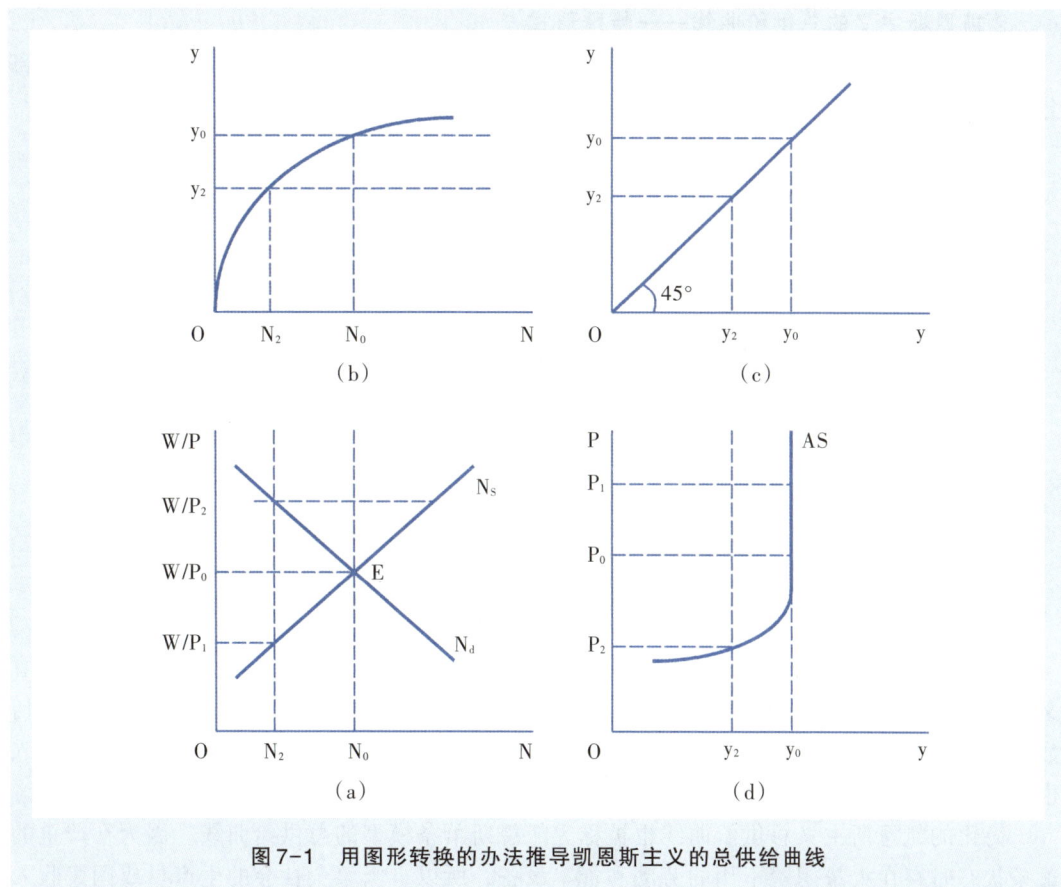

图 7-1 用图形转换的办法推导凯恩斯主义的总供给曲线

假如在相当于图 7-1（a）中 W/P_1 的实际工资水平上，劳动的需求大于劳动的供给，这时企业之间会争相雇用劳动者，从而会提高货币工资水平。按照假设条件，货币工资的上升不会受到阻挠，所以货币工资会很快上升到使实际工资水平（这是根据新价格水平 P_1 而计算出来的）等于原有的实际工资 W/P_0 的水平。图 7-1（a）告诉我们，相当于 W/P_0 水平的实际工资的就业量为 N_0。通过对图 7-1（b）和图 7-1（c）进行转换，对应 N_0 的国民收入为 y_0，因此，在图 7-1（d）中得到了对应 P_1 和 y_0 之点。上述这种转换不但适用于 P_1，而且适用于任何大于 P_0 的价格水平。这样便可以得到图 7-1（d）中的垂直线段。

现在，假设价格水平下降到小于 P_0 的数值，如 P_2。在货币工资不变的情况下，实际工

资 W/P_2 会处于如图 7-1（a）所示的较高的位置。但企业为了取得最大利润，只能雇用 N_2 数量的劳动者，因此，就业量通过图 7-1（b）和图 7-1（c）的转换，成为图 7-1（d）中的 y_2。这样，得到图 7-1（d）中对应 y_2 和 P_2 之点。由于 y_2 和 P_2 点代表的数值分别小于 y_0 和 P_0 点所代表的数值，所以这一点处于图 7-1（d）垂直线底端的左下方。

上述情况不但适用 P_2，而且适用任何小于 P_0 的价格水平，因此，我们得到图 7-1（d）中向左下方倾斜的线段。把倾斜线段和垂直线段连接在一起便是凯恩斯主义的总供给曲线。西方学者也把正斜率的总供给曲线看作一般的短期总供给曲线，而把凯恩斯本人理论所涉及的情况归结为一种极端的或者说特殊的总供给曲线。

2.凯恩斯主义的总供给曲线——特殊形式

西方学者往往对凯恩斯主义的总供给曲线做进一步简化，把该曲线向左下方倾斜的部分当作一条水平线，即把水平线当作向左下方倾斜部分的近似值（如图 7-2 所示）。

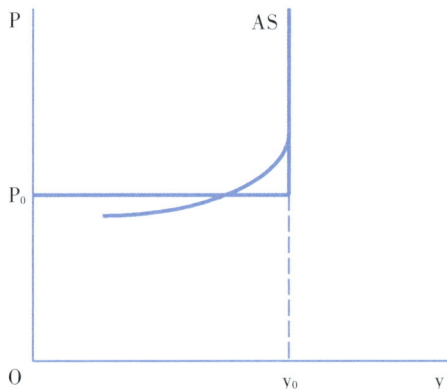

图 7-2　简化的凯恩斯主义总供给曲线

西方学者把图 7-2 中由垂直和水平线段组成的曲线称为反 L 形的总供给曲线。它的意义是：在到达充分就业国民收入（y_0）以前，经济社会大致能以不变的价格水平提供任何数量的国民收入，而在到达 y_0 之后，不论价格水平被提高到何种程度，该社会的国民收入也不会增长，而且有可能出现通货膨胀的现象。

简化的凯恩斯主义总供给曲线也被称为凯恩斯萧条模型的总供给曲线。因为在严重的萧条状态时存在大量闲置不用的劳动和资本设备，所以，当整个社会的生产量或国民收入增长时，价格水平和货币工资会大致保持不变。因此，总供给曲线是一条水平线，一直到充分就业时为止。

7.1.2　长期（古典）总供给曲线的推导

在长期中，人们会得到关于市场价格变化的充分信息，价格和货币工资都具有充分的伸缩性，因此，经济的就业水平就会处在充分就业状态。在不同的价格水平下，当劳动市场存在超额劳动供给时，货币工资就会下降；反之，当劳动市场存在超额劳动需求时，货币工资就会提高，最后会使实际工资调整到使劳动市场达到均衡的水平。换句话说，在长期中，经济的就业水平并不随着价格水平的变动而变动，而始终处在充分就业状态。这里，充分就业的产量又称潜在产量，即指在现有资本和技术水平条件下经济社会的潜在就业量所能生产的产量。而潜在就业量是指充分就业量，是指一个社会在现有激励条件下所有愿意工作的人都参加生产时所达到的就业量。由于一些难以避免的原因，当就业量等于潜在就业量时，失业率实际上并不为零。我们把经济中达到潜在就业量时社会存在的失业率称为自然失业率。一般地，当就业量低于潜在就业量时，失业率高于自然失业率；反之，当就业量高于潜在就业量时，失业率低于自然失业率。

上述这种情况和古典经济学派的主张是一致的，所以，长期总供给曲线被认为与古典总供给曲线相同。由于生产函数相对稳定，在长期中，经济的产量水平也将位于潜在产量或充分就业水平，不受价格变动的影响，所以，在长期中，总供给曲线就是一条位于经济的潜在产量水平上的垂直线。具体推导过程如图7-3所示。

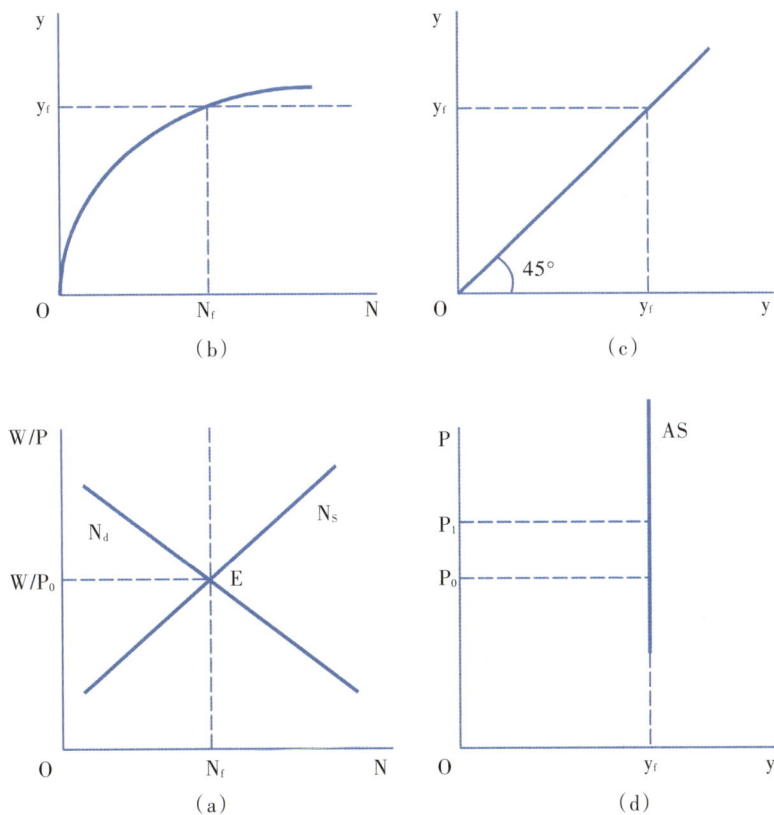

图7-3　用图形转换的办法推导长期（古典）总供给曲线

如果价格水平上升而大于P_0的数值，比如说P_1，在货币工资做同样幅度变动的情况下，实际工资W/P_1仍然会处于图7-3（a）所示的相同位置。劳动就业量仍然是N_f，通过图7-3（b）和图7-3（c）的转换，成为图7-3（d）中的y_f。如此变动价格可以得到相同的结果，最终在图7-3（d）中得到一系列产出相同但价格不同的点，代表充分就业的（或者潜在的）产出水平。无数个这样的点将会形成一条位于充分就业产出水平上的垂直线，这就是长期（古典）总供给曲线。

7.2 总供给曲线不同特征的经济含义

由于总供给既取决于供给方面也取决于价格状况，所以，对总供给曲线的了解也应该从这两个方向入手加以分析。如果将前面所说的总供给曲线的情况加以总结，我们可以用图 7-4 来表示。

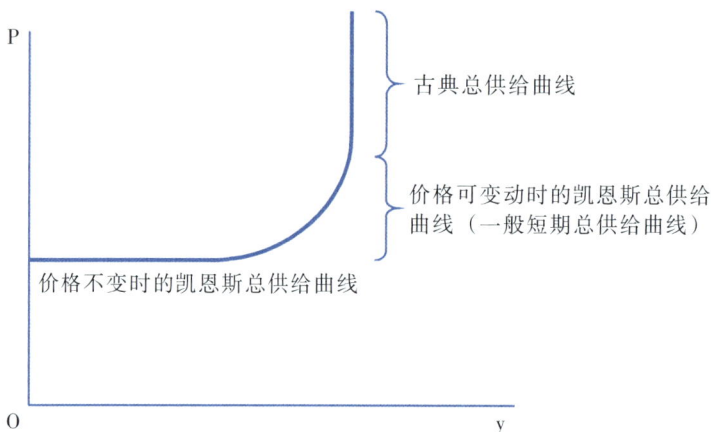

图 7-4 各种总供给曲线的综合

从图 7-4 中，我们可以看出，总供给曲线的特征取决于考虑问题的角度和条件。

（1）当价格由于各种原因不能发生变动，即价格出现刚性时，经济中只能发生产量的变化。这时就会出现凯恩斯萧条模型的总供给曲线，即一条处于水平状态的总供给曲线。这也就是存在数量调节、不存在价格调节时的总供给曲线。这种情况意味着，经济对总供给不存在任何限制，而且总供给可以任意调节变动，即生产函数特别是劳动就业可以随意增大。这时实际总供给就完全取决于总需求的大小。

（2）当价格可以发生变动时，经济中总供给的变化又分为两种情况：

第一，价格是有弹性的，总供给可以发生变化时，总供给曲线是一条斜率为正值、向右上方倾斜的曲线。这时，经济中既存在数量调节，也存在价格调节。这意味着经济基本上处于正常状态：一方面，当价格上升时，总供给会相应增加；另一方面，当总需求增大时，价格也会上升。这是因为在短期内，总供给的增加也许没有总需求的增加速度快，或者总供给的增加幅度没有总需求的增加幅度来得大。这种情况就是一般短期总供给曲线的含义。

第二，价格是有弹性的，但总供给无法增加时，总供给曲线是一条垂直线。这种情况意味着，经济已经处于充分就业状态，技术水平也无法改变，所以总供给不变。经济中只有价格调节，不存在数量调节。这就是古典总供给曲线的含义。

根据总供给曲线的特征和经济含义，我们可以很方便地在经济分析中依据总供给曲线的形状或斜率，来判定经济的情况和可能发生的变化，以及可能采取的宏观经济政策的有效性程度。同样，我们可以依据经济情况大致给出总供给曲线，以利于迅速做出大致的判断。

7.3 总供给曲线的变动

总供给曲线是由生产函数（技术水平、劳动生产率）和劳动市场的就业量共同决定的。当有关因素发生变动时，总供给曲线就会发生变动。实际上，不管由于什么原因引起供给冲击或干扰，总供给曲线都会发生相应的变动。

1.生产函数发生变动时总供给曲线的变动

假定其他情况不变，经济中出现中性技术进步，即这种技术进步只会影响到劳动的平均生产率，而不是影响其边际劳动生产率，也没有发生劳动就业量的增加或减少。这时，总供给曲线的变动如图7-5所示。

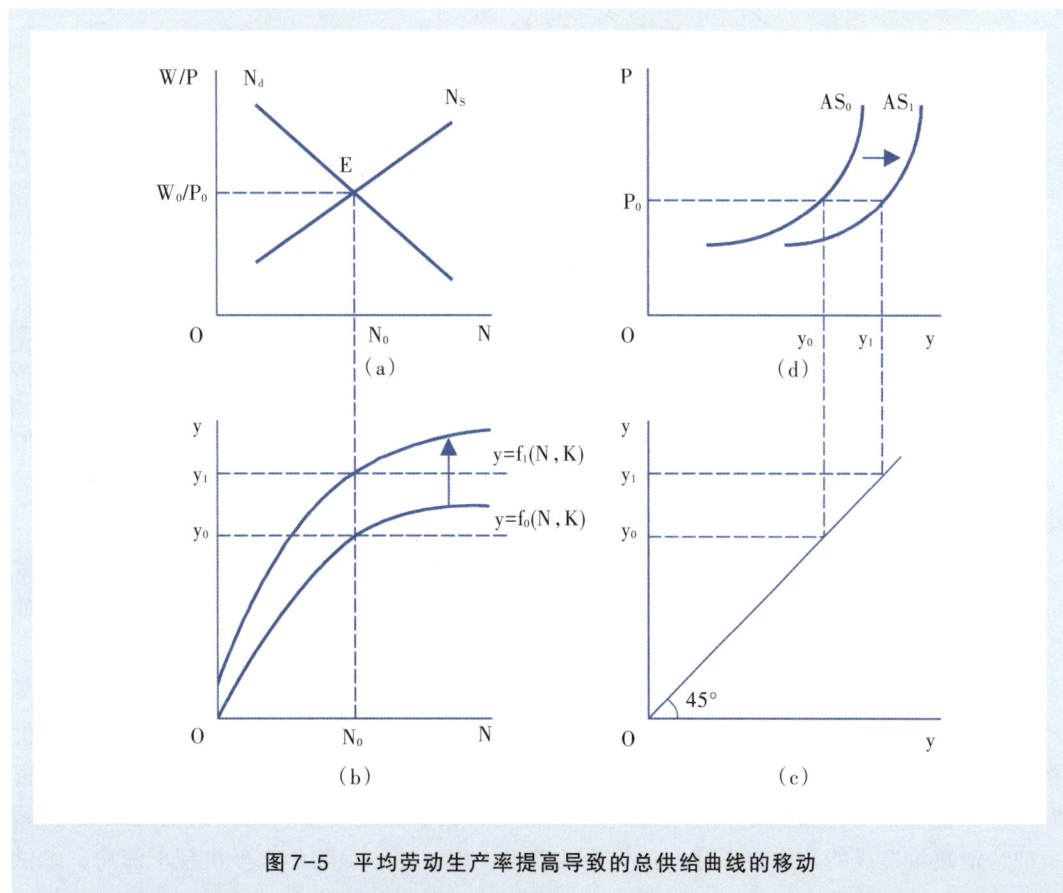

图7-5 平均劳动生产率提高导致的总供给曲线的移动

2.劳动需求曲线移动时总供给曲线的变动

如果其他条件都相同，只是技术进步使平均劳动生产率和边际劳动生产率同时得到提高，则劳动需求曲线与生产函数曲线都会向右上方移动，从而使总供给曲线向右上方移动更大的距离。

其他情况不变时，如果资本存量增加，就可能使边际劳动生产率增加，同时对劳动的需求会增大。这就是生产函数和总供给函数中都包含资本因素的原因。由此可见，在其他情况不变的情况下，资本存量增加会提高边际劳动生产率，从而增加对劳动的需求，使劳动需求曲线向右上方移动，最终使总供给曲线向右上方移动（如图7-6所示）。

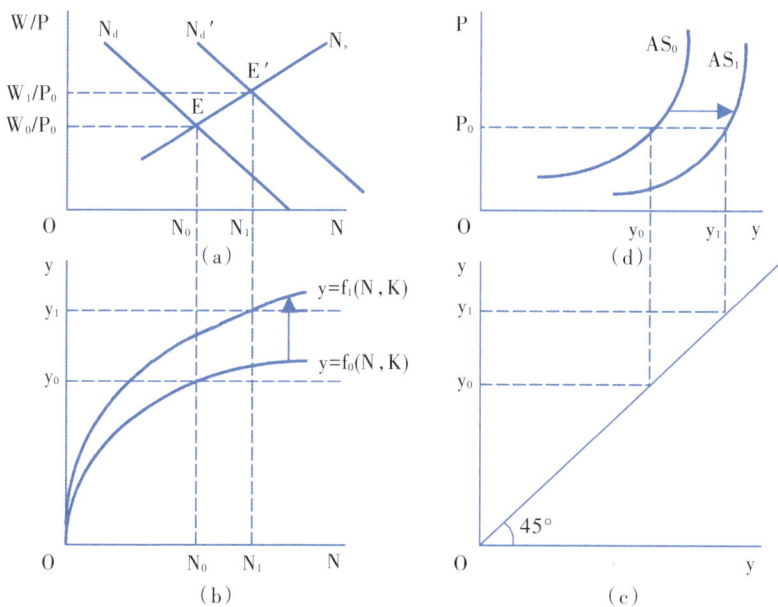

图7-6 平均劳动生产率和边际劳动生产率同时提高导致的总供给曲线的移动

3.劳动供给曲线移动时总供给曲线的变动

劳动供给取决于劳动者的劳动意愿和偏好，也取决于人口和劳动者的多少。劳动者的劳动意愿和偏好越强烈，劳动供给就越多；反之，劳动供给就越少。劳动供给的变化显然会影响总供给函数和总供给曲线。

假定人们在收入增加之后更注重休闲，则劳动供给会减少，劳动供给曲线就会向左上方移动，由此产生的一个影响便是产出减少和总供给曲线向左上方移动（如图7-7所示）。

4.供给冲击所造成的价格上涨引起的总供给曲线变动

由于总供给曲线反映总产量或总收入与价格水平之间的关系，所以任何因素引起的价格变动至少都会在短期内影响总供给，造成总供给曲线的变动。比如，石油等重要生产资源的世界性紧缺（不管它是由于客观生产方面的原因，还是石油输出国组织（OPEC）国家的特定政策造成的）将会引起石油价格的普遍上涨。当一般物价水平出现上涨后，总供给曲线也将发生移动。如果同时出现生产的萎缩，则总供给曲线会以更大幅度移动（如图7-8所示）。

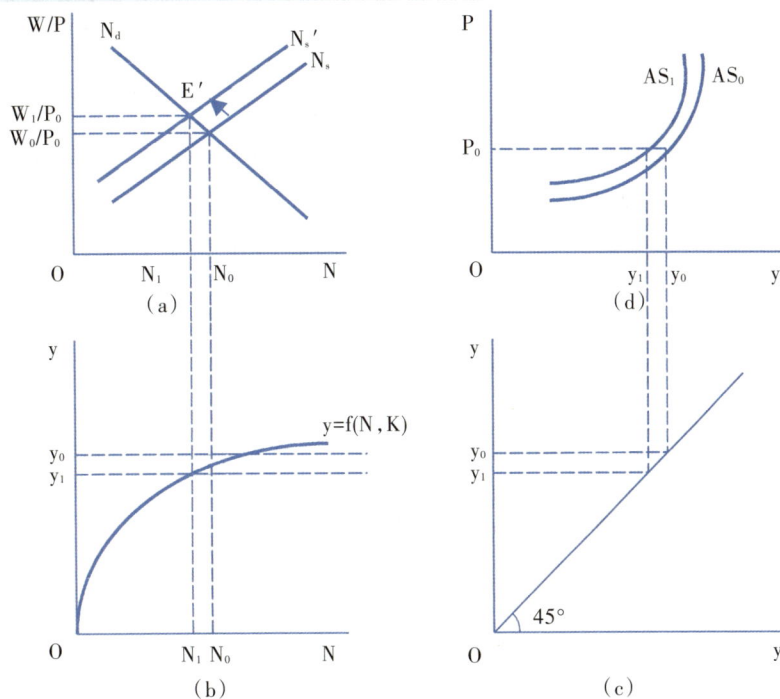

图 7-7 劳动供给减少所导致的总供给曲线的变动

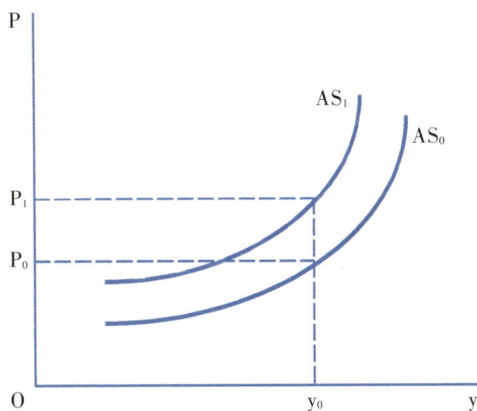

图 7-8 价格上涨引起的总供给曲线移动

7.4 总供求模型

有了总需求函数（曲线）与总供给函数（曲线）之后，就可以将二者结合起来决定宏观经济中的总产量（总收入）水平与总价格水平。我们可以通过求解总供给函数和总需求函数的联立方程，得到在具体条件下的总体市场均衡价格水平和总产量水平。总供求模型不仅可以说明总产量（总收入）和一般价格水平的决定，也可以更充分地说明宏观经济政策的有关问题。

总供求模型的基本类型有以下几种：

1.一般情况的总供求模型

一般情况的总供求模型的主要特征是供给曲线向右上方倾斜，其斜率为正值。这种类型适应于一般的经济情况（如图7-9所示）。它表明，无论是供给方面的力量还是需求方面的力量，都会通过供给曲线或需求曲线的移动来改变总产量水平和一般价格水平。

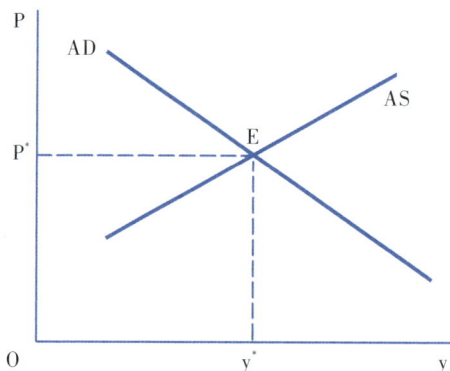

图7-9　总供求模型中总产量（总收入）水平与总价格水平的决定

2.凯恩斯情况的总供求模型

凯恩斯情况的总供求模型也叫萧条模型（如图7-10所示）。其主要特征是供给曲线呈水平形状，其斜率为零。这种类型适合凯恩斯所探讨的经济萧条的情况。在这种情况下，经济的供给十分充分，而且价格水平基本不会发生变化。经济中的总产量主要由总需求方面的力量来决定。这就是说，总需求曲线的变动是影响总产量变动的基本原因。

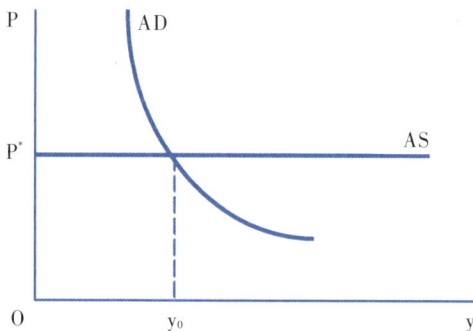

图7-10　凯恩斯情况的总供求模型

3.古典情况的总供求模型

古典情况的总供求模型可以看作相对稳定的长期总供求模型或者充分就业的总供求模型（如图7-11所示）。其主要特征是总供给曲线呈垂直形状。这种类型的总供求模型适合经济达到充分就业的情况，也适合在长期中经过调整之后所达到的理想经济状态。这时，经济已经达到了充分就业，供给方面无法再增大了，总需求水平的变动将只会影响到物价水平，而不会影响到总产量。这种情况下，总需求水平的变动是造成价格水平变动的主要原因。

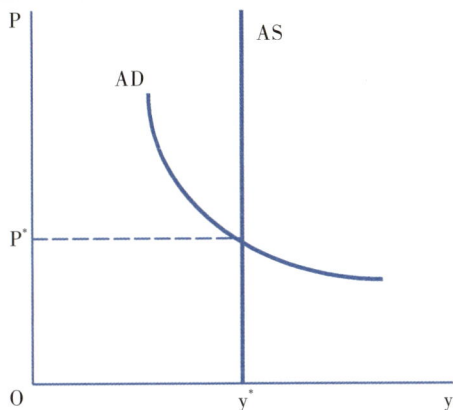

图 7-11　古典情况的总供求模型

7.5　总需求的扰动与冲击

7.5.1　凯恩斯极端情况

凯恩斯的总供求模型在理论上可以被看作一个极端的情况。在现实当中，它也仍然有其合理性的一面。一方面，它可以解释经济的萧条情况；另一方面，它可以解释价格黏性的情况。

在现实经济中，当需求变动时，厂商也许不会迅速地调整价格，而是暂时将其价格保持在既有水平上。厂商会观察一段时间，以便最终决定是否要在下一个时期调整价格。这说明，在短期内，或者至少在当前一个有限的时期内，价格是不变的、黏性的，会保持在前定价格（此前所决定的价格）水平上。尽管在长期内，价格还会发生变化，但是，如果价格变化缓慢，我们就说价格是有黏性的。

在凯恩斯极端情况下，外来的对总需求的扰动和冲击可以引起总需求曲线的移动，从而引起总产量（总收入）增加或者减少，但是价格不会变动。如果这些扰动或冲击因素不是来自政府政策之外的方面，政府政策会影响到总需求，则其影响和作用与对总需求的外在扰动和冲击也是一样的，只不过一个是政府的主动作用，一个是客观作用。

在图 7-12 中，我们将凯恩斯极端情况下的总供给曲线与总需求曲线结合起来讨论政策效果。假定经济起始的均衡点位于 E 点，在该点 AS 曲线和 AD 曲线相交。假定政府采取扩张性财政政策，使 AD 曲线向右移动，移动至 AD′ 的位置。这时经济的新均衡点在 E′ 点，总产量（总收入）增加。由于厂商在价格水平 P_0 下愿意供给任意数量的产品，因而不存在对价格的影响。根据图 7-12，政府扩张性财政政策的效果只是提高产量和就业，而不会影响价格。

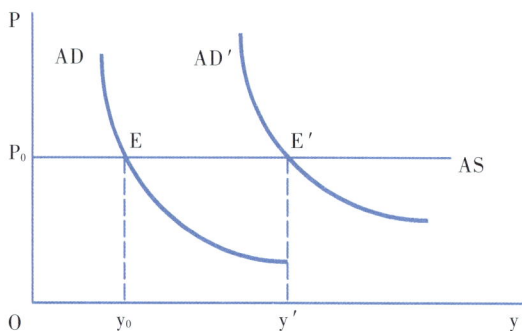

图 7-12　扩张性财政政策：凯恩斯极端情况

此外，在凯恩斯极端情况下，名义货币供给量的增加会导致经济中均衡产量的增加，而不存在对价格的影响。

如果我们把经济中达到充分就业时的总产量（总收入）水平叫作潜在产出（收入）水平，那么前定价格水平和总需求曲线的相互结合所决定的总产量（总收入）水平就是当期（当年）的总产量（总收入）水平，它可能小于潜在产出（收入）水平，也可能大于潜在产出（收入）水平。

当厂商发现实际总需求量水平高于或者低于潜在均衡产量水平时，即便其不会立即调整价格，也存在一种激励因素促使价格向均衡水平运动。这种激励动向是，当实际总需求产量水平低于潜在均衡产量水平时，会降低价格；当实际总需求产量水平高于潜在均衡产量水平时，会提高价格。因为在总需求水平决定产出水平的情况下，降低价格将会增加总需求，从而增加产量；提高价格将会减少总需求，从而减少产量。所以，这种激励因素会产生一种潜在的压力，使经济重新回到均衡状态。

当这种调整过程实际发生时，下一时期的价格水平将发生变化。在总需求相应发生变化的情况下，总产出将会发生调整的情况。如果一次调整不能达到均衡水平，就需要继续调整下去，直至达到均衡水平为止。价格和产量调整的互动过程就是总供求调整的动态过程。

7.5.2　古典极端情况

在古典极端情况下，总供给曲线在充分就业的产量水平上是垂直的。不论价格水平如何，经济中的全体厂商的总供给量总是 y_f。在这样的供给假定下，可以得出与凯恩斯极端情况的模型完全不同的结果。

图 7-13 表明了在古典极端供给假定（充分就业假定）下扩张性财政政策的效果。图 7-13 中，总供给曲线为 AS，经济初始均衡在 E 点。政府的扩张性财政政策使总需求曲线从 AD 移动到 AD′。在初始价格水平 P_0 下，经济的均衡点在 E 点。如果在原有价格水平 P_0 下，产品需求上升，则需求量会达到 E′ 点。但厂商在经济已经达到充分就业、技术水平暂时没有变化的短期情况下，不可能获得更多劳来生产更多产量，也就是说，产品供给对新增需求无法做出反应。由于厂商试图雇用更多的工人，抬高了工资和生产成本，因而必须为产品索取更高的价格。所以，产品需求的增加只会导致更高的价格，而不能提高产量。

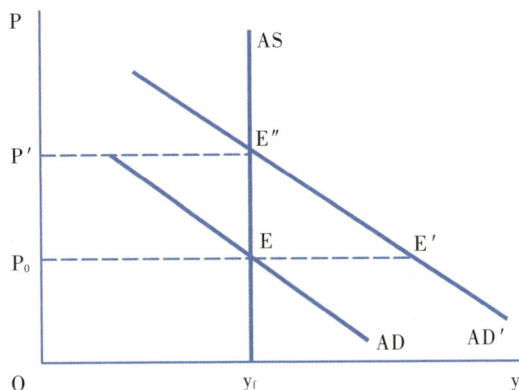

图 7-13　扩张性财政政策：古典极端情况

价格的上涨降低了实际货币存量，并导致了利率的上升和支出的减少。经济沿 AD′ 曲线不断向上移动，直至价格的上涨和货币实际余额的下降足以将利率提高和支出降低到与充分就业相一致的水平。这就是在价格 P′ 下的情形。在 E″ 点，总需求在更高的价格水平下与总供给相等，达到了新的均衡点。

下面我们再来考察古典极端情况下扩张性货币政策的效果。图 7-14 描述了在古典极端供给（充分就业）条件下名义货币扩张的情况。

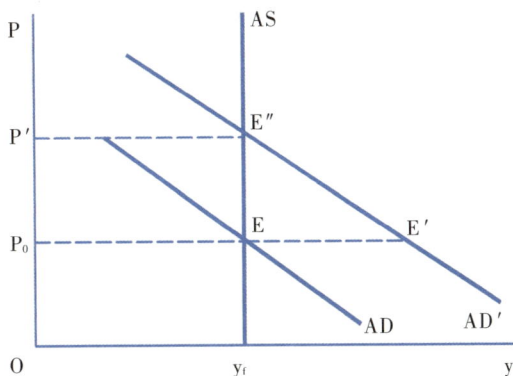

图 7-14　扩张性货币政策：古典极端情况

图 7-14 中的 E 点为初始的充分就业均衡点，AD 曲线与 AS 曲线在此点相交。现在假定名义货币存量增加了，相应地，总需求曲线向右方移动到 AD′ 的位置。假如价格固定，经济会移动至 E′ 点，但是，现在社会在充分就业条件下无法增加供给，总需求的增加导致了对产品的超额需求。试图通过雇用更多工人来实现供给扩张的厂商推动了工资和成本的上涨，相应地，价格也随之上涨。这意味着实际货币存量将不断向其初始水平回落。事实上，价格将会持续上涨，直到产品的超额需求消失为止。这样，价格必须上涨到经济达到 E″ 点的程度。这时总供给曲线 AS 与新的总需求曲线 AD′ 相交于 E″ 点。只有在这点上，当总需求量再次与充分就业的总供给量相等时，产品市场才会出清，价格上涨的压力才会

消失。

下面考虑经济从 E 点移动到 E″点的调整过程。这里没有产量的变化，而只有价格水平的变化。应该注意到，价格上涨与名义货币量的增加恰好是同一比例的。从图 7-14 中可以看到，作为对名义货币供给量增加的反应，AD 曲线会向上移动一段与名义货币增加比例相同的距离。因此，在 E″点，实际货币存量 M/P 恢复到初始水平。在 E″点，名义货币量和价格水平均变动了同一比例，使得经济的均衡产量维持不变。这样，可以得出古典极端模型的一个重要结论：在古典极端供给条件下，名义货币量的增加将促使价格水平上升同一比例，而利率和实际产出维持不变。在宏观经济学中，货币存量的变动只导致价格水平的变化，而实际变量（产量、就业）未发生变化的情况，被叫作货币中性。

7.5.3 一般总供给曲线情形下总需求曲线移动的不同效应

在一般的、常规的总供给曲线情况下，总需求被扰动和受到冲击的时候，总需求曲线移动具有不同的效应。政府刺激总需求的措施所希望产生的效果，在很大程度上依赖两条曲线相交于何处。

图 7-15 表明，在总供给曲线的平坦（有弹性）部分，由于经济存在过剩的生产能力，不管什么原因引起总需求曲线向右移动，如在图 7-15（a）中从 AD_1 移动到 AD_2，都将使产量较多增加，而只伴随着价格较小幅度的上涨。在总供给曲线的陡峭（弹性较小）部分，由于经济接近其现有生产能力的最大限度，总需求曲线不管由于什么原因向右移动，如在图 7-15（b）中从 AD_3 移动到 AD_4，都只能使产量增加很少，而价格显著上涨。

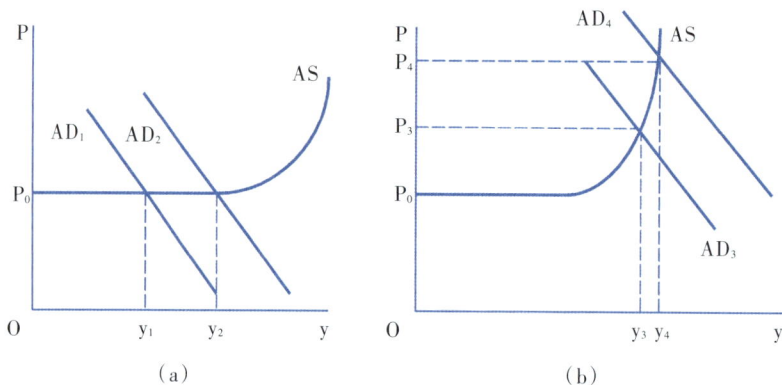

图 7-15　总需求曲线移动的不同效应

7.6　总供给的扰动与冲击

总供求的 AD-AS 模型不仅能清楚地说明总需求曲线移动的效应，而且能说明总供给曲线移动的效应。在这方面，IS-LM 模型是无法与 AD-AS 模型相比的。

图 7-16 说明外在原因引起的对总供给的扰动和冲击导致总供给曲线移动的效应。这里考虑的是由于经济中企业的设备投资增加而造成生产能力增大的情形。这时，总供给曲线将向右从 AS_0 移动到 AS_1。如果经济最初运行在总供给曲线的陡峭部分，而且总需求曲线是相当无弹性的，如图 7-16 中的 AD_1，那么总供给的增加就意味着，新的均衡价格水平将明显低于初始价格水平。此外，如果经济最初运行在总供给曲线的平坦部分，如图中的 AD_0，则总供给曲线移动的作用不大，这是因为总供给曲线的平坦部分表示经济中存在过剩的生产能力。新追加的生产能力对生产的均衡数量和均衡价格水平的影响都很小。

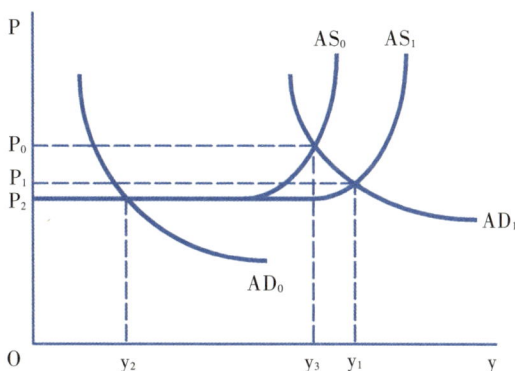

图 7-16　生产能力增加的效应

图 7-17 描述了从国外购买的投入品（如石油）价格上涨对总供给产生冲击的效应。这时总供给曲线会向上移动。从微观角度来解释就是，为了使厂商愿意生产与以前相同的产量，必须使其得到更高的产品价格。从图 7-17 中可以看出，即使这时经济存在过剩的生产能力（AD 曲线与 AS 曲线的交点处于 AS 曲线的水平部分），价格水平也会上升。

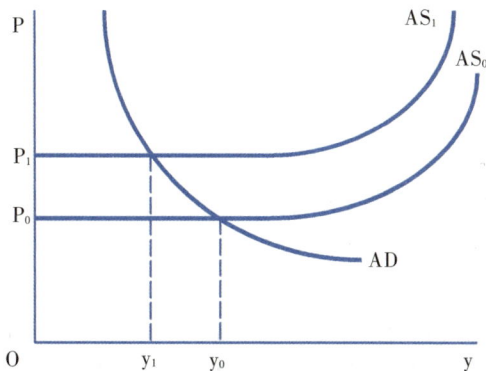

图 7-17　进口投入品价格上涨的效应

20 世纪 70 年代初期，美国经济受到的石油供给冲击被认为是一个典型事例。那次冲击主要是由于石油输出国组织在 1973 年决定对输出到美国和某些西方国家的石油数量加以限制。最初的限制是出自政治上的考虑，不久石油输出国组织就认识到自己具有一种真正的经济力量（至少在短期内是这样）。它们对石油供给的限制很快造成了世界石油价格的迅速上升。石油价格的提高使许多高度依赖石油的行业的生产成本提高。这个结果可以用总供给曲线的移动来加以说明（如图7-18所示）。面对更高的石油价格，厂商在每一个价格水平上愿意生产的产量水平都比原来降低了。总供给曲线的向上移动使通货膨胀的压力增加了。在图7-18中，石油输出国组织提高了石油价格，使美国经济的总供给曲线向上移动，从而导致了一个更高的均衡价格水平与更低的产量水平。

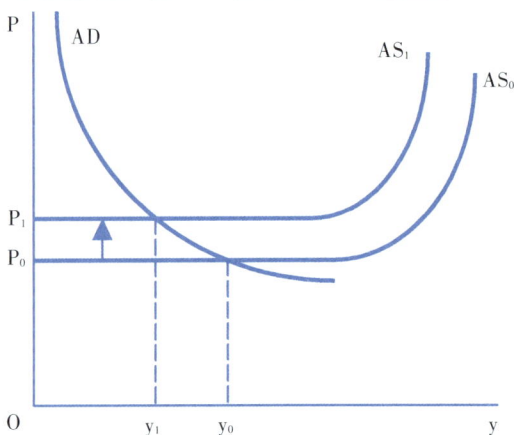

图7-18　20世纪70年代初期的石油价格冲击

本章小结

1.总供给曲线（函数）是指总产量与一般价格水平之间的关系。在以价格水平为纵坐标、总产量为横坐标的坐标系中，总供给函数的几何图形表示的就是总供给曲线。

2.在长期中，价格和货币工资都是可以变化与调整的，因此，经济的就业水平就会处在充分就业的状态。经济的产量水平也将位于潜在产量或充分就业的水平，不受价格变动的影响。因此，在长期中，总供给曲线就是一条位于经济的潜在产量水平上的垂直线。垂直的总供给曲线也是古典的总供给曲线。

3.凯恩斯模型的总供给曲线是一种短期总供给曲线，是依据凯恩斯货币工资的下降具有刚性的假设条件得出来的。凯恩斯主义的总供给曲线是一条包含倾斜线段和垂直线段的曲线。

4.凯恩斯萧条模型的总供给曲线是一条水平线，因为在严重的萧条状态时存在大量闲置不用的劳动和资本设备，所以，当整个社会的生产量或国民收入增长时，价格水平和货币工资会大致保持不变。

5.生产函数（技术变动）、劳动供给、劳动需求、物价变动都会导致总供给曲线的相应变动。

6.总供求模型的基本类型可以分成三类：一般情况、凯恩斯情况和古典情况。

7.一般情况的总供求模型的主要特征是供给曲线向右上方倾斜，其斜率为正值。它表明，无论是供给方面的力量还是需求方面的力量，都会通过供给曲线或需求曲线的移动来改变总量水平和一般价格水平。

8.凯恩斯情况的总供求模型也叫萧条模型。其主要特征是供给曲线呈水平形状，其斜率为零。这种类型适用经济萧条的情况。在这种情况下，经济的供给十分充分，而且价格水平基本不会发生变化。经济中的总产量水平主要由总需求方面的力量来决定，也就是说，总需求曲线的变动是影响总产量变动的基本原因。

9.古典情况的总供求模型可以被看作相对稳定的长期总供求模型或者充分就业的总供求模型。其主要特征是总供给曲线呈垂直形状。这种类型的总供求模型适合经济达到充分就业的情况，也适合在长期中经过调整之后所达到的理想经济状态。这时，经济已经达到了充分就业，供给方面无法再增大了。总需求水平的变动将只会影响到物价水平，而不会影响到总产量。这种情况下，总需求水平的变动是造成价格水平变动的主要原因。

10.凯恩斯情况的总供求模型既可以解释经济的萧条情况，也可以解释价格刚性或黏性的情况。

11.在凯恩斯极端情况下，外来的对总需求的扰动和冲击可以引起总需求曲线的移动，从而引起总产量（总收入）增加或者减少，但是，价格不会变动。如果这些扰动或冲击因素不是来自政府的政策之外的方面，政府的政策会影响到总需求，则其影响和作用与对总需求的外在扰动和冲击也是一样的，只不过一个是政府的主动作用，一个是客观作用。

12.在凯恩斯极端情况下，政府扩张性财政政策的效果只是提高产量和就业，而不会影响价格。同样，名义货币供给量的增加也会导致经济中均衡产量的增加，而且不存在对价格的影响。

13.在古典极端的供给条件下，由于经济已经达到了充分就业状态，所以在扩张性货币政策下，名义货币量的增加将促使价格水平上涨同一比例，而利率和实际产出维持不变。扩张性财政政策也只会提高工资和物价，而不能增加产量和实际收入。

14.在宏观经济学中，货币存量的变动只导致价格水平的变化，而实际变量（产量、就业）未发生变化的情况，被叫作货币中性。

15.在总供给曲线的平坦（有弹性）部分，由于经济存在过剩的生产能力，不管什么原因引起总需求曲线向右移动，都将使产量有较大增加，而只伴随着价格较小幅度的上涨。在总供给曲线的陡峭（弹性较小）部分，由于经济接近其现有生产能力的最大限度（充分就业时的潜在产量），总需求曲线不管由于什么原因而向右移动，都只能使产量增加很少，而价格显著上涨。

16.当任何外在原因引起的对总供给的扰动和冲击导致总供给曲线移动时，经济中的均衡产量和价格都可能发生变动。比如，总供给曲线因受到扰动和冲击而向右移动。此时，如果经济最初运行在总供给曲线的陡峭部分，而且总需求曲线是相当无弹性的，那么总供给将会增加，新的均衡价格水平将明显低于初始价格水平。如果经济最初运行在总供给曲线的平坦部分，则总供给曲线移动的作用就不大。因为总供给曲线的平坦部分表示经济中存在过剩的生产能力。新追加的生产能力对生产的均衡数量和均衡价格水平的影响都很小。

本章基本概念

总供给曲线　货币幻觉　充分就业的产量（潜在产量）　潜在就业量　自然失业率　刚性　黏性　前定价格　潜在产出（收入）水平　货币中性

复习思考题

1.长期总供给曲线为什么是一条垂直线？

2.古典总供给曲线和长期总供给曲线有没有区别？为什么？

3.短期总供给曲线是否等同于凯恩斯主义的总供给曲线？

4.萧条模型的总供给曲线为什么会是一条水平线？

5.数量调节和价格调节各自是在什么情况下发生的？

6.怎样理解总供给曲线的变动？

7.总供求模型有哪几种类型？

8.凯恩斯情况的总供求模型的主要特征是什么？

9.古典情况的总供求模型的主要特征是什么？

10.外来的对总需求的扰动和冲击在凯恩斯极端情况的总供求模型中会产生什么效应？

11.外来的对总需求的扰动和冲击在古典极端情况的总供求模型中会产生什么效应？

12.货币政策和财政政策在凯恩斯极端情况的总供求模型中会产生什么效应？

13.货币政策和财政政策在古典极端情况的总供求模型中会产生什么效应？

14.外来的对总供给的扰动和冲击在凯恩斯极端情况的总供求模型中会产生什么效应？

15.外来的对总供给的扰动和冲击在古典极端情况的总供求模型中会产生什么效应？

第8章
基本宏观经济政策的运用

学习目标

通过学习本章，你应该能够：

◎ 掌握宏观经济政策的目标。

◎ 明白财政政策的构成、基本工具、功能性财政思想的性质及衡量方法。

◎ 懂得自动稳定器和斟酌使用（相机抉择）的财政政策。

◎ 掌握货币政策与货币政策工具的运用。

◎ 了解西方国家宏观经济政策基本取向的演变。

本章从宏观经济政策的运用和实践角度进行相关探讨。

8.1　宏观经济政策的目标

当市场经济自动调节机制难以发挥作用，或者经济在短期内无法较快恢复均衡时，政府将可以发挥积极的作用，帮助经济向均衡调节。由于政府的作用主要是对总需求方面产生影响，所以，政府可以通过对总需求加以管理和调节，使经济大致保持正常状态。这就是由凯恩斯首先倡导的、由美国凯恩斯主义者首先实行的需求管理的宏观经济政策思想。

在需求管理思想指导下，宏观经济政策是政府为增进社会经济福利而制定的解决经济问题的指导原则和具体措施。它是政府为了达到一定的经济目标而对经济活动进行的有意识的干预。因此，任何一项经济政策的制定都是根据一定的经济目标进行的。一般说来，宏观经济政策的目标大体上有四类：充分就业、价格稳定、经济持续均衡增长和国际收支平衡。宏观经济政策就是为了达到这些目标而制定的。

8.1.1　充分就业

充分就业是宏观经济政策的重要目标。它在广泛的意义上是指一切生产要素（主要是劳动）都在经济活动中得到了充分使用。由于测量各种经济资源的使用程度非常困难，西方经济学家通常以失业率高低作为衡量充分就业（或者生产要素充分使用）程度的尺度。失业率是指失业人数与劳动力人数的比率。劳动力是指一定年龄范围内有劳动能力的人，但老人、孩子以及由于各种原因放弃找工作念头的人，都不算在内。劳动力与人口的比率被称为劳动力参与率。失业者是劳动力中那些想工作但尚未找到工作的人。如果一个工人停止寻找工作，就不再被看作失业者。

按照凯恩斯的解释，失业一般分为三类情况：摩擦性失业、自愿性失业和非自愿性失业。

摩擦性失业是指在生产过程中由于难以避免的摩擦造成的短期、局部性失业，如劳动力流动性不足、工种转换的困难、停工待料等所引致的失业。

自愿性失业是指工人不愿意接受现行工资水平而形成的失业。

非自愿性失业是指愿意接受现行工资水平但仍找不到工作而形成的失业。

　　除了这几类失业外，还有结构性失业、周期性失业等说法。

　　结构性失业是指经济结构变化等原因造成的失业。其特点是既有失业，又有职位空缺。失业者或者由于没有适当技术，或者由于居住地点不当，而无法填补现有的职位空缺。结构性失业也可以被看作摩擦性失业的较极端的形式。

　　周期性失业是指在经济周期的衰退或萧条时期因为需求下降而造成的失业。

　　实际上，以上各类失业并不总能被清楚地区分开。无论如何，失业总会给社会及失业者本人和家庭带来损失，在物质生活和精神生活上带来很大的痛苦。总之，失业的成本是巨大的。因此，各国宏观经济政策的首要目标或重要目标都是降低失业率，实现充分就业。

　　经济学家经常用奥肯定律（Okun's Law）来描述 GDP 变化和失业之间稳定的关系。奥肯定律是由美国经济学家阿瑟·奥肯在 20 世纪 60 年代提出的一条经验性统计规律。该定律认为，在美国，失业率每下降 1%，实际 GDP 将增长 2.5%。不过，应当指出：

　　第一，该定律表明了失业率和实际国民收入增长率之间具有反向变动的关系。

　　第二，两者之间 1∶2.5 的数量关系只是一个经验性的平均数。在不同的时期，这一比率并不完全相同。20 世纪 60 年代最初的估算是 1∶3，70 年代为 1∶2.5 到 1∶2.7，80 年代初为 1∶2.5 到 1∶2.9。

　　第三，该定律适用经济没有实现充分就业时的情况。在实现了充分就业的情况下，该定律所表现的自然失业率与实际国民收入增长率之间的关系则弱得多，一般估计是 1∶0.76。

　　但是，到底什么情况算是充分就业呢？凯恩斯认为，如果经济中消除了非自愿性失业，只剩下摩擦性失业和自愿性失业，就是实现了充分就业。另外一些经济学家则认为，如果经济中空缺职位的数目恰好等于寻找工作的人数，就实现了充分就业。

　　现代货币主义者弗里德曼针对凯恩斯非自愿失业的提法，提出了自然失业率的概念。自然失业率是指在没有货币因素干扰的情况下，让劳动市场和商品市场的供求力量自动起作用，总需求和总供给处于均衡状态时的失业率。大多数西方经济学家都认为，充分就业并不排除摩擦性失业的存在，社会存在 4%~6% 的失业率是正常的和自然的，这时的社会经济就可以被认为处于充分就业状态。

8.1.2　价格稳定

　　价格稳定是指价格总水平的稳定。由于各种商品价格变化的繁杂和统计工作的困难，西方经济学家通常用价格指数来表达一般价格水平的变化。价格指数是对若干商品价格水平的综合衡量，可以用一个简单的百分数时间数列来表示不同时期一般价格水平的变化方向和变化程度。

　　价格指数有消费价格指数（CPI）、生产者价格指数（PPI）和国内生产总值折算指数（GDP deflator）3 种。为了控制通货膨胀对经济的冲击，必须把价格稳定作为宏观经济政策的另一重要目标。不过，所谓价格稳定不是指每种商品的价格都固定不变，而是指价格指数的相对稳定，即不出现通货膨胀。实践表明，在市场经济条件下，物价的绝对稳定既是不可能的，也是对市场资源配置功能的发挥不利的。由于按照西方国家通货膨胀的定义，大多数国家的通货膨胀已经无法完全消除，因此大部分西方国家都把一般的轻微的通货膨胀的存在看作基本正常的经济现象。

8.1.3 经济持续均衡增长

经济增长是指在一个特定时期内国民经济所生产的人均产量和人均收入的持续增长，通常用一定时期内实际国内生产总值年均增长率来衡量。由于经济增长和失业常常相互关联，因而，如何维持较高的经济增长率以实现充分就业，是各国宏观经济政策追求的重要目标之一。

8.1.4 国际收支平衡

国际收支对现代开放性经济的国家是至关重要的。一国的国际收支状况不仅反映了这个国家的对外经济交往情况，还反映出该国经济的稳定程度。一国国际收支处于失衡状态，必然对国内经济形成冲击，从而影响该国国内就业水平、价格水平及经济增长。

要实现既定的经济政策目标，政府运用的各种政策手段必须相互配合、协调一致。如果财政当局与货币当局的政策手段和目标发生冲突，就达不到理想的经济效果，甚至可能偏离政策目标更远。此外，政府在制定经济政策目标时，不能片面追求单一目标，而应该综合考虑；否则，会带来经济上和政治上的负面作用。因为经济政策目标相互之间不仅存在互补性，也存在一定的相互矛盾和冲击，如充分就业与价格稳定的政策目标之间有时候就存在两难选择。进一步说，政府还要考虑到经济政策本身的相互协调和对政策实施时机的恰当把握。这些问题都会在不同程度上影响到宏观经济政策的有效性，即关系到政府经济目标实现的可能性和实现的程度。因此，政府在制定宏观经济政策目标和经济政策时，应该做出整体性的宏观战略考虑和安排。

8.2 财政政策

财政政策是国家干预经济的主要手段。财政政策的一般含义是：为促进就业水平提高，减轻经济波动，防止通货膨胀，实现经济稳定增长而对政府支出、税收和借债水平所进行的选择，或对政府收入和支出水平所做的调整决策。要了解财政政策的内容，先必须对现代西方财政的基本构成做适当了解。

8.2.1 财政的基本构成与财政政策工具

在市场经济条件下，政府参与并影响经济活动的作用与国家的财政制度直接相关。在西方国家中，近几十年来政府参与经济活动的规模有了显著增长。

财政由政府收入和支出两个方面构成。政府支出包括政府购买和政府转移支付，政府收入则包含税收和公债两个部分。

1.政府支出

政府支出是指整个国家中各级政府支出的总和。其由许多具体的支出项目构成，主要可分为政府购买和政府转移支付两类。

（1）政府购买指政府对商品和服务的购买，如购买军需品、机关办公用品、政府雇员报酬、公共项目所需的支出等。政府购买是一种实质性支出，有着商品和服务的实际交易，因而直接形成社会需求和购买力，是国民收入的一个组成部分。因此，政府购买是决定国民收入大小的主要因素之一，其规模直接关系到社会总需求水平的高低。购买支出对整个社会总支出水平具有十分重要的调节作用。在社会总支出水平过低时，可以提高政府购买的支出水平，如举办公共工程，增加社会整体需求水平，以此同经济衰退做斗争。反之，当社会总支出水平过高时，可以采取减少政府购买的政策，降低社会总体需求水平，以此来抑制通货膨胀。因此，改变政府购买支出水平是财政政策的有力手段。

（2）政府转移支付是指政府在社会福利、保险、贫困救济和补助等方面的支出。这是一种货币性支出，政府在付出这些货币时并无相应的商品和服务的交换发生，因而是一种不以取得商品和服务作为报偿的支出。所以，政府转移支付不能算作国民收入的组成部分。它所做的仅仅是通过政府将收入在不同社会成员之间进行转移和重新分配，全社会的总收入水平并没有变动。据此，政府对农业的补贴也被看作政府转移支付。由于政府转移支付是政府支出的重要组成部分，因此，其也是一个重要的财政政策工具。

在前面的乘数分析中我们已经知道，政府转移支付同样能够通过政府转移支付乘数作用于国民收入，但乘数效应要小于政府购买支出的乘数效应。一般来讲，在社会总支出水平不足时，失业会增加，这时政府应增加社会福利费用，提高转移支付水平，从而提高人们的可支配收入和消费支出水平，使社会有效需求增加。在社会总支出水平过高时，通货膨胀率上升，政府应减少社会福利支出，降低转移支付水平，从而降低人们的可支配收入和社会总需求水平。除了失业救济、养老金等福利费用外，其他转移支付项目（如农产品价格补贴）也应随经济风向而改变。

在政府支出中，各个构成部分在支出总额中的相对重要性会发生变化。比如，美国从20世纪50年代到70年代，再到90年代，随着冷战逐步结束，国防费用在美国联邦支出中的比重从51%降为45%，再降到27%；由于老年人的增加，包括为老年人支付在内的社会保障支出所占比重从11%增加到22%，再增加到33%。同时，由于公债利息支出所占比重逐渐增长，因而在政府支出中政府购买部分变小，而转移支付部分相对大了。

2.政府收入

（1）税收。

这是政府收入中最主要的部分。它是国家为了实现其职能按照法律规定的标准，强制地、无偿地取得财政收入的一种手段。

税收具有强制性、无偿性、固定性3个基本特征。

依据不同的标准，税收可以有不同的分类。根据课税对象，税收可分为3类：财产税、所得税和流转税。这3种税通过税率的高低及变动来反映税负轻重和税收总量的关系。因此，税率的大小及变动方向对经济活动（如个人收入和消费）直接会产生很大影响。

税收作为政府收入手段，既是国家财政收入的主要来源，也是国家实施财政政策的一种重要手段。与政府购买、政府转移支付一样，税收同样具有乘数效应，即税收的变动对国民收入的变动具有倍增作用。由于税收乘数有两种——税率的变动对总收入的影响；税收绝对量的变动对总收入的影响，因此，税收作为政策工具，既可以通过改变税率来实现，也可以通过变动税收总量来实现，如通过一次性减税来达到刺激社会总需求增加的目的。对税率而言，由于所得税是税收的主要来源，因此，改变税率主要是变动所得税的税率。一般来说，降低税率、减少税收都会引致社会总需求的增加和国民产出的增长；反之，结果则相反。这样，在社会总需求不足时，可采取减税措施来抑制经济衰退；在社会总需求过多时，可采取增税措施抑制通货膨胀。

（2）公债。

政府在税收不足以弥补政府支出时，就会发行公债，公债成为政府财政收入的又一组成部分。公债是政府对公众的债务或公众对政府的债权。它不同于税收，是政府运用信用形式筹集财政资金的特殊形式，包括中央政府的债务和地方政府的债务。

中央政府的债务被称为国债。国债一般分短期国债、中期国债和长期国债。

短期国债一般通过出售国库券取得，主要进入短期资金市场（货币市场），利率较低，期限一般为3个月、6个月和1年。

中长期国债一般通过发行中长期债券取得，期限为1年以上5年以下的是中期债券，5年以上的为长期债券。美国长期债券最长的为40年。中长期债券利率也因时间长、风险大而较高。中长期债券是西方国家资本市场（长期资金市场）上最主要的交易品种之一。因此，政府公债的发行，一方面能增加财政收入，影响财政收支，属于财政政策；另一方面能对包括货币市场和资本市场在内的金融市场的扩张和紧缩起重要作用，影响货币的供求，从而调节社会的总需求水平。因此，公债是实施宏观调控的经济政策工具。

8.2.2 经济的自动稳定器与斟酌使用（相机抉择）的财政政策

第二次世界大战后，西方国家的经济虽然仍有周期性波动，但同20世纪30年代的经济大危机相比，波动幅度大为减小，衰退持续时间也大为缩短。究其原因有多方面的，其中与西方财政制度和财政政策对经济的自动调节与主动调节也有相当大的关系。自动调节是指财政制度本身有着自动抑制经济波动的作用，即经济的自动稳定器作用。主动调节是指政府有意识地采取所谓反周期的相机抉择的积极财政政策。

1.经济的自动稳定器

经济的自动稳定器也叫内在稳定器，是指经济系统本身存在的一种会减少各种干扰因素对国民收入冲击的机制，能够在经济繁荣时期自动抑制通货膨胀，在经济衰退时期自动减轻萧条，而无须政府采取任何行动。财政政策的这种内在地自动稳定经济的功能主要通过下述3项制度得到实现：

（1）政府税收的自动变化。当经济衰退时，国民产出水平下降，个人收入减少；在税率不变的情况下，政府税收会自动减少，留给人们的可支配收入也会自动地少减少一些，从而使消费和需求也自动地少下降一些。在实行累进税的情况下，经济衰退使纳税人的收入自动进入较低纳税档次，政府税收下降的幅度会超过收入下降的幅度，从而可起到抑制经济衰退的作用。反之，当经济繁荣时，失业率下降，人们收入自动增加，税收会随个人收入增加而自动增加，可支配收入也就会自动地少增加一些，从而使消费和总需求自动地少增加一些。在实行累进税的情况下，繁荣使纳税人的收入自动进入较高的纳税档次，政府税收上升的幅度会超过收入上升的幅度，从而起到抑制通货膨胀的作用。这样一来，税收这种因经济变动而自动发生变化的内在机动性和伸缩性，就成为一种有助于减轻经济波动的自动稳定因素。

（2）政府支出的自动变化。这里主要是指政府转移支付，它包括政府的失业救济和其他社会福利支出。当经济出现衰退与萧条时，失业增加，符合救济条件的人数增多，失业救济和其他社会福利开支就会相应增加，这样就可以抑制人们收入特别是可支配收入的下降，进而抑制消费需求的下降。当经济繁荣时，失业人数减少，失业救济和其他社会福利支出自然也会减少，从而抑制可支配收入和消费的增长。

（3）农产品价格维持制度。经济萧条时，国民收入下降，农产品价格下降，政府依照农产品价格维持制度，按支持价格收购农产品，可使农民收入和消费维持在一定水平上。经济繁荣时，国民收入水平上升，农产品价格上涨，这时政府减少对农产品的收购并抛售农产品，限制农产品价格上涨，也就抑制了农民收入的增长，从而减少了总需求的增加量。

总之，政府税收和转移支付的自动变化、农产品价格维持制度对宏观经济活动都能起到稳定作用。它们都是财政制度的内在稳定器和减缓经济波动的第一道防线。

2. 斟酌使用（相机抉择）的财政政策

由于政府转移支付乘数和税收乘数所产生的效果都比自发性支出（如投资支出）乘数和政府支出乘数所能产生的效果要差，因此，尽管各种经济的自动稳定器一直在起作用，但作用毕竟有限，特别是对剧烈的经济波动，经济的自动稳定器更是难以扭转局面。由此，经济学者认为，为确保经济稳定，政府要审时度势，主动采取一些财政政策，即变动支出水平或税收以稳定总需求水平，使之接近物价稳定的充分就业水平。这就是斟酌使用（相机抉择）的或权衡性的财政政策。当经济中总需求水平非常低，出现经济衰退时，政府应通过削减税收、降低税率、增加支出或多管齐下，以刺激总需求增加。反之，当总需求水平非常高，出现通货膨胀时，政府应增加税收或削减开支，以抑制总需求水平。前者被称为扩张性财政政策，后者被称为紧缩性财政政策。这种交替使用的扩张性和紧缩性财政政策，也被称为补偿性财政政策。

究竟什么时候采取扩张性财政政策、什么时候采取紧缩性财政政策，由政府对经济发展的形势加以分析权衡，做出决策，斟酌使用。这样一套经济政策就是凯恩斯主义的相机抉择的需求管理。由于凯恩斯分析的是需求不足型的萧条经济，因此，他认为调节经济的重点要放在总需求的管理方面。凯恩斯主义者认为，在总需求水平过低，产生衰退和失业时，政府应采取刺激总需求的扩张性财政措施。在总需求水平过高，产生通货膨胀时，政府应采取抑制总需求的紧缩性财政措施。总之，要逆经济风向行事。

从20世纪30年代初美国总统罗斯福的"新政"到60年代初肯尼迪的经济繁荣，在一定的程度上都是运用这套财政政策来提高有效需求的结果。60年代后期以后，滞胀局面的出现使人们对这种政策提出了怀疑。这说明斟酌使用（相机抉择）的财政政策的作用同样具有局限性。因为在实际经济活动中存在的各种各样的限制因素，会影响这种财政政策作用的发挥：

首先是经济活动的时滞，会影响这种财政政策作用的发挥。认识总需求的变化、改变财政政策以及发挥乘数作用，都需要时间。

其次是不确定性。实行财政政策时，政府主要面临两个方面的不确定性：第一，乘数的大小难以准确地确定。第二，政策必须预测出总需求水平通过财政政策作用达到预定目标究竟需要多少时间。而在这一时间内，总需求水平特别是投资可能发生戏剧性的变化。这就可能导致决策失误。此外，外在的不可预测的随机因素的干扰，也可能导致财政政策达不到预期结果。

同时，财政政策具有挤出效应。政府增加支出，会使利率提高，私人投资支出减少，即发生挤出效应。所以，实行积极的财政政策时，必须全面考虑这些因素的影响，尽量使其效果接近预期目标。

8.2.3 功能性财政与预算盈余

根据斟酌使用（相机抉择）的财政政策，政府在财政方面的积极政策主要是为了实现无通货膨胀的充分就业水平。当实现这一目标时，预算可以是盈余，也可以是赤字。这样的财政就是功能性财政。

预算赤字是财政支出大于收入的差额。实行扩张性财政政策，即减税和扩大政府支出，会造成预算赤字。预算盈余是政府收入超过支出的余额。实行紧缩性财政政策，即增税和减少政府支出，会产生预算盈余。

功能性财政是凯恩斯主义者的财政思想。凯恩斯主义者认为，不能机械地用财政预算收支平衡的观点来对待预算赤字和预算盈余，而应从反经济周期的需要来利用预算赤字和预算盈余。当国民收入低于充分就业的收入水平（存在通货紧缩缺口）时，政府有义务实行扩张性财政政策，增加支出或减少税收，以实现充分就业。如果这时经济中存在财政盈余，政府有责任减少盈余甚至不惜出现更大赤字，坚定地实行扩张政策。反之，当存在通货膨胀缺口时，政府有责任减少支出，增加税收。如果这时经济中存在预算盈余，也不应担心出现更大盈余，甚至宁可盈余增大也要实行紧缩性政策。如果起初存在预算赤字，就应通过紧缩性财政政策来减少赤字，直至出现盈余。

总之，功能性财政认为，政府为了实现充分就业和消除通货膨胀，需要赤字就赤字，需要盈余就盈余，而不应为实现财政收支平衡而妨碍政府财政政策的正确制定和实行。可见，功能性财政思想是斟酌使用（相机抉择）的财政政策的指导思想，而斟酌使用（相机抉择）的财政政策是功能性财政思想的实现和贯彻。功能性财政思想的提出是对原有财政预算平衡思想的否定。

在西方国家，原有财政预算平衡思想主要有年度平衡预算和周期平衡预算两种。

年度平衡预算要求每个财政年度的收支平衡。这是西方国家在20世纪30年代经济大萧条以前普遍采取的政策原则。后来这个原则遭到凯恩斯主义者的批评。他们认为，经济衰退时，税收必然会随收入的减少而减少。如果坚持年度平衡预算的观点，那么为了减少赤字，只有减少政府支出或提高税率，其结果会加深衰退；当经济过热，出现通货膨胀时，税收必然随收入的增加而增加，为了减少盈余，只有增加政府支出或降低税率，其结果反而会加剧通货膨胀。这样，坚持年度平衡预算只会使经济波动更加严重。

周期平衡预算是指政府的收支在一个经济周期中保持平衡。在经济衰退时实行扩张政策，有意安排预算赤字；在繁荣时期实行紧缩政策，有意安排预算盈余，以繁荣时的盈余弥补衰退时的赤字，使整个经济周期的盈余和赤字相抵而实现预算平衡。这种思想在理论上似乎很不错，但实行起来非常困难。因为在一个预算周期内，很难准确估计繁荣与衰退的时间与程度，两者更不会完全相等，甚至连预算也难以事先确定，从而周期平衡预算也无法实现。

功能性财政思想否定了原有的传统预算观点，主张预算目标不应是追求政府收支平衡，而应是无通货膨胀的充分就业。虽然这一思想与机械地追求政府收支平衡目标相比，是一大进步，但是这种政策的实施也存在一定的困难。这是因为，经济波动难以预测，经济形势难以估计，而且决策需要时间，效果也滞后，所以，这种预算难以充分奏效。例如，为消除通货膨胀而采取紧缩政策，增加税收或减少政府支出，但由于政策滞后，也许经济已转入衰退，但政策释放的仍是紧缩作用，结果使衰退更加严重。

8.2.4　充分就业预算盈余与财政政策方向

按照功能性财政思想，实施扩张性财政政策，即增加政府支出或降低税率，既会使国民收入增加，也会减少政府的预算盈余或增加预算赤字。同样，实施紧缩性财政政策，在减少政府支出或提高税率降低国民收入时，也会增加政府的预算盈余或减少预算赤字。由于这样的原因，一般容易把预算盈余的减少或预算赤字的增加当作扩张性财政政策的结果，把预算盈余的增加或预算赤字的减少看成紧缩性财政政策的结果。但事实并非一定如此。预算盈余或赤字变动有时并不是由财政政策主动变动引起的，而是由经济情况变动本身引起的。在经济衰退时期，由于收入水平下降，税收自动减少，政府转移支付自动增加，这就会引起预算盈余减少或预算赤字增加。而在经济高涨时期，由于收入水平上升，税收自动增加，政府转移支付自动减少，就会引起预算盈余增加或预算赤字减少。这种情况下的预算盈余或预算赤字的变动与财政政策本身无关。这就说明不能简单地把预算盈余或预算赤字的变动当作判断财政政策是扩张性还是紧缩性的标准。事实上，预算盈余或赤字的变动可能有两方面原因：

一是经济情况本身的变动，即经济趋向繁荣会使盈余增加或赤字减少，经济趋向衰退会使盈余减少或赤字增加；

二是财政政策的变动，即扩张政策趋向增加赤字，减少盈余，紧缩政策趋向增加盈余，减少赤字。

因而，单凭盈余或赤字的变动还难以看出财政政策的扩张或紧缩性质。要使预算盈余或赤字成为衡量财政政策扩张还是紧缩的标准，就必须消除经济周期波动本身的影响。对此，美国经济学家 C. 布朗在 1956 年提出了充分就业预算盈余的概念。

充分就业预算盈余是指既定的政府预算在充分就业的国民收入水平（潜在的国民收入水平）上所产生的政府预算盈余。如果这种盈余为负值，就是充分就业预算赤字。它不同于实际的预算盈余，实际的预算盈余是以实际的国民收入水平来衡量预算状况的。因此，二者的差别就在于充分就业的国民收入与实际的国民收入水平的差额。一般来讲，当实际国民收入水平高于充分就业国民收入水平时，充分就业预算盈余小于实际预算盈余；若实际国民收入水平低于充分就业国民收入水平，则充分就业预算盈余大于实际预算盈余。当然，也会出现实际国民收入和潜在国民收入相等，因而充分就业预算盈余与实际预算盈余相等的情况。

如果用 t、$\bar{g}$、$\bar{t_r}$ 分别表示边际税率、既定的政府购买支出和政府转移支付支出，用 y 和 y^* 分别表示实际收入和潜在收入，则充分就业预算盈余（用 BS^* 表示）和实际预算盈余（用 BS 表示）分别为：

$$BS^* = ty^* - \bar{g} - \bar{t_r}$$

$$BS=ty-\bar{g}-\bar{t}_r$$

二者差额为：

$$BS^*-BS=t(y^*-y)$$

充分就业预算盈余概念的运用具有两个重要的作用：

第一，可以在预算时把收入水平固定在充分就业的水平上，消除经济中收入水平的周期性波动对预算状况的影响，从而能够更准确地反映财政政策对预算状况的影响，并为判断财政政策是扩张性还是紧缩性提供了一个较为准确的依据。如果充分就业预算盈余增加了或赤字减少了，则财政政策就是紧缩的；反之，则财政政策是扩张的。

第二，可以使政策制定者关注充分就业问题，以充分就业为目标确定预算规模，从而确定财政政策。不过，必须注意，这一概念也存在一定的缺陷，因为充分就业的国民收入或潜在国民收入本身也是难以准确估算的。

8.2.5　赤字与公债

第二次世界大战后，西方国家普遍按照功能性财政思想，实行了干预经济的积极的财政政策。从方式上说，这种政策是逆经济风向行事的"相机抉择"，但事实上多数是搞扩张性财政政策，结果造成财政赤字的上升和国家债务的积累。

财政赤字是预算开支超过收入的结果。弥补赤字的途径无非借债和出售政府资产。政府借债可以分两类：

一类是向中央银行借债。这实际上就是中央银行增发货币或者说增加高能货币，其实就是货币筹资，结果会引起通货膨胀。因而，它在本质上是用征收通货膨胀税的方式来解决赤字问题。在许多发展中国家，弥补赤字常常用这种方式，但发达国家较少采用它。

另一类是向国内公众（商业银行和其他金融机构、企业和居民）和外国举债，这是债务筹资。一般说来，向国内公众举债，不过是社会购买力向政府部门转移，并不立即直接引起通货膨胀，因为基础货币并没有增加。然而，政府发行公债时往往会引起利率上升，中央银行如果想稳定利率，就必然要通过公开市场业务买进债券，从而增加货币供给。这样一来，预算赤字的增加也会引起通货膨胀。

作为政府取得收入的一种形式，公债可以为预算赤字融资，使赤字得到弥补。但是，政府发行了公债要还本付息，一年一年未清偿的债务会逐渐累积成巨大的净债务存量。这些净债务存量所需支付的利息又构成了政府预算支出中一个十分可观的部分。美国政府的利息支出占 GDP 的比重在 1960—1969 年为 1.3%，而在 90 年代初已上升到 3.5%。这意味着美国政府的利息支出占 GDP 的份额在约 30 年中增长了将近 2 倍。利息支出已成为美国政府支出中的重要组成部分。不过，由于 20 世纪 90 年代美国较长时期的经济繁荣导致债务减少，美国政府利息支出占 GDP 的比重出现了下降。2020 年，美国联邦政府债务相对 GDP 比例从 2019 年的 108% 上升至 133%，超过第二次世界大战后峰值，创历史新高。但是美联储大幅降息 1.5 个百分点，并采取新一轮量化宽松政策，降低了国债利息负担。2020 年，美国政府净利息支出相对 GDP 比例从 2019 年的 1.8% 回落至 1.6%，低于第二次世界大战以来的历史平均水平。

一国政府预算的总赤字等于非利息赤字（由不包括利息支付的全部政府开支减全部政府收入构成）和利息支出的总和。因此，即使非利息赤字为零或不变，只要利息支出增加，总赤字也会增加。赤字的增加如果仍是通过债务融资予以解决，则利息支出又会增加，使赤字进一步增加。可见，在其他条件不变时，赤字增长引起债务增长，债务增长又引起利息负担增加，从而使赤字进一步增加。如此循环往复，公债利息支出本身成为赤字和公债逐步增长的重要因素之一。1992年年底，美国政府的债务总量已经超过了3万亿美元，平均每个美国人分摊到1.6万美元，到20世纪90年代末，平均每个美国人的政府债务分摊额更增加到约2万美元。当然，由于美国的经济总量庞大，这些债务仍是可以承受的。尽管20世纪90年代美国较长时期的经济繁荣曾导致债务减少，但是截至2020年7月初，美国联邦政府债务金额约为26.46万亿美元，人均约合80 159美元。

一国债务与GDP的比率被叫作债务-收入比率。这一比率的变动主要取决于公债的实际利率、实际GDP的增长率和非利息预算盈余的状况。在非利息预算盈余不变时，公债利率越高，产出增长率就越低，债务-收入比率就越有可能上升。如果非利息预算能不断出现盈余，实际利率有所下降，实际GDP不断有所增长，则债务-收入比率会逐步下降。

面对庞大的并且不断增长的政府债务，西方经济学家对公债问题提出了各自的看法。一些人认为，公债无论是内债还是外债，与税收一样，都是政府加在公民身上的一种负担。因为它们都要还本付息，最终都必须用征税和多发行货币的办法来解决，结果必然加重公众的负担。他们还进一步认为，公债不仅是加在当代人身上的负担，而且会造成下一代人的负担。因为旧的债务往往是用发行新债来偿还的，因此，公债的债务负担就会从一代人传给下一代人，不断地传下去。另一些人则认为，外债对一国公民来说是一种负担，因为必须用本国的产品来偿还外债的利息；内债则不同，因为内债是政府欠本国人的债，也就是"自己欠自己的债"，所以不构成负担。此外，政府是长期存在的，会用发新债的办法来还旧债。即便使用征税办法来偿还公债，也只是财富的再分配，整个国家并没有发生财富的损失。至于公债对子孙后代的影响，他们认为也不会构成负担。理由是，发行公债可以促使资本更多地形成，加快经济增长的速度，从而给子孙后代带来更多的财富和消费。当然，增加公债又没有相应的资本形成，或者公债的增加引起了私人投资下降，就会成为公民的一种负担。

8.3 货币政策

8.3.1 商业银行与中央银行

货币政策要在银行制度下来实现，而银行制度并不完全相同。大体说来，金融机构包括金融中介机构和中央银行两类。金融中介机构中最主要的是商业银行，其他金融中介机构还有储蓄和贷款协会、信用协会、保险公司、私人养老基金等。

1.商业银行

商业银行就是除中央银行外的所有银行。因为早先向银行借款的人都经营商业，所以，人们把银行叫作商业银行。后来，工业、农业、建筑业、消费者也都日益依赖商业银行融通资金，其客户已经遍及经济各个部门，业务也多种多样，但是，按照习惯它们仍然被叫作商业银行。商业银行的主要业务是：

（1）负债业务，主要是吸收存款，包括活期存款、定期存款和储蓄存款。

（2）资产业务，主要包括放款和投资两类业务。放款业务是为企业提供短期贷款，包括票据贴现、抵押贷款等。投资业务就是购买有价证券，以取得利息收入。

（3）中间业务是为顾客代办支付事项和其他委托事项，从中收取手续费。

2. 中央银行

中央银行是一国最高级别的金融机构。它统筹管理全国的金融活动，实施货币政策以影响经济。当今世界除了少数国家和地区，几乎所有已独立的国家和地区都设立了中央银行。美国、英国、法国、德国、日本和中国的中央银行分别是美国联邦储备系统（简称美联储）、英格兰银行、法兰西银行、德意志联邦银行、日本银行和中国人民银行。

一般认为，中央银行具有以下职能：

（1）作为货币发行的银行，发行国家的货币。

货币通常被定义为在商品和服务的交换及债务清偿中作为交换媒介或者支付工具而被法定为普遍接受的物品。最符合这个定义的就是硬币、纸币和活期存款。硬币和纸币被称为通货，而活期存款同通货一样随时可用来支付债务，因而也可看作严格意义上的货币，而且是最重要的货币。货币供给量中的大部分是活期存款，同时通过活期存款的派生机制还会创造货币。中央银行发行的货币是硬币和纸币。

（2）作为商业银行的银行。

中央银行既为商业银行提供贷款（用票据再贴现、抵押贷款等办法），又为商业银行集中保管存款准备金，还为商业银行集中办理全国的结算业务。

（3）作为国家的银行。

第一，代理国库，一方面受国库委托代收各种税款和公债出售款项等收入，作为国库的活期存款；另一方面代理国库拨付各项经费，代办各种付款与转账。

第二，提供政府所需资金，既用贴现短期国库券等形式为政府提供短期资金，也用帮助政府发行公债或直接购买公债的方式为政府提供长期资金。

第三，代表政府与外国发生金融业务关系。

第四，执行货币政策。

第五，监督、管理全国金融市场活动。

8.3.2 货币政策及其工具

中央银行通过控制和调节货币供应量来调节利率和价格，进而影响投资和整个经济，以达到一定经济目标的行为就是货币政策。当然，这主要是凯恩斯主义者的观点，大致上也是现代货币主义者的观点。凯恩斯主义者认为，货币政策和财政政策一样，都是调节国民收入，以达到稳定物价、实现充分就业或经济持续均衡增长的目标。二者的不同之处在于：财政政策会直接影响总需求的规模，这种直接作用是没有任何中间变量的；货币政策则还要通过利率的变动来对总需求发生影响，因而是间接地发挥作用。

货币政策一般分为扩张性的和紧缩性的。前者是通过增加货币供给来带动总需求的增长。货币供给增加时，利率会降低，取得信贷更为容易。因此，经济萧条时多采用扩张性货币政策。反之，紧缩性货币政策是通过削减货币供给来降低总需求水平，在这种情况下，取得信贷比较困难，利率也随之提高。因此，在通货膨胀严重时，多采用紧缩性货币政策。

西方主要国家运用货币工具的具体方式并不完全相同，但是，在基本原则上大体一致。下面，我们以美国的货币政策运作方式为例，对货币政策及其工具的运用加以说明。

1.再贴现率

再贴现率是美国中央银行最早运用的货币政策工具。再贴现率是中央银行对商业银行及其他金融机构的放款利率。这种贴现本来是指商业银行把商业票据出售给当地的联邦储备银行，联邦储备银行按贴现率扣除一定利息后，再把所贷的款项加到商业银行的准备金账户上，作为增加的准备金。不过，当前美国采用的主要办法已经是商业银行用自己持有的政府债券做担保向联邦储备银行借款。但是，现在仍然把中央银行给商业银行的借款叫作贴现。在美国，中央银行作为最后贷款者，主要是为了协助商业银行及其他金融机构对存款备有足够的准备金。如果一家存款机构（主要指商业银行）的准备金临时感到不足（比方说某一银行客户出乎意料地要把一大笔存款转到其他银行，就会出现临时的准备金不够的困难），就可以用它持有的政府债券或合格的客户票据向当地的联邦储备银行的贴现窗口（办理这类贴现业务的地点）进行再贴现或申请借款。当这种贴现或借款增加时，该商业银行的准备金就增加了，而且会引起货币供给量的多倍增加。这种贴现减少，则会引起货币供给量的多倍减少。贴现率政策是中央银行通过变更给商业银行及其他金融机构的贷款利率来调节货币供应量的政策。

贴现率提高，商业银行向中央银行借款就会减少，商业银行的准备金从而社会的货币供给量就会减少；贴现率降低，商业银行向中央银行借款就会增加，商业银行的准备金从而社会的货币供给量就会增加。但是，实际上，美联储并不经常使用贴现率来控制货币供给，因为再贴现率的主要作用是允许商业银行和其他金融机构对其短期的现金压力做出反应，对临时发生的准备金不足做适当调整。根据美联储的规定，商业银行不能依赖贴现行为进行超过一个规定的较短时期来借款。通过贴现进行的借款多数期限很短，但在商业银行确实需要时，可以续借。对超过一个较短时期的借款，商业银行可以向有超额存款准备金的其他商业银行去拆借。正因为再贴现行为主要是为了解决商业银行临时准备金不足的问题，所以，目前变动贴现率在货币政策中的重要性和从前相比已大大减弱。事实上，商业银行和其他金融机构也尽量避免去贴现窗口借款，只将它作为紧急求援手段，平时较少加以利用，以免被人误认为自己的财务状况有问题。每个储备银行的贴现窗口也执行美联储关于商业银行和其他金融机构可以借款的金额和次数的规定。此外，通过变动贴现率控制货币供给本身也存在一些问题。因为当商业银行十分缺乏准备金时，即使贴现率很高，商业银行依然会从联邦储备银行贴现窗口借款。可见，通过贴现率变动来控制银行存款准备金的效果是相当有限的。事实上，再贴现率政策往往作为补充手段和公开市场业务政策结合在一起执行。

此外，再贴现率政策不是一个主动性的政策。因为中央银行只能等待商业银行向它借款，而不能要求商业银行这样做。如果商业银行不向中央银行借款，那么再贴现率政策便无法执行了。

2.公开市场业务

这是目前中央银行控制货币供给量的最重要和最常用的工具。公开市场业务是指中央银行在金融市场上公开买卖政府债券来控制货币供给和利率的政策行为。在美国，货币政策（包括公开市场业务）由联邦储备体系中的联邦公开市场委员会（FOMC）决定，由公开市场办公室具体实施。政府证券是政府为筹措弥补财政赤字资金而发行的支付利息的国库券和公债券。这些被初次卖出的证券在普通居民、厂商、银行、养老基金等中反复不断地被买卖。联邦储备银行可以通过参加这种交易来扩大和收缩货币供给量。

联邦储备银行在公开市场上购买政府证券时，商业银行和其他金融机构的准备金将会以两种方式增加：

第一，如果联邦储备银行向非银行机构购买证券，就会开出支票，证券出售者将该支票存入自己的银行账户，该银行则将支票交美国联邦储备系统，作为自己在联储账户上增加的准备金存款。

第二，如果联邦储备银行直接从各商业银行买进证券，则可直接按证券金额增加各商业银行在联邦储备系统中的准备金存款。联邦储备银行售出政府证券时，情况则相反，准备金的变动会引起货币供给量按货币创造乘数发生变动。准备金变动了，银行客户取得信贷就变得容易或困难了。这本身就会影响经济。同时，联邦储备银行买卖政府证券的行为也会引起证券市场上需求和供给的变动，因而影响到证券价格以及市场利率。有价证券市场是一个竞争性的市场，其中的证券价格由供求关系决定。当中央银行要购买证券时，对有价证券市场的需求就会增加，证券价格会上升，从而利率下降；反之亦然。显然，联邦储备银行买进证券就是去创造货币。当它把10万美元的证券卖给某商业银行时，它只要通知那家已买进证券的商业银行，说明准备金存款账户上已增加10万美元就行了。因此，联邦储备银行有可能根据自己意愿增加或减少货币供应量。

公开市场业务之所以能成为中央银行控制货币供给量的最主要的手段，是因为运用这种政策手段具有比用其他手段更多的优点。例如在公开市场业务中，中央银行可及时地按照一定规模买卖政府证券，从而比较准确地控制银行系统的准备金。如果联邦储备银行希望大幅变更货币供给量，则只要大量买进或卖出政府证券就行了；如果联邦储备银行希望少量变更货币供给量，则只要买进或卖出少量政府证券即可。公开市场操作很灵活，便于中央银行及时用来改变货币供给量变动的方向，变买进为卖出证券，立即就有可能使增加货币供给量变为减少货币供给量。中央银行可以连续地、灵活地进行公开市场操作，自由决定有价证券的数量、时间和方向。中央银行即使有时会出现某些政策失误，也可以及时得到纠正。这是再贴现率政策和下面即将论述的准备金比率政策所不可能有的长处。公开市场业务的优点还表现在这一业务对货币供给量的影响可以比较准确地预测出来。例如，买进一定金额的证券，就可以大体上按货币创造乘数估计出货币供给量增加了多少。

3.变更法定存款准备金率

中央银行有权决定商业银行和其他金融机构的法定存款准备金率。如果中央银行认为需要增加货币供给量，就可以降低法定存款准备金率，使所有的金融机构对每一笔客户的存款只留出更少的准备金，或反过来说，让每一美元的准备金可支撑更多的存款。

假定原来法定存款准备金率为20%，100美元存款就必须留出20美元准备金，可贷金额为80美元。这样，增加1万美元的准备金就可以派生出5万美元的存款。若中央银行把法定存款准备金率降低到10%，则100美元存款只需10美元准备金就行了，可贷金额为90美元，这样，增加1万美元的准备金就可以派生出10万美元的存款，货币供给量就因此增加了 1 倍。可见，降低法定存款准备金率，实际上等于增加了银行存款准备金，而提高法定存款准备金率，就等于减少了银行存款准备金。

从理论上说，变动法定存款准备金率是中央银行调整货币供给量最简单的办法。不过，中央银行一般不愿轻易使用变动法定存款准备金率的手段，因为商业银行向中央银行报告它们的准备金和存款状况时有一个时滞，今天变动的法定存款准备金率要过一段日子（比方说两周）以后才会起作用。再说，变更法定存款准备金率的作用十分猛烈，所有银行的信用都必须扩张或收缩，因此，这一政策手段很少被使用，一般几年才改变一次法定存款准备金率。法定存款准备金率变动频繁，会使商业银行和其他金融机构的正常信贷业务因受到干扰而无所适从。

上述三大货币政策工具常常需要配合使用。例如，当中央银行在公开市场业务的操作中出售政府债券使市场利率上升（债券价格下降）后，再贴现率必须相应提高，以防止商业银行增加贴现。于是，商业银行向顾客的贷款利率也将提高，以免产生亏损。相反，当中央银行认为需要扩大信用时，在公开市场操作中买进债券的同时，也可同时降低再贴现率。再贴现率和公开市场业务虽然都能使商业银行存款准备金变动，但变动方式和作用还是有区别的。当中央银行在市场出售证券时，一般能减少商业银行存款准备金，但究竟哪家商业银行会减少准备金以及减少多少准备金无法事先知道，而且这种公开市场业务究竟会对哪些商业银行造成严重影响也无法事先知道。对原来超额存款准备金较多的商业银行可能没有什么影响，即使其客户提取不少存款去买证券，也只会使超额存款准备金减少一些而已。但是，那些本来就没有什么超额存款准备金的商业银行马上就会感到准备金不足，因此，其客户提取存款后，准备金率就会降到法定存款准备金率以下。在这种情况下，中央银行可以大胆地进行公开市场业务，就是因为有再贴现率政策做补充。当中央银行售卖证券使一些商业银行缺乏准备金时，这些银行就可向中央银行办理贴现以克服困难。

货币政策除了以上 3 种主要工具之外，还有一些其他工具。道义劝告就是其中之一。所谓道义劝告，是指中央银行运用自己在金融体系中的特殊地位和威望，通过对商业银行及其他金融机构的劝告，影响其贷款和投资方向，以达到控制信用的目的。比如，在经济衰退时期，鼓励商业银行扩大贷款；在通货膨胀时期，劝阻商业银行不要任意扩大信用，也往往会收到一定的效果。但由于道义劝告没有可靠的法律地位，因而并不是强有力的控制措施。

8.3.3　货币政策起作用的其他途径

上述货币政策的作用是通过货币供给量影响利率，进而影响投资和产出的途径来实现的。这基本上是凯恩斯主义的观点。但一些经济学家认为，货币供给量对产出的影响是存在的，但这种影响并不一定通过利率的中介来实现。为此，经济学家提出了对货币政策起作用的其他一些途径的观点。

第一种观点认为，货币政策影响产出，并不是因为改变了利率就改变了投资成本，从而改变了投资的需求，而是因为利率的变动会影响人们的资产组合。较低的利率会使人们把他们的财产转移到股票上，因为他们感到投资于股票会比从银行储蓄中获得更多的收益，于是股票价格会上涨；根据托宾 Q 理论，当股票价格更高时，企业就会进行更多的投资。

第二种观点是第一种观点的扩展。它认为，扩张性货币政策造成的较低利率所带来的股票价格和长期债券价格上涨，会使人们感觉更加富有了。于是，他们会消费得更多，从而使总需求增加了。

第三种观点认为，政府实行扩张性货币政策，比方说中央银行通过公开市场操作购买了一笔债券。债券出售者将从中央银行得到的支票存入自己的商业银行；商业银行的准备金增加了，超额存款准备金会被用来贷款给企业或购买债券（或国库券）。银行要吸引企业借款，就会降低贷款利率，要购买国库券又会使国库券价格上涨，即利率下降；利率下降又会使股票价格和债券价格上涨。这些都会使企业投资增加。

第四种观点认为，在开放经济中，货币政策还可通过汇率变动影响进出口，从而对总需求产生作用。尤其在实行浮动汇率的情况下，当银行收紧银根时，利率上升，国外资金会流入，于是本币会升值，净出口会下降，从而使本国总需求水平下降。但在固定汇率的情况下，中央银行为维持本币币值稳定，势必抛出本币，购回外币。于是，本国货币市场上货币供给量将增加，使原本想达到的货币政策目标受到影响。

第五种观点注重可利用的信用规模，认为中央银行的行动可促使商业银行发放更多或更少的贷款，或者以更宽松或更严格的条件发放贷款。例如，当中央银行想促使商业银行更多地贷款或以更宽松的条件贷款时，可以通过公开市场业务买进国库券，或降低法定存款准备金率，使商业银行有超额存款准备金，给企业更多的贷款。

宏观经济政策除了财政政策和货币政策之外，还有其他一些政策，如收入政策、人力资本政策等。这些政策有助于减少失业，尤其是结构性失业和摩擦性失业。此外，为了减少和消除失业造成的社会不安定，西方国家还大力推行社会保障制度的措施，给失业人员和贫困人员发放救济金。

从实践中看，各种宏观经济政策总是相互结合或配合使用的，单一使用某种政策来达到既定目的的做法，比较少见。区别在于，不同时期和不同情况下，在相互配合使用的几种政策中，核心的政策也许有所不同。因此，我们在理解宏观经济政策实践时，务必将其首先看作特定的和具体的宏观经济政策。只有在这一基础上，我们才能从中引申出更为一般化的含义和启示，而且在运用到自己国家宏观经济实践中的时候，也务必清楚类似做法所要求的前提条件。

8.4　西方国家宏观经济政策基本取向的演变

宏观经济政策的制定和实施总是和其理论的发展联系在一起。从20世纪30年代凯恩斯革命起，到现在博弈理论在宏观经济政策中的运用，西方宏观经济理论和政策经历了一系列演变。从这一演变中，我们可以看到，西方宏观经济理论和政策并不是完全成熟的和一成不变的。它们首先是西方经济学家根据不同时期突出的经济问题所提出的具体解释和对策。随着时间的推移，宏观经济中新的问题不断出现，西方宏观经济理论和政策就会不断地调整或改变其已有观点和对策。过去曾经被认为是错误的东西，后来也可能被认为是正确的。过去的异端和主流也可能发生易位；已有的一些观点，随着时间的推移和经济情况的变化，也可能会被抛弃。而新的见解又会不断补充到已有的理论体系中。总之，西方宏观经济理论和政策是经常处于变动之中的。为使读者对此有所了解，本部分将对已有的一些变化加以概略的介绍。

8.4.1　凯恩斯主义学派

20世纪30年代，传统的西方经济学（早期新古典经济学）对当时西方发达国家普遍发生的经济大萧条束手无策。英国经济学家凯恩斯在借鉴了重商主义以及马尔萨斯有关政策和观点的同时，在否定传统经济学信条（尤其是以"萨伊定律"为代表的基本信条）的基础上，提出了有效需求理论和政府干预的经济政策。

第二次世界大战期间，各国政府（尤其是美国政府）对经济的干预提供了走出萧条和稳定经济的实例，在一定程度上验证了凯恩斯主义理论和政策的合理性。这就为凯恩斯主义的宏观需求管理理论和政策成为第二次世界大战后西方国家经济理论和政策的主流提供了一个良好的历史机遇。为了稳定和发展战后经济，主要的西方国家政府（特别是美国政府）都先后接受了凯恩斯主义理论和政策，凯恩斯主义的宏观需求管理理论和政策逐步成为西方国家宏观经济政策的主流。

凯恩斯主义认为，在资本主义自由放任的条件下，由消费需求和投资需求构成的有效需求不足以实现充分就业，或者说资本主义的通常状态是有效需求不足，处在未充分就业的均衡状态。有效需求不足是由边际消费倾向、资本边际效率和流动性偏好这3个基本心理因素的作用所造成的。所以，市场机制不能使总需求与总供给在充分就业水平上达到均衡，这就必然要出现萧条和失业，或者当需求过度时出现通货膨胀。政府调节经济就是要维持经济的稳定，并达到充分就业，其政策手段就是调节总需求，即运用财政政策和货币政策进行总需求管理。在进行总需求管理时，财政政策被认为是经济萧条情况下最有力、最直接的调节手段。

8.4.2　新古典综合派

在第二次世界大战后经济最发达的美国，凯恩斯主义者将凯恩斯的学说和传统的古典经济学（即现在的微观经济学的前身）结合起来形成了新古典综合派，其在第二次世界大战后的20多年时间里占据了西方经济学界的支配地位。

新古典综合派弥补和纠正了凯恩斯经济学的不足，在许多方面使凯恩斯经济学得到了补充和发展，其中主要有：

（1）希克斯、汉森提出了IS-LM模型；

（2）詹姆斯·杜森贝里（James S. Duesenberry）提出了相对收入假说的消费函数理论；

（3）保罗·萨缪尔森（Paul A. Samuelson）提出了宏观与微观经济学的结合，以及总需求与总供给的结合；

（4）弗兰科·莫迪利安尼（Franco Modigliani）提出了生命周期假说的消费函数理论；

（5）在投资理论方面，汉森、萨缪尔森和希克斯提出了乘数–加速数模型（将在本书第17章进行详细介绍）；

（6）在货币需求理论方面，威廉·杰克·鲍莫尔（William Jack Baumol）、詹姆斯·托宾（James Tobin）提出了货币交易需求的平方根法则，托宾提出了货币投机需求的资产组合理论；

（7）在经济增长理论方面，哈罗德和多马提出了哈罗德–多马模型，罗伯特·索洛

（Robert M. Solow）提出了新古典经济增长模型；

（8）在失业与通货膨胀相互关系的理论方面，引进了菲利普斯曲线；

（9）克莱因等人把凯恩斯主义经济学数量化，形成一整套计量经济模型。

所有这些理论的形成和发展，对西方国家第二次世界大战之后几十年的经济政策思想都有很大影响，尤其是 IS-LM 模型成为研究财政政策效果的重要分析工具；菲利普斯曲线则提供了对失业和通胀做选择的总需求管理的菜单，强调根据经济风向运用斟酌使用（相机抉择）的财政政策和货币政策对总需求加以调节，减少经济的波动。

20 世纪 50 年代以来，新古典综合派的理论日益为西方政府所重视，该学派的一些经济学家还成为政府制定经济政策的顾问或智囊。他们占据主流经济学的地位，自认为他们的理论和政策能够使经济实现充分就业的稳定增长。

第二次世界大战以后的 20 余年中，尤其在 20 世纪 50 年代与 60 年代上半期，以美国为首的西方国家的经济发展虽有一定波动，但总的说来经济增长较快，通货膨胀率和失业率也不算高。这是该时期新古典综合派能够占上风的主要原因。然而，从 20 世纪 70 年代起，这些国家的通货膨胀率节节上升。西方国家既想用斟酌使用的或微调的办法来抑制通胀，又不想经济陷入衰退，结果，经济衰退虽然得以减缓，但物价继续猛涨。到了 20 世纪 70 年代中期，大多数西方国家出现了滞胀的局面，即失业和通货膨胀并存的局面。对这种局面，新古典综合派在理论上无法加以解释。因为按照凯恩斯主义理论，当失业（经济萧条）存在时，产量或国民收入的增加不会带来物价上涨；即使上涨，也是轻微的，不会出现通货膨胀。只有实现充分就业以后，即失业被消灭以后，通货膨胀才会出现。换言之，失业与通货膨胀是不可能并存的。但是，二者并存的滞胀现实使凯恩斯主义受到了严重的打击。既然新古典综合派无法对滞胀加以理论上的解释，所以在政策上也就提不出消除滞胀的有效举措。

8.4.3　现代货币主义学派

理论上的困难和政策上的无能使新古典综合派受到了以弗里德曼为首的现代货币主义学派的猛烈攻击。

现代货币主义学派主要在两个方面对凯恩斯主义展开批评：

1. 关于财政政策和货币政策的效果

凯恩斯主义者强调财政政策的作用，认为由于 IS 曲线较陡，货币政策效果并不理想，从而只有财政政策才能对总需求和产出起直接的、较快的和可靠的作用。然而，货币主义者通过对美国 1867—1960 年货币和产出之间关系进行历史考察，认为只有货币政策才对产出的波动起最大的作用。例如，20 世纪 30 年代的经济大萧条是实行错误的货币政策的结果。美联储如果能增加基础货币供给，本来可使危机免除，可是其没有那样做，这才使经济陷入大萧条的困境。

2. 关于稳定性经济政策的作用

弗里德曼否定凯恩斯主义的斟酌使用政策或根据经济情况而进行微调的经济政策。他认为，凯恩斯主义为克服萧条而制定的这种扩张性财政政策不但无助于降低失业率，反而会引起通货膨胀，加剧经济波动，阻碍经济增长。按照现代货币主义者的说法，资本主义市场并不是凯恩斯所描写的那样不稳定。如果听其自然，让市场经济自己调节，减少政府干预，经济就可避免剧烈波动。而政府在自由竞争社会中的职能是制定市场经济的行为规则，并按规则裁决交易双方的行为，同时给经济提供一个稳定的货币政策的单一规则和浮动汇率制。单一规则的货币政策排除利率、信贷流量、自由准备金等因素，仅以一定货币存量作为控制经济的唯一因素。按照这一规则，货币供应量每年应按照固定的比例增加。该比例的大小大致上等于经济和人口的实际增长率之和。这样，市场上商品和服务产量的增减就能与货币供应量的增减相适应，使物价稳定下来。而实行浮动汇率制又可以防止通货膨胀的国际传递，使经济稳定在自然失业率水平上。

总之，现代货币主义者反对凯恩斯主义者的财政政策，反对通过微调来进行需求管理的政策。他们把反通货膨胀放在优先地位，认为货币在短期内是影响产量、就业和物价变化的最主要因素，因而政府应当并且能够实行单一的控制货币供给的政策。现代货币主义在本质上属于主张经济自由主义的流派。

8.4.4 供给学派

20世纪70年代，在西方国家出现经济滞胀局面时，除了现代货币主义成为时髦的理论观点之外，美国还一度出现过另一个经济自由主义流派，这就是后来美国总统里根所信奉的供给学派。

供给学派在反对凯恩斯主义的宏观需求管理理论和政策的同时，坚定地赞同被凯恩斯抛弃的萨伊定律，把经济分析的着眼点放到了刺激生产的供给方面。他们认为不是需求决定供给，而是供给创造需求。刺激供给的主要手段是降低税率。因为累进税制的高税率政策严重挫伤了企业主的经营积极性，使储蓄率和投资率下降，劳动者的工作热情低落，从而使生产和就业停滞，并造成经济滞胀。只有大幅度减税，才能增加个人收入和企业利润，进而促进储蓄和投资，刺激工作和生产经营积极性，才能使生产率提高。这样，最终会使政府课税基础扩大，税收总额随之增加，财政赤字得到控制，通货膨胀也会消失。

不过，供给学派的减税方案实行以后，美国的经济滞胀不但没有减轻，反而加重了。因此，减税方案在短暂执行以后，很快被放弃了。随着减税政策的失败，供给学派的思想和影响也就逐渐烟消云散了。不过，在21世纪初期，美国的小布什就任总统后，为了对付经济衰退，又重新拾起了当年里根政府期间未能奏效的长期减税计划。对此，美国经济学界众说纷纭，同样未能给予相对一致的肯定性结论。

8.4.5 理性预期学派

在西方宏观经济学理论体系中，除了上述反对凯恩斯主义的宏观需求管理理论和政策的现代货币主义学派和供给学派之外，还有在现代货币主义基础上发展起来，而又比现代货币主义更具经济自由主义色彩的理性预期学派，以及由此发展而来的新古典宏观经济学。

理性预期学派强调"理性预期"对经济行为和经济政策的影响与作用，其代表人物有卢卡斯和萨金特等。理性预期是针对适应性预期而言的。后者指人们不掌握充分的信息，主要根据过去的经验来预测未来，并准备随时调整预期；前者指人们会根据过去、现在和将来一切可能获得的信息做出最合理的（甚至与经济学家的正确预测模型的结果相一致的）预期。理性预期学派认为，"经济人"是根据理性预期做出经济决策的，而市场自由运作的结果是达到市场出清（或者说总供求平衡）。这样，在理性预期和市场出清这两个前提条件下，该学派得出了宏观经济政策无效的结论。也就是说，在理性预期和市场出清的假设下，一切宏观经济政策都不会产生应有的效果。按照理性预期学派的说法，具有理性预期的人会预料到政府的政策所造成的后果，从而会采取相应的对策加以防范，即"上有政策，下有对策"。这种"对策"会抵消政策的作用，使政策归于失效。

8.4.6　博弈论

随着理性预期理论的兴起，西方经济学家开始普遍重视预期在经济政策制定中的作用，并由此导致信息经济学的出现，以及重视博弈论在宏观经济理论和政策中的运用。按照博弈论的观点，政府和民众之间会出于各自利益而进行政策博弈。政府在制定政策时必须考虑到私人部门的反应；否则，政策效果会大打折扣。私人部门会努力发现政策制定者的偏好和意图，而政策制定者也在努力了解私人部门的偏好、行为和意图。在这种情况下，政府最好不要为追求自己认定的最优目标而通过不断变换政策去和公众"斗智"，而应当尽量减少对私人经济活动的干预，放弃短期的政策变动，实行长期不变的政策规则。只要政府能够创造一个让市场机制充分发挥其自发调节作用的稳定环境，真心取信于民，经济就会逐渐自动地得到稳定发展。

8.4.7　新凯恩斯主义学派

在20世纪70年代经济滞胀局面中兴盛起来的经济自由主义思潮，使传统的凯恩斯主义失去了正统的地位。不过，凯恩斯主义理论和政策的追随者认为，国家不对宏观经济进行干预是行不通的。他们试图在新的形势下使主张政府干预经济的凯恩斯主义在更新颖的理论基础上以新面目出现，使之既能应对论敌的责难，也符合实践对经济政策的要求。在这样的背景下，在20世纪80年代前后，一个主张政府干预经济的新学派——新凯恩斯主义经济学在西方经济学界逐渐形成了。

新凯恩斯主义经济学的出现使凯恩斯主义从困境中走了出来，重新获得了生机。但新凯恩斯主义不是对原凯恩斯主义的简单承袭，而是认真对待各反对学派的批评，对原凯恩斯主义理论进行深刻反省，同时吸纳了其他各学派有用观点后形成的。特别值得注意的是，新凯恩斯主义经济学引进了原凯恩斯主义所忽视的厂商利润最大化和消费者效用最大化的假设，部分地吸收了理性预期学派所强调的理性预期假设，使凯恩斯主义宏观经济学有了一个微观基础。不过，新凯恩斯主义仍然坚持了原凯恩斯主义的非市场出清假设，认为在出现需求冲击或供给冲击后，工资和价格不能迅速调整到使市场出清的状态，缓慢的工资和价格调整使经济回到正常产量的状态需要一个很长的过程。在这一过程中，经济处于持续的非均衡状态。这时，即便有理性预期的存在，国家干预经济的政策仍然会有积极作用。从西方国家目前执行的政策来看，凯恩斯主义尽管曾一度衰落，但并没有完全为经济自由主义所取代。本书将在第20章继续学习新凯恩斯主义经济学。

8.4.8　20世纪80年代以后宏观经济学理论和政策的变化

20世纪80年代以后，宏观经济学理论和政策的变化主要表现在以下方面：
第一，20世纪70年代中期以后曾经出现现代货币主义学派、供给学派、理性预期学派，逐渐发展为新古典宏观经济学派。该学派坚定地反对政府对经济生活的干预，注重经济主体的利益最大化原则和理性预期假定，相信在市场自由运作条件下，宏观经济总会达到均衡（即市场出清）。所以，该学派的主要任务就是以越来越高深的数学模型来阐释经济的稳定均衡和增长。新古典宏观经济学派是 20 世纪 90 年代直至当前的主流学派，我们将在本书第 19 章对其进行更全面的介绍。

第二，新古典宏观经济学派的发展导致了一种实际经济周期理论的兴起。该理论将经济周期和经济增长结合在一起建立起所谓"动态随机一般均衡的实际经济周期模型"。该理论从经济行为人的理性和利益最大化假定出发，强调市场在任何时候都是处于均衡状态的，其均衡水平的变化趋势就是经济增长，其变化就是经济波动和周期。经济增长是多种内生因素所决定的，而经济周期或波动是外因（他们称之为"技术变化"）造成的。

第三，新古典宏观经济学派更多致力于在原有新古典经济增长模型中不断增加一些新的因素（如规模经济、人力资本、资源约束等）来完善其所谓内生增长的理论模型，并力图进行数据检验。

第四，在宏观经济学的分析方法上，主流的宏观经济学越来越侧重从微观视角进行数理模型的建立、完善和分析，以至于这些模型距离实际经济活动越来越远。

第五，20 世纪 80 年代以后，新凯恩斯主义在吸取反对派批评的基础上，逐渐形成了所谓"新新古典综合派"。该学派的出现在一定程度上反映了西方经济学的趋同与融合。新新古典综合派一方面坚持政府在短期宏观经济调控方面的有效性，另一方面力图以"价格黏性论""工资黏性论""信贷配给理论"来说明市场自动调节机制作用的有限性。在政策方面，他们更多强调采取一些能够降低工资和价格黏性的政策以及信息透明的政策；在研究方法上，也主张运用动态随机一般均衡的分析模型和方法。在 2008 年全球金融危机之后，新古典宏观经济学派似乎略有沉寂，而新凯恩斯主义略显活跃。

历史告诉我们，经济理论总是为经济政策实践服务的。尽管西方宏观经济理论和政策在过去发生过许多变化，出现过许多说法，但变来变去总不外乎国家干预主义和经济自由主义两大思潮的交替演进。可以预料，随着时间的进展，西方国家在将来还会出现各种不同的经济问题，从而西方宏观经济理论和政策也会随之调整，以解释和解决这些不同问题。

本章小结

1. 宏观经济政策是政府为增进社会经济福利而制定的解决经济问题的指导原则和具体措施。它是政府为了达到一定的经济目标而对经济活动进行的有意识的干预。因此，任何一项经济政策的制定都是根据一定的经济目标而进行的。

2. 一般说来，宏观经济政策的目标大体上有 4 类：充分就业、价格稳定、经济持续均衡增长和国际收支平衡。宏观经济政策就是为了达到这些目标而制定的。

3. 凯恩斯主义理论认为，失业一般分为 3 类情况：摩擦性失业、自愿性失业和非自愿性失业。摩擦性失业是指在生产过程中由于难以避免的摩擦造成的短期、局部性失业。自愿性失业是指工人不愿意接受现行工资水平而形成的失业。非自愿性失业是指愿意接受现行工资水平但仍找不到工作而形成的失业。

4.结构性失业是指经济结构变化等原因造成的失业。其特点是既有失业，又有职位空缺。结构性失业可以被看作摩擦性失业的较极端的形式。周期性失业是指经济周期的衰退或萧条时期因为需求下降而造成的失业。

5.奥肯定律描述了GDP变化和失业之间稳定的关系。它是一条经验性统计规律。该定律认为，在美国，失业率每下降1%，实际GDP将增长2.5%。不过，应当指出：第一，该定律表明了失业率和实际国民收入增长率之间具有反向变动的关系。第二，两者之间1∶2.5的数量关系只是一个平均数。在不同的时期，这一比率并不完全相同。第三，该定律适用于经济没有实现充分就业时的情况。

6.大多数西方经济学家认为，充分就业不是百分之百就业，并不排除摩擦性失业这类失业情况的存在。目前，社会存在4%~6%的失业率是正常的和自然的，可以认为是充分就业状态。

7.价格稳定是指价格总水平的稳定，是一个宏观经济概念。事实上，大部分西方国家都已把一般的轻微的通货膨胀的存在看作基本正常的经济现象。

8.宏观经济政策的另一个重要目标是经济持续均衡增长，它是指在一个特定时期内国民经济所生产的人均产量和人均收入的持续增长，通常用一定时期内实际国内生产总值年均增长率来衡量。

9.如何平衡国际收支也是一国宏观经济政策的重要目标之一。一国国际收支的失衡状态必然对国内经济形成冲击，从而影响该国国内就业水平、价格水平及经济增长。

10.国家财政由政府收入和支出两个方面构成，其中政府支出包括政府购买和政府转移支付，政府收入则包含税收和公债两个部分。

11.西方财政制度和财政政策对经济的调节分为自动调节与主动调节两种。自动调节指财政制度本身有着自动抑制经济波动的作用，即经济的自动稳定器作用。主动调节指政府有意识地采取所谓反周期的相机抉择的积极财政政策。

12.经济的自动稳定器（内在稳定器）指经济系统本身存在的一种会减少各种干扰因素对国民收入冲击的机制，能够在经济繁荣时期自动抑制通货膨胀，在经济衰退时期自动减轻萧条，而不需要政府采取任何行动。财政政策的这种内在地自动稳定经济的功能主要通过政府税收的自动变化、政府支出的自动变化和农产品价格维持制度3项制度得到实现。

13.为确保经济稳定，政府要审时度势，主动采取一些财政政策，以稳定总需求水平，使之接近物价稳定的充分就业水平。这就是斟酌使用（相机抉择）的或权衡性的财政政策。当经济中总需求水平非常低，出现经济衰退时，政府应通过削减税收、降低税率、增加支出或多管齐下来刺激总需求增加。反之，当总需求水平非常高，出现通货膨胀时，政府应增加税收或削减开支来抑制总需求水平。这种交替使用的扩张性和紧缩性财政政策，也被称为补偿性财政政策。由政府对经济发展的形势加以分析权衡，做出决策，斟酌使用，这样一套经济政策就是凯恩斯主义的相机抉择的需求管理。

14.斟酌使用（相机抉择）的财政政策的局限性是经济活动的时滞和不确定性。

15.功能性财政思想认为，政府为了实现充分就业和消除通货膨胀，需要赤字就赤字，需要盈余就盈余，而不应为实现财政收支平衡而妨碍政府财政政策的正确制定和实行。功能性财政思想是斟酌使用（相机抉择）的财政政策的指导思想，而斟酌使用（相机抉择）

的财政政策是功能性财政思想的实现和贯彻。

16.充分就业预算盈余概念的运用有两个重要的作用：第一，把收入水平固定在充分就业的水平上，消除经济中收入水平周期性波动对预算状况的影响，从而能更准确地反映财政政策对预算状况的影响，并为判断财政政策是扩张性还是紧缩性提供了一个较为准确的依据。第二，使政策制定者关注充分就业问题，以充分就业为目标确定预算规模，从而确定财政政策。

17.货币政策的主要工具有变动再贴现率、公开市场业务、变更法定存款准备金率等。

18.宏观经济中新的问题不断出现，西方宏观经济理论和政策就会不断地调整或改变已有观点和对策，相继出现了凯恩斯主义学派、新古典综合派、现代货币主义学派、供给学派、理性预期学派、博弈论、新凯恩斯主义学派等。

本章基本概念

失业率　摩擦性失业　自愿性失业　非自愿性失业　结构性失业　周期性失业　奥肯定律　自然失业率　充分就业　价格稳定　价格指数　经济增长　政府支出　政府购买　政府转移支付　自动调节　主动调节　经济的自动稳定器　斟酌使用（相机抉择）的财政政策　扩张性财政政策　紧缩性财政政策　补偿性财政政策　需求管理　功能性财政　功能性财政思想　年度平衡预算　周期平衡预算　充分就业预算盈余　充分就业预算赤字　商业银行　中央银行　再贴现率　公开市场业务　道义劝告

复习思考题

1.宏观经济政策的目标是什么？

2.主要的财政政策工具有哪些？

3.什么是经济的自动稳定器？它包含哪些主要内容？是否边际税率越高，税收作为自动稳定器的作用就越大？

4.什么是斟酌使用（相机抉择）的财政政策和货币政策？

5.平衡预算的财政思想和功能性财政思想有何区别？

6.充分就业预算盈余有什么作用？

7.货币政策的工具主要有哪些？

8.中央银行是怎样通过公开市场业务来调节货币供给量的？

9.简述20世纪80年代以后宏观经济学理论和政策的变化。

第9章
消费函数

学习目标

学习目标

通过学习本章，你应该能够：

◎了解绝对收入假说的消费函数理论。

◎了解相对收入假说的消费函数理论。

◎了解恒久性收入假说的消费函数理论。

◎了解生命周期假说的消费函数理论。

◎明白利率、价格、收入等因素和某些相关政策对消费函数的影响。

我们已经在凯恩斯主义理论的基础上，重点介绍了总需求方面的基本内容。但是，应该指出，我们在分析中并没有涉及有关消费函数、投资函数、货币需求函数和货币供给函数更广泛的内容，以及这些函数的微观基础问题。对此，我们将在本章加以适当说明。

9.1　消费函数理论的重要意义

我们知道，在开放经济中，短期内 GDP 的水平决定于总需求的各个构成部分，即决定于 $y=c+i+g+(x-m)$ 中的消费 c、投资 i、政府支出 g 和净出口 （x-m）。从世界各国的情况来看，这些因素中消费所占的份额最大。美国 2019 年的总消费支出达到 17.6 万亿美元，其中私人消费支出为 14.6 万亿美元，公共消费支出为 3 万亿美元左右，总消费支出占 GDP 的 82%。这说明消费在国民收入中占有重要的地位，其变动会给国民收入带来重要的影响。此外，在其他条件不变时，边际消费倾向越大，乘数的作用也就越大；边际消费倾向越小，乘数的作用也就越小。

这些都证明了消费或消费函数对国民经济发展的重要意义。

9.2　绝对收入假说

宏观的消费函数是 1936 年凯恩斯在其代表作《就业、利息和货币通论》中首次提出的。他认为，消费会随着收入的增加而增加，但是，消费的增加额小于收入的增加额。这就是所谓绝对收入假说（absolute income hypothesis，AIH）的消费函数理论。

凯恩斯这一理论受到了西方经济学家的高度重视，很多人对此进行了实证的检验。研究结果表明，凯恩斯的消费函数理论在说明消费、储蓄和收入方面，存在某种矛盾和不一致之处。在对这些矛盾的进一步研究和探讨中，西方经济学家又提出了一些不同的消费函数理论，从而对凯恩斯的消费函数理论进行了补充。

9.3　相对收入假说

对凯恩斯的消费函数理论，杜森贝里、弗里德曼、安多（Ando）和莫迪利安尼都从消费者个人选择的角度进行了研究和补充。

相对收入假说（或者相对收入消费理论）是美国经济学家杜森贝里首先提出来的。杜森贝里认为，消费者会受到自己过去的消费习惯以及周围消费水平的影响而来决定自己的消费水平。因此，人们的当期消费是相对地决定的。按照他的看法，消费与收入（个人可支配收入）在长时期内会维持一个相对固定的比率。由此，长期消费函数是由原点出发的一条直线；但是，短期消费函数是有正截距的曲线，不论从时间数列还是从横断面方面观察都是如此。

从时间数列方面来观察，杜森贝里认为，依照人们的习惯，增加消费容易，减少消费则比较困难。这也就是"由俭入奢易，由奢返俭难"的意思。因为一向生活水平相当高的人，即使收入降低，多半也不会马上因此而较大幅度地降低消费水平，而会继续维持较高的消费水平。所以，消费固然会随收入的增加而增加，但不易随收入的减少而减少。因此，在短期内观察时，可发现在经济波动过程中，收入增加时，低水平收入者的消费会向高水平收入者应有的消费看齐，但收入减少时，消费水平的降低相当有限。因此，短期消费函数不同于长期消费函数。这一理论可以由图9-1加以适当说明。

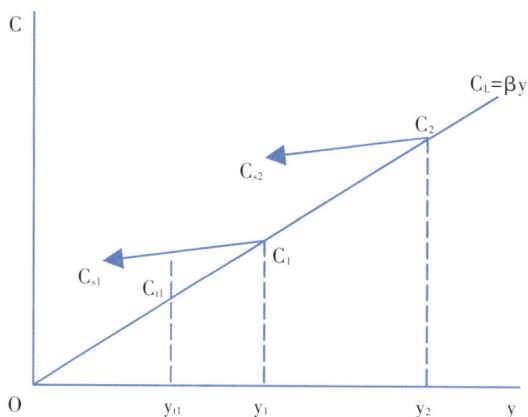

图9-1　相对收入假说对短期消费函数的解释

由图9-1可见，当经济稳定增长时，消费为收入的固定比率，故长期消费函数为$C_L = \beta y$。但在景气变动期，短期消费函数有不同形态。原先收入为y_1时，消费为C_1。当收入由y_1减少时，消费不再沿着C_1的途径，而是沿着C_{s1}的途径变动（$C_{t1}/y_{t1} > C_1/y_1$，即平均消费倾向变大）。反之，当收入由y_{t1}逐渐恢复时，消费循着C_{s1}的路径变动，直至到达原先的最高收入水平y_1为止。当经济由y_1稳定增长时，消费又走$C_L = \beta y$的途径，使消费与收入成固定比率，故消费函数为C_L。然而，当收入又在y_2处，经济发生衰退时，短期消费函数为C_{s2}。如此继续变动的结果，我们可以看到，实际上会有短期消费函数与长期消费函数。

长期消费函数：$C_L = \beta y$

短期消费函数：$C = C_0 + cy$

这样，杜森贝里就将短期消费函数的正截距的产生归因于经济周期波动期的不同消费行为。杜森贝里理论的核心是消费者易于随收入的提高而增加消费，但不易随收入的降低而减少消费，以致产生有正截距的短期消费函数。这种特点被称为棘轮效应，即上去容易下来难。

总之，杜森贝里的短期消费函数之所以有正的截距，是由于消费者决定当期消费时，不能摆脱过去的消费水平的习惯。这就是说，当期消费取决于当期收入及过去的消费支出水平。

以上是从时间数列的角度进行说明，短期理论的另一方面内容是指消费者的消费行为要受周围人们消费水平的影响，这就是所谓示范效应。就低收入家庭而言，其收入虽低，但因顾及在社会上的相对地位以及"爱面子"的考虑，也会竭力提高自己的消费水平。这种心理会使短期消费函数随社会平均收入的提高而整个地向上移动。

9.4　恒久性收入假说

恒久性收入假说也叫作持久性收入消费理论。这是与凯恩斯只着眼于当前收入的消费理论有所区别的前向预期的消费理论。前向预期的消费理论把消费同消费者能够考虑到的收入，特别是同可预期的未来收入联系起来，而不只是同现期收入联系起来。它是由美国经济学家、诺贝尔经济学奖获得者弗里德曼首先提出来的。弗里德曼认为，消费者的消费支出主要不是由他的现期收入水平决定，而是由他的恒久性收入水平决定的。所谓恒久性收入是指消费者可以预计到的长期收入。

恒久性收入大致上可以根据人们所观察到的若干年收入的数值通过加权平均数算出。距现在的时间越近的数值，其权数就越大；反之，则越小。举例来说，假定某人的恒久性收入为下列形式的一个加权平均值：

$$Y_P = \theta Y + (1-\theta)Y_{-1}$$

式中：Y_P 表示恒久性收入；θ 表示权数；Y 和 Y_{-1} 分别表示当前收入和过去收入。

如果 $\theta = 0.6$，$Y = 12\ 000$ 元，$Y_{-1} = 10\ 000$ 元，则：

$$Y_P = 0.6 \times 12\ 000 + (1-0.6) \times 10\ 000 = 11\ 200 （元）$$

消费者的消费支出取决于恒久性收入。假定 $C = cY_P = 0.9Y_P$，则当前收入的边际消费倾向仅为 $c\theta$，明显低于长期边际消费倾向 c。在上述例子中，$c\theta = 0.9 \times 0.6 = 0.54$。短期边际消费倾向较低的原因是：当收入上升时，人们不能确信收入的增加是否会一直继续下去，因而不会马上充分调整其消费。相反，当收入下降时，人们也不能断定收入的下降是否就一直会如此，因此消费也不会马上下降。然而，如果收入变动最终被证明是恒久性的，则人们就会在最终证明是较高或较低的恒久性收入水平上充分调整其消费支出。

按这种消费理论，一个有前途的大学生可能会在其暂时收入以外多花不少钱。这会使他欠不少债务，但他相信自己将来的收入会非常高。再比如，当经济衰退时，虽然人们收入减少了，但消费者仍然会按照其恒久性收入水平来消费，因此在经济衰退期间，人们的消费倾向也会高于长期的平均消费倾向。相反，经济繁荣时，尽管人们的收入水平提高了，但其消费会按照其恒久性收入水平去消费，这样，人们的消费倾向会低于其长期平均消费倾向。根据这种理论，如果政府想通过增减税收来影响总需求，则将是不能奏效的，因为人们由于减税而增加的收入并不会立即被用来增加消费。

9.5 生命周期消费理论

生命周期消费理论是由美国经济学家、诺贝尔经济学奖获得者莫迪利安尼首次提出的。生命周期消费理论与凯恩斯消费理论的不同之处在于，后者假定人们在特定时期的消费是与他们在该时期的可支配收入相联系的，而前者强调人们会在更长时间范围内计划他们生活中的消费开支，以达到他们在整个生命周期内消费的最佳配置。一般说来，年轻人收入偏低，这时消费可能会超过收入。随着他们进入壮年和中年，收入日益增加，这时收入会大于消费，不但可能偿还青年时期欠下的债务，更重要的是可以积蓄一些钱，以备将来退休之用。一旦人们年老退休，收入就会下降，消费便又会超过收入，形成所谓负储蓄状态。

假定某人从20岁开始工作，计划到60岁退休，预期在80岁时去世。这样，工作的时期（用W_L表示）为40年，生活年数（用N_L表示）为60年。从1岁到20岁为父母抚养他的时期，不计入N_L。如果每年工作的收入（用Y_L表示）为24 000元，则终身收入=$Y_L \cdot W_L$=24 000×40=960 000（元）。

生命周期消费理论假定，人们总希望自己一生能比较平稳安定地生活，而不愿起伏不定、动荡不安，因而，他们会计划在整个生命周期内均匀地消费这960 000元收入。于是，此人每年的消费（C）将是：

$$C=\frac{960\,000}{60}=16\,000=\frac{W_L}{N_L}\times Y_L=\frac{40}{60}\times 24\,000=\frac{2}{3}\times 24\,000（元）$$

在这个假设的例子中，此人在工作时间内每年工作收入的2/3用于消费。这也是他工作时间（40年）占一生（60年）的比例。每年收入的2/3用于消费，1/3用于储蓄，每年储蓄额是8 000元（24 000−16 000），退休时共积累的储蓄额是320 000元（8 000×40），到预期寿命结束时正好用完。

在这个例子中，包含一系列假定：工作期间收入保持不变，没有不确定因素；个人开始时没有积累，每年的储蓄没有利息等增值；不留遗产给后代等。不过，即便抛开这些假定，从现实因素考虑，生命周期消费理论的基本结论依然成立。这种结论可以用下列公式表示：

$$C=aW_R+cY_L$$

式中：W_R表示实际财富；a表示财富的边际消费倾向，即每年消费掉的财富的比例；Y_L表示工作收入；c表示工作收入的边际消费倾向，即每年消费掉工作收入的比例。

根据生命周期消费理论，如果社会上年轻人和老人比例增大，则消费倾向会提高；如果社会上中年人比例增大，则消费倾向会下降。因此，总储蓄和总消费会部分地依赖人口的年龄分布，当更多人处于储蓄年龄时，净储蓄就会上升。

除了想使自己一生平稳消费这一点，还有一系列因素会影响消费和储蓄。例如，当有更多人想及时行乐时，储蓄就会减少；当社会建立起健全的社会保障制度，从而更多人享受养老金待遇时，储蓄也会减少；当社会上有更多人想留一笔遗产给后代时，社会总储蓄率就会提高，但很高的遗产税税率又会影响这种储蓄积极性。

生命周期消费理论和恒久性收入消费理论之间既有联系也有区别。从区别上说，前者偏重对储蓄动机的分析，从而提出以财富作为影响消费函数的重要理由；恒久性收入消费理论则偏重个人如何预测自己未来的收入问题。从联系上说，不管二者强调的重点如何不同，都体现了一个基本思想：消费者是前向预期的决策者（也就是以未来的预期收入情况来决定当前消费水平的消费者）。因而以上两种理论在如下几点上都是相同的：

第一，消费不只是同现期收入水平相联系，而且消费者一生的或恒久性收入水平是其消费决策的依据。

第二，暂时的一次性收入变化引起的消费支出变动一般较小，即边际消费倾向很低，甚至接近零；但是，来自恒久性收入变动的边际消费倾向很大，甚至接近 1。

第三，当政府想用税收政策影响消费时，如果减税或增税只是临时性的，则消费并不会受到很大影响，只有造成恒久性的税收变动的政策，才会有较明显的效果。

9.6　影响消费的其他因素及其对相关政策效果的影响

9.6.1　影响消费的其他因素

收入是影响消费的最重要因素，但并非全部因素。在短期内，有时边际消费倾向可以为负数，即收入增加时消费反而减少，收入减少时消费却增加。有时边际消费倾向会大于 1，即消费的增加大于收入的增加。这表明，除了收入，还有其他一些因素会影响消费行为。一般说来，最主要和最重要的因素有以下几种：

1.利率

传统的观点认为，提高利率可刺激储蓄，但实际上，提高利率是否会增加储蓄、抑制当前消费，要根据利率变动对储蓄的替代效应和收入效应而定。

利率提高时，人们减少当前的消费，增加将来的消费比较有利。这时，高利率就会鼓励他们增加储蓄。利率提高使储蓄增加是利率变动对储蓄的替代效应。同时，利率提高使人们将来的利息收入增加，会使他们认为自己较为富有，以致增加当前消费，这可能反而会减少储蓄。这种储蓄的减少是利率变动对储蓄的收入效应。利率如何影响人们的储蓄，要看替代效应与收入效应的总和来决定。

低收入者在利率较高时主要会产生替代效应，故利率提高会增加储蓄。就高收入者而言，利率的提高主要会产生收入效应，从而可能会减少储蓄。

就全社会总体而言，利率的提高究竟会增加储蓄或减少储蓄，则由这些人增加或减少储蓄的总和的正负净额来决定。

此外，储蓄的另一目的是将来养老或其他特定的用途。如果以将来每年能得到固定金额的收益为目的来储蓄，则利率提高可减少目前所需积蓄之本金，因此，利率的提高会降低储蓄。可见，利率的提高会产生正负相反的效果。就全社会而言，难以事前判断利率变动究竟会增加储蓄还是会减少储蓄。

2.价格水平

价格水平会通过实际收入改变而影响消费。货币收入（名义收入）不变时，如果物价上升，实际收入会下降，消费者要想保持原有消费水平，其消费倾向（平均消费倾向）就会提高；反之，物价下跌时，平均消费倾向就会下降。

如果物价与货币收入以相同比例提高，实际收入不变，就不会影响消费。但是，假如消费者只注意到货币收入增加而忽略了物价上升，误以为实际收入增加，平均消费倾向也会下降，这种情况就是消费者存在货币幻觉。

3.收入分配

高收入家庭消费倾向较小，低收入家庭消费倾向较大，因此，国民收入分配越是平均，全国性的平均消费倾向就会越大，而收入分配越是不平均，全国性平均消费倾向就会越小。

以上简要说明了影响消费和储蓄的非收入因素。不过，在分析国民收入决定时，为简单起见，我们仍运用凯恩斯的收入决定消费的理论。

9.6.2 影响消费的其他因素对相关政策效果的影响

人们的消费在实际中不仅取决于他们的收入，还取决于他们个人的实际财富或实际资产。当利率和物价水平不变时，实际资本存量、名义基础货币和公债数量的变动会使实际资产随之发生同方向变动。相反，如果实际资本存量、名义基础货币以及公债数量不变，则实际资产将与利率和物价水平的变化呈反方向变动。这样，实际资本、名义基础货币、公债数量、物价水平以及利率的变动都会通过财富的变动来影响消费。新古典经济学家庇古曾经认为，如果消费是收入与财富的增函数，则当物价由于超额供给而发生下降时，财富的实际价值将会随之提高，消费也会因之增加。即便经济处于凯恩斯所说的流动性陷阱中，在上述财富效应作用下，经济仍然可能达到古典学派所说的充分就业状态。

由财富效应的影响推知，利率的变动会使实际资产与之发生反向变动，从而影响消费。由于需求管理方面财政政策和货币政策都会影响利率，使之发生变动，因而财政政策和货币政策都会产生财富效应，最终影响消费。一般说来，由于扩张性财政政策会使利率上升，扩张性货币政策会使利率下降，所以，它们引起的财富效应会在物价水平不变时增强货币政策的政策效果，而削弱财政政策的政策效果。

本章小结

1.前向预期的消费理论把消费同消费者能够考虑到的收入，特别是和可预期的未来收入联系起来，而不只是同现期收入联系起来。

2.只有在减税政策确实能够使人们感到经济状况有所改善时，家庭才会增加消费。

3.较高的实际利率应当刺激消费者增加储蓄；但是，该情况并未得到经验数据的有力证明。

4.边际消费倾向是IS曲线斜率的决定因素之一。在自动稳定器和预期消费者较低的短期消费倾向的影响下，IS曲线将会更为陡峭。

5.财富效应的存在将会在物价水平不变时增强货币政策的政策效果，而削弱财政政策的政策效果。

本章基本概念

　　绝对收入假说　相对收入假说　棘轮效应　示范效应　恒久性收入假说　生命周期消费理论　财富效应

复习思考题

　　1.凯恩斯的绝对收入假说和杜森贝里的相对收入假说有什么不同？

　　2.恒久性收入假说的核心思想是什么？

　　3.生命周期消费理论和恒久性收入假说的联系和区别是什么？

　　4.财富效应会对政策调节的效果有何影响？

第10章
投资函数

学习目标

本章小结
本章基本概念
复习思考题

学习目标

通过学习本章，你应该能够：

◎ 了解投资决定的原则及有关因素。

◎ 了解新古典宏观经济学派的投资理论。

◎ 了解托宾 Q 理论。

◎ 了解融资条件对投资的影响。

◎ 明白住宅投资和存货投资。

◎ 明白挤出效应。

本章在本书 4.3 部分介绍的投资函数基础上进一步说明投资函数和与投资函数有关的问题。

10.1　投资决定的原则及有关因素

决定投资的因素有很多，主要有实际利率水平、预期收益率和投资风险。决定投资的最根本原则是成本–收益原则。从成本方面来说，主要涉及有关直接成本和机会成本的各种因素；从收益方面来说，主要涉及有关预期收益的各种因素。

10.1.1　预期收益与投资

探讨实际利率水平对投资需求的影响，其实就是从投资使用的资金成本角度探讨投资需求。影响投资需求的另一个重要方面是预期收益，即一个投资项目在未来各个时期估计可得到的收益。影响这种预期收益的因素包括以下方面：

1. 对投资项目产出的需求预期

企业决定是否对某项目进行投资以及投资多少，首先会考虑市场上该项目产品在未来的需求情况。因为这种需求状况不仅会决定产品能否销掉，还会影响产品价格的走势。如果企业认为投资项目产品的市场需求在未来会增加，就会增加投资。增加一定的产出量会要求增加一定的投资量，产出增量与投资增量之间的关系被叫作加速数；说明产出变动和投资之间关系的理论被叫作加速原理。本书第 17 章将会对该原理加以详细介绍，这里仅指出对产出的需求预期会影响投资的预期收益，进而影响投资意愿。

2. 产品成本

投资的预期收益在很大程度上也取决于投资项目所涉及的产品的生产成本，尤其是劳动者的工资成本，因为工资成本是产品生产成本中最重要的构成部分。在其他条件不变时，工资成本上升会降低企业利润，减少投资预期收益，尤其是对那些劳动密集型产品的投资项目而言，工资成本上升显然会降低投资需求。然而，对那些可以用机器设备代替劳动的投资项目，工资上升意味着多用机器设备比多用劳动更有利可图。这样，工资上升又等于投资的预期收益增加，从而会增加投资需求。可见，工资成本的变动对投资需求的影响具有不确定性。从多数情况来看，随着劳动成本的上升，企业会越来越多地考虑采用新机器设备，从而使投资需求增加。新古典经济学认为投资需求会随工资的上升而上升，理由也在这里。

3.投资税减免

在一些国家，政府为鼓励企业投资，会采用一种投资税减免的政策，即政府规定，投资的厂商可从它们的所得税单中扣除其投资总值的一定百分比。例如，假定某企业在某一年投资1亿元，若规定投资减免率是10%，则该企业可少缴企业所得税1 000万元，这1 000万元相当于政府为企业支付的投资项目的成本。如果该企业在这一年的所得税不足1 000万元，只有600万元，则所余400万元还可等到第2年甚至第3年再抵扣。这种投资税减免政策对投资的影响，在很大程度上取决于这种政策是临时的还是长期的。如果该政策是临时的，则效果是临时的，过了政策期限，投资需求可能反而下降。比方说，政府为刺激经济，宣布在某一年实行投资税减免政策，则该年的投资可能大幅度增加，甚至本来准备在下一年投资的项目也可能提前到该年进行投资，但下一年的投资需求会明显下降。甚至在该政策实行的前一年，企业也会把一些项目推迟到实行该政策时再进行投资。

10.1.2 风险与投资

投资需求还与企业对投资风险的考虑密切相关。这是因为投资是现在的事，收益是未来的事，未来的结果究竟如何，总有不确定性。人们对未来的结局会有一个预测，企业正是根据这种预测进行投资决策的。然而，即使是最精明的企业家，也不可能完全准确无误地预测到将来的结果，因此，投资总有风险，并且高的投资收益往往伴随着高的投资风险。如果收益不足以补偿风险可能带来的损失，企业就不愿意投资。这里所谓的风险，包括未来的市场走势、产品价格变化、生产成本的变化、实际利率的变化、政府宏观经济政策变化等具有的不确定性。一般说来，整个经济趋于繁荣时，企业对未来会看好，从而会认为投资风险较小；经济呈下降趋势时，企业对未来看法会悲观，从而会感觉投资风险较大。因而，凯恩斯认为，投资需求与投资者的乐观和悲观情绪大有关系。实际上，这说明投资需求会随人们承担风险的意愿和能力变化而变动。

10.2 新古典宏观经济学派的投资理论

新古典宏观经济学派的投资理论是从个别企业和投资者的角度进行探讨的。这种投资理论从其利润最大化目的出发，探讨企业的固定资本投资函数，具体说来主要涉及两个问题：

（1）如何决定厂商最适当的资本存量？

（2）最适当的资本存量为何会变动？

企业固定投资包括净投资和重置投资。净投资是资本存量的净增加。重置投资则是用于购置替代因磨损而丧失生产能力的机器设备的新机器设备的资本。

厂商最优投资量的决定原则仍然是达到实际使用资本量的边际成本等于该资本的边际收益时为止的全部投资量。最优资本存量决定的原则可由下式表示：

$$\frac{\partial y}{\partial K} = \frac{Q\left(\delta + r - \dfrac{Q_t}{Q_0}\right)}{P} = \frac{C_U}{P}$$

式中：$\partial y/\partial K$ 表示资本存量的边际产量；$C_U = Q(\delta + r - Q_t/Q_0)$ 表示名义资本使用成本，其中，Q 为资本价格，δ 为折旧率，名义利率 r 为使用资本的成本，资本价格上涨率 Q_t/Q_0 为使用资本的资本溢价，必须从成本中扣除；P 表示一般物价水平。

资本的边际产量则可由生产函数（如柯布－道格拉斯生产函数）对资本求偏导数来得出：

$$\frac{\partial y}{\partial K} = \frac{\alpha A K^{\alpha} N^{1-\alpha}}{K} = \frac{\alpha y}{K}\left(\frac{C_U}{P}\right)$$

将上面两式结合起来，就可以得出最优资本存量 K^*：

$$K^* = \frac{\alpha y P}{C_U} = \frac{\alpha y}{\dfrac{C_U}{P}} = \frac{\alpha y}{c_u}$$

式中：$c_u = C_U/P$，表示实际的资本使用成本。该式表明，最优资本存量会随着 α 值、实际产量和物价水平的提高而提高，随着名义资本使用成本的提高而减少。

上式也可以写成下面形式：

$$K^* = K^*(\alpha, y, P, C_U)$$

式中：$\partial K^*/\partial \alpha > 0$；$\partial K^*/\partial y > 0$；$\partial K^*/\partial P > 0$；$\partial K^*/\partial C_U < 0$。

由于净投资为最优资本存量的变动额，所以对时间全微分上式，就可以求得净投资函数。净投资函数最终可以写为下式：

$$i_n = i_n(\hat{\alpha}, \hat{y}, \hat{P}, \hat{C}_u)$$

式中：$i_n = dK^*/dt$ 代表净投资。将净投资加上重置投资 δK，就可以得出毛投资。因此，企业的毛投资可以表示为下式：

$$i = i_n(\hat{\alpha}, \hat{y}, \hat{P}, \hat{C}_u) + \delta K$$

或者　$i = i(\hat{\alpha}, \hat{y}, \hat{P}, \hat{C}_u, \delta, K)$

上式的含义为：在资本和劳动可以自由替代的条件下，企业的固定毛投资为资本存量生产力变动、收入变动、物价变动、折旧率以及资本存量的增函数，为名义资本使用成本变动的减函数。

10.3　托宾 Q 理论

在上述投资需求理论之外，美国经济学家、诺贝尔经济学奖获得者托宾还提出了股票价格会影响企业投资的理论。按他的说法，企业的市场价值与其重置成本之比，可作为衡量是否进行新投资的标准，他把这一比率称为 Q。企业的市场价值就是这个企业股票的市场价格总额，它等于每股的价格乘以总股数之积。企业的重置成本指建造这个企业所需要的成本。因此：

Q＝企业的股票市场价值/新建造企业的成本（或重置成本）

如果企业的市场价值小于新建造成本，Q<1，则说明买旧企业比新建造便宜，于是就不会有投资；相反，Q>1，说明新建造企业比买旧企业要便宜，因此会有新投资。也就是说，当 Q 较高时，投资需求会较大。托宾 Q 理论实际上是说，股票价格上升时，投资会增加。

托宾 Q 理论的优点在于反映了资本的当期报酬率与预期报酬率之间的关系，因此，凡是能够影响当前资本收益和预期资本收益的政策都会影响投资决策。该理论也说明，货币政策可通过对利率与股价的影响而影响 Q 的值，进而影响投资活动。

不过，有些西方经济学家认为，股票价格与投资之间并不存在这种因果关系；相反，倒是由于厂商有较好的投资前景才引起该股票价格的上升。

10.4 融资条件对投资的影响

在投资过程中，有时并不是由于投资的预期收益或者投资成本而遭遇妨碍，而很可能是由于对融资的限制影响了投资。对这种影响，我们可以用融资限制效应、资金可利用效应和信贷配给效应来说明。

企业投资资金的来源主要是自有资金、向金融机构借贷、发行公司债券、发行新股票等。其中，任何一个融资环节受到限制，都会影响企业投资的顺利进行。一般说来，当投资所需要的资金受到限制时，企业能否顺利地进行投资，就取决于企业是否有足够的资金保留余额以及折旧基金。

因此，融资条件的限制会使企业考虑当前的获利情况，而不是未来的获利情况来决定是否投资。经济景气情况欠佳，销货、利润和内部资金都会受到影响，投资也会受到波及。

10.5 住宅投资与存货投资

10.5.1 住宅投资

住宅投资是指个人为自己居住或者出租而购买新住宅进行的投资。根据有关统计资料，住宅投资在总投资中的比重仅次于企业的固定投资。此外，与企业固定投资相比，住宅投资与利率的关系更加密切。住宅投资会通过住宅贷款融资（或分期付款）而受到利率变动的影响。

由于住宅有非常发达的二手房和租赁市场，所以，个人住宅投资和企业固定投资的性质有所不同。一般来讲，个人拥有住宅是一种资产组合行为，因而，住宅预期报酬率与其他资产的预期报酬率的关系，是决定住宅投资的一项重要因素。其他资产的预期报酬率越高，住宅需求就越少，因此，住宅需求将与住宅的自我报酬率呈同方向变动，而与债券、银行存款的利率以及其他资产的报酬率呈反方向变动。由此也可以得知，住宅投资理论和企业固定资本投资理论不同。

住宅报酬率是指住宅租金率加上资本利润率后再减去折旧率，即

$$r_h = \frac{r_t}{P_h} + \pi_h^e - \delta$$

式中：r_h 表示住宅报酬率；r_t 表示租金，如果住宅是为了自己居住，就作为仅供计算用的

租金；P_h表示住宅价格；π_h^e表示代表资本利润率的预期住宅价格上涨率；δ表示折旧率。如果我们以利率 r 代表其他资产的报酬率，则住宅需求函数就是：

$$D_h=D_h(r_h,r)$$

式中：$\partial D_h/\partial r_h>0$，而$\partial D_h/\partial r<0$，表示住宅需求为住宅报酬率的增函数，为利率的减函数。

根据住宅报酬率的定义公式，我们也可以将住宅需求函数改写为下面形式：

$$D_h=D_h(P_h,r_t,\pi_h^e,\delta,r)$$

式中：$\partial D_h/\partial P_h<0$，$\partial D_h/\partial\delta<0$，$\partial D_h/\partial r<0$，$\partial D_h/\partial r_t>0$，$\partial D_h/\partial\pi_h^e>0$。这就是说，住宅需求是住宅价格、住宅折旧率以及利率的减函数，而是租金和住宅价格预期上涨率的增函数。

住宅投资的决定需要经过两个步骤：

首先，假定现有住宅的供给不变，利用住宅需求曲线（方程）就可以求出均衡的住宅数量和价格。

其次，假设任何因素发生变动，使住宅需求曲线发生移动，就可以由此引申出住宅投资函数。

在图 10-1（a）中，纵轴代表住宅价格P_h，横轴代表住宅存量K_h，住宅供给曲线为S_h。这是一条垂直线，表示在短期内住宅供给量是固定不变的。住宅需求曲线为D_h，表示当其他因素不变时，只有住宅价格对住宅需求发生影响的情况。这时，住宅价格的变动将会引起住宅需求的反方向变动。图 10-1 中的情况表示，当住宅供给既定时，住宅需求越高，住宅的价格也越高。在图 10-1（b）中，纵轴也代表住宅价格P_h，横轴代表住宅投资I_h。图中正斜率的曲线I_h是住宅产业的供给曲线。对应每个不同的住宅价格水平，住宅产业都会有一个相应的住宅投资量。假定其他情况不变时，利率下跌，个人对住宅的需求就会增加，从而住宅价格就会上升，相应地，住宅投资也会提高。反过来，住宅投资的变动会使图 10-1（a）中住宅供给曲线相应地向左或者向右平移。

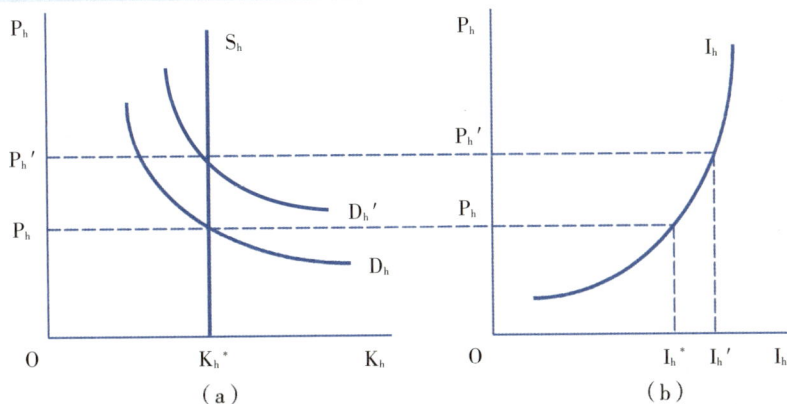

图 10-1　住宅供求与住宅投资

总之，在其他情况不变时，利率的下降会使住宅投资增加，利率的上升会使住宅投资减少。至于住宅折旧率、住宅租金、住宅价格的预期上涨率等，也会影响住宅投资发生变动，其移动方向可以借助前面有关公式推导得知。

10.5.2 存货投资

存货投资的变动也是投资变动的一个重要内容。存货的变动又与投资和经济景气变动关系密切。一般来说，厂商因交易、投机、缓冲存货、需求积压等会需要存货。

投机性存货投资是由于厂商预期物价上升或货源紧缺而增加持有的存货，其目的是抓住有利时机，获取更多的利润。缓冲存货投资是为实现产销平稳而进行的一种存货投资。需求积压的存货投资是为了应付已有需求，使商品的时间流量更趋均匀而持有的存货的投资。交易性存货投资是为满足交易需求变动而进行的存货投资。它既要考虑持有存货的成本，也要满足销售的需要。

假定订货量为O，预期销售额为S^e，利率为r，手续费为b，则厂商平均持有存货额为O/2，订货次数为S^e/O。因为持有存货需要利息成本，而每次订货又必须支付手续费，所以其总成本（C）包括利息成本和手续费两部分：

$$C=\frac{O}{2}r+\frac{S^e}{O}b$$

就上式对O求微分，并令其等于零，再求解O，就可求得最适度存货额：

$$O^*=\sqrt{\frac{2bS^e}{r}}$$

这表明，最适度的交易性存货是手续费与预期销售额的增函数，是利率的减函数。如果厂商的最适度的交易性存货与销售量呈直线型关系，则存货投资的变动将受销售量变动的影响而具有加速的效果。

10.6 挤出效应

前面我们曾经涉及财政政策的挤出效应，现在我们将从投资作为收入和利率二者的函数角度，来进一步探讨财政政策是否仍然对民间投资具有挤出效应。

当投资为收入的增函数、利率的减函数时，政府采用扩张性财政政策，一方面会使收入增加，另一方面会使利率上升。前者使投资增加，后者使投资减少。在该情况下，政府的扩张性财政政策是否对民间投资具有挤出效应，就需要进行具体分析。

我们可以借助无差异曲线的概念，找出一条等投资曲线（iso-investment line），表示在（y，r）平面上，y与r的各种组合都会使投资水平相等。为此，我们令投资函数i=i(y,r)的投资固定为i_0，然后对该式进行全微分，得：

$$0=\frac{\partial i}{\partial y}\partial y+\frac{\partial i}{\partial r}\partial r$$

再由此求出等投资曲线的斜率为：

$$\frac{dr}{dy}\bigg|_{i=i_0}=-\frac{\partial i/\partial y}{\partial i/\partial r}>0$$

式中：$\partial i/\partial y>0$，$\partial i/\partial r<0$，所以，等投资曲线的斜率是正的。在其他情况不变时，$\partial i/\partial y$越大，或$\partial i/\partial r$越小，等投资曲线的斜率就越大；反之，就越小。从图10-2中我们也可以看出，在同一个利率水平上，越是靠右边的等投资曲线，所对应的收入水平越高，所代表的

投资水平就越高。

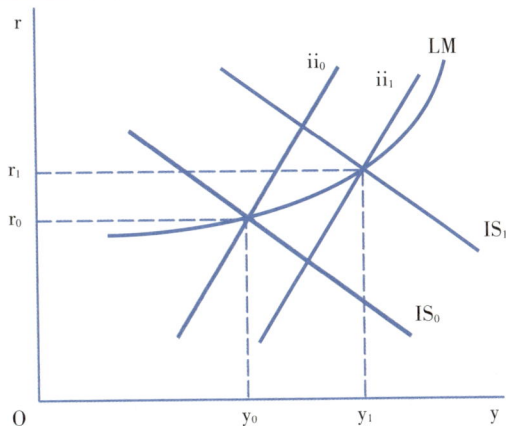

图10-2　等投资曲线与挤出效应

在图10-2中，原来的 IS_0 曲线与 LM 曲线的交点决定了均衡的收入 y_0 和均衡的利率 r_0，通过该点可以找出一条等投资曲线 ii_0。当政府采用扩张性财政政策时，IS_0 曲线向右上方移动到 IS_1 的位置，均衡收入和均衡利率将分别提高到 y_1 和 r_1。通过 y_1 和 r_1，我们可以求得一条新的等投资曲线 ii_1。由于 ii_1 曲线在 ii_0 曲线的右方，所以，该扩张性财政政策不但没有挤出民间投资，反而使民间投资增大了。

究其原因，我们可以推知：扩张性财政政策在使收入增加的同时，也使利率上升。收入增加会使投资随之增加，但利率提高会使投资减少。在这种情况下，收入与利率提高的幅度以及投资的收入弹性和投资的利率弹性的差异，就决定了是否有挤出效应。收入提高的幅度越大，利率提高的幅度越小，挤出效应就越小，而整个社会的投资增加就越多。同理，其他情况不变，投资的收入弹性越大，或投资的利率弹性越小，则最终投资增加的可能性就越大。

财政政策对收入和利率的影响程度取决于 LM 曲线的斜率。LM 曲线越平坦，即斜率越小，扩张性财政政策使收入增加的幅度就大于使利率上升的幅度。因此，在收入与利率较低的经济不景气期间，采用扩张性财政政策，不但不会挤出民间的投资，而且有助于民间投资的增加。反之，如果经济已经处在收入和利率都很高的繁荣期间，则扩张性财政政策使收入增加的幅度有限，但是会使利率大幅度提高，挤出民间投资。因此，是否采用扩张性财政政策，要看经济处于什么阶段。

从投资对收入与利率的弹性系数来说，$\partial i/\partial y$ 越大，或 $\partial i/\partial r$ 越小，扩张性财政政策使投资增加的可能性就越大。如果用等投资曲线的斜率来表示，当其他情况不变时，ii 曲线的斜率越大，扩张性财政政策使投资随之增加的可能性就越大。

综上，若等投资曲线的斜率大于 LM 曲线的斜率，扩张性财政政策会使投资随之增加；反之，则减少。这就是判断扩张性财政政策是否会挤出民间投资的重要标准。

本章小结

1.决定投资的最根本原则是成本-收益原则。

2.影响预期收益的因素包括对投资项目产出的需求预期、产品成本、投资税减免等。

3.投资需求会随人们承担风险的意愿和能力变化而变动。

4.厂商最优投资量的决定原则仍然是达到实际使用资本量的边际成本等于该资本的边际收益时为止的全部投资量。

5.托宾认为，企业的市场价值与其重置成本之比，可作为衡量是否进行新投资的标准。他把这一比率称为Q。Q理论反映了资本的当期报酬率与预期报酬率之间的关系。凡是能够影响当前投资收益和预期资本收益的政策，都会影响投资决策。货币政策可以通过对利率与股价的影响而来影响Q的值，进而影响投资活动。

6.融资条件的不同对能否顺利融资会产生影响，因而也会影响到投资决策的制定及实施。

7.个人拥有住宅是一种资产组合行为，因而，住宅的预期报酬率与其他资产的预期报酬率的关系，是决定住宅投资的一项重要因素。

8.存货的变动与投资和经济景气变动（经济的波动）关系密切。投机性存货投资是基于利用有利形势而采取的主动性存货投资。缓冲存货投资、需求积压的存货投资、交易性存货投资都是基于经济景气变动而被迫进行的存货投资。

9.当等投资曲线的斜率大于LM曲线的斜率时，扩张性财政政策会使投资随之增加；反之，则减少。这就是判断扩张性财政政策是否会挤出民间投资的重要标准。

本章基本概念

住宅投资　住宅的自我报酬率　投机性存货投资　缓冲存货投资　需求积压的存货投资　交易性存货投资

复习思考题

1.决定投资的最根本原则是什么？

2.资本的使用成本在投资决策中具有什么作用？

3.投资税减免对投资决策有什么重要的影响？

4.存货投资对总投资的变化有什么重要的影响？

5.投资与利率的反向相关关系对IS曲线有什么重要影响？

6.投资曲线的斜率和LM曲线的斜率的不同情况对挤出效应有何影响？

第11章
新古典货币需求函数及凯恩斯以后货币需求理论的发展

学习目标

通过学习本章，你应该能够：
◎掌握新古典货币需求函数。
◎明白鲍莫尔和托宾的关于交易性货币需求的存货理论。
◎明白惠伦的预防性货币需求理论。
◎掌握托宾的资产组合平衡模型的投机性货币需求理论。
◎掌握弗里德曼的新货币数量论。

通过 IS-LM 模型、总供求模型、货币政策、财政政策和收入政策等，我们可以知道，货币需求的利率弹性和收入弹性对货币与财政政策哪一个更有效具有相当重要的意义。此外，在利用宏观经济模型制定经济政策时，货币需求函数的稳定也是至关重要的。为此，我们进一步认真探讨货币需求函数的决定因素，是完全必要的。

11.1 新古典货币需求函数

新古典宏观经济学派的货币需求理论是现金余额的货币需求函数理论。一般说来，新古典宏观经济学派的货币数量理论主要包括：

1.费雪的交易型货币数量说

交易型货币数量说强调，当货币的交易流通速度受到制度限制，在短期内不能变动时，为完成交易就必须持有一定的货币数量。

2.马歇尔和庇古的现金余额型货币数量说

现金余额型货币数量说强调，个人为了完成日常交易，主观上想要持有多少货币余额。因此，只有现金余额型货币数量说包含了我们所需要探讨的货币需求的理论概念。

马歇尔和庇古认为，人们为完成日常交易，会将其名义收入的一个百分比 k 以现金的形式来持有。为此，他们把剑桥方程式或者货币需求函数表示为：

$$M^d = kPy$$

式中：M^d 表示名义货币需求；k 表示货币需求占名义收入的比例；P 表示一般物价水平；y 表示实际收入。k 的大小可能受到个人财富、利率以及预期通货膨胀率等因素的影响。不过，在短期内，这些因素不会有大的改变，因此，可以把 k 看作常数。

以 P 除上面方程的两边，新古典宏观经济学派的现金余额型的实际货币需求就可写为：

$$m^d = \frac{M^d}{P} = ky$$

式中：m^d 表示实际货币需求。在 k 既定的条件下，上面的式子也可以表示为：

$$m^d = f(y)$$

式中：$dm^d/dy > 0$，表示实际货币需求是实际收入的增函数。因为古典学派强调货币的交易手段的职能，而交易量与收入有稳定的关系。

11.2　凯恩斯以后货币需求理论的发展

由于凯恩斯的货币需求理论在交易性货币需求和预防性货币需求方面，直接借用了古典学派货币需求理论，把这两方面的货币需求看作收入的增函数，所以，他对此并未深入探讨。凯恩斯的货币需求理论的主要贡献是在投机性货币需求方面。他强调货币也可以作为资产来持有。但是，凯恩斯假定，个人对正常利率的看法非常确定，以至于在决定究竟是持有货币还是持有债券时，只会选择其中之一，而不会同时持有两者。凯恩斯这种观点违反了风险分散的原则，因而是不合理的。对此，在凯恩斯的货币需求理论出现以后，西方一些经济学家对交易性货币需求、预防性货币需求和投机性货币需求做了进一步的研究和探讨。他们又提出了一些新的货币需求理论，丰富、完善和发展了凯恩斯的货币理论。这些货币需求理论主要有：鲍莫尔和托宾的关于交易性货币需求的存货理论、惠伦的预防性货币需求理论、托宾的资产组合平衡模型的投机性货币需求理论、弗里德曼的新货币数量论等。

11.2.1　鲍莫尔和托宾的关于交易性货币需求的存货理论

关于交易性货币需求的存货理论是由鲍莫尔和托宾最先提出来的。由于新古典宏观经济学派和凯恩斯的交易性货币需求理论只是说明，交易性货币需求是收入的函数，并未说明交易性货币需求是否会受到利率的影响，也没有说明交易性货币需求的理论基础，所以，鲍莫尔和托宾在这方面做了进一步的探讨。

鲍莫尔和托宾认为，人们持有货币如同持有存货，一方面，随着收入的增加，需要有更多的货币来满足交易需求；另一方面，随着利率的提高，持有货币的成本（放弃的利息收入）也会上升。因此，货币的交易需求量既会随着收入的增加而增加，也会随着利率的上升而减少。这样一来，鲍莫尔和托宾就补充了凯恩斯的交易性货币需求理论的不足。货币需求的存货理论把人们最优的货币持有量用一个货币需求的平方根公式表示出来：

$$M^* = \sqrt{\frac{tc \cdot y}{2r}}$$

式中：M^*表示最优的交易性货币需求量；tc表示现金和债券之间每次转换或交换的交易成本（或者转换成本）；y表示人们月初取得的收入（如薪酬）；r表示利率。我们在此并不说明上面公式的推导，而只是指出该式表示人们对货币的交易需求随收入增加而增加、随利率上升而减少的规律性现象。

具体说来，该货币需求的平方根公式表明：当收入增加时，货币的交易需求按照收入的平方根增加，其增加的幅度小于收入增加的幅度。由此，货币的交易需求具有规模经济的特性。这就是说，货币变动所导致的名义收入变动的作用增大；收入分配越不平均，通过这种规模经济的作用，总货币需求就越小。

11.2.2　惠伦的预防性货币需求理论

针对凯恩斯的预防性货币需求理论，惠伦（E. L. Whalen）于1966年提出了进一步的预防性货币需求理论。

尽管预防性货币需求和交易性货币需求的最终目的相同，都是用于交易，但是在性质上两者大不相同。交易性货币是为支付日常的正常交易活动所需要持有的货币，其确定性相当高。而预防性货币需求是为了支付意外的交易需要而持有的货币，具有高度的不确定性，与概率问题相联系。

个人在持有较多预防性货币时，一旦发生意外不至于因缺乏现金而无法应付。持有较少的预防性货币，持币成本（负担利息损失的机会成本）较低；持有较多的预防性货币，持币成本较高。所以，个人必须在总成本最小的条件下决定最适度的预防性货币需求量。

假定个人的预防性货币需求量为 m，市场利率为 r，则持有预防性货币需求的机会成本（oc）就是：

oc=mr

假设现金短缺为 s，现金短缺额大于预防性货币持有额的概率为 P（s>m），发生现金短缺时，必须将其他资产变现的成本为 b，则缺乏流动性（预防性货币）需承担的成本为：

I_c=P（s>m）b

上式表示，缺乏预防性货币的成本 I_c，等于缺乏预防性货币的概率 P（s>m）乘以资产变现成本 b。这样，个人所面临的总成本 C 就等于上面两式所表明的成本之和，即

C=mr+P（s>m）b

在这种情况下，个人必须变动预防性货币需求量 m。个人通过使总成本达到最小，才能决定最适当的预防性货币需求量。为此，个人还需要解决公式中的概率问题。

惠伦在研究后给出总成本最小情况下的最适度预防性货币需求量的求解公式：

$$m=\sqrt[3]{\frac{2\sigma^2 b}{r}}$$

该公式表示，预防性货币需求量为现金短缺概率分配的变异数 σ^2 和资产变现成本 b 的增函数，为利率 r 的减函数。

由于惠伦曾经证明收入与现金短缺概率分配的变异数 σ^2 有正相关关系，所以，可以用收入代替该变异数，将预防性货币需求函数改写为：

m^d=f（Y，r，b）

式中：$\partial m^d/\partial Y>0$，$\partial m^d/\partial r<0$，$\partial m^d/\partial b>0$。

11.2.3 托宾的资产组合平衡模型的投机性货币需求理论

凯恩斯假定，个人对正常利率的看法非常确定，由此，人们要么只能持有货币，要么只能持有债券，而不会同时持有两者。托宾认为，凯恩斯的观点是不充分的。他认为，人们会根据对收益和风险的选择来安排其资产的组合。不存在通货膨胀的情况下，货币是最安全的资产，但没有利息收入。若购买债券或股票等有价证券，会有收益（利息、红利、股息及证券价格上升而得到的资产升值的收益），但又要承担亏损的风险。实际上，人们会根据对收益与风险的预期，按照不同的比率做出购买证券（还有不动产）及持有货币的决策。持有货币通常是出于安全的考虑。但是，当利率上升时，人们为获取更多的利息，通常会减少其持有的货币的数量。虽然各人因为对风险的态度不同，从而对货币的需求会有所区别，但一般说来，货币需求会随利率下降而增加。货币需求不仅会受当前利率变动

的影响，也会受预期资本盈亏的影响。如果认为未来资产盈余会增加，人们就会增加债券购买，减少货币持有。

11.2.4　弗里德曼的新货币数量论

弗里德曼是现代货币主义理论的主要代表，其主要理论是新货币数量论。新货币数量论是弗里德曼在吸收和修正古典学派货币需求理论与凯恩斯流动性偏好论的基础上推演出来的。在做出某种简化性的分析之后，弗里德曼提出的货币需求函数为：

$$M=f(P,r_b,r_e,\frac{1}{P}\cdot\frac{dp}{dt},w,Y,u)$$

式中：M 表示财富持有者手中保存的名义货币量；P 表示一般价格水平；r_b 表示市场债券利率；r_e 表示预期的股票收益率；$1/P\cdot dp/dt$ 表示预期的物质资产的收益率，即价格的预期变动率，为以下说明方便，我们约定 $r_p=1/P\cdot dp/dt$；w 表示非人力财富与人力财富之间的比例；Y 表示名义收入；u 表示其他影响货币需求的变量。

弗里德曼强调，如果用于表示价格及货币收入的单位发生了变化，那么所需要的货币数量应同比例地进行变动。如果用美元来表示弗里德曼提出的货币需求方程式中的 P 与 Y，M 的大小为某一数量，那么，当人们改用美分来表示 P 与 Y 时，M 的大小必然为该数量的 100 倍。换句话说，弗里德曼提出的货币需求方程式应被看作 P 与 Y 的一次齐次方程式，即

$$f(\lambda P,r_b,r_e,r_p,w,\lambda Y,u)=\lambda f(P,r_b,r_e,r_p,w,Y,u)$$

特别地，如果令 $\lambda=1/P$，则弗里德曼提出的货币需求方程式就可以化为：

$$\frac{M}{P}=f(r_b,r_e,r_p,w,y,u)$$

式中：y=Y/P 为实际国民收入。这就是新货币数量论常见的表达形式。由于 M/P 表示财富持有者手中的实际货币量，所以该方程代表了对实际货币的需求关系。

考察该货币需求函数表达式，可以看出货币需求量主要取决于以下因素：

1.总财富

弗里德曼认为，总财富是决定货币需求的一个重要的因素。总财富包括收入或"消费性服务"的一切源泉，其中之一是个人的生产（或赚钱）能力。这也就是弗里德曼早先在消费函数理论中提出的恒久性收入的概念。由于总财富的估算值很难计算，只能以收入来代替。于是以 y 代表的恒久性收入，就被当作社会总财富的指标而进入货币需求函数。

2.非人力财富在总财富中所占的比例

弗里德曼把总财富分为非人力财富和人力财富两部分。前者指有形的财富，包括货币持有量、债券、股票、资本品、不动产、耐用消费品等；后者指个人挣钱的能力，又称无形财富。弗里德曼认为，这两种财富的形式是可以互相转换的，但由于受到制度上的限制，这种转换有一定的困难，主要是人力财富转为非人力财富比较困难。例如存在大量失业时，工人的人力财富就不容易转变为货币收入，而在未转变为收入之前，人们就需要有货币来维持生存。因此，非人力财富在总财富中所占比例大小对货币需求量有影响。人力财富在总财富中所占比例越大，或非人力财富在总财富中所占比例越小，则对货币的需求就越大；反之亦然。因此，w 就成为影响实际货币需求的一个变量。

3.各种非人力财富的预期报酬率

弗里德曼认为，人们选择保存资产的形式除了各种有价证券外，还包括资本品、不动产、耐用消费品等有形资产。他还认为，在各种资产中，货币与其他有形资产之间按什么比例进行分割，取决于它们的预期报酬率。一般地说，各种有形资产的预期报酬率越高，人们愿意持有的货币就越少。因为这时人们用其他有形资产的形式来替代货币的形式保存在手中对自己更为有利。所以，债券的预期报酬率 r_b、股票的预期报酬率 r_e 和物质资产的预期报酬率 r_p（$r_p=1/P \cdot dP/dt$）都成为影响货币需求的因素。

4.其他影响货币需求的因素

其他影响货币需求的因素如资本品的转手量、个人偏好等，以变量 u 来概括。

如果令 $\lambda=1/Y$，则弗里德曼提出的货币需求方程式将可以变化为：

$$\frac{M}{Y}=f(\frac{P}{Y},r_b,r_e,r_p,w,u)$$

式中：M/Y 表示货币的收入流通速度。利用货币流通速度的定义，则上式可写为：

$$Y=Py=V(r_b,r_e,r_p,w,y,u) \cdot M$$

式中：$V(r_b,r_e,r_p,w,y,u)=1/f(r_b,r_e,r_p,w,y,u)$，表示货币流通速度。

将上面的方程式与传统的货币数量论相比较，可以看到，如果将上式中的函数 V 看作传统货币数量论中的 V（或 1/k），则新货币数量论与传统的货币数量论在形式上完全一样。此外，弗里德曼强调，新货币数量论与传统货币数量论的差别在于，传统货币数量论把货币流通速度 V（或 1/k）当作由制度决定的一个常数，而新货币数量论认为流通速度 V 不是某些不变的数值的常数，而是其他几个数目有限的变量的稳定函数。

如果把弗里德曼的货币需求理论与凯恩斯的货币需求理论做比较，可以看出，新货币数量论也是对凯恩斯货币需求理论在内容上的拓展，使货币需求不仅是利率和收入的函数，而且是更多因素的函数。

本章小结

1.费雪的交易型货币数量说强调，当货币的交易流通速度受到制度影响，在短期内不能变动时，为完成交易，就必须持有一定的货币数量。

2.马歇尔和庇古的现金余额型货币数量说认为，人们为完成日常交易，会将其名义收入的一个百分比 k 以现金的形式来持有。

3.凯恩斯的货币需求理论在交易性货币需求和预防性货币需求方面直接借用了古典学派货币需求理论，把这两方面的货币需求看作收入的增函数。凯恩斯的货币需求理论的主要贡献是在投机性货币需求方面。他强调货币也可以作为资产来持有。他假定，个人对正常利率的看法非常确定，以至于在决定究竟是持有货币还是持有债券时，只会选择其中之一，而不会同时持有两者。

4.鲍莫尔和托宾的关于交易性货币需求的存货理论认为，人们持有货币如同持有存货，一方面，随着收入的增加，需要有更多的货币来满足交易的需要；另一方面，随着利率的提高，持有货币的成本（放弃的利息收入）也会上升。因此，货币的交易需求量既会随着收入的增加而增加，也会随着利率的上升而减少。

5.货币需求的平方根公式表明，当收入增加时，货币的交易需求按照收入的平方根增加，其增加的比例小于收入增加的比例。由此，货币的交易需求具有规模经济的特性。这就是说，货币变动所导致的名义收入变动的作用增大；收入分配越不平均，通过这种规模经济的作用，总货币需求就越小。

6.惠伦的预防性货币需求理论给出了总成本最小情况下的最适度预防性货币需求量的求解方法。

7.托宾的资产组合平衡模型的投机性货币需求理论认为，人们会根据对收益和风险的选择来安排其资产的组合。不存在通货膨胀情况下，货币是最安全的资产，但没有利息收入。若购买债券或股票等有价证券，会有收益（利息、红利、股息及证券价格上升而得到的资产升值的收益），但又要承担亏损的风险。实际上，人们会根据对收益与风险的预期，按照不同的比率做出购买证券（还有不动产）及持有货币的决策。

8.弗里德曼的新货币数量论认为，货币需求量主要取决于人们的总财富、非人力财富在总财富中所占的比例、各种非人力财富的预期报酬率和其他影响货币需求的因素。

9.新货币数量论维持传统货币数量论关于V在长期中是一个不变的数量的同时，又认为V在短期中会有轻微的波动。

复习思考题

1.鲍莫尔和托宾的关于交易性货币需求的存货理论的主要特点是什么？
2.惠伦的预防性货币需求理论的主要特点是什么？
3.托宾的资产组合平衡模型的投机性货币需求理论的特点是什么？
4.弗里德曼的新货币数量论的特点是什么？

第12章
货币供给函数

学习目标

通过学习本章，你应该能够：

◎掌握货币乘数模型。

◎掌握货币供给与主要经济变量之间的关系。

◎掌握货币供给函数。

本章将进一步介绍关于货币供给函数的一些内容。首先，介绍货币乘数模型，借以说明在经济活动中本身存在的信用货币供给的创造机制。其次，将说明影响货币供给的一些因素。最后，将给出一个包含更多因素的货币供给函数。

在前面的章节中，我们一直假定，货币供给完全是由中央银行控制和决定的一个外生变量；但是，在实际经济活动中，中央银行、商业银行以及人们的行为都会影响货币的供给。本章将运用货币乘数模型引出货币供给函数，以便弥补以前有关内容的不足。

12.1 货币乘数模型

货币乘数模型是以银行信用为基础的一种描述货币内生供给机制的模型。该模型所涉及的银行信用机制主要涉及活期存款和存款准备金率的制度。

活期存款是指不用事先通知就可随时提取的银行存款。在一般情况下，尽管活期存款可随时提取，但很少会出现所有储户同时取走全部存款的现象。因此，银行可以把绝大部分存款用来从事贷款或购买短期债券等营利活动，只需要留下一部分存款应付提款需要就可以了。这种由商业银行经常保留着用于满足提取存款需要的一定金额，就是存款准备金。在现代银行制度中，存款准备金在存款中起码应当占有的比率是由中央银行规定的。这一比率被称为法定存款准备金率。按法定存款准备金率留存的准备金就是法定存款准备金。法定存款准备金的一部分是商业银行的库存现金，一部分存放在中央银行的存款账户上。由于商业银行都想赚取尽可能多的利润，它们会把法定存款准备金以上的那部分存款当作超额存款准备金贷放出去或用于短期债券投资。正是这种只用较小比率的存款准备金就可以支持活期存款的能力，使得银行体系得以创造货币，实现货币供给。

假定法定存款准备金率为20%，银行客户都将其一切货币收入以活期存款形式存入银行。在这样的假定情况下，如果甲客户将100万元存入有自己活期储蓄账户的A银行，A银行系统就因此而增加了100万元的活期存款。A银行可按20%的法定存款准备金率保留20万元作为准备金，而将其余80万元全部贷放出去。假定A银行将这80万元贷给乙公司去购买机器。乙公司把A银行开给它的支票又全部存入自己的活期存款开户银行B。B银行得到这80万支票存款后，按照20%的法定存款准备金率留下16万元作为存款准备金，再贷放出64万元。得到这64万元贷款的丙厂商又会把它存入自己的活期存款开户银行C。C银行再按规定比率留下其中12.8万元作为存款准备金，再贷出51.2万元……按照同样方式，不断继续存贷下去，各银行的存款总和将是：

$$100+80+64+51.2+\cdots$$
$$=100\times(1+0.8+0.8^2+0.8^3+\cdots+0.8^{n-1})$$
$$=\frac{100}{1-0.8}$$
$$=500（万元）$$

从这个例子可以看出，存款总和（用 D 表示）同这笔原始存款（用 R 表示）及法定存款准备金率（用 r_d 表示）之间的关系为：

$$D=\frac{R}{r_d}$$

假定上面例子中，最初的存款来自中央银行增加的货币供给，则中央银行新增一笔货币供给将会使活期存款总和（即货币供给量）扩大为这笔新增货币供给量的 $\frac{1}{r_d}$ 倍（在上例中就是 5 倍），$\frac{1}{r_d}$ 被叫作货币创造乘数。用 k 表示货币创造乘数，则 $k=\frac{1}{r_d}$，是法定存款准备金率的倒数。如果法定存款准备金率是 20%，则 k=5；如果法定存款准备金率是 10%，则 k=10。

由此可知，内生的（派生的）货币的供给量不仅取决于中央银行投放了多少货币，还取决于法定存款准备金率的大小。这也就是说，货币创造乘数的大小和法定存款准备金率有关。法定存款准备金率越大，货币创造乘数就越小；反之，则越大。

我们还应该看到，货币创造乘数作为法定存款准备金率的倒数是有条件的：

首先，商业银行必须没有超额存款准备金，即商业银行得到的存款扣除法定存款准备金后会全部贷放出去。如果由于各种原因而使银行的实际贷款低于其本身的贷款能力，上述货币创造乘数就会降低。因为没有贷放出去的款额会形成银行的超额存款准备金（用 R_e 表示）。超额存款准备金占存款的比率可称超额存款准备金率（用 r_e 表示），法定存款准备金加超额存款准备金是银行的实际存款准备金。法定存款准备金率加超额存款准备金率是实际法定存款准备金率。有超额存款准备金出现时，货币创造乘数就不再是 $\frac{1}{r_d}$，而应当是 $\frac{1}{r_d+r_e}$，即实际法定存款准备金率的倒数；派生存款总额则是 $D=\frac{R}{r_d+r_e}$。由此可见，货币创造乘数不但和法定存款准备金率有关，也和超额存款准备金率有关。

一般说来，市场贷款利率（用 r 表示）越高，银行越不愿多留超额存款准备金，因为存款准备金不能生利。因此，市场利率上升时，超额存款准备金率从而实际法定存款准备金率会下降，货币创造乘数就会因此而增大。

货币创造乘数除了与法定存款准备金率和市场利率有关，还和商业银行向中央银行借款的利率或者说再贴现率有关。再贴现率上升，表示商业银行向中央银行借款的成本上升，这会促使商业银行自己多留存款准备金，从而会提高实际法定存款准备金率。可见，当再贴现率上升时，货币创造乘数就会变小。

其次，银行的客户必须将一切货币收入存入银行，支付完全以支票形式进行。如果客户不将得到的贷款全部存入银行，而是抽出一定比例的现金，就会形成一种漏出。如果用 r_c 表示现金在存款中的比率，那么，在有超额存款准备金和现金漏出时，货币创造乘数就变为：

$$k=\frac{1}{r_d+r_e+r_c}$$ （注意：这里仅把活期存款当作货币供给）

由此可见，货币创造乘数除了和法定存款准备金率、超额存款准备金率有关，还和现金-存款比率有关。这一比率上升时，货币创造乘数会变小。

如果非银行部门（个人或企业）减少其持有的货币，并将它存入银行，就会为存款扩张或者说为货币创造提供基础。存款扩张的基础是商业银行的存款准备金总额（包括法定的和超额的）加上非银行部门持有的通货，这也可以称为基础货币或货币基础。由于它会派生出货币，因此是一种高能量的或者说活动力强大的货币，所以被叫作高能货币或强力货币。如果用 C_u 表示非银行部门持有的通货，用 R_d 表示法定存款准备金，用 R_e 表示超额存款准备金，用 H 表示基础货币，则有：

$$H=C_u+R_d+R_e$$

这是商业银行借以扩张货币供给的基础。考虑到货币供给（严格意义的货币供给）$M=C_u+D$，即为通货和活期存款的总和，则：

$$\frac{M}{H}=\frac{C_u+D}{C_u+R_d+R_e}$$

将上式中等号右边的分子和分母都除以 D，则得到：

$$\frac{M}{H}=\frac{\dfrac{C_u}{D}+1}{\dfrac{C_u}{D}+\dfrac{R_d}{D}+\dfrac{R_e}{D}}=\frac{r_c+1}{r_c+r_d+r_e}$$

这里，$\dfrac{M}{H}$ 就是货币创造乘数，它等于 $\dfrac{r_c+1}{r_c+r_d+r_e}$。它之所以和上面例子说过的

$k=\dfrac{1}{r_c+r_d+r_e}$ 不同，是因为上面例子中仅把活期存款总和当成货币供给量，而这里已把

活期存款和通货合在一起当成货币供给量。在这里，由于 $\dfrac{M}{H}=\dfrac{r_c+1}{r_c+r_d+r_e}$，即货币供给量

$M=\dfrac{r_c+1}{r_c+r_d+r_c}\cdot H$，而货币创造乘数 $\dfrac{r_c+1}{r_c+r_d+r_e}$ 又如上述，和法定存款准备金率、再贴现率、市场利率及现金-存款比率有关，因此，整个说来，货币供给可看成是基础货币供给、法定存款准备金率、再贴现率、市场利率和现金-存款比率的函数。所有这些影响货币供给的因素，都可以归结到存款准备金变动对货币供给变动的作用上，因为存款准备金是银行创造货币的基础。中央银行正是通过控制存款准备金的供给来调节整个货币供给的。

这里必须强调：银行存款多倍扩大的连锁反应也会发生相反的作用。例如，在货币创造乘数为5（法定存款准备金率为20%）时，当甲客户从他的开户银行中取走100万元的存款时，他的开户银行必须支付100万元的现款，其中的20万元可由原有的存款准备金抵销，但为了弥补其中的80万元，该银行必须收回贷款80万元。这样，乙客户为了偿付这80万元，也必须从他的开户银行取出80万元存款，以此类推，整个银行体系就会缩小的存款总额为500万元。换言之，相反的连锁反应会使整个银行体系按货币创造乘数来缩小存款总额。此外还必须注意，货币的这种多倍扩大或缩小，只有通过一国整个银行体系才能做到。

12.2　货币供给与主要经济变量之间的关系

借助对货币创造乘数的分析，我们可以知道，中央银行的行为、商业银行的行为和人们的行为都会对社会上的实际货币供给量产生影响。

12.2.1　中央银行的行为

中央银行为了执行货币政策，可以运用再贴现率、公开市场操作以及变动法定存款准备金率这3个主要的政策工具，来影响高能货币和货币供给。当中央银行在公开市场买入债券时，会使银行存款准备金、高能货币以及货币供给增加；反之，当中央银行在公开市场卖出债券时，会使银行存款准备金、高能货币以及货币供给减少。

另外，由于活期存款法定存款准备金率及定期存款法定存款准备金率对货币供给的影响都是负的，所以，中央银行如果想采取紧缩性货币政策，可以提高法定存款准备金率，使货币供给随之减少。相反，如果中央银行想采取扩张性货币政策，则可以降低法定存款准备金率，以使货币供给因此增加。

再贴现率的变动主要是通过资金成本来影响对银行的货币贷放。提高再贴现率，会使银行的资金成本上升，信用收缩，货币供给减少；反之，降低再贴现率，将使信用扩张，货币供给增加。

由此可见，中央银行的行为是影响货币供给的重要因素，但不是唯一因素，因为最终的结果还需要看商业银行和人们的行为如何才能决定。

12.2.2　商业银行的行为

商业银行的行为主要是通过改变超额存款准备金率和借入存款准备金率来影响货币的供给。

1.影响超额存款准备金率的因素

商业银行的经营活动涉及获利情况、安全性和流动性。超额存款准备金数量多，有助于商业银行提高安全性和流动性，但是会削弱其获利程度。超额存款准备金数量少，尽管有利于获利程度的提高，但是会降低安全性和流动性。所以，商业银行拥有超额存款准备金的多少和超额存款准备金率的高低，主要决定于商业银行的经营态度、市场利率、再贴现率、客户提款的变化程度以及商业银行对经济景气的预期等因素。

一般说来，在整体上，商业银行越是重视获利情况，超额存款准备金率就越低。反过来，商业银行越是重视安全性和流动性，超额存款准备金率就越高。

同时，市场利率越高，商业银行创造信用获利越大，商业银行就越愿意增加放款，因而会降低超额存款准备金。此外，市场利率上升也会使活期存款增加，以至于对超额存款准备金率的影响似乎不易确定。不过，实证研究表明，利率变动对超额存款准备金的影响大于对活期存款的影响，所以超额存款准备金率将和市场利率呈反方向变动。

商业银行如果因为过度降低超额存款准备金，以至于资金不足，而需要向中央银行请求融通，则必须承担再贴现的利息成本。所以，再贴现率上升会使商业银行增加超额存款准备金；反之，则会减少超额存款准备金。由此可见，超额存款准备金率将和再贴现率呈同方向变动。

商业银行持有超额存款准备金是为了应付客户随时提款的需要。所以，客户提款的情况越稳定，变动性越小，越容易预测，超额存款准备金率就越低。反之，客户提款的情况越不稳定，变动性越大，越不容易预测，超额存款准备金率就越高。因此，超额存款准备金率与客户提款的变动性程度呈同方向变化。

此外，当商业银行预期经济不景气、战争、政治不安定的情况可能发生时，商业银行也需要增加其持有的超额存款准备金。因为在这些情况下，客户可能会增加提款。所以，对意外事件的这类预期会使超额存款准备金率随之上升。

综合起来，我们可以将超额存款准备金率表示为商业银行的经营态度、市场利率、再贴现率、提款的变动性以及预期发生意外的可能性等变量的函数：

$r_e = r_e(a, r, r^d, v, z)$

上面式子表明，商业银行积极的经营态度 a 和市场利率 r，都是超额存款准备金率的减函数；再贴现率 r^d、提款的变动性程度 v 以及预期发生意外的概率 z，都是超额存款准备金率的增函数。

2.影响借入存款准备金率的因素

商业银行是否要向中央银行借入存款准备金，取决于借入存款准备金的成本，以及利用借入存款准备金创造信用可得到的收益的情况。前者取决于再贴现率，后者取决于市场利率。所以，决定借入存款准备金的因素就是市场利率和再贴现率。

一般说来，再贴现率越高，借入存款准备金的成本就越高，商业银行就越不愿借入存款准备金。市场利率越高，就意味着商业银行利用借入存款准备金创造信用所能获取的利润就越高，因而，商业银行就越有诱因去增加借入存款准备金。所以，借入存款准备金率和再贴现率呈反方向变动，与市场利率呈正方向变动，其函数为：

$b = b(r^d, r)$

上式表示，借入存款准备金率 b 是再贴现率 r^d 的减函数，是市场利率 r 的增函数。

12.2.3 人们的行为

通货比率（通货与活期存款之比）和定期存款比率（定期存款与活期存款之比）是人们资产组合行为的结果。人们在选择资产组合时，又会受到以下一些经济因素的左右：

1.影响通货比率的因素

一般说来，影响通货比率的主要因素是收入、市场利率、信心、交易成本以及信用卡普及率等。因为收入或财富是影响持有资产规模的变量，收入高低会使通货与活期存款的持有额都随之增减。所以，表面上收入变动对通货比率的影响方向不容易确定，其实，因为收入变动对活期存款的影响幅度大于对通货的影响幅度，所以，通货比率与收入的高低呈反方向变动。

在金融自由化条件下，银行已经对部分活期存款支付利息。所以，当市场利率上升时，持有通货的机会成本上升，通货比率将随市场利率的上升或下降而降低或提高。于是，通货比率与市场利率呈反方向变动关系。

另外，人们对银行体系的信心也会影响通货比率。一般而言，如果人们对银行体系有信心，就愿意更多地将支票作为支付工具。所以，人们对银行体系的信心越强，通货比率就越低。相反，如果人们对银行体系的信心较弱，他们就更愿意使用通货作为支付手段，通货比率就会随之上升。所以，通货比率与人们对银行体系的信心呈反方向变动。

人们持有活期存款的交易成本的高低，也是影响通货比率的一个因素。交易成本高，人们就不太愿意持有活期存款，以至于通货比率过高。相反，持有活期存款的交易成本较低时，人们就愿意较多地持有活期存款，从而使通货比率降低。

最后，信用卡的普及程度也是影响通货比率的一个重要因素。在一般情况下，信用卡的普及程度越高，使用现金的机会就越小，人们持有通货的比率就越低。因此，根据上述情况，我们可以将影响通货比率的主要因素与通货比率之间的关系以通货比率函数的形式表示出来：

$$c=c(y,r,cf,tc,cc)$$

该式表示，通货比率函数 c 会受到实际收入 y、市场利率 r、人们对银行体系的信心 cf 以及信用卡的普及程度 cc 的反向影响（减函数关系），同时会受到人们持有活期存款的交易成本 tc 的正向影响（增函数关系）。

2.影响定期存款比率的因素

定期存款也是人们所拥有的一种资产，影响它的因素有收入、代表其他资产报酬率的市场利率以及代表本身报酬率的定期存款利率。收入增加，定期存款与活期存款都将增加。但是，定期存款属于储蓄性存款，收入弹性较大，所以，定期存款比率将随收入的增加而提高。按照资产选择理论，资产本身的报酬率提高，人们将会增加对该资产的持有。所以，定期存款利率提高将使定期存款比率上升；反之，则会下降。不过，市场利率上升，则代表其他资产报酬率提高，所以会使人们持有定期存款的金额减少。反之，如果市场利率下降，则代表其他资产报酬率降低，人们持有定期存款的金额将会增加。所以，定期存款比率与市场利率呈反方向变动。我们可以将定期存款比率表示为函数的形式：

$$t=t(y,r^t,r)$$

上式表示，定期存款比率函数会受到实际收入 y、定期存款利率 r^t 的正向影响（增函数关系），同时会受到市场利率 r 的反向影响（减函数关系）。

12.3 货币供给函数

据前所述，我们可以得出货币供给函数的一般表达式：

$$M=M(r,r^t,r_d,r_t,r^d,y,a,cc,cf,tc,v,z,H)$$

该式中各符号含义同前所述。该式表示，货币供给是市场利率 r、商业银行的积极经营态度 a、信用卡普及程度 c、人们对银行体系的信心 cf 以及高能货币 H 等因素的增函数；是定期存款利率 r^t、活期存款准备金率 r_d、定期存款准备金率 r_t、活期存款交易成本 tc、提款变动程度 v 以及预期意外发生的概率 z 等因素的减函数。

实际收入由于其对通货比率和定期存款比率的影响方向相反，所以，对货币供给的影响不确定。在宏观经济分析中，人们最关心的是货币供给与市场利率的正向关系，其他变量都可看作影响货币供给函数的外生变量。这样一来，在简化形式上，我们可以大致上得出和前面章节相同的结论，只不过对收入作用的强调不如以前对市场利率作用的强调那样强烈。但是，在货币供给是市场利率的增函数的情况下，以前所讨论的货币供给曲线将不再是垂直的，而是正斜率的；以前所讨论的 LM 曲线的斜率在这种情况下，也会变小（LM 曲线更加平坦）。

本章小结

1.借助货币创造乘数，一笔原始存款或中央银行增加的原始货币供给量将最终变为其本身若干倍大的货币供给量。

2.货币供给是市场利率、商业银行的积极经营态度、信用卡普及程度、人们对金融机构的信心以及高能货币等因素的增函数。

3.货币供给是定期存款利率、活期存款准备金率、定期存款准备金率、活期存款交易成本、提款变动程度以及预期意外发生的概率等因素的减函数。

本章基本概念

活期存款　存款准备金　法定存款准备金　法定存款准备金率　超额存款准备金　超额存款准备金率　货币创造乘数　基础货币（货币基础）　高能货币（强力货币）

复习思考题

在综合考虑各种因素的情况下，货币供给主要会受到哪些因素的影响？

第13章
国际收支平衡

学习目标

13.1
国际贸易与汇率
13.2
国际收支的平衡
13.3
IS-LM-BP模型及其含义

本章小结
本章基本概念
复习思考题

学习目标

通过学习本章，你应该能够：

◎掌握汇率方面的知识、汇率制度、汇率的决定方式。

◎了解净出口函数、国际收支平衡表、J曲线、净资本流出函数的含义。

◎了解国际收支平衡的调整和BP曲线。

◎明白IS-LM-BP模型及其含义。

◎掌握国内外经济的同时均衡和失衡的调整。

13.1 国际贸易与汇率

在开放的经济中，汇率和对外贸易都是十分重要的概念。不过，对它们进行系统的讨论并不是宏观经济学的主题，而是国际贸易与国际金融等课程的任务。本部分对它们的介绍仅限于能理解本章后面有关内容的水平上。

13.1.1 汇率及其标价

汇率（汇价）是一个国家的货币与另一个国家的货币相互折算（或兑换）的比率。

汇率主要有两种标价方法：

1.直接标价法

直接标价法以1单位的外国货币作为标准，折算为一定数额的本国货币来表示汇率。用这种标价法，1单位外币折算成的本国货币量减少，即汇率下降，表示外国货币贬值或本国货币升值。反之，若1单位外币折算的本国货币量增加，即汇率上升，则表示外国货币升值或本国货币贬值。

2.间接标价法

间接标价法用1单位的本国货币作为标准，折算为一定数额的外国货币来表示汇率。用这种标价法，1单位本国货币折算的外国货币量增加，表示本国货币升值或外国货币贬值。反之，如果1单位本国货币折算的外国货币量减少，则表示本国货币贬值或外国货币升值。

如果人们得到了某种外币的直接标价，只要取其"倒数"，即用1除以这个标价，就可以得到该种外币的间接标价；反之亦然。

本章用字母E表示不考虑两国价格因素影响的名义汇率，并约定用直接标价法来加以表示，即E是外币的本币价格。

13.1.2 汇率制度

一般说来，汇率制度主要分为：

1.固定汇率制

固定汇率制是指一国货币同其他国家货币的汇率基本固定，其波动限于在一定幅度之内。

2.浮动汇率制

浮动汇率制是指一国中央银行不规定本国货币与其他国家货币的官方汇率，听任汇率由外汇市场的供求关系自发地决定。浮动汇率制又分为：

（1）自由浮动，指中央银行对外汇市场不采取任何干预措施，汇率完全由外汇市场的供求力量自发地决定。

（2）管理浮动，指实行浮动汇率制的国家，对外汇市场进行各种形式的干预活动，主要是根据外汇市场的供求情况售出或购入外汇，以通过对外汇供求的作用来影响汇率。

第二次世界大战后，西方各国在20世纪70年代之前实行的是固定汇率制，即按照以美元为中心的国际金融体系（又称布雷顿森林体系）所实施的固定汇率制。此后，由于美元危机，布雷顿森林体系崩溃，西方各国相继放弃了固定汇率制而采用浮动汇率制。

汇率既然是两种货币之间的兑换比率，当然就是货币市场上买卖双方交易的市场价格。这一价格正好使货币市场上对某种货币的需求和供给达到均衡。

13.1.3　购买力平价理论

关于汇率的决定及变动，西方学者提出了大量的解释，其中一种较为著名的解释就是购买力平价理论。

平价（parity）是指一国金融当局为其货币规定的价值，常以黄金或另一个国家的货币来表示。实行固定汇率国家的货币都有一个平价。前面所说的布雷顿森林体系是一种典型的平价制度，美元的平价以黄金表示，其他国家货币的平价以美元表示。

购买力平价的出发点是，每一种货币在本国都有购买商品和服务的能力，根据一价定律（Law of One Price），即同一种商品在两个国家的货币购买力应相同，所以，不同货币购买力的比率就构成了相互间汇率的基础。尽管货币的购买力难以衡量，但由于货币购买力与价格水平呈反向关系。因此，汇率就由两个国家的价格水平决定，价格水平的变化会导致汇率的变动。例如，1千克小麦在美国的价格是1美元，在德国的价格是0.92欧元，那么，按照购买力平价理论，美元与欧元的汇率应是1美元/0.92欧元=1.087。根据购买力平价理论，一国的价格水平上升，该国的货币就会贬值；反之，则升值。或者说，通货膨胀率高的国家的货币会贬值，通货膨胀率低的国家的货币会升值。

购买力平价理论建立的基础是经济中的变化必须来自货币方面，而且假定经济中不存在交易费用、关税等。由于这些条件在现实中难以完全满足，因此，很多学者认为，购买力平价理论不能很好地解释短期汇率的波动；但这一理论给出了货币间兑换的实质，即购买力的比较。因此，购买力平价理论更多的是作为解释汇率长期变化趋势的一种理论。

13.1.4　实际汇率

前面所提到的汇率是没有考虑两国价格因素的名义汇率。宏观经济学更注重考虑价格因素的实际汇率。

实际汇率可以很自然地从上面的购买力平价理论中引出。实际汇率是用同一种货币来度量的国外与国内价格水平的比率。它是对一国商品和服务价格相对另一国商品和服务价格的一个概括性度量。实际汇率被定义为：

$$e=\frac{EP_f}{P}$$

式中：e表示实际汇率；P和P_f分别表示国内与国外的价格水平；E表示名义汇率。

由于P_f表示国外价格水平，如是用美元衡量的价格水平，如果名义汇率是用人民币元兑换多少美元来衡量，则上面式子中的分子表示的是用美元衡量的国外价格水平，分母是用人民币元衡量的国内价格水平。所以，实际汇率反映了国外价格水平与国内价格水平的相对比值。

实际汇率的上升，或者说本币实际贬值，意味着国外商品相对国内商品变得更加昂贵。在其他情况不变的条件下，这意味着国内和国外的人很可能会把他们的商品购买支出中的一部分转移到国内生产的商品上，这通常被看作该国商品竞争能力的上升。反之，当e下降，或者说本币实际升值，意味着该国的商品变得相对昂贵，换言之，该国商品竞争力下降。

13.1.5 净出口函数

出口是向其他国家销售商品和提供服务，进口则是从其他国家购买商品和服务。净出口被定义为出口与进口的差额。当出口大于进口时，净出口为正值，存在贸易顺差；反之，当出口小于进口时，净出口为负值，存在贸易逆差。

影响净出口的因素有很多，其中最重要的两个因素是：

1.汇率

当本国汇率提高时，本国出口商品变得相对昂贵，从而使出口变得困难。一般来说，出口反向地受本国汇率影响。对进口，若本国汇率提高，则本国货币换成的外币就多，国外的货物相应地变得相对便宜，因此，进口正向地取决于汇率。由于净出口为出口与进口之差，故一般地，净出口反向地取决于实际汇率。

2.国内收入水平

当收入提高时，消费者用于购买本国商品和进口商品的支出都会增加。一般认为，出口不会直接受到一国实际收入的影响。因此，净出口反向地取决于一国实际收入。基于此，可将净出口函数简化为：

$$nx=q-\gamma y-n\frac{EP_f}{P}$$

式中：q、γ和n均表示参数；γ表示边际进口倾向，即净出口变动与引起这种变动的收入变动的比率。

从净出口函数表达式中可以知道，本国汇率下降会增加净出口。但这究竟能在多大程度上增加出口、减少进口，从而改变国际收支状况，则取决于该国出口商品在世界市场上的需求弹性和该国国内市场对进口商品的需求弹性。

从出口来看，只有出口商品的需求弹性大，本国货币贬值所引起的商品出口增加的幅度才会大于本币贬值所造成的换汇损失的幅度，从而使外汇收入增加。如果出口商品的需求弹性小，本国货币贬值（从而使出口商品便宜）所引起的出口增加幅度会小于本国货币贬值所造成的换汇损失的幅度，就只会使外汇收入减少。

再从进口来看，本国货币贬值使进口减少，但如果国内市场对进口商品的需求弹性很小，则货币贬值（从而使进口商品价格上升）所引起的进口的减少幅度很小，这时外汇支出不仅不会减少，反而还会增加。

因此，本国货币贬值能否改善一国贸易收支状况，取决于出口商品的需求弹性和进口商品的需求弹性。如果两者之和的绝对值大于1，则本国货币贬值可以改善一国贸易收支状况。这一结论首先由马歇尔提出，后来又经过勒纳发挥，因此被称为马歇尔–勒纳条件。

13.2 国际收支的平衡

国际收支是一经济体（通常为一个国家）与另一经济体在一定时期内（一般为一年）各项经济交易的货币价值总和。一国国际收支的状况可以反映在该国的国际收支平衡表上。

13.2.1 国际收支平衡表

国际收支平衡表是系统地记载了在特定时期内一经济体与世界其他地方之间的各项经济交易的统计报表。

编制国际收支平衡表的基本规则是复式记账法。一个国家的任何交易活动，如果挣了外汇，就在国际收支平衡表上记入"贷方"栏，并给一个正号（通常忽略不写）；反之，如果任何交易是支出外汇，则记入国际收支平衡表的"借方"栏，给一个负号。

国际收支平衡表总体上由三大部分组成：

1.经常账户

经常账户包括货物、服务、收入、经常转移。

（1）货物包括一般商品、用于加工的货物、货物修理、各种运输工具在港口购买的货物和非货币黄金。

（2）服务包括运输、旅游以及在国际贸易中的地位越来越重要的其他项目（如建筑，保险和养老金服务，金融服务，电信、计算机和信息服务，知识产权使用费，其他商业服务，个人、文化和娱乐服务，别处未提及的政府服务等）。

（3）收入包括员工报酬和投资收入。

（4）经常转移是指发生在居民和非居民之间的无等值交换物的实际资源或金融账户所有权的变更，但其不包括：①固定资产所有权的转移；②与获得或放弃固定资产相联系的资金转移；③债权人减免的、不要求任何相应回报的债务。经常转移包括政府转移和其他部门转移。

2.资本和金融账户

资本和金融账户是指对资产所有权在国际流动的行为进行记录的账户，包括资本账户和金融账户两大部分。资本账户包括资本转移和非生产、非金融资产的收买或放弃。金融账户包括直接投资、证券投资、其他投资和储备资产。

3. 净误差与遗漏

净误差与遗漏是人为设立的，作用是解决统计中可能发生的资料来源和统计口径不同以及一些人为因素（如商品走私、虚报出口等）等而造成的借贷双方不等的问题。

表 13-1 以 2020 年我国的国际收支平衡表为例，对国际收支平衡表加以具体考察。

表 13-1　　　　　　　　　　　　中国 2020 年国际收支平衡表　　　　　　　　　　　单位：亿美元

项　目	差额	贷方	借方
1. 经常账户	2 740	30 117	-27 377
1.A 货物和服务	3 697	27 324	-23 627
1.A.a 货物	5 150	24 972	-19 822
1.A.b 服务	-1 453	2 352	-3 805
1.A.b.1 加工服务	127	132	-5
1.A.b.2 维护和维修服务	43	77	-34
1.A.b.3 运输	-381	566	-947
1.A.b.4 旅游	-1 163	142	-1 305
1.A.b.5 建筑	46	126	-81
1.A.b.6 保险和养老金服务	-70	54	-123
1.A.b.7 金融服务	10	43	-33
1.A.b.8 知识产权使用费	-292	86	-378
1.A.b.9 电信、计算机和信息服务	59	389	-330
1.A.b.10 其他商业服务	198	702	-504
1.A.b.11 个人、文化和娱乐服务	-20	10	-30
1.A.b.12 别处未提及的政府服务	-11	25	-36
1.B 初次收入	-1 052	2 417	-3 469
1.B.1 员工报酬	4	147	-144
1.B.2 投资收益	-1 071	2 244	-3 315
1.B.3 其他初次收入	16	26	-10
1.C 二次收入	95	376	-281
1.C.1 个人转移	4	42	-38
1.C.2 其他二次收入	91	334	-244

续表

项　目	差额	贷方	借方
2.资本和金融账户	−1 058		
2.1 资本账户	−1	2	2
2.2 金融账户	−1 058	−6 263	5 206
2.2.1 非储备性质的金融账户	−778		
2.2.1.1 直接投资	1 026	−1 099	2 125
2.2.1.2 证券投资	873	−1 673	2 547
2.2.1.3 金融衍生工具	−114	−69	−45
2.2.1.4 其他投资	−2 562	−3 142	579
2.2.2 储备资产	−280		
2.2.2.1 货币黄金	0		
2.2.2.2 特别提款权	1		
2.2.2.3 在国际货币基金组织的储备头寸	−19		
2.2.2.4 外汇储备	−262		
2.2.2.5 其他储备资产	0		
3.净误差与遗漏	−1 681		

资料来源　国家外汇管理局。

在表13-1中，经常账户的余额由贷方减借方的差来表示，符号为正，数值是2 740亿美元，表明经常账户盈余2 740亿美元；非储备性质的金融账户余额为−778亿美元，表明资本和金融账户亏损778亿美元。这两部分的余额总计是1 962亿美元，它是国际经济交易中自发产生的。储备资产余额为−280亿美元，意味着2020年国际经济交易使我国的储备资产（以外汇为主）增加了280亿美元，这个余额是被动产生的。经常账户余额、非储备性质的金融账户余额与储备资产账户余额之和，即净误差与遗漏。该表中为−1 681亿美元，表明2020年我国国际经济交易事项在净流出方面少统计了1 681亿美元。整张国际收支平衡表的借贷双方是平衡的。

理论上，经常账户余额和非储备性质的金融账户余额之和，应该就是储备资产的变动额。但在实际的统计中，由于储备资产余额与经常账户余额、非储备性质的金融账户余额的统计渠道不同，难免造成统计的净误差与遗漏。净误差与遗漏并不是实际统计的结果，而是为了使国际收支平衡表平衡而设置的账户，其实际来源可能包括统计误差和资本外逃等。

13.2.2　J曲线

如果出口货物和服务的总额加上外国向本国的经常转移大于进口货物和服务的总额加

上本国向外国的经常转移，那么在经常账户上将出现顺差；反之，则出现逆差。由经常账户的收支产生的差额被叫作经常账户差额。与货物和服务的进出口额相比，经常转移的数额一般较小。如果在经常账户中略去国际经常转移，则经常账户的差额就可以大致被看作进出口差额。

一般认为，经常账户出现逆差时，可以通过本国货币贬值来改善贸易条件，消除逆差。但实际上，一国货币贬值或升值时，该国贸易收支状况往往不能立即得到改善或恶化。这是因为进出口变动的速度往往慢于价格变动的速度。例如，本国货币贬值时，出口并不会立即增加，进口也并不会立即减少。因为在贬值之前，进出口合同在一般情况下早已签订完毕，进口或出口的数量一般都在事前规定好了。本国货币贬值后，在新的进出口合同还未签约前，进出口数量仍按照原有的合同执行。这样，本国货币贬值，即外币升值后，一国出口余额甚至会减少。例如，假定1美元从兑换6元人民币变为兑换8元人民币，如果按照旧合同出口一定数量商品原来可以得到4万美元，现在只能得到3万美元。也就是说，在贬值初期，一国出口收入可能反而减少，进口支出可能反而增加，因而，经常账户收支状况可能反而恶化。只有经过一段时间以后，随着旧合同结束，新合同开始履行，一国出口收入才会增加，进口支出才会减少，从而使经常账户收支状况得以改善。同样地，当本国货币升值时，经常账户收支状况的变动则往往先改善，随着时间的推移，才会逐步恶化。由于这种经常账户收支变动的轨迹呈英文字母J的形状，故被称为J曲线（如图13-1所示）。

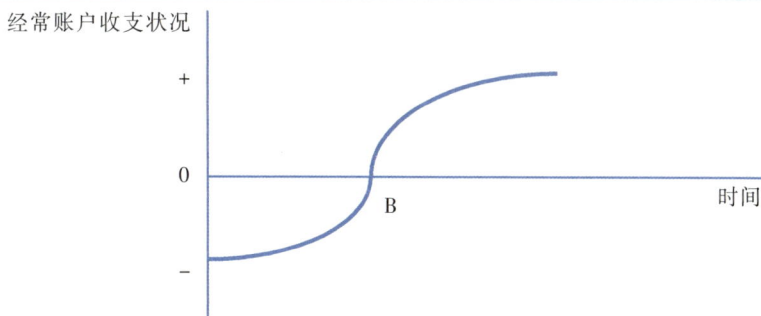

图13-1 J曲线

13.2.3 净资本流出函数

资本和金融账户主要记录国际投资和借贷。

国际投资包括本国的个人、企业和政府在国外购买房地产、外国企业股票、外国政府债券，也包括外国的个人、企业和政府购买本国房地产、企业股票和政府债券。

国际借贷包括本国企业和政府从国外银行、基金会、政府所获得的贷款，也包括外国企业和政府从本国拆借的款项。

从经济学的角度看，国际投资和借贷的目的都是营利。追逐较高利润的动机是形成国际资本流动的根本原因。从直观上看，国际资本的流向是由利率低的国家向利率高的国家。

为分析方便，将从本国流向外国的资本量与从外国流向本国的资本量的差额定义为资本账户差额或净资本流出，并用F表示，则：

F=流向外国的本国资本量－流向本国的外国资本量

如果本国利率高于国外利率，外国的投资和贷款就会流入本国，这时净资本流出减少。反之，如果本国利率低于国外水平，则本国的投资者就会向国外投资，或向国外企业放贷，这时，资本就要外流，使净资本流出增加。一般地，净资本流出是本国利率r与国外利率r_f之差的函数。假定这一函数是线性的，则：

$$F=\sigma(r_f-r)$$

式中：$\sigma>0$，为常数。根据该表达式，在国外利率水平既定时，本国利率越高，流出的资本就越少，流入的资本就越多，即净资本流出越少；反之亦然。所以，F是r的减函数。我们称该表达式为净资本流出函数。

在以利率r为纵坐标、净资本流出F为横坐标的坐标系中，净资本流出函数如图13-2所示。由图13-2可知，净资本流出与国内利率呈反向关系。当国内利率为r_1时，净资本流出额为F_1；当利率上升为r_2时，净资本流出减少为F_2。

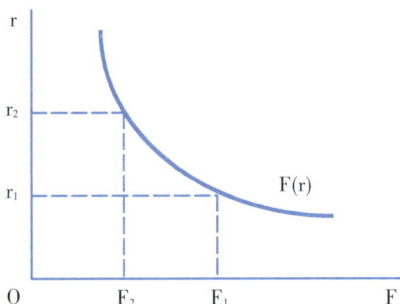

图13-2　净资本流出函数

13.2.4　国际收支的平衡

每个国家在一定时期内都可能产生经常账户以及资本和金融账户的顺差或逆差。当然这两个账户也可能分别出现平衡，但这种情况大多是偶然的。

我们将净出口和净资本流出的差额称为国际收支差额，并用BP表示，即

国际收支差额=净出口－净资本流出

或者　BP=nx－F

一国的国际收支平衡就是外部均衡，指一国的国际收支差额为零，即BP=0。对国际收支平衡也可以理解为：个人和企业必须为其在国外的购买而支付。如果一个人的花费大于他的收入，他的赤字需要通过出售资产或借款来支持。与此相类似，如果一个国家发生了经常账户赤字，即在国外的花费比它从国外得到的收入多，那么这一赤字就需要通过向国外出售资产或从国外借款来支持。而这种资产出售或借债意味着该国出现了资本和金融账户盈余。因此，任何经常账户赤字要由相应的资本流入来抵销。如果国际收支差额为正，即BP>0，则称国际收支顺差，也称国际收支盈余。如果国际收支差额为负，即BP<0，则称国际收支逆差，也称国际收支赤字。

当国际收支平衡，即 BP=0 时，有：

nx=F

将净出口函数表达式和净资本流出函数表达式代入 BP=nx−F 中，则有：

$$q-\gamma y-n\frac{EP_f}{P}=\sigma(r_f-r)$$

化简为：

$$r=\frac{\gamma}{\sigma}y+(r_f+\frac{n}{\sigma}\cdot\frac{EP_f}{P}-\frac{q}{\sigma})$$

上式表示当国际收支平衡时收入 y 和利率 r 之间的关系。该表达式也叫作国际收支均衡函数，简称国际收支函数。在其他有关变量和参数既定的前提下，在以利率为纵坐标、收入为横坐标的直角坐标系内，国际收支函数的几何图形表示即为国际收支曲线或称 BP 曲线。从国际收支函数表达式可知，BP 曲线的斜率为正，即 BP 曲线向右上方倾斜。

13.2.5　BP曲线的推导

BP曲线可以用几何图形的方法推导出来（如图 13-3 所示）。

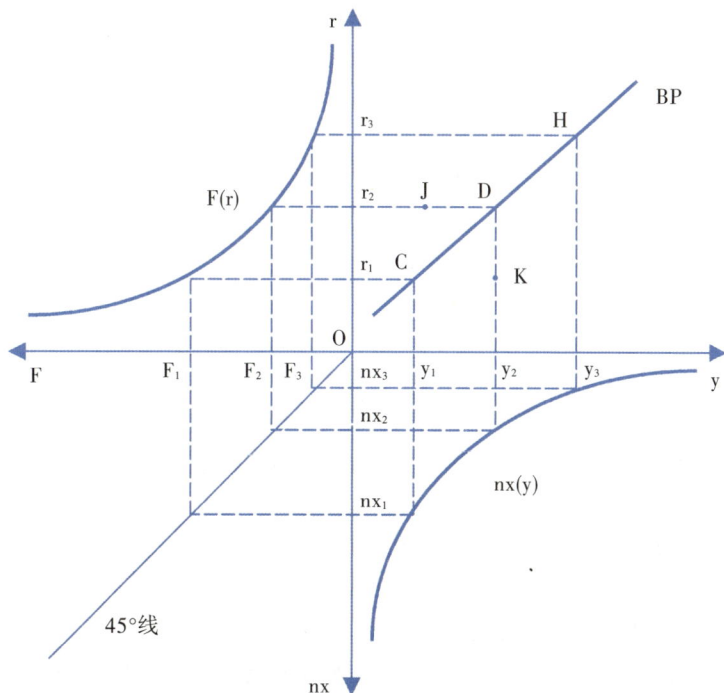

图 13-3　BP 曲线的推导

在图 13-3 中，第二象限中的曲线为净资本流出曲线，它是向右下方倾斜的。第三象限中的直线是横坐标和纵坐标的转换线，即 45°线，它表示净资本流出额与净出口额相等，两个项目的差额正好互相补偿，国际收支达到平衡。第四象限中的曲线为净出口曲线，它是与收入呈反方向变化的。

在第一象限中，当利率从 r_1 上升到 r_2 时，净资本流出量从 F_1 减少到 F_2。假如资本和金融账户原来是平衡的，这时将出现顺差。为了保持国际收支平衡，根据 45°线，净出口必须从 nx_1 减少到 nx_2。按照净出口曲线，国民收入要从 y_1 增加到 y_2。这样，在保持国际收支平衡的条件下，利率和收入有两个对应点 C 和 D，同理可以找到其他对应点，把这些对应点连接起来便得到国际收支曲线。如第一象限中的 BP 曲线所示：BP 曲线上的每一点，都代表一个使国际收支平衡的利率和收入的组合。而不在 BP 曲线上的每一点都是使国际收支失衡的利率和收入组合。具体而言，在 BP 曲线上方的所有点均表示国际收支顺差，即 $nx>F$；在 BP 曲线下方的所有点均表示国际收支逆差，即 $nx<F$。如果我们在 BP 曲线上方任意取一点 J，点 J 与均衡点 D 相比，利率相同，收入较低。因此，其相应的净出口较高，即在该点 $nx>F$。在 BP 曲线下方任意取一点 K，点 K 与均衡点 C 比较，利率相同，收入较高，故相应的净出口较低，即有 $nx<F$。

另外，从上述 BP 曲线的推导中容易看到，净出口减少使 BP 曲线左移，净出口增加使 BP 曲线右移。

从图 13-3 还可以看出，汇率提高时，BP 曲线向左移动；反之，汇率降低时，BP 曲线向右移动。

13.2.6 BP曲线的形状

1.BP曲线的斜率

BP 曲线的形状取决于该曲线的斜率。从前边的公式 $r=\frac{\gamma}{\sigma}y+(r_f+\frac{n}{\sigma}\cdot\frac{EP_f}{P}-\frac{q}{\sigma})$ 中可知，BP 曲线的斜率项 $\frac{\gamma}{\sigma}$ 中有一个很重要的参数 σ。从前边提到的公式 $F=\sigma(r_f-r)$ 中可以看出，σ 实际上反映国际资本流动的难易程度。σ 值越大，表示国内与国外的极小的利率差都会引起大量的资金流动。反之，如果 σ 值较小，则表示该国的金融市场还不太成熟，资本流动还有一定的限制或困难，从而国内利率与国外利率不相等，也不会造成很大的资金流动。σ 的值越大，也就意味着在其他因素不变的情况下，BP 曲线的斜率越小，也就是 BP 曲线越平坦。反之，σ 的值越小，也就意味着在其他因素不变的情况下，BP 曲线的斜率越大，也就是 BP 曲线越陡峭。

2.资本完全流动和资本完全不流动时的BP曲线

在资本完全流动的假定下，如果国外利率 r_f 是既定的，那么，当国内利率高于国外水平时，资本就会无限地流入本国，就会出现大量的资本账户以及国际收支的盈余。反之，当本国的利率低于国外利率水平时，资本就会无限外流，就会出现国际收支赤字。由此可知，BP=0 一定是一条位于国内利率水平和国外利率水平相等位置上，即 $r=r_f$ 位置上的水平线。在该水平线以上的点对应国际收支盈余，在该水平线以下的点对应国际收支赤字。

在资本完全流动的条件下，BP 曲线为一条位于国内利率水平和国外利率水平相等位置上的水平线，还可以从 BP 曲线的方程 $r=\frac{\gamma}{\sigma}y+(r_f+\frac{n}{\sigma}\cdot\frac{EP_f}{P}-\frac{q}{\sigma})$ 中得到，在该方程中，令 $\sigma\to\infty$，则 BP 曲线的方程就成为：

$r=r_f$

以图形表示出来，资本完全流动条件下的 BP 曲线就可以表示为图 13-4 中的水平直线。

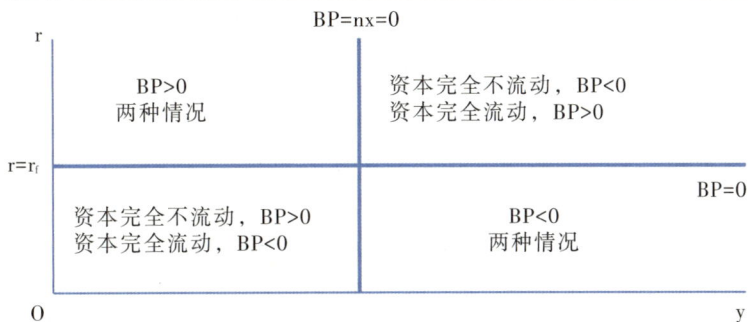

图 13-4　资本完全流动和资本完全不流动时的 BP 曲线

在图 13-4 中，在资本完全流动的假定下，如果国外利率 r_f 是既定的，且不考虑对外贸易的情况，那么，当国内利率高于国外利率水平时，资本就会无限地流入本国，就会出现大量的资本和金融账户以及国际收支的盈余（顺差），即 BP>0。反之，当本国的利率低于国外利率水平时，资本就会无限外流，就会出现国际收支赤字（逆差），即 BP<0。只有 BP 曲线上的点才代表国际收支达到了均衡。

在资本完全不流动时，BP 曲线将不受资本流动所引起的资本净流出因素的影响，即 F=0。这时，国际收支的均衡就完全取决于对外贸易的情况，也就是说，取决于净出口的情况。当 nx=0 时，国际收支就处于均衡状态。这时 BP 线就是一条位于净出口为零时产量水平上的垂直线（如图 13-4 所示）。

在图 13-4 中，在资本完全不流动的假定下，将不存在资本流动所造成的净资本流出，也就是说，在资本账户中将不会产生国际收支的变动。所以，国际收支的变动完全来自对外贸易的变化方面，即取决于净出口的变化。图中 BP 曲线左边各点都表示，在任何利率水平上，国民收入都低于国际收支均衡所要求的水平，因而，进口水平将低于国际收支均衡时的进口水平。这时将会出现国际收支顺差。反之，在 BP 曲线右边的各点都表示，在任何利率水平上，国民收入都高于国际收支均衡所要求的水平，因而，进口水平将高于国际收支均衡时的进口水平。这时将会出现国际收支逆差。只有 BP 曲线上的点才代表国际收支达到了均衡。

3.资本流动性强和资本流动性弱时的 BP 曲线

资本完全流动和资本完全不流动时的 BP 曲线显然介于上面两种情况之间，因而 BP 曲线的形状既不是水平的，也不是垂直的，而是正斜率的曲线。其倾斜程度取决于受资本净流出因素和净出口因素影响的程度。一般说来，资本流动性越强，BP 曲线就越平坦；资本流动性越弱，BP 曲线就越陡直。

BP 曲线右下方的任何一点，都代表本国利率水平低于国际收支均衡所需要的利率水平，而国民收入高于国际收支均衡所要求的国民收入水平。本国利率水平低于国际收支均衡所需要的利率水平，将会导致资本流出；国民收入高于国际收支均衡所要求的国民收入水平，将会导致进口增加，二者都会使国际收支减少。所以，BP 曲线右下方各点，代表国际收支失衡，处于逆差状态。与此相反，BP曲线左上方的任何一点，都代表本国利率水平高于国际收支均衡所需要的利率水平，而国民收入低于国际收支均衡所要求的国民收入水平。本国利率水平高于国际收支均衡所需要的利率水平，将会导致资本流入；国民收入低于国际收支均衡所要求的国民收入水平，将会导致进口减少，二者都会使国际收支增加。所以，BP曲线左上方各点也代表国际收支失衡，处于顺差状态。只有BP曲线上的点才代表国际收支达到了均衡。对更陡直的BP曲线，对外贸易差额对国际收支的影响大于净资本流出差额对国际收支的影响；对更平缓的BP曲线，对外贸易差额对国际收支的影响远小于净资本流出差额对国际收支的影响。

本章前面部分已经对影响汇率变动的因素做了一些说明，这里需进一步指出，一国的国际收支也会对汇率变动产生影响。这一影响是通过外汇供求状况的变化实现的。当一个国家的国际收支出现较大数额的逆差时，对外国货币的需求便会增加，导致外币对本币汇率上升或本国货币对外币汇率下降。相反，当一国的国际收支存在较大顺差时，外国对本国货币的需求就增加，使本币汇率上升，或外币汇率下降。

13.3　IS-LM-BP模型及其含义

13.3.1　开放经济中的IS曲线

IS曲线描述了当产品市场达到均衡时收入y和利率r的关系。或者说，IS曲线描述了满足国民收入恒等式与支出行为方程的利率r和收入y的各种组合。在开放经济条件下（四部门的经济中），国民收入恒等式变为：

$$y=c+i+g+nx$$

式中：nx为净出口。

在开放经济条件下，支出行为方程除了消费函数和投资函数外，还包括净出口函数 $nx=q-\gamma y-n\dfrac{EP_f}{P}$。现将消费函数、投资函数和净出口函数代入到收入恒等式 $y=c+i+g+nx$ 中，则有：

$$y=\alpha+\beta(y-t)+(e-dr)+g+(q-\gamma y-n\frac{EP_f}{P})$$

经整理得：

$$y=\frac{\alpha+e+g+q-\beta t}{1-\beta+\gamma}-\frac{dr+n\dfrac{EP_f}{P}}{1-\beta+\gamma}$$

或　　$r=\dfrac{1}{d}(\alpha+e+q+g-\beta t-n\dfrac{EP_f}{P})-(\dfrac{1-\beta+\gamma}{d})y$

上面两个表达式都可以作为开放经济中的IS曲线的方程。

从上边的国民收入方程可以看出，引入对外贸易之后，开放经济条件下的支出乘数有所变化。读者可以自己练习推导开放经济中的政府支出乘数和税收乘数，并与封闭经济时的相应乘数进行比较。

从上边的利率方程可以看出，开放经济条件下利率r与收入y仍维持了封闭经济条件下的反向关系，换句话说，开放经济条件下的IS曲线仍是向右下方倾斜的。值得注意的是，根据这一利率方程，IS曲线截距的大小与汇率大小呈反向关系。因此，在其他条件不变时，汇率提高会使IS曲线向右移动；反之，当汇率降低时，IS曲线向左移动。

顺便说明的是，宏观经济学在考察开放经济时，通常假定货币需求函数和国内货币供给量保持不变。这意味着，LM曲线在开放经济条件下不用修正。

13.3.2 IS-LM-BP模型

开放经济下的IS-LM-BP模型可以用3个方程、3个未知数的方程组表示如下：

$$y=\frac{\alpha+e+g+q-\beta t}{1-\beta+\gamma}-\frac{dr+n\frac{EP_f}{P}}{1-\beta+\gamma}$$

$$y=\frac{hr}{k}+\frac{1}{k}(\frac{M}{P})$$

$$r=\frac{\gamma}{\sigma}y+(r_f+\frac{n}{\sigma}\cdot\frac{EP_f}{P}-\frac{q}{\sigma})$$

以上3个方程从上至下依次为IS曲线方程、LM曲线方程和BP曲线方程。上述方程组要决定3个未知量y、r和实际汇率$\frac{EP_f}{P}$。

相应地，在以利率为纵坐标、收入为横坐标的坐标系中，这一模型可以用3条曲线，即IS曲线、LM曲线和BP曲线来表示（如图13-5所示）。在图13-5中，IS曲线、LM曲线和BP曲线相交于E点，表示经济内外同时达到均衡。在开放经济条件下，IS曲线与LM曲线的交点所对应的状态被称为内部均衡或国内均衡。BP曲线上的每一点所对应的状态，即国际收支平衡被称为外部均衡或国外均衡。因此，图13-5中的E点反映的是国内均衡和国外均衡同时得到实现的状态。其中，IS曲线给出了在现行汇率下使总支出与总收入相等时的利率和收入水平的组合。LM曲线给出了使货币需求与供给相等的利率和收入水平的组合。BP曲线给出了在给定汇率下与国际收支相一致的利率和收入的组合。有了IS-LM-BP模型，就能从理论上分析开放经济条件下的若干宏观经济问题，特别是一些政策问题。

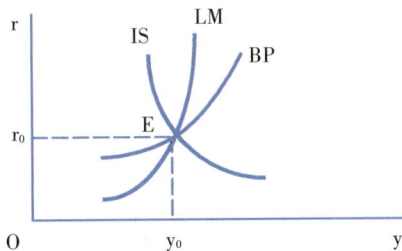

图13-5 IS-LM-BP模型

13.3.3 经济的国内外均衡与失衡

1.经济的国内外同时均衡

如图13-5所示，当经济处于国内外同时均衡时，IS、LM、BP 3条曲线相交于一点。

经济的国内外同时均衡是一国宏观经济所追求的目标之一。

2.国际收支顺差的失衡

当经济不能达到国内外同时均衡时，我们称之为经济的内外失衡。在 IS-LM-BP 模型中，经济的内外失衡是指 3 条曲线不能相交于同一个交点上，如图 13-6 所示。

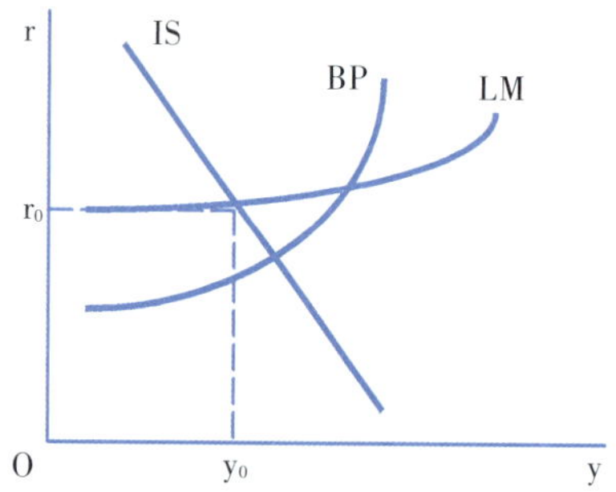

图 13-6　国际收支顺差的失衡

图 13-6 中，IS 曲线与 LM 曲线交点所决定的国民收入与利率的组合，位于 BP 曲线的左上方，表示国内市场已经均衡。但是，利率水平高于国际收支均衡所需要的水平，而国民收入又低于国际收支均衡所要求的水平。其结果必将导致净出口的顺差和净资本流入的增加，造成国际收支的顺差。

3.国际收支逆差的失衡

与上面国际收支顺差的情况相反，如果 IS 曲线与 LM 曲线交点所决定的国民收入与利率的组合，位于 BP 曲线的右下方，则表示在国内市场已经均衡的情况下，利率水平低于国际收支均衡所需要的水平，而国民收入又高于国际收支均衡所要求的水平（如图 13-7 所示）。其结果必将导致净出口的逆差和净资本流出的增加，造成国际收支的逆差。

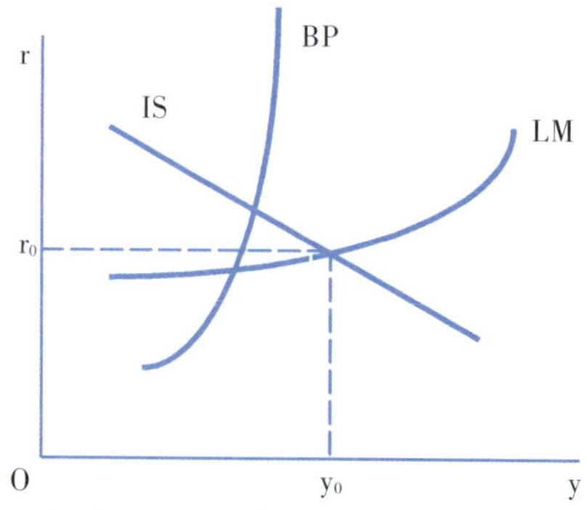

图 13-7　国际收支逆差的失衡

IS-LM-BP 模型为我们进一步分析开放经济条件下的宏观经济变动和宏观经济政策的作用与效果提供了有用的分析工具。

本章小结

1.汇率的短期价值是由市场的供求决定的。也就是说，一种货币的汇率是由它在外汇市场上的供求决定的。

2.汇率的长期价值由购买力平价决定。在短期内，预期和金融市场的状况会产生对购买力平价的巨大偏离。

3.一价定律的含义是同一种商品在两个国家的货币购买力应相同。这样，不同货币购买力的比率就构成了相互间汇率的基础。由于货币购买力与价格水平呈反向关系，因此，汇率就由两个国家的价格水平决定，价格水平的变化就会导致汇率的变动。

4.本国货币贬值能否改善一国贸易收支状况，取决于出口商品的需求弹性和进口商品的需求弹性。如果两者之和的绝对值大于1，则本国货币贬值可以改善一国贸易收支状况。这一结论就是马歇尔-勒纳条件。

5.一国货币贬值或升值时，该国贸易收支状况往往不能立即得到改善或恶化。这是因为进出口变动的速度往往慢于价格变动的速度。在贬值初期，一国出口收入可能反而减少，进口支出可能反而增加，因而，经常账户收支状况可能反而恶化。只有经过一段时间以后，随着旧合同结束，新合同开始履行，一国出口收入才会增加，进口支出才会减少，从而使经常账户的收支状况得以改善。这就是J曲线效应。

6.根据净资本流出函数，在国外利率水平既定时，本国利率越高，流出的资本就越少，流入的资本就越多，即净资本流出越少；反之亦然。

7.一国国际收支平衡也称外部均衡，是该国国际收支差额为零的情况。一般地，任何经常账户赤字都要由相应的资本流入来抵销。

8.BP曲线是表示国际收支平衡的所有的点的集合。在资本完全流动的条件下，它是位于国内利率水平和国外利率水平完全相等的位置上的水平直线。在资本完全不流动的条件下，它是位于净出口为零时产量水平上的一条垂直线。它与IS线和LM线相交于同一点时，经济处于国内外同时均衡的状态。

本章基本概念

汇率（汇价） 直接标价法 间接标价法 固定汇率制 浮动汇率制 平价 一价定律 实际汇率 净出口 马歇尔-勒纳条件 国际收支 国际收支平衡表 经常账户 资本和金融账户 净误差与遗漏 经常账户差额 国际投资 国际借贷 资本账户差额（净资本流出） 国际收支差额 国际收支顺差 国际收支逆差 BP曲线

复习思考题

1.汇率在长期和短期内各是由什么因素决定的？

2.一价定律的含义是什么？它有什么重要作用？

3.本币贬值对出口的增长有怎样的作用？

4.一国的净资本流出是由什么因素决定的？

5.开放经济条件下，乘数和IS曲线各有什么变化？

6.开放经济条件下，政策效果主要会受到哪些新增加因素的影响？

7.为什么说在开放经济条件下货币在长期内是中性的？

第14章
开放经济条件下的宏观经济政策

学习目标

学习目标

通过学习本章，你应该能够：

◎掌握开放经济条件下宏观经济政策的调整原则。

◎熟悉固定汇率制下宏观经济政策的调节机制及其效果。

◎熟悉浮动汇率制下宏观经济政策的调节机制及其效果。

◎掌握调整经济内部均衡和外部均衡的政策。

14.1 开放经济条件下宏观经济政策的调整原则

在开放经济中，一国经济一旦发生国际收支顺差或者逆差的失衡状况，就需要进行调整。一般说来，任何能够影响IS、LM、BP曲线变动的因素，都可能直接或者间接影响国际收支的变动。如果通过宏观经济政策来影响或者改变那些因素，则既能够调节国内经济均衡和经济增长，也可以对已经出现的国际收支失衡进行调节。

我们已经知道了通过IS-LM模型来分析宏观经济政策的调节作用。其实在开放经济条件下，宏观经济政策的调节机制还是一样的，只不过其效果因条件的变化而有所不同罢了。在开放经济条件下，除原有的财政政策和货币政策之外，还有汇率政策可以对国际收支的失衡加以调节。但是，一国政府采取汇率政策来调节国际收支失衡的条件是实行浮动汇率制或管理浮动汇率制。在固定汇率制下，由于不能经常变动汇率，所以，谈不上使用汇率政策。因此，我们在讨论开放经济条件下的宏观经济政策的调节作用时，必须区分不同的汇率制度。此外，也需要在资本流动性不同的条件下加以讨论。

14.2 固定汇率制下宏观经济政策的调节机制及其效果

在固定汇率制下，一国的国际收支如果发生了顺差或者逆差，从而出现汇率趋于上升或者下降的压力时，为维持汇率的固定水平，政府必须通过中央银行对外汇市场进行干预。这就会使本国的货币供给发生变动，从而影响已经使用的宏观经济政策的效果。

为说明宏观经济政策对开放经济下国内经济增长状况和国际收支的调节作用与机制，我们先从开放经济条件下宏观经济政策的调节机制和作用分析入手。14.2部分和14.3部分的内容将主要讨论从经济的内外一致均衡出发，宏观经济政策在一个均衡状态变动到（或者恢复到）另一个均衡状态过程中所起的作用和政策实行后经济本身的反应。

14.2.1 固定汇率制下资本完全流动时的政策效果

1.货币政策的效果

在资本完全流动的条件下，极小的利率差异也会引起巨大的资本流动。在固定汇率制情况下，IS-LM-BP模型所得出的一个结论是：一国无法实行独立的货币政策，即货币政策不会发生积极的作用。

在图14-1中，由于资本的完全流动，BP曲线为一条水平线。这意味着，只有在国内利率等于国外利率，即$r=r_f$时，该国才能实现国际收支平衡。在任何其他利率水平上，资本都会发生流动，以致该国的国际收支无法实现均衡。国际收支的失衡所导致的本国货币升值或贬值的压力又迫使该国中央银行不得不采取某种政策进行干预，以维持原有的汇率水平。这种干预在理论上会使LM曲线移动。

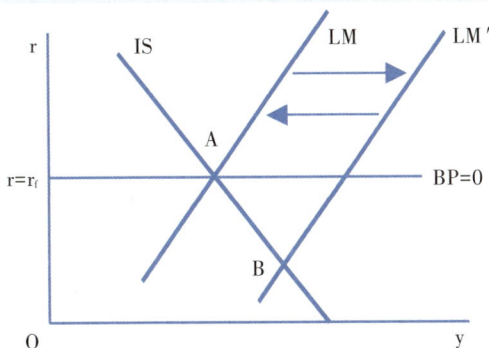

图14-1 固定汇率制下资本完全流动时的货币政策效果

图14-1从最初的均衡点A点开始的扩张性货币政策，表示该国为推动经济增长而采取了货币政策。这使得LM曲线向右移动到LM′的位置。这时表示经济内部均衡的点移动到B点。但在B点上，由于利率降低引起的资本外流会导致该国国际收支赤字的出现，因而发生使汇率贬值的压力。为了稳定汇率，中央银行必须进行干预，在本国外汇市场上抛售外国货币，同时购回本国货币。这样，本国货币供给就会减少，结果使LM曲线向左移动。这一过程会一直持续到最初在A点的均衡得到恢复为止。

同样的机制也可以说明，中央银行实行任何紧缩性货币政策都将导致大规模的国际收支盈余。这引起货币升值，并迫使中央银行进行干预以维持汇率稳定。中央银行的干预会引起本国货币量增加。结果，最初实行的紧缩性货币政策的效果就被抵消了。

由此可见，在固定汇率制下，当资本完全流动时，采用货币政策调节国民收入，最终被证明是无效的。同样的道理也可以说明，在资本流动性较强的情况下，在固定汇率制下，货币政策仍然是无效的。

2.财政政策的效果

当政府采取财政政策对固定汇率制和资本完全流动条件下的国民收入进行调节时，其效果将和货币政策的效果完全不同。其调节过程如图14-2所示。

在图14-2中，当政府采取扩张性财政政策时，IS曲线向右移动到IS′的位置，国民收入暂时提高到y_1，利率暂时上升到r_1。尽管国民收入提高会使进口增加，但是，由于资本具有完全的流动性，所以，利率的上升使得资本流入增加的速度更快、幅度更大，因而，净资本流入增大，出现国际收支顺差，达到B点。这时，本币升值的压力就出现了。中央银行必须干预外汇市场，购入外汇，增加本币的供给。这种干预会使LM曲线向右移动到LM′的位置，最终在C点达到经济的内外同时均衡。

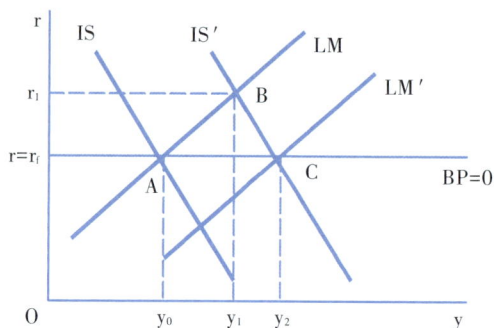

图 14-2　固定汇率制下资本完全流动时的财政政策效果

由此可见，在固定汇率制下，当资本具有完全流动性时，扩张性财政政策对国民收入的影响和作用很大。因为在资本完全流动时，财政政策所导致的利率上升，可以吸引大量的资本流入，国际收支因而出现顺差，本币趋于升值，中央银行为维持汇率固定，必须购入外汇。这样一来，货币供给不但不减，反而增加，使利率维持在原来的国际利率水平上。由此形成的货币供给的增加，更增强了扩张性财政政策的效果。在这种情况下，外汇不但没有损耗，而且会因为中央银行购入外汇而增加。

同样的道理也可以说明，在资本流动性较强时，在固定汇率制下，财政政策也将比较有效。

14.2.2　固定汇率制下资本完全不流动时的政策效果

1. 货币政策的效果

如果货币当局认为国民收入的水平太低，并试图在固定汇率制而且资本完全不流动的条件下采用扩张性货币政策来达到调节宏观经济的目标，其作用机制和效果如图 14-3 所示。

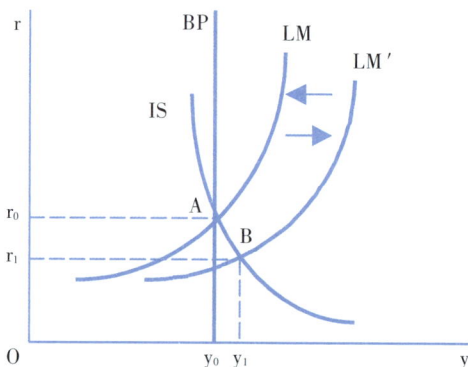

图 14-3　固定汇率制下资本完全不流动时的货币政策效果

在图 14-3 中，原均衡点 A 为 IS 曲线、LM 曲线和 BP 曲线的共同交点。中央银行采用扩张性货币政策而增加货币供给的时候，LM 曲线就向右移动到 LM′ 的位置，使国民收入

暂时提高到 y_1，利率暂时降低到 r_1。代表新的收入和利率组合点的 B 点并未处在 IS 曲线、LM 曲线和 BP 曲线的共同交点上，所以，这不可能是经济的最终均衡点。由于 $r_1<r_0$，$y_1>y_0$，尽管在资本完全不流动时，$r_1<r_0$ 不会使资本流出，但 $y_1>y_0$ 会使商品和服务进口增加，从而形成国际收支逆差（y_1 与 r_1 的交点处于 BP 曲线的右方）。国际收支逆差的情况表示本国外汇市场对外汇的需求增大，外汇汇率趋于上升，本币趋于贬值。中央银行为维持固定汇率（本币币值稳定），必须对外汇市场进行干预，抛售外币，购回本币。这样就会减少货币供给量，从而使图 14-3 中的 LM′ 曲线再回到原来 LM 的位置，到达 IS 曲线、LM 曲线和 BP 曲线的共同交点。这时经济就处于稳定的均衡状态上。

从整个过程来看，我们可以看出，在固定汇率制和资本完全不流动的条件下，货币政策从最终结果看是完全无效的。

同样的道理也可以证明，在资本流动性较弱时，在固定汇率制下，货币政策仍然是效果不好或者是无效的。

2.财政政策的效果

假如政策当局认为当前的国民收入水平或者就业水平太低，而试图在固定汇率制和资本完全不流动的条件下，采用扩张性财政政策来达到调节宏观经济的目标，其作用机制和效果如图 14-4 所示。

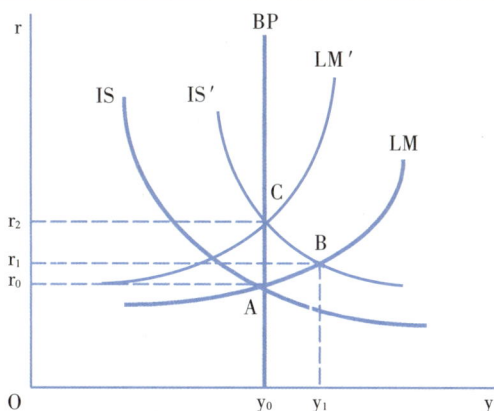

图 14-4　固定汇率制下资本完全不流动时的财政政策效果

在图 14-4 中，原均衡点 A 为 IS 曲线、LM 曲线和 BP 曲线的共同交点。当政策当局采取扩张性财政政策试图增加国民收入或者提高就业水平时，图 14-4 中的 IS 曲线将向右移动到 IS′ 的位置，收入水平将暂时提高到 y_1 的水平，利率暂时上升到 r_1 的水平。由于 B 点不处在 IS 曲线、LM 曲线和 BP 曲线的共同交点上，所以，这不可能是经济的最终均衡点。由于资本完全不能流动，所以，利率的暂时提高并不能带来资本的流入。但是，收入的暂时增加会引起进口增加，从而造成国际收支逆差。可以看出，IS′ 曲线、LM 曲线的交点暂时处于 BP 曲线的右方。在本币贬值的压力下，货币当局必须干预外汇市场，以保持固定汇率。中央银行抛售外币购回本币的举动，减少了本国的货币供给量，从而使 LM 曲线向左上方移动到 LM′ 的位置上，交点为 C。在 C 点上，利率上升了，收入却没有增加。

由此可以看出，在固定汇率制和资本完全不流动的条件下，扩张性财政政策除了使利率上升、外汇流失之外，对国民收入水平和就业水平最终不产生影响。不过，假定其他条件和前面讨论的一样，只是资本的流动性较弱，那么政府实行扩张性财政政策，将会有一定的效果，其作用机制和效果将如图14-5所示。

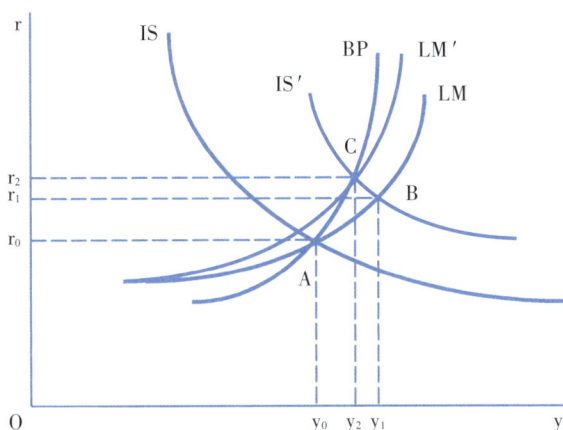

图14-5　固定汇率制下资本流动性较弱时的财政政策效果

在图14-5中，资本流动性较弱，所以，BP线的斜率高于LM曲线的斜率。假定原均衡点A是图14-5中IS曲线、LM曲线和BP曲线的共同交点，所决定的利率和收入分别为 r_0 和 y_0。扩张性财政政策将向右上方移动IS曲线到IS′的位置，使收入暂时提高到 y_1，利率暂时提高到 r_1。不过，由于B点并不处在IS曲线、LM曲线和BP曲线的共同交点上，所以，B点并非最终均衡点。收入提高会使进口增加，利率提高会使资本流入增加。B点位于BP曲线下方，表示国际收支逆差。因为资本的流动性较弱，所以，资本流入小于进口增加，导致国际收支逆差，本国货币趋于贬值。在固定汇率制下，中央银行必须干预外汇市场，抛售外汇，收回本币，这会导致货币供给减少，引起LM曲线向左移动到LM′的位置，最终在IS′曲线、LM′曲线和BP曲线的共同交点C处恢复均衡。在最终的均衡点C上，收入和利率水平都上升了。这表明政府通过扩张性财政政策的方式来推动经济增长、增加就业和调节经济达到新水平的内外均衡是比较有效率的。

可见，在资本流动性较弱和固定汇率制下，财政政策将会有一定的效果。

14.3　浮动汇率制下宏观经济政策的调节机制及其效果

在完全浮动汇率制下，汇率由外汇市场的供求决定，政府不需要为维持汇率的稳定而采取干预政策。这时，货币政策和财政政策的效果将与前面的情况有所不同。

14.3.1　浮动汇率制下资本完全流动时的政策效果

1. 货币政策的效果

在图14-6中，IS曲线、LM曲线和BP曲线的最初均衡点为A点。当政府采取扩张性货币政策时，LM曲线向右移动到LM′的位置，国民收入暂时提高到y_1，利率暂时下降到r_1。由于资本具有完全的流动性，所以，利率的下降使得资本流出增加。与此同时，收入的增加也会使进口增加、净出口减少。这两方面都会使经济产生国际收支逆差。在浮动汇率制下，本国货币趋于贬值；本币贬值使IS曲线移动到IS′的位置，和LM′曲线、BP曲线共同相交于C点，达到新的均衡。

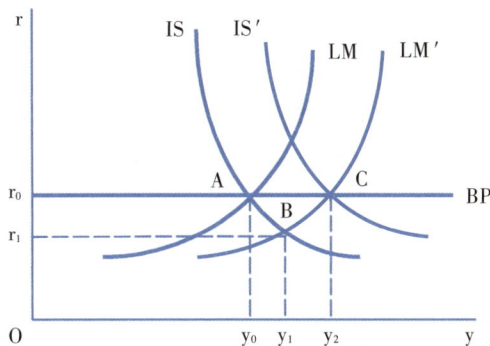

图14-6 浮动汇率制下资本完全流动时的货币政策效果

可见，在浮动汇率制和资本完全流动的情况下，货币政策将具有增加国民收入的效果，也就是说，货币政策有较好的效果。

其实，依据同样的道理可以知道，在浮动汇率制下，当资本流动性较强时，货币政策同样是比较有效的。

2. 财政政策的效果

假定其他情况如前，政府想在浮动汇率制和资本完全流动的条件下采取扩张性财政政策来增加国民收入，则该财政政策的作用机制和效果将如图14-7所示。

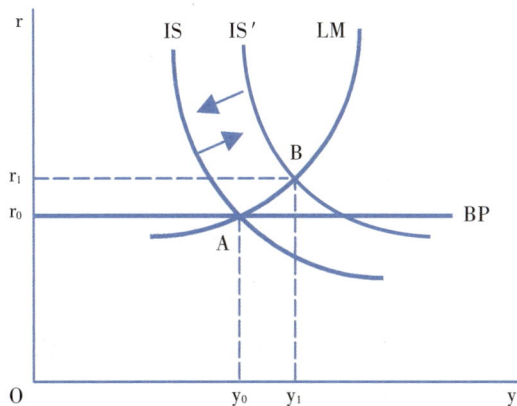

图14-7 浮动汇率制下资本完全流动时的财政政策效果

在图14-7中，IS曲线、LM曲线和BP曲线的最初均衡点为A点。当政府采取扩张性财政政策时，IS曲线向右移动到IS′的位置，国民收入暂时提高到y_1，利率暂时上升到r_1。收入增加虽然会使进口增加，但是由于资本具有完全的流动性，所以，利率上升会使资本大幅度流入，超过进口的增加。B点位于BP曲线的上方，表示国际收支发生顺差，本币升值，出口减少，进口增加，IS′曲线又会向左移动，回到IS的位置，最终重新在A点上恢复均衡。

所以，在浮动汇率制和资本完全流动的条件下，财政政策完全无效。因为在资本完全流动时，扩张性财政政策引起利率上升，可以吸引大量资本流入，国际收支会发生顺差，本币升值，出口减少，进口增加，完全抵消扩张性财政政策的效果，以致财政政策完全无效。

不过，在资本流动性较强时，由于BP曲线是正斜率的，而不是水平的，而且BP曲线可以随着汇率的变化而移动，所以，依据同样的机制可以知道，在浮动汇率制下，当资本流动性较强时，财政政策也会有一定的效果，而不是完全无效。

3.汇率政策的效果

假如一国政府试图采取汇率政策对浮动汇率制和资本完全流动条件下的国民收入进行调节，希望使国民收入增加，其作用机制和政策效果如图14-8所示。

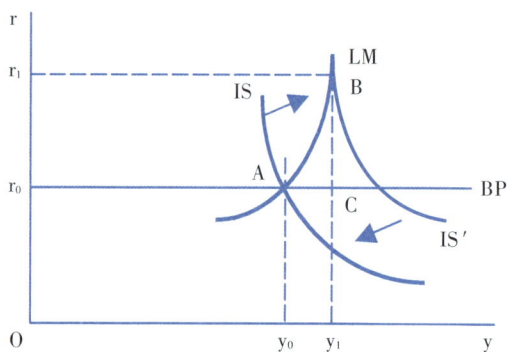

图14-8 浮动汇率制下资本完全流动时的汇率政策效果

在图14-8中，原均衡点A为IS、LM和BP 3条曲线的共同交点。假如政府试图以本币贬值的汇率政策在短期内推动出口，从而推动国民收入的增长，则IS曲线将向右移动到IS′的位置，收入将暂时增加到y_1，利率暂时上升到r_1。由于资本完全流动，利率上升将引起资本较快流入，使国际收支出现顺差。B点位于BP曲线上方。国际收支顺差将引起本币升值。结果，IS′曲线向左移动，回到原先的位置，最终与LM曲线和BP曲线共同相交于A点，恢复均衡状态。这时，一切情况都回到采取汇率政策之前。

可见，在浮动汇率制和资本完全流动的条件下，汇率政策最终将不具有实际效果。

14.3.2 浮动汇率制下资本完全不流动时的政策效果

1.货币政策的效果

假定其他情况如前，若政府想在浮动汇率制和资本完全不流动的条件下采取扩张性货币政策来增加国民收入，则该货币政策的作用机制和效果将如图14-9所示。

在图14-9中，BP曲线因资本完全不流动而呈现垂直状态。假定IS、LM和BP 3条曲线的最初均衡点为A点。当政府采取扩张性货币政策时，LM曲线向右移动到LM′的位置，

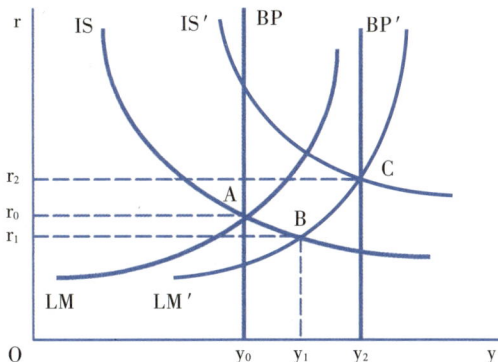

图14-9 浮动汇率制下资本完全不流动时的货币政策效果

暂时均衡在B点，国民收入暂时提高到y_1，利率暂时下降到r_1。由于资本完全不流动，利率的降低并不会引起资本的流出，但国民收入的提高会增加进口，造成国际收支逆差。在浮动汇率制下，本国货币会发生贬值，使IS曲线和BP曲线分别向右方移动到IS′和BP′的位置，最终与LM′曲线相交于C点，达到最终均衡。与最初的均衡点相比，采取货币政策的结果是国民收入增加了，本国利率也变动了（至于利率到底是上升还是下降，取决于IS曲线和LM曲线的斜率情况）。

可见，在浮动汇率制下，当资本完全不流动时，货币政策是有效的。同样道理，在浮动汇率制和资本流动性较弱的条件下，货币政策也会是有效的。

2.财政政策的效果

假定其他情况相同，若政府想在浮动汇率制和资本完全不流动的条件下采取扩张性财政政策来增加国民收入，则该财政政策的作用机制和效果将如图14-10所示。

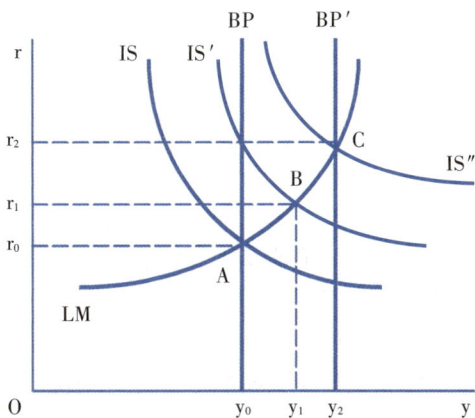

图14-10 浮动汇率制下资本完全不流动时的财政政策效果

在图14-10中，BP曲线因资本完全不流动而呈现垂直状态。假定IS、LM和BP 3条曲线的最初均衡点为A点。当政府采取扩张性财政政策时，IS曲线向右移动到IS′的位置，与LM线相交于暂时均衡点B点，国民收入暂时提高到y_1，利率暂时提高到r_1。由于资本完全不流动，利率的提高并不会引起资本的流入，但国民收入的提高会增加进口，造成国际收支逆差。在浮动汇率制下，本国货币会发生贬值。在马歇尔–勒纳条件下，IS′曲线和BP曲线将分别向右方移动到IS″和BP′的位置，最终与LM曲线相交于C点，达到最终均衡。与最初的均衡点相比，采取财政政策的结果是国民收入增加了，本国利率也上升了。

可见，在浮动汇率制下，当资本完全不流动时，财政政策是有效的，将使国民收入和利率同时上升。

依据同样的道理，在浮动汇率制和资本流动性较弱的条件下，财政政策会使国民收入有所增加，利率有所提高。

14.4 调整经济内部均衡与外部均衡的政策

在前面内容基础上，我们在本部分主要讨论经济如何从不理想的均衡状态或者不均衡状态向理想的、内外一致均衡状态调整的问题。

引入国际经济部门之后，宏观经济管理和调控更加复杂。一般说来，经济的理想状态是，在国内实现充分就业的均衡时，同时实现国际收支平衡。这样的理想状态反映在以利率为纵坐标、收入为横坐标的坐标系中，就是IS曲线、LM曲线和BP曲线相交于一点（如图14-11所示）。

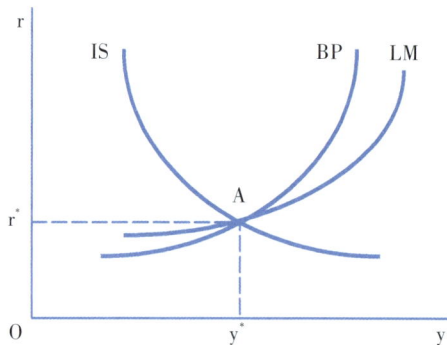

图14-11　国内和国外同时均衡

图14-11中的y^*为充分就业的收入水平，r^*为均衡的利率，IS曲线和LM曲线的交点A则实现了充分就业的国内均衡。由于BP曲线亦通过A点，从而国际收支处于平衡状态。但是，这种理想状态很少出现，经常出现的情况很可能是如下几种情况：

（1）国内经济和国际收支都不均衡。

（2）国内经济均衡，但国际收支处于失衡状态。这种情况又可以进一步分为充分就业和非充分就业两类情况。

（3）非理想的国内和国外同时均衡的状态。

从宏观经济调控的角度看，上述3种情形都需要进行调整，以实现理想的均衡状态。简单地说，调整的具体思路就是使IS、LM和BP 3条曲线相交于一个能够实现充分就业的利率–收入组合点上。这样，调整国内均衡和国外均衡的政策就可以分为3种类型：

第一，影响或改变总需求量的政策，如财政和货币政策。这些政策将从总需求方面直接影响一国的经济活动水平。从理论上看，这些宏观经济政策都是可以移动IS曲线、LM曲线的政策。

第二，调整支出结构的政策，如贸易政策和汇率政策。这些政策主要在于改变或者影响经济活动的模式。从理论上看，这些宏观经济政策都是可以移动BP曲线的政策。

第三，抵消国际收支盈余或赤字的其他金融政策。

在这3种政策中，第1种政策已经在前面做过解释和说明。第2种和第3种政策的详细内容可以在有关的国际贸易或国际金融课程中找到。这里，我们仅做适当的概要说明。

关于第2种宏观经济政策，也可以考虑进一步分为通过市场起作用的宏观经济政策和政府对经济的直接干预两类。通过市场起作用的宏观经济政策包括改变汇率、国内价格、货币供应量和利率等政策措施。在其他条件不变时，本国汇率水平的变动（或者说本币升值或贬值）和汇率稳定情况下国内价格水平的变动，会影响进出口；国内利率的变动，则使资本净流出额发生变动；货币供应量的改变则会在其他条件不变时既影响价格，也影响利率，从而产生实际影响。最终，这些政策都会消除国际收支顺差或形成国际收支逆差，在图形上表现为BP曲线、IS曲线和LM曲线的移动。

政府直接干预的经济措施和手段包括给予出口津贴、加征进口关税、实行出口退税和进口限额等。这些措施和手段会对进出口产生很有力的影响，因而也可以影响BP曲线，甚至IS曲线和LM曲线。这种情况与汇率和价格变动的影响大致通过市场起作用的宏观调整相类似。

第3种政策的实行，虽然不能改变国际收支函数，但是可以抵消国际收支失衡对国内经济的影响，从而收到与实现国外均衡相同的效果。这类政策主要涉及与资本流动、债务管理以及一国国外净资产的规模有关的金融政策。

下面，我们具体考察两种情况下宏观经济失衡的调整。

1.国际收支失衡及其调整

假定一国经济已经实现内部均衡，但处于外部失衡状态。换句话说，国内经济已处于IS曲线和LM曲线的交点，但这一交点并不在BP曲线上（如图14-12所示）。

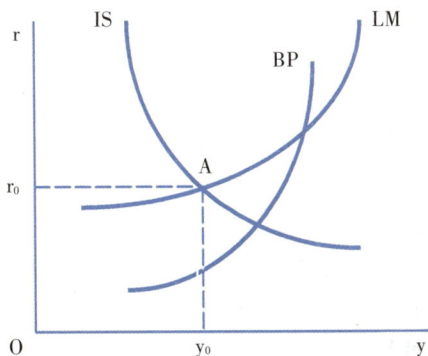

图14-12 国际收支顺差与国内经济均衡

内部均衡由IS曲线与LM曲线的交点A所决定，这时，收入为y_0，利率为r_0。但由y_0和

r_0所决定的A点位于BP曲线的上方（或左方），因而存在外部失衡，更确切地说，存在国际收支顺差。这时，要消除国际收支顺差，就要求IS曲线和LM曲线的交点既不能位于BP曲线的上方，也不能位于其下方，而只能处于BP曲线之上。要做到这一点，从图形上看，就要求3条曲线中至少有一条可以发生移动，以便使一个y与r的组合点处于3条曲线的交点位置。应该注意：这种使一条或一条以上的曲线发生移动的调整过程，要取决于国际汇率制度是固定汇率制还是浮动汇率制。考虑到当前世界上大多数国家已经实行浮动汇率制，我们在下面将着重说明浮动汇率制下国际收支顺差的调整过程。

如图14-13所示的LM曲线、IS曲线和BP曲线代表存在国际收支顺差的情况。

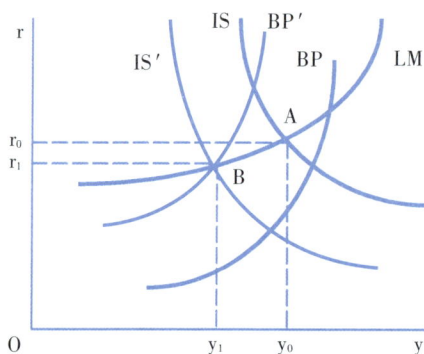

图14-13　浮动汇率制下国际收支顺差的调整

一般说来，浮动汇率制下国际收支顺差的调整过程大多是一种市场自动调节的过程。在该状态下，本国经济从对外净出口和资本净流入中获得的外汇量是正值，即处于顺差状态。也就是说，在我们考察的时期中，该国通过经常账户交易及资本和金融账户交易，得到的外汇量超过了所支出的外汇量，结果引起该国外汇总量的增加。这会造成外汇市场上过剩的外汇供给。在浮动汇率制下，外汇的过剩供给将促使外汇价格下降，本国汇率上升。本国汇率上升表示该国商品相对外国商品更加昂贵。于是，该国出口将减少，进口将增加，即净出口减少。净出口的减少会使IS曲线向左方移动，汇率的上升也会使BP曲线向左上方移动。图14-13中，IS曲线和BP曲线分别移动到了IS′和BP′的位置。IS′曲线、LM曲线和BP′曲线最终共同相交于y_1和r_1的组合点B。在该收入水平和利率水平上，经济的内部均衡和外部均衡同时实现。但是，应该注意，在浮动汇率制下，在上述调整过程中，中央银行一般不会改变本国货币供给量，因此LM曲线一般不会发生移动。

总之，在浮动汇率制下，国际收支顺差的调整是借助市场自动调节机制，通过BP曲线和IS曲线的移动来实现的。

关于国际收支逆差的调整原理基本上和上面的情况相同，只是方向相反。对此，读者可以自己加以分析，此处不再赘述。

2.经济内外失衡及其调整

对这种情况，我们将从低于充分就业均衡以及同时发生国际收支失衡（以国际收支逆差为例）的状态开始考虑。

在图14-14中，充分就业的收入水平由y^*表示。经济的初始状态为：IS曲线与LM曲

线的交点位于 y^* 直线左边，这表明经济处在低于充分就业的均衡状态。由于 IS 曲线与 LM 曲线的交点不在 BP 曲线上，而处在 BP 曲线的下方，说明经济处在国际收支失衡状态，更具体地说，是国际收支逆差的状态。

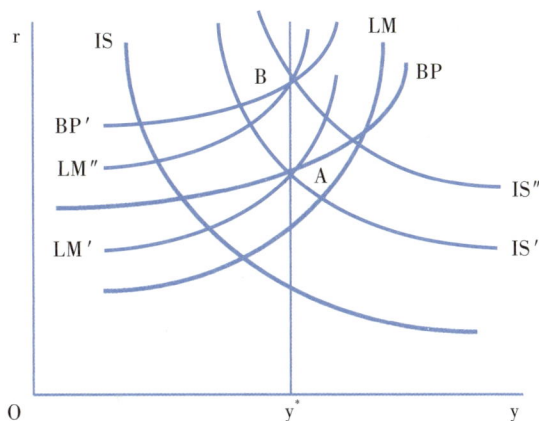

图14-14　经济的内部失衡和外部失衡状态

如果政府的政策目标仅仅是实现充分就业或国际收支均衡，则政策选择将比较容易：只需单独使用货币政策或单独使用财政政策就可以实现。例如，为了达到充分就业，可以通过扩张性财政政策把 IS 曲线沿 LM 曲线右移到 LM 曲线与 y^* 垂直线的交点处，或者通过扩张性货币政策把 LM 曲线沿 IS 曲线右移到 IS 曲线与 y^* 的交点处。再比如，为了达到国际收支均衡，可以通过紧缩性货币政策把 LM 曲线沿 IS 曲线左移到 IS 曲线与 BP 曲线相交的位置。

如果政府的政策目标是同时实现充分就业和国际收支平衡，则需要协调使用财政政策和货币政策。BP 曲线与 y^* 垂线相交于 A 点。与 IS 曲线和 LM 曲线的交点相比，A 点意味着更高的收入和更高的利率。更高的收入可以通过扩张性财政政策达到：它使 IS 曲线沿 LM 线右移（扩张性财政政策也可以使利率稍微提高）。更高的利率可以进一步通过紧缩性货币政策来达到：它使 LM 曲线沿 IS 曲线左移（紧缩性货币政策同时使收入稍微下降）。这种政策配合的结果将使 IS 曲线与 LM 曲线的交点不断接近 A 点。如果 BP 曲线保持在原有位置不变，则 IS 曲线与 LM 曲线的交点最终会达到 A 点。但是，IS 曲线与 LM 曲线的变动会引起总需求曲线从而价格水平的变动。在这里，由于 IS 曲线与 LM 曲线变动的结果是交点向右上方移动，总需求曲线也会向右移动，价格水平上升；价格水平上升造成净出口的下降，所以 BP 曲线左移，BP 曲线与 y^* 的交点上移。假定 BP 曲线与 y^* 直线的交点由于价格水平上升而上移到 B 点，这意味着应当采取更加扩张的财政政策和更加紧缩的货币政策，才能使 IS 曲线与 LM 曲线的交点达到 B 点。

总之，从原理上说，在低于充分就业和国际收支逆差同时出现的情况下，政策调整的方针是，可以通过紧缩性货币政策提高利率，以减少资本净流出，从而实现外部均衡；通过扩张性财政政策扩大总需求，以提高收入，从而实现内部均衡。不过，应该注意的是，这两种目标有可能达到时，宏观调控政策的实施也会带来一些其他问题。因为作为封闭经济中实现充分就业手段的财政政策和货币政策，其功效是有限的。而在开放经济中，财政政策和货币政策的功效就更加有限。

由此，我们看到，在开放经济中，虽然宏观经济政策所依据的基本原理没有改变，但是，由于对外经济部门的存在，政策对经济变量的影响及其后果要比以前更为复杂。我们在这里仅仅做了一种简要的论述。如果读者希望进一步了解对外经济部门在整个宏观经济理论体系中的位置及作用，可以参阅有关的国际贸易和国际金融专业方面的书籍。

本章小结

1. 在开放经济中，一国经济一旦发生国际收支顺差或者逆差的失衡状况，就需要进行调整。一般说来，任何能够影响IS曲线、LM曲线、BP曲线变动的因素，都可能直接或者间接影响国际收支的变动。如果通过宏观经济政策来影响或改变那些因素，则既能够调节国内经济均衡和经济增长，也可以对已经出现的国际收支失衡进行调节。

2. 在开放经济条件下，除财政政策和货币政策之外，还有汇率政策可以对国际收支的失衡加以调节。但是，采取汇率政策调节国际收支失衡的条件是实行浮动汇率制或管理浮动汇率制。在固定汇率制下，是谈不上使用汇率政策的。

3. 在固定汇率制度下，一国的国际收支如果发生了顺差或者逆差，从而导致汇率趋于上升或者下降，政府必须通过中央银行对外汇市场进行干预。这会使本国的货币供给发生变动，从而影响已经使用的宏观经济政策的效果。

4. 在固定汇率制和资本完全流动的条件下，一国无法实行独立的货币政策，即货币政策不会发生积极的作用，即在这时采用货币政策调节国民收入，最终是无效的；扩张性财政政策对国民收入的影响很大。

5. 在固定汇率制和资本完全不流动的条件下，货币政策最终是完全无效的；扩张性财政政策除了使利率上升、外汇流失之外，对国民收入水平和就业水平最终不产生影响。

6. 在固定汇率制和资本流动性较强的条件下，货币政策仍然是无效的，财政政策比较有效。

7. 在固定汇率制和资本流动性较弱的条件下，货币政策仍然无效，财政政策将有一定的效果。

8. 在浮动汇率制和资本完全流动的条件下，货币政策将具有增加国民收入的效果，财政政策完全无效，汇率政策最终将不具有实际效果。

9. 在浮动汇率制和资本完全不流动的条件下，货币政策是有效的；财政政策也是有效的，将使国民收入和利率同时上升。

10. 在浮动汇率制下，当资本流动性较强时，货币政策是有效的，财政政策也有一定的效果。

11. 在浮动汇率制和资本流动性较弱的条件下，货币政策仍然是有效的；财政政策也会使国民收入有所增加，利率有所提高。

12. 在浮动汇率制下，国际收支差额的调整是通过BP曲线和IS曲线的移动来实现的。一般说来，浮动汇率制下国际收支顺差的调整过程大多是一种市场自动调节的过程。

复习思考题

1. 调节国际收支的主要手段有哪些？
2. 简述固定汇率制下资本完全流动时的货币政策效果。
3. 简述固定汇率制下资本完全流动时的财政政策效果。
4. 简述固定汇率制下资本完全不流动时的货币政策效果。
5. 简述固定汇率制下资本完全不流动时的财政政策效果。
6. 简述浮动汇率制下资本完全流动时的货币政策效果。
7. 简述浮动汇率制下资本完全流动时的财政政策效果。
8. 简述浮动汇率制下资本完全流动时的汇率政策效果。
9. 简述浮动汇率制下资本完全不流动时的货币政策效果。
10. 简述浮动汇率制下资本完全不流动时的财政政策效果。
11. 调整经济内部均衡和外部均衡的政策思路是怎样的？

第15章
通货膨胀理论

学习目标

15.1
通货膨胀概述
15.2
通货膨胀的原因
15.3
通货膨胀对经济的影响
15.4
通货膨胀与价格调整曲线
15.5
反通货膨胀的政策及其效果

本章小结
本章基本概念
复习思考题

学习目标

通过学习本章，你应该能够：

◎掌握通货膨胀的定义、衡量和分类。

◎明白通货膨胀产生的原因和对经济的影响。

◎懂得通货膨胀与价格调整曲线的关系。

◎明白通货膨胀与产量变化的关系。

◎掌握反通货膨胀的政策及其效果。

通货膨胀是宏观经济运行过程中的一种特殊状态。经济学家对通货膨胀的成因及对经济运行的各种效应做了大量研究。本章将对这一论题进行最基本的介绍。

15.1　通货膨胀概述

当一个经济中的大多数商品和服务的价格连续在一段时间内普遍上涨时，宏观经济学就认为这个经济出现了通货膨胀。严格地讲，西方经济学中的通货膨胀就是指经济中一般物价水平的持续上升。按照这一定义，如果仅有一种商品的价格上升，就不能算作通货膨胀，只有大多数商品和服务的价格上升才是通货膨胀。此外，物价的偶然上升或者有升有降中的上升，也都不能叫作通货膨胀，只有普遍、持续的物价上升才能够叫作通货膨胀。

那么，如何理解和衡量大多数商品和服务价格的普遍上升呢？我们无法在成千上万种不同商品的价格中直接找到能够代表一般物价情况的商品价格。因为事实上，经济中一些商品价格上涨的同时，另一些商品的价格可能在下降，也许还有一些商品的价格保持不变。此外，各种商品价格涨跌幅度也不尽相同。面对这些复杂情况，宏观经济学必须想办法寻找一种能够代表一般物价情况的价格，以便对通货膨胀的情况进行说明和计算。

15.1.1　价格水平

宏观经济学一般用价格水平来描述整个经济中的各种商品和服务价格的总体平均数。作为一个总量指标，价格水平是用所谓价格指数来衡量的。宏观经济学中常涉及的价格指数主要有GDP折算指数、消费价格指数和生产者价格指数。关于GDP折算指数，本书在2.2部分中已经做过说明，这里不再重复。下面简要说明一下消费价格指数和生产者价格指数。

1.消费价格指数

消费价格指数（CPI）可以告诉人们，对普通家庭的支出来说，购买具有代表性的一组商品，在不同时期的花费具有多少差别。这一指数的基本意思是，人们有选择地选取一组（相对固定的）商品和服务，然后比较按当期价格购买它们的花费和按基期价格购买它们的花费。用公式表示就是：

$$CPI=\frac{一组固定商品按当期价格计算的价值}{一组固定商品按基期价格计算的价值}\times100\%$$

假如某国一个普通家庭在2011年每月购买一组相同数量的商品的费用为800元，2021年购买同样一组商品的费用是1 400元，则该国2021年的消费价格指数为：

$$CPI_{2021}=\frac{1\ 400}{800}\times100=175$$

与此相类似，如果在2001年相同的一组商品的费用为400元，那么2001年的消费价格指数（仍以2011年为基年）就是这一数值与2011年购买相同一组商品的费用比较的结果，即

$$CPI_{2001}=\frac{400}{800}\times100=50$$

2.生产者价格指数

作为衡量生产原料和中间投入品等价格平均水平的价格指数是生产者价格指数（PPI），这是对给定一组商品的成本的度量。它与CPI的不同之处在于，它包括原料和中间产品。生产者价格指数旨在对商品所处生产阶段的价格水平进行度量。这使得生产者价格指数成为表示一般价格水平变化的一个信号，被当作经济周期的早期指示性指标之一，因而受到政策制定者的密切关注。

有了生产者价格指数的概念，就可以将通货膨胀更精确地描述为经济社会在一定时期内价格水平持续和显著地上涨。通货膨胀的程度通常用通货膨胀率来衡量。通货膨胀率被定义为从一个时期到另一个时期价格水平变动的百分比。用公式表示就是：

$$\pi_t=\frac{P_t-P_{t-1}}{P_{t-1}}\times100\%$$

式中：π_t表示t时期的通货膨胀率；P_t和P_{t-1}分别表示t时期和（t-1）时期的价格水平。如果用前面介绍的消费价格指数来衡量价格水平，通货膨胀率就是不同时期的消费价格指数变动的百分比。假定一个经济的消费价格指数从去年的100增加到今年的127，那么这一时期的通货膨胀率就为27%（（127-100）÷100×100%）。

15.1.2 对通货膨胀的分类

经济学家从不同角度对通货膨胀进行了分类。

1.按照价格上升的速度分类

（1）慢速的通货膨胀，指每年物价上升的速度和比例在10%以内。目前，许多国家都在不同程度上存在这种温和的通货膨胀。一般说来，经济学家并不特别担心温和的通货膨胀，有人甚至认为这种缓慢而逐步上升的价格对经济和收入的增长有积极的刺激作用。

（2）快速的通货膨胀，指年通货膨胀率在10%以上和100%以内。这时，货币流通速度提高和货币购买力下降都具有较快的速度。经济学家认为，这种通货膨胀出现后，由于价格上涨率高，公众预期价格还会进一步上涨，因而会采取各种措施来保护自己，以免遭受通货膨胀的危害。这种举动事实上会使通货膨胀更为加剧。

（3）奔腾的通货膨胀，指年通货膨胀率在100%以上。发生这种通货膨胀时，价格持续猛涨，人们都力图尽快地使货币脱手，从而大大加快了货币流通速度。结果，货币完全失去了人们的信任，货币购买力猛降，各种正常的经济联系遭到破坏，以致货币体系和价

格体系最终完全崩溃，在严重的情况下，甚至会出现社会动乱。

2. 按照通货膨胀对不同商品的影响程度和差别分类

（1）平衡的通货膨胀，即每种商品的价格都按相同比例上升。

（2）非平衡的通货膨胀，即各种商品价格上升的比例并不完全相同。例如，甲商品的价格上涨幅度大于乙商品的，或者，利率上升的比例大于工资上升的比例等。

3. 按照人们对通货膨胀的预期情况分类

（1）没有预期到的通货膨胀，即价格上涨的速度超出人们的预料，或者人们根本没有想到价格会上涨。例如，国际市场上原料价格的突然上涨引起国内价格上涨，或者在长时期中价格不变的情况下突然出现的价格上涨。

（2）预期到的通货膨胀。例如，当某一国家的物价水平年复一年地按5%的速度上涨时，人们便会预期物价水平将会以同一比例继续上涨。既然物价按某一比例上涨成为人们意料之中的事，人们便会在日常生活中进行经济核算时把物价上涨的比例考虑在内。例如，当通货膨胀率为5%时，银行贷款的利率肯定会高于5%，因为5%的利率仅能起到补偿通货膨胀的作用。由于每个人都把5%的物价上涨考虑在内，所以每个人所要求的价格在每一时期中都要上涨5%。每种商品的价格上涨5%，劳动者所要求的工资、厂商所要求的利率都会以相同的速度上涨，因此，预料之中的通货膨胀便具有自我维持的特点，有点像物理学上运动中物体的惯性。因此，可预期的通货膨胀又被称为惯性的通货膨胀。

15.2 通货膨胀的原因

对通货膨胀的原因，经济学家提出了各种解释，大体上可以分为3个方面：

一是货币数量论的解释，它强调货币在通货膨胀形成过程中的重要作用；

二是从总需求和总供给的角度来加以解释；

三是从经济结构中相关因素变动的角度来说明通货膨胀的原因。

15.2.1 作为货币现象的通货膨胀

持货币数量论观点的经济学家解释通货膨胀问题的基本思想是，每次通货膨胀都是货币供给量迅速增长的结果。这一理论的出发点和依据是货币交易方程式：

$$MV=Py$$

式中：M表示货币供给量（假定全部用于流通）；V表示货币流通速度，被定义为名义收入与流通中的货币量之比，即一定时期（如一年）内平均一单位货币用于购买最终商品和服务的次数；P表示价格水平；y表示实际收入水平。

方程左边的MV反映的是经济中的总支出，而右边的Py为名义收入水平。由于经济中对商品和服务支出的货币额就是商品和服务的总销售价值，因而方程的两边相等。由货币交易方程式可以得到如下关系式：

$$\pi=m-y+\upsilon$$

式中：π表示通货膨胀率；m表示货币增长率；y表示产量增长率；υ表示货币流通速度的变化率。

根据该方程，可以看出通货膨胀来源于3个方面：货币流通速度的变化、货币增长和产量增长。如果货币流通速度不变，而收入处于其潜在的水平上，则可以得出结论：通货膨胀的产生主要是货币供给增加的结果，或者说，货币供给的增加是通货膨胀的基本原因。

15.2.2 需求拉动的通货膨胀

需求拉动的通货膨胀是指总需求超过总供给所引起的一般价格水平的持续显著上涨。需求拉动的通货膨胀理论把通货膨胀解释为"过多的货币追逐过少的商品"。图15-1常被用来说明需求拉动的通货膨胀。

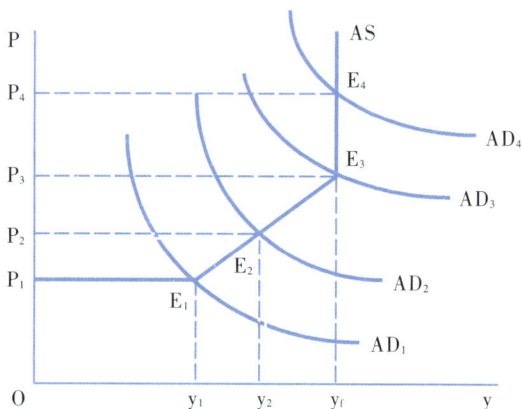

图15-1 需求拉动的通货膨胀

在图15-1中，横轴y表示总产量（国民收入），纵轴P表示一般价格水平。AD为总需求曲线，AS为总供给曲线。总供给曲线AS的水平段表示，当总产量较低时，总需求的增加不会引起价格水平的上涨。

在图15-1中，产量从零增加到 y_1，价格水平始终稳定。总需求曲线 AD_1 与总供给曲线 AS的交点 E_1 决定的价格水平为 P_1，总产量为 y_1。当总产量达到 y_1 以后，继续增加总需求，就会遇到生产过程中一定程度上供给短缺的"瓶颈"现象，即由于劳动、原料、生产设备等的不足而使价格上升，生产成本提高又会引起价格水平的上涨。图15-1中总需求曲线 AD继续提高时，总供给曲线AS便开始逐渐向右上方倾斜，价格水平逐渐上涨。总需求曲线 AD_2 与总供给曲线AS的交点决定的价格水平为 P_2，总产量为 y_2。当总产量达到最大，即为充分就业的产量 y_f 时，整个社会的经济资源全部得到利用。总需求曲线 AD_3 同总供给曲线AS的交点 E_3 决定的价格水平为 P_3，总产量为 y_f。价格从 P_1 上涨到 P_2 和 P_3 的现象被称作瓶颈式的通货膨胀。在达到充分就业的产量 y_f 以后，如果总需求继续增加，总供给就无法继续增加了，因而总供给曲线AS呈垂直形状。这时总需求的增加只会引起价格的上涨。例如，图15-1中总需求曲线从 AD_3 提高到 AD_4 时，它同总供给曲线的交点所决定的总产量并没有增加，仍然为 y_f，但是价格已经从 P_3 上涨到 P_4。这就是需求拉动的通货膨胀。西方经济学家认为，不论总需求的过度增长来自消费需求、投资需求，还是来自政府需求、国外需求，都会导致需求拉动的通货膨胀。需求方面的原因或冲击主要包括财政政策、货币政策、消费习惯的突然改变，以及国际市场的需求变动等。

15.2.3　成本推动的通货膨胀

成本推动的通货膨胀理论是一些经济学家试图从供给方面说明一般价格水平上涨原因的一种理论。成本推动的通货膨胀是指在没有超额需求的情况下由供给成本的提高所引起的一般价格水平持续和显著地上涨。

这种观点的拥护者认为，成本推动的通货膨胀主要是由工资的提高造成的。因而，他们把这种成本推动的通货膨胀叫作工资推动的通货膨胀，以区别于利润提高造成的另一种成本推动的通货膨胀。

1.工资推动的通货膨胀

工资推动的通货膨胀是指在不完全竞争的劳动市场上，过高的工资所导致的一般价格水平上涨。持工资推动通货膨胀观点的学者解释，在完全竞争的劳动市场上，工资率完全决定于劳动的供求，所以，工资的提高不会导致通货膨胀；在不完全竞争的劳动市场上，由于强大的工会组织存在，工资不再是竞争性的，而是工会和雇主集体议价的结果，而且由于工资的增长率超过生产的增长率，工资的提高就导致成本提高，从而导致一般价格水平上涨。持工资推动通货膨胀观点的学者认为，工资提高和价格上涨之间存在因果关系：工资提高会引起价格上涨，价格上涨又引起工资提高。这样，工资提高和价格上涨之间就形成了螺旋式的上升运动，即所谓工资-价格螺旋。

2.利润推动的通货膨胀

利润推动的通货膨胀是指企业利用市场的力量牟取过高利润所导致的一般价格水平上涨。持这种观点的人认为，像不完全竞争的劳动市场上工资推动的通货膨胀的前提一样，不完全竞争市场是利润推动通货膨胀的前提。在完全竞争的产品市场上，价格完全决定于产品的供求，任何企业都不能通过控制产量来改变市场价格。而在不完全竞争的产品市场上，垄断企业和寡头企业为了追求更大的利润而操纵价格，把产品价格定得很高，致使价格上涨的速度超过了成本增长的速度。

在总需求曲线不变的情况下，包括工资推动的通货膨胀和利润推动的通货膨胀在内的成本推动的通货膨胀，可以用图 15-2 加以说明。

在图 15-2 中，总需求是既定的，没有变动，变动只出现在供给方面。总供给曲线为 AS_1 时，与总需求曲线 AD 的交点 E_1 决定的总产量为 y_1，价格水平为 P_1。总供给曲线由于成本提高而移到 AS_2 时，总供给曲线与总需求曲线的交点 E_2 决定的总产量为 y_2，价格水平为 P_2。这时，总产量比以前下降，而价格水平比以前上涨。总供给曲线由于成本进一步提高而移动到 AS_3 时，总供给曲线和总需求曲线的交点 E_3 决定的总产量为 y_3，价格水平为 P_3。这时的总产量进一步下降，而价格水平进一步上涨。

由于单纯的需求拉动或成本推动的原因都不足以说明实际经济生活中一般价格水平的持续上涨，有人便提出应当同时从需求和供给两个方面以及二者的相互影响说明通货膨胀，这就是混合的通货膨胀理论。

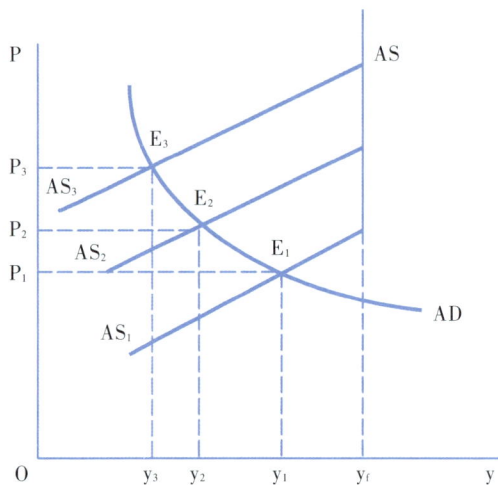

图 15-2　成本推动的通货膨胀

15.2.4　结构性通货膨胀

有些经济学家认为，在没有需求拉动和成本推动时，经济结构因素的变动也会引起一般价格水平的持续上涨。这种一般价格水平的上涨叫作结构性通货膨胀。

结构性通货膨胀理论把通货膨胀归结为经济结构本身所具有的特点造成的。持这种观点的人认为，从生产率提高的速度看，社会经济结构的特点是，一些部门生产率提高的速度快，另一些部门生产率提高的速度慢；从经济发展的过程看，社会经济结构的特点是，一些部门正在迅速发展，另一些部门渐趋衰落；从经济部门与同世界市场的关系看，社会经济结构的特点是，一些部门（开放部门）同世界市场的联系十分密切，另一些部门（非开放部门）同世界市场没有密切联系。现代社会经济结构不容易使生产要素从生产率低的部门转移到生产率高的部门，从日渐衰落的部门转移到开放部门，但是，生产率提高慢的部门、正在趋向衰落的部门以及非开放部门在工资和价格问题上都要求"公平"，要求向生产率提高快的部门、正在迅速发展的部门以及开放部门"看齐"，要求"赶上去"，结果导致了一般价格水平的上涨。

经济学家通常以生产率提高速度不同的两个部门说明结构性通货膨胀。由于生产率提高的速度不同，两个部门工资增长的速度也应当有区别。但是，生产率提高慢的部门要求工资增长向生产率提高快的部门看齐，结果使全社会工资增长速度超过生产率的增长速度，因而引起通货膨胀。

假定 A、B 分别为生产率提高速度不同的两个部门，二者的产量相等。部门 A 的生产增长率$(\Delta y/y)_A$为 3.5%，工资增长率$(\Delta W/W)_A$也为 3.5%，这时全社会的一般价格水平不会因为部门 A 的工资提高而上涨。但是，当部门 B 的生产增长率$(\Delta y/y)_B$是 0.5%，而工资增长率$(\Delta W/W)_B$因向部门 A 看齐也达到 3.5% 时，这就使全社会的工资增长率超过生产的增长率。

当两个部门在经济中的比重相同时，全社会平均的工资增长率就是：

$$\frac{\Delta W}{W}=\left[(\frac{\Delta W}{W})_A+(\frac{\Delta W}{W})_B\right]\div 2$$

$$=3.5\%$$

而全社会平均的生产增长率是：

$$\frac{\Delta y}{y}=\left[(\frac{\Delta y}{y})_A+(\frac{\Delta y}{y})_B\right]\div 2$$

$$=(3.5\%+0.5\%)\div 2$$

$$=2\%$$

这样，全社会工资增长率超过生产增长率1.5%，工资增长率超过生产增长率的百分比就是价格上涨率或通货膨胀率。上述说明同样适用在工资问题上，渐趋衰落的部门向正在迅速发展的部门看齐、非开放部门向开放部门看齐的情况。

15.2.5 通货膨胀的持续

在实际经济生活中，通货膨胀并不是价格水平的一次性改变，而是价格水平的持续上涨。在大多数情况下，通货膨胀似乎有一种惯性。如果经济有了8%的通货膨胀率，那么这8%的通货膨胀率就会有不断持续下去的趋势。

产生这种现象的原因在于，如果经济中大多数人都预期到同样的通货膨胀率，那么，这种对通货膨胀的预期就会变成经济运行的现实。在通货膨胀时期，工人与企业谈判，要求保证工资上升与物价水平上涨相一致，以保证他们的实际工资不会下降。银行在贷款时也希望确保一定的实际收益率，因此，其在确定贷款利率时，要考虑期末收回的货币值低于期初贷出时的货币值的情况。这意味着，在以货币计量的一些名义变量（如工资、租金等）的提高和价格上涨之间存在因果关系。以工资为例，工资提高引起价格上涨，价格上涨又引起工资提高，于是工资提高和价格上涨就形成了螺旋式的上升，这就是前面所说的工资-价格螺旋。

可见，单纯的需求拉动或成本推动都不足以说明一般价格水平持续上涨。事实上，无论通货膨胀的原因如何，只要发生了通货膨胀，需求拉动和成本推动过程几乎都发挥作用。即使导致通货膨胀的初始原因消失了，通货膨胀也可以自行持续下去。当工人们预期物价会上涨时，他们就会坚持要求增加工资，而工资的上升使企业成本增加，从而导致更高的价格水平。

图15-3进一步说明了通货膨胀螺旋的情况。

在图15-3（a）中，经济初始时处于均衡点E，它位于总供给曲线比较陡直的部分。现在假定出现总需求冲击，总需求曲线从AD_0移到AD_1。这个移动使得在原来的价格水平上出现了超额需求，结果价格上涨到P_1。根据上面所说的工资-价格螺旋，价格上涨会引起工资提高，较高的工资使总供给曲线向上移动，表现在图15-3（b）中，就是总供给曲线由AS_1移动到AS_2。同时，更高的工资率意味着人们有更多的货币收入，导致更多的消费，从而使总需求进一步扩大，总需求曲线由AD_1移动到AD_2。

在新的价格水平P_1下，新的总需求曲线AD_2与新的总供给曲线AS_2之间仍有差距。于是又存在一个对商品的超额需求，导致价格进一步上涨，又引发了另一轮的工资上升。这样，通货膨胀的压力在整个经济中具有不断循环下去的趋势。

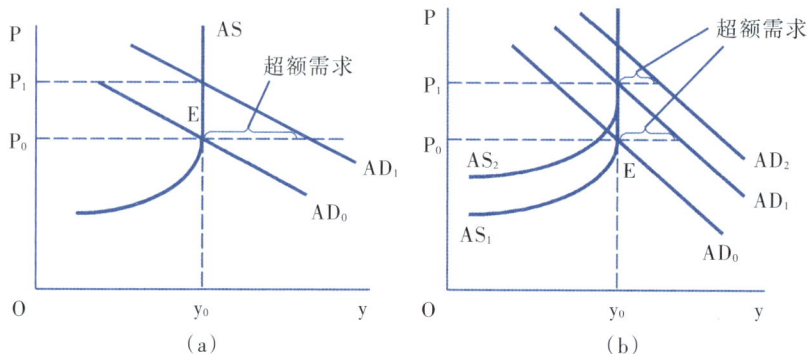

图 15-3 通货膨胀螺旋

15.3 通货膨胀对经济的影响

通货膨胀是一个能够广泛扩散其影响的经济过程，每一个经济活动的参加者和经济单位都会在某种程度上受到它的影响。这里主要从两方面来考察通货膨胀的效应。

15.3.1 通货膨胀对收入或利益再分配方面的影响

在现实经济中，产出和价格水平是一起变动的，通货膨胀常常会伴随着扩大的实际产出。只有在较少的一些情况下，通货膨胀的发生才会伴随着实际产出的收缩。为了独立地观察通货膨胀对收入分配的影响，我们假定实际收入是固定的，然后去研究通货膨胀如何影响收入的所有者，使其实际得到的收入受到影响。在分析之前，还要区分货币收入和实际收入。货币收入就是一个人所获得的货币数量；实际收入则是一个消费者用他的货币收入所能买到的商品和服务的数量。

从通货膨胀的再分配效应来看：

（1）通货膨胀对有固定货币收入的人是十分不利的。对有固定收入的人来说，其收入在通货膨胀时期内会落后于上涨的物价水平。其实际收入会由于通货膨胀而减少，其固定货币收入的实际购买力也必将随着价格的上涨而下降。于是，这些人的生活水平必然会随着通货膨胀程度的提高而相应地降低。

获取固定收入的人当中最明显的是那些领取救济金、退休金的人，某些白领阶层、公共雇员以及靠福利和其他转移支付维持生活的人。他们在相当长时间内所获得的收入是不变的，是通货膨胀的牺牲品。

相反，那些靠变动收入维持生活的人，则会从通货膨胀中得益，这些人的货币收入会走在价格水平和生活费用上涨之前。例如，在扩张的行业中工作并有强大的工会支持的工人就是这样。他们的工资合同中或者是签订有工资随生活费用上涨而提高的条款，或是有强有力的工会能够代表他们与雇主进行谈判，在每份新合同中都能得到大幅度的工资增长。那些从利润中得到收入的企业主也能从通货膨胀中获利，如果产品价格比资源价格上升得快，则企业的收益将比它的成本增长得更快。

（2）通货膨胀对储蓄者不利。随着价格上涨，存款的实际价值或购买力就会降低。那些有闲置货币和存款的人将受到严重的打击。同样，像保险金、养老金以及其他有固定价值的证券财产等，本来是用于未雨绸缪和存钱防老的，但在通货膨胀过程中，其实际价值会下降。

（3）通货膨胀还可以在债务人和债权人之间发生收入再分配的作用。具体地说，通货膨胀靠牺牲债权人的利益而使债务人获利。假如，甲向乙借款1万元，1年后归还，而这段时间内如果价格水平上涨1倍，那么1年后甲归还给乙的1万元就只相当于借出时实际价值的一半了。这里是假定借贷双方都没有预期到通货膨胀的影响；一旦预期到通货膨胀，上述的再分配情况就会改变。

实际利率为名义利率和通货膨胀率的差额。若借贷的名义利率为10%，通货膨胀率为20%，则实际利率为-10%。只要通货膨胀率大于名义利率，实际利率就是负值。有关研究表明，第二次世界大战以来，通货膨胀从居民手中把大量再分配的财富带到公共经济部门，原因有两点：

第一，政府已经负债累累，而大量的债券是掌握在居民手中的。也就是说政府是债务人，而居民是债权人。于是，战后的通货膨胀就经常将财富从居民那里转移到政府方面。

第二，一般政府所征收的所得税是累进的，所以，在通货膨胀期间，人们要多纳税。这不但因为他们的货币收入提高了，而且由于他们进入了较高的纳税级别。因此，要支付他们收入中的较大百分比给政府，必然出现这样的收入再分配结果。所以，有些经济学家认为，很难希望政府会努力去制止通货膨胀。

（4）由于居民往往既是收入的获得者，也是金融证券的持有者和实际财产（如不动产）的所有者，所以，通货膨胀对他们的影响有时可以在一定程度上相互抵消掉一部分。比如，某一家庭有价值固定的货币资产，如储蓄、债券、保险等。这既会因通货膨胀而削减其实际价值，又会增加其财富，如增加该家庭所拥有的房产、土地的价值。总之，许多居民既会因通货膨胀而得益，又会因通货膨胀而有所损失。

此外，我们应该注意到通货膨胀的再分配效应是客观的和自发形成的，它本身并未存心或者直接从谁手中拿走些收入转给其他人。

15.3.2 通货膨胀对产出方面的影响

上面的分析暗含着实际产出固定的假定，但实际上国民经济的产出水平是随着价格水平的变化而变化的。下面我们考虑可能出现的3种情况：

1. 随着通货膨胀出现，产出增加

需求拉动的通货膨胀促进了产出水平的提高。许多经济学家长期以来坚持这样的看法，认为温和的或爬行的需求拉动的通货膨胀对产出和就业将有扩张性的效应。假设总需求增加，经济复苏，造成一定程度的需求拉动的通货膨胀。在这种情况下，产品的价格会跑到工资和其他资源的价格的前面，由此扩大了企业的利润。利润的增加就会刺激企业扩大生产，从而减少失业，增加国民产出。这种情况意味着通货膨胀的再分配后果，会被更多的就业、增加的产出所获得的收益所抵消。例如，对一个失业工人来说，如果他只有在通货膨胀条件下才能得到就业机会，则其受益于通货膨胀。

2.成本推动的通货膨胀引起产出和就业的下降

假定在原来的总需求水平下，经济实现了充分就业和物价稳定。如果发生成本推动的通货膨胀，则原来总需求所能购买的实际产品的数量将会减少。也就是说，当成本推动的压力抬高物价水平时，既定的总需求只能在市场上支持一个较小的实际产出。所以，实际产出会下降，失业会上升。美国在20世纪70年代的经济情况就证实了这一点。1973年年末，石油输出国组织把石油价格翻了两番，成本推动的通货膨胀的后果是美国1973—1975年的物价水平迅速上涨，与此同时，美国的失业率从1973年的不到5%上升到了1975年的8.5%。

3.恶性或超级通货膨胀（hyperinflation）导致经济崩溃

首先，随着物价持续上升，居民和企业都会产生通货膨胀预期，估计物价会再度升高。这样，人们为了不会让自己的储蓄和现有的收入贬值，宁愿在物价进一步上涨前把钱花掉，从而会产生过度的消费购买。这样，储蓄和投资都会减少，进而使经济增长率下降。

其次，随着通货膨胀而来的生活费用的上升，劳动者会要求提高工资。他们不但会要求增加工资以抵消过去物价水平上涨所造成的损失，而且要求补偿下次工资谈判前可以预料到的通货膨胀带来的损失。于是，企业增加生产和扩大就业的积极性会逐渐丧失。

再次，企业在通货膨胀率上升时会力求增加存货，以便在稍后按高价出售，以增加利润。这种通货膨胀预期还可能鼓励企业增加新设备。不过，企业这些行为到无法筹措到必需的资金（增加存货和购买设备都需要资金）时就会停止。因为银行会在适当的时机拒绝继续为企业扩大信贷。此外，银行的利率也会上升，企业得到贷款会越来越难。当企业被迫减少存货时，生产就会收缩。

最后，当出现恶性通货膨胀时，情况会变得更糟。当人们完全丧失对货币的信心时，货币就再不能执行它作为交换手段和储藏手段的职能。这时，任何一个有理智的人将不愿再花精力去从事财富的生产和正当的经营，而会把更多的精力用在如何尽快把钱花出去，或进行种种投机活动上。等价交换的正常买卖、经济合同的签订和履行、经营单位的经济核算，以及银行的结算和信贷活动等，都无法再实现，市场经济机制也无法再正常运行。别说经济增长，大规模的经济混乱也不可避免了。

15.4 通货膨胀与价格调整曲线

通货膨胀既然表现为一般价格水平的持续和显著上涨，考察价格水平如何对由经济波动所产生的市场压力做出反应，将会对认识价格变化过程有所帮助。本部分内容主要是想推导出揭示通货膨胀率和通货膨胀压力之间关系的价格调整曲线。这一曲线基本上是从微观层次上的企业价格调整问题发展而来的。

15.4.1 没有预期的价格调整曲线

企业是针对它们所处的市场条件来调整价格的。如果需求增强，并且在既定的现行价格下，企业根据订货需求而进行的生产高于它们认为是适当的水平（通常把该水平看作企业处于潜在产出水平，即在正常市场条件下，企业在现有自身条件下的最大产量水平），它们就会提高价格；如果需求减弱，同时企业根据订货需求而进行的生产低于适当水平，它们就会降低价格。换句话说，如果需求的产量高于其潜在产量水平，则存在使价格上涨的压力；当需求的产量低于其潜在产量水平时，存在使价格下跌的压力。相应地，当以总量变量（宏观总收入或一般价格水平）来考察这一过程时，只要总产量（作为总需求来看）高于总潜在水平，一般价格水平就会有上涨的趋势；当总产量（作为总需求来看）低于总潜在水平时，一般价格水平就会有下降的趋势。特别是，如果实际需求的产量y大于潜在收入或充分就业收入y*，本期价格水平P就会上涨；反之，如果实际需求的产量y低于y*，价格水平P就会下降。于是，(y-y*)便衡量了价格变化的压力。为了使问题简化，我们用百分比来表示这种压力。通货膨胀的压力可以表示为：

通货膨胀的压力=$(y-y^*)/y^*$

当然，一个企业的价格调整是相对这个企业所认为的通行的价格水平而言的。价格调整的目的就是要改变它的价格和经济中其他价格的相对关系。然而，企业不可能准确地知道有关的通行价格水平，而且由于企业可能在未来一段时间内把价格保持在新的水平上，就要掌握准确的通行价格，就要估计在即将来临的一段时期内其他企业对自己的产品将做出的价格决策。所以，企业必须对经济中通行的价格水平做出估计或预测。

假定市场需求增加，而企业实际订货的产量高于正常产量，企业就会试图把自己的价格提高到通行的价格以上。具体说来，假定典型企业对其订货产量超过正常产量的每一个百分数，都会把自己的价格提高到高于它预期的通行价格h个百分点，那么我们就会用下面的式子来表达这种对应关系：

$$\frac{企业产品的价格水平}{预期的通行价格水平}=1+h \cdot \frac{实际需求的产量-潜在产量}{潜在产量}$$

从微观的角度看，常数h还可以被理解为企业对自己经验的依赖程度。当h=0时，表示企业产品的价格完全依赖预期的通行价格。这时，企业产品的价格水平完全等于预期的通行价格水平。当h≠0时，表示企业会在预期价格水平的基础上再结合自己对市场压力的反应来确定其产品的价格水平。

现在假设典型的企业预期的通行价格水平就是上一年的价格水平，然后对所有的企业加总，就可以写出总价格调整方程：

$$\frac{P}{P_{-1}}=1+h \cdot \frac{y-y^*}{y^*}$$

如果我们以π代表通货膨胀率的另一种表达式$\frac{P-P_{-1}}{P_{-1}}$，h为正值常数，则对上式移项整理后可以得出：

$$\pi=h \cdot \frac{y-y^*}{y^*}$$

上面的式子表明，实际订货水平对潜在产出水平的偏离与通货膨胀压力有正向关系。表达这种关系的曲线就是价格调整曲线。由于上述代表通货膨胀的方程没有包含人们对通货膨胀的预期，所以，相应的曲线就是没有预期的价格调整曲线（如图15-4所示）。

从图15-4中我们可以看到，需求的产出水平越高于潜在水平，通货膨胀率就越高；当需求的产出水平低于潜在水平时，价格调整曲线就表明通货膨胀率是负值，或者说价格水平呈下降趋势。价格调整曲线表明，通货膨胀是由市场压力所形成的，换言之，通货膨胀是经济中供求关系之间互相调整的信号。

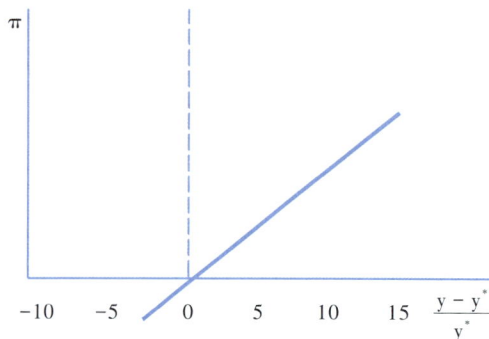

图15-4　没有预期的价格调整曲线

15.4.2　有预期的价格调整曲线

在企业预料到未来价格的变动而采取行动进行价格调整的情况下，没有预期的价格调整曲线就不能很好地说明价格调整了。这时，企业预期的通行价格水平等于上一年实际价格水平就不合理了。假如企业能够预期到通货膨胀，它们就会在一定程度上预期到通行的价格水平的上涨。如果提高相对价格是必要的，企业就会使自己产品的价格水平的上涨快于通行的价格水平的上涨。当企业存在上述行为时，通货膨胀率的表达式就应该修正为：

$$\pi=\pi^e+h \cdot \frac{y-y^*}{y^*}$$

式中：π^e表示预期的通货膨胀率。该方程就是附加预期的价格调整曲线的代数表达式，其图形如图15-5所示。

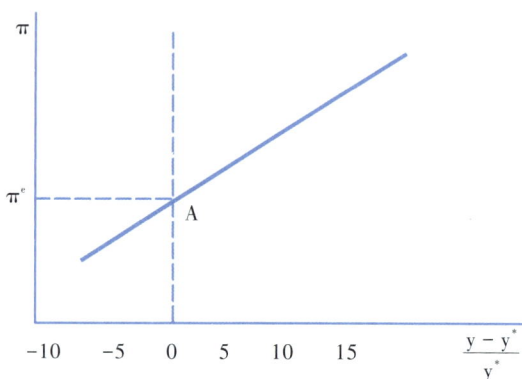

图15-5　附加预期的价格调整曲线

有通货膨胀预期的价格调整方程就是在没有通货膨胀预期的价格调整方程的右边加入一个预期通货膨胀率 π^e 之后得到的。加上预期通货膨胀率的经济含义在于：在同等条件下，如果人们都认为会出现进一步的通货膨胀，就会做出相应的反应，如争先从银行取款抢购货物等。这样一来，通货膨胀率就会由于被短期内迅猛增加的购物需求所推动而进一步上升。在图15-5中，π^e 代表 A 点与横轴的距离。附加预期的价格调整曲线表明，预期通货膨胀率越高，实际通货膨胀率也越高。

确定预期通货膨胀率 π^e 的最简单的方式是，由过去的通货膨胀率推测出 π^e。假如，用上一年的通货膨胀率推出 π^e，那么预期的通货膨胀率 π^e 就是 π_{-1}，有通货膨胀预期的价格调整方程就变为：

$$\pi=\pi_{-1}+h \cdot \frac{y-y^*}{y^*}$$

式中：π_{-1} 表示上一期的通货膨胀率。

15.5 反通货膨胀的政策及其效果

通货膨胀是十分重要的宏观经济现象和问题。20世纪70至80年代，西方国家都把控制通货膨胀作为首要的经济任务。物价几乎成为每个社会成员都非常关注的问题。物价稳定已成为西方国家宏观经济政策的一个主要目标。本部分重点论述西方国家解决通货膨胀问题的政策。

在通货膨胀问题上，经济学家的分歧首先在于是否需要治理通货膨胀，然后才是如何治理通货膨胀的问题。

在达成需要解决通货膨胀问题的共识后，经济学家认为，除去减少和控制货币供应量之外，主要有两种不同的思路来对付通货膨胀：或者用人为制造的经济衰退来解决通货膨胀问题，或者使用收入政策来缓解通货膨胀的程度。

15.5.1 用经济衰退来降低通货膨胀率

从总供求模型中可知，要降低通货膨胀率，可以通过使总需求曲线向左移动的办法来达到。在政策上，这可以通过实施紧缩性的财政政策和货币政策来实现。在实践上，存在两种不同的政策选择：渐进主义政策与激进主义政策。

1.渐进主义政策

渐进主义解决方案的基本特征是以较低的失业率和较长的时间来降低通货膨胀率。图15-6显示了渐近主义方法降低通货膨胀率的情况。

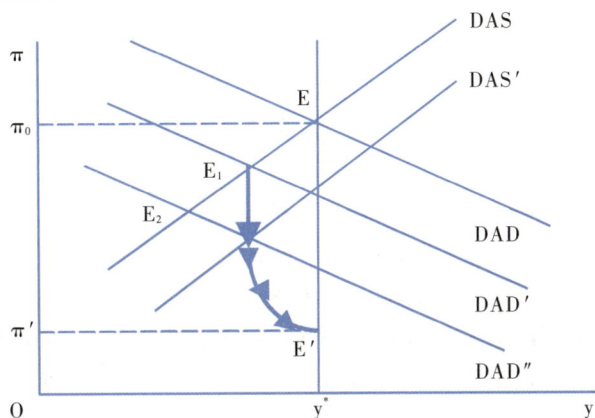

图 15-6 降低通货膨胀率的渐进主义政策

在图 15-6 中，经济最初处于动态总需求曲线 DAD 和总供给曲线 DAS 的交点 E 的状态，这时通货膨胀率较高。政府用紧缩性的经济政策使总需求曲线由 DAD 下移至 DAD′，使经济沿着总供给曲线 DAS 从 E 点移动较小距离至 E_1 点。与 E_1 点较低的通货膨胀率相对应，短期总供给曲线下移到 DAS′ 的位置。接着紧缩性政策的进一步实施使经济运行到 E_2 点，总供给曲线再次下移，这个过程不断持续下去。最后，经济运行到 E′ 点时，产量回到其潜在水平。在该点，通货膨胀率达到了预期的目标。在这一调整过程中，尽管失业始终处在正常水平之上，但并没有大规模的经济衰退。

2.激进主义政策

与渐进主义的特征相反，激进主义是以较高的失业率和较短的时间来降低通货膨胀率。图 15-7 表示了激进主义降低通货膨胀率的情况。在图 15-7 中，经济最初处在 E 点所对应的状态上，这时的通货膨胀率为 π_0。为使通货膨胀率回落到 π' 的目标水平上，政府用力度较大的紧缩性经济政策使总需求曲线下移至 DAD′ 的位置，经济由 E 点移动到 E_1 点。从图 15-7 中可见，由此造成的经济迅速衰退的程度要远远大于渐进主义的情形。

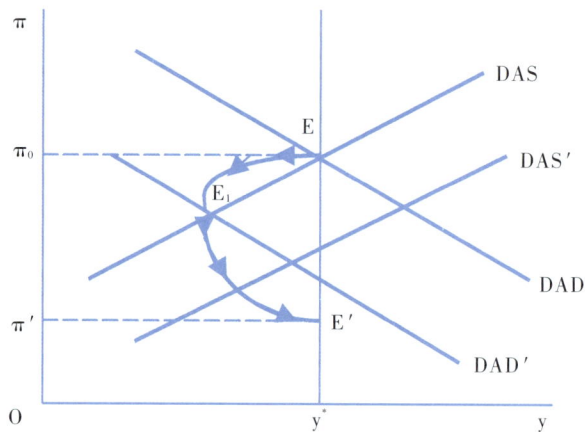

图 15-7　降低通货膨胀率的激进主义政策

激进主义政策比渐进主义政策造成通货膨胀率更大幅度地降低，使得短期总供给曲线下移了更大的距离。随着这种紧缩性经济政策的实施，经济较迅速地回落到充分就业及较低的通货膨胀率的 E′ 点上。

由图 15-7 中可以看出，激进主义政策造成了较大规模的经济衰退，但通货膨胀率的下降也迅速得多。

既然通货膨胀率的降低总会以经济衰退为代价，那么这一替代如何衡量呢？对此，宏观经济学引入了牺牲率的概念。所谓牺牲率是指（作为反通货膨胀政策结果的）GDP 损失的累计百分比与实际获得的通货膨胀率的降低量之间的比率。假定一项政策在 3 年时间内把通货膨胀率从 10% 降到 4%，其代价是第 1 年产量水平低于潜在水平 10%，第 2 年低于 8%，第 3 年低 6%，则 GDP 的总损失是 24%（10%+8%+6%），通货膨胀率的降低量是 6%（10%−4%），于是牺牲率为 4（24%÷6%）。

15.5.2　收入政策

有时政府也可以通过影响实际因素来达到控制通货膨胀的目的，这些实际因素包括对工资与物价的控制、道义劝告和改变人们对通货膨胀的预期。

1. 通过控制工资来控制物价

通过控制工资来控制物价的政策被称为收入政策。这是指政府为了降低一般价格水平上涨的速度而采取的强制性或非强制性的限制货币工资和价格的政策，其目的在于影响或控制价格、货币工资和其他收入的增长率。

收入政策的理论基础主要是成本推动的通货膨胀理论。上面说过，成本推动的通货膨胀来自供给方面，是由于供给方面提高了成本，特别是提高了工资，从而引起价格水平的上涨。因为在一个货币工资率的增长快于劳动生产率增长的经济中，价格水平的趋势是向上调整，其调整数量等于弥补上述差额所需的数量。为了进一步说明这一论断，一些经济学家从微观经济学中的货币工资等于劳动边际产品价值的以下公式出发，进行分析：

$$W = P \cdot MP_L$$

式中：W 表示货币工资；MP_L 表示劳动边际产品；P 表示产品价格。

如果在某一年份，W 提高 5%，而该年劳动边际产品 MP_L 也提高 5%，则 W/MP_L 仍然不变，从而没有发生变动的 P 仍然符合最大利润原则。如果 W 增长的百分比大于 MP_L 增长的百分比，则表示最大利润需要一个较高的价格。在这种场合下，W/MP_L 有了增加，这意味着价格相应于成本必然提高；否则，工资率的提高就会以牺牲企业的利润为代价。

有些经济学家认为，在市场竞争不完全的条件下，当通货膨胀发生时，工会和企业会利用自己的垄断力量保持自己的实际收入，因而货币工资和价格继续增长。这种增长威胁到他人的实际收入，因而导致更高的货币工资和更高的价格。为了抑制货币工资和价格，就有必要采取收入政策。

第二次世界大战后，美国、英国、法国、意大利、荷兰、瑞典、加拿大等国都曾经先后实行过收入政策。这些国家推行收入政策的手段主要是：

（1）对工资和价格进行管制，即企业和工会不经政府有关部门的同意，不得提高工资和价格。这是最强硬的措施。

（2）对工资和价格进行指导，即由政府规定工资和价格的指导指标，指令工会和企业参照执行。这类措施与第一类措施相比，较为软弱。

20 世纪 60 年代和 70 年代，美国政府曾经交替使用过这两种手段。历史上美国的肯尼迪和约翰逊政府、尼克松政府、卡特政府曾实行过 3 次收入政策，效果都不理想。

1969 年，尼克松执政的第一年，消费价格指数上升了 6.1%。尼克松政府采用财政政策和货币政策来反通货膨胀，但收效甚微。1971 年 8 月 15 日，尼克松政府采取了极端形式的收入政策，宣布自即日起全面冻结价格、工资和租金 90 天，由政府设立的生活费用委员会强制实行。这是尼克松政府收入政策的第一阶段。

1971 年 11 月 13 日进入第二阶段。在这个阶段，政府将工资和价格冻结改为工资和价格指导指标，这种指导是指令性的。工资由工资委员会管制，价格和租金由价格委员会控制，利息和红利由利息和红利委员会管理。

1973 年 1 月 11 日起为第三阶段。在这个阶段，政府将指令性的工资和价格指导改为尽可能自愿的但又有必要强制的工资和价格指导。在第三阶段的头几个月，消费价格指数急剧上升。1973年6月，尼克松政府又实行了第二次价格冻结。

1973年8月12日开始第四阶段。在这一阶段，政府对成本压力没有增大的行业以及能增加国内市场供给以减轻价格压力的行业解除管制，对其他行业则加强工资和价格指导。为期32个月的管制政策至1974年4月30日结束。此后，工资和价格又重新由市场力量决定。

大多数经济学家都反对限价的方法。

首先，人为地限制商品和服务的价格不利于资源的有效配置，因为市场经济的资源配置依赖价格信号。

其次，这种做法没有触及通货膨胀的深层原因，如对商品的超额需求。

最后，这种控制是难以实施的，而且通常会导致不同程度的低效率。比如，工资被控制时，雇主可以通过对职位重新分类而绕过控制。增加秘书的工资也许是违法的，但是，提升秘书到一个"新"的岗位就不违法了，将秘书升为主任助理，就可以增加薪酬。

强行限价还存在另一个困难。因为通货膨胀是所有商品的价格一起上涨，而不是每个商品的价格分别上涨。即使价格总水平没有上涨或上涨很少，各种商品的相对价格也在不断地变化着。如果物价控制要持续相当长时间，它必须允许这些相对价格的变动；如果不这样，低于均衡价格的那些商品就会有短缺的情况。

2.道义劝告

政府的另一种反通货膨胀的办法，是使用非正式的工资和物价控制。政府不直接控制工资和物价，而是更巧妙地借助一种被称作道义劝告或施加压力的办法。这种方法试图劝说企业和工人不要涨价或增加工资。政府编制了工资和物价的指导线，希望工人和企业能够遵守。政府可以通过一个杠杆，产生一种比求助于人们道德诚实更强有力的力量。这一杠杆就是，政府可以用不购买该企业的产品来威胁那些不听从劝告的企业。这种施加压力的做法在一个时期果然产生了效果。肯尼迪总统曾担心美国钢铁公司提价会引起通货膨胀和工资的螺旋式上升。他通过对钢铁公司施加压力，成功地使公司撤销了提价的企图。

3.改变人们对通货膨胀的预期

道义劝告的办法之所以能够奏效，很大程度上是因为这种方法打破了人们对通货膨胀的心理预期。这种预期在使通货膨胀持续方面具有重要作用。如果工会和企业坚信双方都会屈从于政府压力，就会愿意缓和自己对工资的要求和提价的要求。但是，这一点也正是道义劝告不那么可靠的地方，因为很难对市场的心理反应做出预测。

实际上，从某种角度讲，货币政策也具有劝说作用。因为中央银行可以借助货币政策让人们确信它对通货膨胀的强硬立场。如果中央银行能够成功，它就打破了人们对通货膨胀的预期，工资增长会降低，工资-物价螺旋式上升也会被打破。如果通货膨胀被打破，就不必再采取紧缩信贷的政策，因为这种紧缩政策对产出和就业都有负面影响。

政府的政策能够成功，部分得力于人们相信它可以成功。如果人们相信政府所采取的打破通货膨胀的行动是能够成功的，这种信心和预期本身就有助于消灭通货膨胀。相反，如果人们认为政策不可能奏效，通货膨胀的预期就不可能被打破，通货膨胀就可能持续下去。

如果人们的预期变化缓慢，在失业与通货膨胀之间就会存在一种替换关系，这种关系会持续相当长的时间。由于人们的预期变化缓慢，所以政府更容易在不致引发较高通货膨胀率的情况下降低失业。但是，一旦通货膨胀的预期发展起来，要想停止通货膨胀就很难了。即使失业率很高，通货膨胀率也可能会很高。要想使通货膨胀率降下来，就必须使高失业率维持相当长的时期。

由此可见，前面所说明的激进主义政策具有非常有利的一点就是，它比渐进主义更能清楚地体现出决定性的政策变化，来引导企业以降低通货膨胀率为目标。激进主义政策似乎比渐进主义政策更令人可信。而一种可信的政策会增强公众的信心，相信它会最终获得成功。实际上，对政策已经改变的信念本身也会降低预期通货膨胀率，并由此引起短期菲利普斯曲线的向下移动。

本章小结

1.当一个经济中的大多数商品和服务的价格连续在一段时间内普遍上涨时，宏观经济学就称这个经济经历着通货膨胀。通货膨胀就是指经济中一般物价水平的持续上涨。

2.宏观经济学中常涉及的价格指数主要有GDP折算指数、消费价格指数（CPI）和生产者价格指数（PPI）。通货膨胀就是借助这些指数的变动来表达的。

3.通货膨胀率被定义为从一个时期到另一个时期价格水平变动的百分比。

4.对通货膨胀可以从不同角度进行分类，一般可以按照价格上涨的速度、通货膨胀对不同商品的影响程度和差别，以及人们对通货膨胀的预期情况加以区分。

5.通货膨胀形成的原因主要有需求拉动、成本（工资和利润）推动、需求和成本二者的联合作用、结构原因、货币发行过多，以及通货膨胀的惯性和通货膨胀下的预期等。

6.通货膨胀对经济的影响主要是在收入或利益再分配方面、产出方面、人们对价格信号的信心方面。

7.价格调整曲线（方程）是反映价格变动趋势的一种有效方法。

8.对付通货膨胀主要有两类方法：制造经济衰退、使用收入政策。前者可分为激进主义政策和渐进主义政策两类。激进主义政策的基本特征是以较高的失业率和较短的时间来降低通货膨胀率。渐进主义政策的基本特征是以较低的失业率和较长的时间来降低通货膨胀率。

9.通过控制工资来控制物价的政策被称为收入政策。这是指政府为了降低一般价格水平上升的速度而采取的强制性或非强制性的限制货币工资和价格的政策。收入政策往往还伴随着其他像道义劝告、改变人们对通货膨胀的预期等措施。

本章基本概念

通货膨胀　消费价格指数　生产者价格指数　通货膨胀率　慢速的通货膨胀　快速的通货膨胀　奔腾的通货膨胀　平衡的通货膨胀　非平衡的通货膨胀　需求拉动的通货膨胀　成本推动的通货膨胀　工资–价格螺旋　混合的通货膨胀　结构性通货膨胀　价格调整曲线　收入政策

复习思考题

1.通货膨胀形成的原因是什么？

2.通货膨胀对经济的影响有哪些？

3.对付通货膨胀的办法主要有哪些？

4.对付通货膨胀最有效的办法是什么？

5.试述收入政策的运用效果。

6.价格调整曲线包含哪些因素？

7.当企业预期到通货膨胀时，价格调整曲线会发生怎样的变动？

8.工资–物价螺旋是怎样交替上升的？

第16章
失业与通货膨胀的关系

学习目标

学习目标

通过学习本章，你应该能够：
◎明白菲利普斯曲线的经济学含义，掌握奥肯定律的经济学意义。
◎掌握菲利普斯曲线对宏观经济政策的意义。
◎明白菲利普斯曲线的变化。

通货膨胀与失业之间的关系问题，是宏观经济学中的一个重要问题。20世纪20年代，美国经济学家费雪最早研究了失业与通货膨胀之间的关系，得出了这两个变量之间的替代关系。1958年，英国经济学家菲利普斯（A. W. Phillips）利用英国1861—1957年的资料，经研究后发现，货币工资上涨率与失业率之间具有稳定的反向变动关系，将其表示为曲线，即著名的菲利普斯曲线。由于早期的凯恩斯主义理论中并没有适当地说明通货膨胀的理论，所以菲利普斯曲线一出现，就被凯恩斯主义的经济学家引入宏观经济学体系，作为说明通货膨胀问题的重要理论工具。但这种做法也招致相当多的批评与修正。

16.1 菲利普斯曲线概述

在现代宏观经济学中，价格调整曲线被看作菲利普斯曲线的另一种形式。

在图16-1中，横轴U代表失业率，纵轴W代表工资上涨率。向右下方倾斜的菲利普斯曲线PC表示，如果工资上涨率较低，则失业率较高；反之，如果工资上涨率较高，则失业率较低。

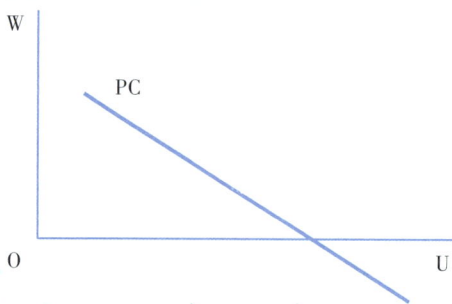

图 16-1 菲利普斯曲线

工资上涨意味着物价水平上涨，所以在失业与通货膨胀之间存在一种反向变动关系。于是，用通货膨胀率代替工资上涨率便成为宏观经济学表示菲利普斯曲线的一种较为常见的方式（如图16-2（a）所示）。

图16-2（a）给出的是一条典型的向右下方倾斜的菲利普斯曲线，它表示较高的失业率伴随着较低的通货膨胀率。通货膨胀率为零时的失业率U_N即为自然失业率。菲利普斯曲线在该点上表明，当经济达到自然失业率状态时，工资及物价都是稳定的，不存在通货

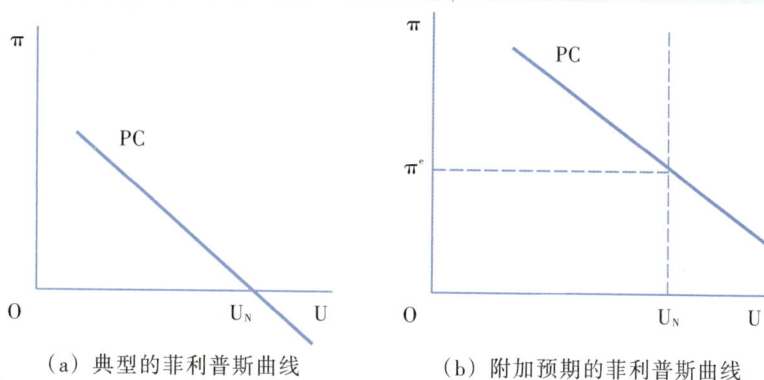

（a）典型的菲利普斯曲线　　　　　　（b）附加预期的菲利普斯曲线

图 16-2　不同的菲利普斯曲线

膨胀。典型的菲利普斯曲线揭示的通货膨胀和失业之间这种交替关系及政策含义是，较少的失业能够通过承受较高的通货膨胀率而获得，而通货膨胀率能够通过承受较多的失业代价而下降。

图 16-2（a）是就预期通货膨胀率 π^e 为零的情况而言的，当预期通货膨胀率不等于零时，我们可以得到第 15 章有通货膨胀预期的价格调整曲线那样的图形（如图 16-2（b）所示）。

第 15 章所推导的价格调整曲线说明了通货膨胀率与实际需求（订货）的产量水平对其潜在水平的偏离有正向关系。同时，产出与失业之间具有较密切的关系。在宏观经济学中，产出和失业之间的经验关系由美国经济学家奥肯首先提出，本书 8.1.1 部分已经介绍过奥肯定律。由此，我们比较容易理解，价格调整曲线在本质上就是菲利普斯曲线。有鉴于此，人们有时也把没有预期的价格调整曲线和有预期的价格调整曲线分别称为没有预期的菲利普斯曲线和附加预期的菲利普斯曲线。

16.2　菲利普斯曲线与宏观经济政策

萨缪尔森和索洛在修正了菲利普斯曲线之后指出，在菲利普斯曲线稳定的情况下，它可以成为政策当局选择适当的通货膨胀率和失业率组合的工具。当图 16-3 中的菲利普斯曲线稳定时，政策当局就可以沿着既定的菲利普斯曲线来决定适当的通货膨胀率与失业率的组合。

在图 16-3 中，从 A 点和 B 点两组通货膨胀率与失业率的组合可以看出，利用菲利普斯曲线进行政策目标的选择具有重要的政策含义。A 点表示，如果政策当局想压低失业率，就必须付出较高通货膨胀率的代价。相反，B 点表示，如果政策当局的目标是较低的通货膨胀率，则必须以较高的失业率为代价。因此，在稳定的菲利普斯曲线下，通货膨胀率与失业率之间具有"鱼与熊掌不可兼得"的取舍关系。

从菲利普斯曲线上我们可以发现，线上有无数组通货膨胀率与失业率的组合可供政策当局选择。但是，究竟哪一组才是最适当的组合，是无法从菲利普斯曲线本身找到答案的。因为菲利普斯曲线所代表的只是政策当局所面临的通货膨胀率与失业率关系的客观条

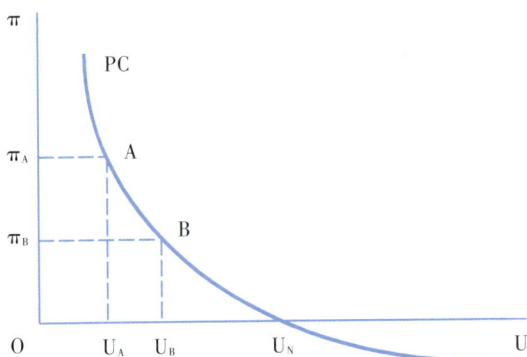

图16-3　通货膨胀与失业的交替关系

件。要决定最适当的组合，还需要看政策当局对通货膨胀率和失业率的主观态度如何。因此，决定最适当的通货膨胀率与失业率组合的问题，可以看成是在菲利普斯曲线的客观条件限制下，政策当局如何使其主观效果达到最大适当程度的问题。

政策当局在菲利普斯曲线的限制下，为追求社会福利最大，必须使社会福利函数的无差异曲线的斜率等于菲利普斯曲线的斜率。前者代表政策当局对通货膨胀率与失业率之间的主观评价，后者则为经济体系所决定的通货膨胀率与失业率之间的客观取舍关系。

图16-4将菲利普斯曲线和社会福利无差异曲线结合在一起，表示在菲利普斯曲线的限制下，社会福利最大的均衡点就在菲利普斯曲线与无差异曲线 ω_0 的切点。此时，均衡的通货膨胀率与失业率分别为 π_0 与 U_0。

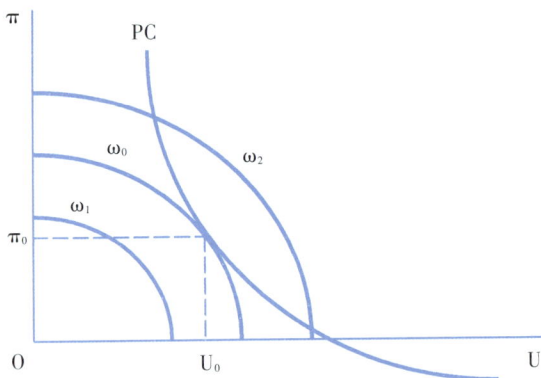

图16-4　最适当的通货膨胀率和失业率组合的决定

观察图16-5，可以发现，即使菲利普斯曲线的位置不变，均衡通货膨胀率与失业率的组合也可能因政策当局对通货膨胀率与失业率的主观态度不同而异。图16-5中的（a）图和（b）图的菲利普斯曲线位置相同，只是社会福利函数的无差异曲线形状不同。图16-5（a）的社会福利无差异曲线较陡直，表示政策当局较重视失业问题，其均衡点表示较低的失业率与较高的通货膨胀率的组合。反之，图16-5（b）的社会福利无差异曲线较平坦，表示政策当局较重视通货膨胀问题，其均衡点表示较低的通货膨胀率与较高的失业率的组合。

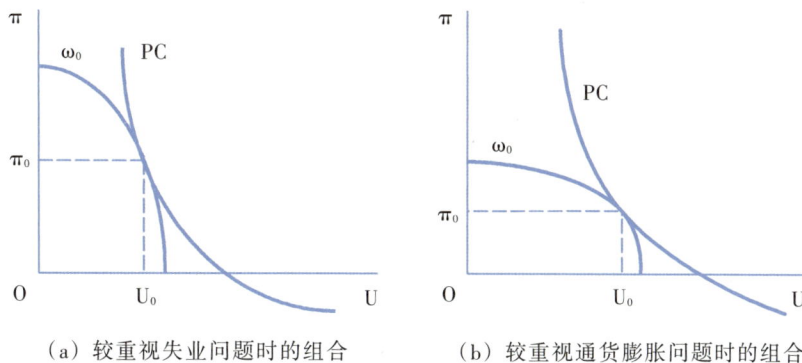

（a）较重视失业问题时的组合　　　　（b）较重视通货膨胀问题时的组合

图16-5　政策选择的不同组合

16.3　菲利普斯曲线的变化

政策当局把菲利普斯曲线作为政策选择的工具时，必须以菲利普斯曲线的稳定为条件，也必须以通货膨胀率和失业率之间存在替代关系为条件。但是，经济学家对这两个条件是否存在有着不同的看法和争论。埃德蒙·费尔普斯（Edmund S. Phelps）于1967年和1972年，弗里德曼于1968年和1977年，曾经先后对这两个前提质疑。他们主要怀疑菲利普斯曲线的稳定性，怀疑菲利普斯曲线所显示的通货膨胀率和失业率之间的替代关系在长期中是否仍然会存在，怀疑在任意一条菲利普斯曲线上选择一组通货膨胀率与失业率组合的政策本身，是否会影响菲利普斯曲线的位置。

这些问题的产生主要是由于菲利普斯、里普西、萨缪尔森和索洛等人在讨论菲利普斯曲线时，没有考虑通货膨胀的预期问题；如果把预期问题考虑在内，菲利普斯曲线将有短期与长期之分。短期菲利普斯曲线会因为对通货膨胀的预期而发生移动。长期菲利普斯曲线则要看通货膨胀预期调整的速度情况，可能会是一条很陡的曲线，也可能是一条垂直线，这表明在长期内，通货膨胀率与失业率之间基本不存在替代关系，或者完全不存在替代关系。

弗里德曼和费尔普斯的观点可以用图16-6来表示。图16-6中的纵轴代表通货膨胀率，横轴代表失业率。该图形与前面说过的菲利普斯曲线的最大不同是，这里的菲利普斯曲线将弗里德曼和费尔普斯所考虑的预期通货膨胀率加进来了。所以，菲利普斯曲线将随着预期通货膨胀率的提高而上升。这也就是附加预期的菲利普斯曲线。图16-6中每一条菲利普斯曲线的位置都不同，表示通货膨胀预期的不同。通货膨胀预期越高，菲利普斯曲线的位置就越高。

假定原均衡时，通货膨胀率 $\pi=0$，预期通货膨胀率 $\pi^e=0$，菲利普斯曲线为 PC_0。该菲利普斯曲线与横轴相交，决定自然失业率为 U_N。如果政策当局认为，该自然失业率仍然太高，于是采取相关政策，使其降到 U_1，则通货膨胀率将沿着既定的菲利普斯曲线 PC_0 上

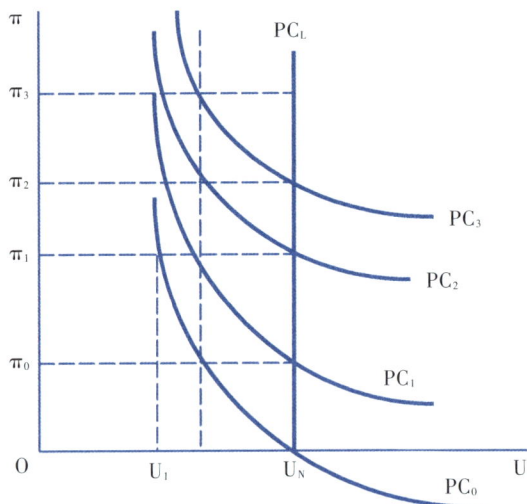

图 16-6　长期和短期的菲利普斯曲线

升到 π_1。人们对通货膨胀的预期将随之提高到 $\pi^e=\pi_1$，造成菲利普斯曲线向上移动到 PC_1。这时，失业率虽然恢复到自然失业率水平 U_N，但通货膨胀率已经上升到了 π_1。如果政策当局再采取扩张性政策，想使失业率下降到 U_1 的水平，通货膨胀率就会沿着新的菲利普斯曲线 PC_1 上升到 π_2。人们的通货膨胀预期也将由 $\pi^e=\pi_1$ 提高到 $\pi^e=\pi_2$，造成菲利普斯曲线向上移动到 PC_2 的位置。失业率又恢复到原来的自然失业率水平 U_N。通货膨胀率却更进一步上升到 π_2。由此可见，如果将预期通货膨胀率对菲利普斯曲线的影响考虑进来，那么扩张性政策虽然能够在短期内暂时降低失业率，但是无法在长期内降低失业率。因此，政策当局只有持续采用扩张性政策，才能使失业率低于自然失业率。不过，如果政策当局真的这样做，就必须付出通货膨胀率加速上升的代价。弗里德曼和费尔普斯的这种观点被叫作加速的通货膨胀理论。

　　根据弗里德曼和费尔普斯的看法，附加预期的菲利普斯曲线虽然具有短期内通货膨胀率与失业率之间的暂时性替代关系，但是，在长期内，人们会通过通货膨胀预期向实际通货膨胀率调整。因此，长期的菲利普斯曲线就成为一条在自然失业率上的垂直线，通货膨胀率和失业率的替代关系也就不复存在。

　　不过，如果预期通货膨胀率向实际通货膨胀率调整的系数小于1，即使在长期内，预期通货膨胀率等于实际通货膨胀率，长期菲利普斯曲线只是比短期菲利普斯曲线更陡直，而不会是垂直的。换句话说，如果调整系数小于1，即使在长期菲利普斯曲线上，通货膨胀率与失业率仍然会有替代关系，只是不如短期菲利普斯曲线的替代关系那么强。因此，长期内通货膨胀率与失业率之间究竟有无替代关系，主要在于调整系数的大小，以及预期通货膨胀率是否等于实际通货膨胀率这两个重要条件。

本章小结

1.向右下方倾斜的菲利普斯曲线表示较高的失业率伴随着较低的通货膨胀率，或者较低的失业率伴随着较高的通货膨胀率。

2.价格调整曲线在本质上就是菲利普斯曲线。因此，人们有时也把没有预期的价格调整曲线和有预期的价格调整曲线分别称为没有预期的菲利普斯曲线和附加预期的菲利普斯曲线。

3.菲利普斯曲线在稳定的情况下可以成为政策当局选择适当的通货膨胀率和失业率组合的工具。

4.附加预期的菲利普斯曲线虽然具有短时期内通货膨胀率与失业率之间的暂时性替代关系，但是，在长期内，人们会通过通货膨胀预期向实际通货膨胀率调整，因此，长期的菲利普斯曲线就成为一条在自然失业率上的垂直线，通货膨胀率和失业率的替代关系也就不复存在。

5.如果预期通货膨胀率向实际通货膨胀率调整的系数小于1，即使在长期内，预期通货膨胀率等于实际通货膨胀率，长期菲利普斯曲线的斜率只是会比短期菲利普斯曲线更陡直，而不会是垂直的。

6.长期内通货膨胀率与失业率之间究竟有无替代关系，主要在于调整系数的大小，以及预期通货膨胀率是否等于实际通货膨胀率这两个重要条件。

本章基本概念

菲利普斯曲线

复习思考题

1.菲利普斯曲线和价格调整曲线有什么区别？

2.菲利普斯曲线有什么政策含义？

3.为什么长期内的菲利普斯曲线是垂直的？

4.长期内通货膨胀率与失业率之间究竟有无替代关系？这主要取决于什么？

第17章
经济周期理论

学习目标

17.1
经济周期理论概述
17.2
实际经济周期模型

本章小结
本章基本概念
复习思考题

学习目标

通过学习本章，你应该能够：

◎懂得经济周期的一般知识。

◎了解历史上出现过的一些经济周期理论的大致情况。

◎掌握乘数–加速数的经济周期模型。

◎知道实际经济周期理论。

市场经济发展的历史表明，经济发展的总体趋势增长过程常常伴随着经济活动的上下波动，而且呈现出周期性变动的特征。这就是本章将要概述的经济周期问题以及与之有关的理论概况。

17.1　经济周期理论概述

17.1.1　经济周期的定义及阶段

经济周期（又称商业循环）是指经济活动沿着经济发展的总体趋势所表现出的有规律的扩张和收缩。

图17-1是表示经济周期变动的一个典型的曲线图。图17-1中正斜率的直线是经济增长的长期趋势线。由于经济在总体上保持着或多或少的增长，所以经济增长的长期趋势线是正斜率的。经济周期大体上会经历以下阶段：

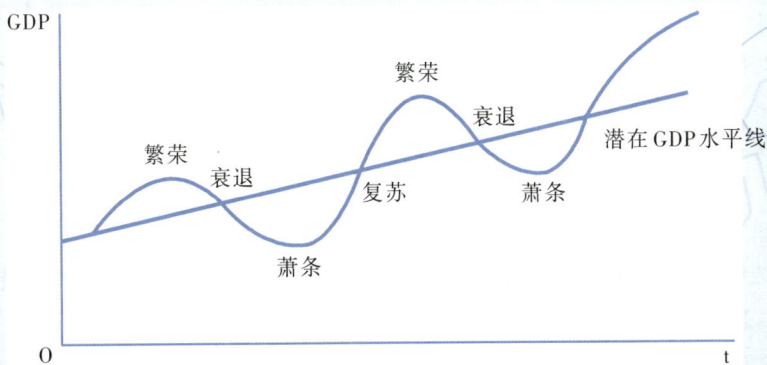

图17-1　经济周期变动的曲线和经济增长的趋势线

1.繁荣阶段

经济处于繁荣阶段时，就业增加，产量扩大，社会总产出逐渐达到最高水平。但是，繁荣阶段不可能长期维持下去。当消费增长放慢，引起投资减少时，或投资本身下降时，经济就会开始下滑，使经济进入衰退阶段。

2.衰退阶段

在衰退阶段初期，由于需求，首先是消费需求与生产能力的偏离，使投资增加的势头受到抑制，随着投资减少，生产下降，失业增加；消费减少，产品滞销，价格下降，进而使企业利润减少，致使企业的投资进一步减少，相应地，收入也不断地减少，最终会使经济跌落到萧条阶段。

3.萧条阶段

萧条（又称谷底）阶段是指经济活动处于最低水平的时期。在这一阶段存在大量的失业，大批生产能力闲置，工厂亏损，甚至倒闭。但萧条阶段也不可能无限延长。随着时间的推移，现有设备的不断损耗，以及由消费引起的企业存货的减少，企业考虑增加投资。这又使就业开始增加，产量逐渐扩大，经济进入复苏阶段。

4.复苏阶段

复苏阶段是指经济走出萧条阶段并转向复苏的阶段。在复苏阶段，生产和销售回增，就业增加，价格也有所提高，整个经济呈上升的势头。随着生产和就业继续扩大，价格上涨，整个经济又逐步走向繁荣阶段。接着，经济又开始了周期变动的又一个循环。

17.1.2 经济周期的类型

经济学界公认的经济周期类型是由美国经济学家约瑟夫·熊彼特（Joseph A. Schumpeter）在20世纪30年代末所划分的。熊彼特将经济周期划分为长周期、中周期和短周期。

1.长周期

长周期又称长波，指一个周期平均长度为50年左右的经济周期。这一划分最初是由苏联经济学家康德拉季耶夫（N. D. Kndratieff）于1925年发表的《经济生活中的长波》一文中首先提出的，所以经济长周期又称康德拉季耶夫周期。

2.中周期

中周期又称中波，指一个周期平均长度为9到10年的经济周期。经济学家对中周期的研究开始较早。1860年，法国经济学家朱格拉（C. Juglar）在其《论法国、英国和美国的商业危机及其发生周期》一书中较早系统地分析了这种经济周期，所以经济中周期又名朱格拉周期。

3.短周期

短周期又称短波，指一个周期平均长度为40个月左右的经济周期。它最早由美国经济学家基钦（J. Kitchin）于1923年提出，所以经济短周期又叫基钦周期。

17.1.3 经济周期理论的内容

经济周期的阶段性变动特征及一周期的长度，是宏观经济运行发生周期性变动的外部特征。那么，造成经济周期的原因是什么呢？对此，西方经济学家给出了种种不同的说明和解释。大致说来，现代经济周期理论可以划分为凯恩斯主义的经济周期理论和非凯恩斯主义的经济周期理论。关于前者，我们会在后面给出一个有代表性和有影响的经济周期模型。关于后者，由于内容较多，这里仅做简要概述。

在众多的非凯恩斯主义的经济周期理论中，比较有名的有以下几种理论：

1.消费不足论

消费不足论认为，经济衰退的原因在于收入中用于储蓄的部分过多，用于消费的部分不足。储蓄过多和消费不足又是由收入分配过于不均等所造成的。同可以投资的数量相比，富人得到了过多的收入。如果收入分配均等一些，储蓄就不会过多，消费也就不会不足。

2.投资过度理论

投资过度理论认为，经济衰退的原因不是投资太少，而是投资过多。投资过多是指资本品（和耐用品）生产部门的发展超过了消费品生产部门的发展。经济扩张时，资本品（和耐用品）生产增长的速度比消费品快；经济衰退时，资本品（和耐用品）生产下降的速度也比消费品快。资本品（和耐用品）投资的波动造成了整个经济波动。

3.货币信用过度论

货币信用过度论把经济周期看作一种货币现象，认为经济波动是银行货币和信用波动的结果。按照这一理论，银行货币和信用的扩张会导致利率下降，从而引起投资增加，走向繁荣；反之，银行货币和信用的紧缩会导致利率上升，从而引起投资减少，走向衰退。

4.创新理论

创新理论认为，创新是经济周期波动的主要原因。据称，技术革新和发明等经济创新不是均匀的、连续的过程，而是有高潮和低潮，因而导致经济增长和下降，形成经济周期。

5.心理理论

心理理论认为，经济周期波动的原因在于公众心理反应的周期变化。这种理论用心理上的乐观预期和悲观预期的交替来说明繁荣和萧条的交替。人们对前途持乐观态度时，投资和生产增加，经济走向繁荣；人们对前途持悲观态度时，投资和生产下降，经济走向衰退。

6.太阳黑子论

太阳黑子论认为，太阳黑子周期性地造成恶劣的气候，使农业收成不好，影响了工商业，从而使整个经济周期性地出现衰退。

7.政治周期理论

政治周期理论认为，政府交替执行扩张性政策和紧缩性政策，造成了扩张和衰退的交替出现。为了实现充分就业，政府实行扩张性财政和货币政策。但是，在政治上，财政赤字和通货膨胀会遭到公众反对。于是，政府又不得不转而实行紧缩性政策，也就是人为地制造经济衰退。这就是政府干预经济所造成的新型的经济周期，其原因在于充分就业和价格水平稳定之间存在矛盾。

当前，政治周期理论也用西方国家的政府选举周期来解释。当大选来临时，政客们为了拉选票，会迎合社会民众的要求，实行扩张性政策来制造短暂的经济繁荣。当大选结束后，领导人又会将民众愿望放置一旁，或者从现实出发去收拾残局和处理经济短暂繁荣引起的后遗症。这样一来，经济活动就在政府大选的周期中呈现了周期变动的特点。

17.1.4 乘数-加速数的经济周期模型

在凯恩斯主义的经济周期理论中，乘数-加速数模型是一个有代表性和有影响的模型。

1.加速原理

在宏观经济学中，产量水平的变动和它所引起的投资支出数量的变动之间的关系被称为加速原理。

一般来说，要生产更多的产量需要更多的资本，进而需要用投资来扩大资本存量。在一定的限度内，企业有可能用现有的资本通过集约使用来生产更多的产品，但在任何时候，企业总认为有一个最优的资本与产量的比率。这个比率不仅在行业与行业之间差别很大，而且随着社会技术和生产环境的变动而发生变动。在宏观经济学中，为了降低复杂性，通常假定这个比率在一定时间内保持不变。

以 k 代表资本存量，y 代表产量水平，v 代表资本–产量比率，即一定时期每生产 1 单位货币价值量的产量所要求的资本存量的货币额，则有：

$$k=vy$$

这里要注意：k 是存量，而 y 是流量，所以一般情况下，v>1。假定 v=3，意味着要生产 200 元的 y，就需要有 600 元的 k。

引入时期的概念，则（t–1）时期的 k 和 y 的关系可表示为：

$$k_{t-1}=vy_{t-1}$$

如果产量从 y_{t-1} 变动到 y_t，则资本存量也将从 k_{t-1} 变动到 k_t，即

$$k_t=vy_t$$

于是资本存量的增加量是（k_t-k_{t-1}）。为了增加资本存量，需要投资支出为净额。以 i_t 表示 t 时期的投资净额，即净投资，则有：

$$i_t=k_t-k_{t-1}$$

进而有：

$$i_t=vy_t-vy_{t-1}=v(y_t-y_{t-1})$$

该方程表明，t 时期的净投资决定于产量从（t–1）期到 t 期的变动量乘以资本–产量比率。如果 $y_t>y_{t-1}$，则在 t 时期有正的净投资。该方程告诉我们，净投资取决于产量水平的变动，其变动的幅度取决于 v 的数值。资本–产量比率 v 在这里通常被称为加速数。

总投资由净投资与重置投资（或更新投资）构成，如果将重置投资视为折旧，则在上述方程两边同时加上折旧，便有：

t 时期的总投资=v(y_t-y_{t-1})+t 时期的折旧

由上面两个方程所表示的加速原理说明，如果加速数为大于 1 的常数，则资本存量的增加必须超过产量的增加。应当指出，加速原理发挥作用是以资本存量得到了充分利用，而且生产技术不变，从而资本–产量比率固定不变为前提的。

2.乘数–加速数模型的基本思想

乘数–加速数模型试图把外部因素和内部因素结合在一起对经济周期给出解释，同时，它特别强调投资变动的因素。假设新发明的出现使投资的数量增长；投资数量的增长会通过乘数作用使收入增加；当人们的收入增加时，其会购买更多的物品，从而整个社会的商品销售量增加。通过上面所说的加速数的作用，销售量的增加会促进投资以更快的速度增长，而投资的增长又使国民收入增长，从而销售量再次上升。如此循环往复，国民收入将不断增加，于是社会经济处于经济周期的繁荣阶段。

但是，社会的资源是有限的，收入的增长迟早会达到资源所能容许的最高限度。一旦

经济达到经济周期的峰顶，收入就不再增长，销售量也不再增长。根据加速原理，销售量增长的停止意味着投资量下降为零。由于投资下降，收入减少，从而销售量因之减少。又根据加速原理，销售量的减少使得投资进一步下降，而投资的下降又使国民收入进一步下降。如此循环往复，国民收入会持续下降。这样，社会便处于经济周期的衰退阶段。

收入的持续下降使社会最终达到经济周期的谷底。这时，由于在衰退阶段长时期所进行的负投资，生产设备逐年减少，所以仍在营业的一部分企业会感到有必要更新设备。这样，随着投资的增加，收入开始增加。增加的国民收入通过加速数的作用又一次使经济进入繁荣阶段。于是一次新的经济周期又开始了。

3. 乘数－加速数模型

对乘数－加速数模型贡献最大的两位经济学家是英国的希克斯和美国的萨缪尔森。萨缪尔森所提出的乘数－加速数模型的基本方程如下：

$$y_t = c_t + i_t + g_t$$
$$c_t = \beta y_{t-1} \quad (0 < \beta < 1)$$
$$i_t = v(c_t - c_{t-1}) \quad (v > 0)$$

第1个方程为产品市场的均衡公式，即收入恒等式。为简便起见，我们假定政府购买 $g_t = g$（常数）。第2个方程是简单的消费函数，它表明，本期消费是上一期收入的线性函数。第3个方程表明，按照加速原理，本期投资依赖本期与前期消费的改变量，其中 v 为加速数。

将后两个方程代入第一个方程，可得到：

$$y_t = \beta y_{t-1} + v(c_t - c_{t-1}) + g_t$$

对该模型的方程求解需用差分方程的知识，这里不予讨论。下面用具体的例子来说明在加速原理下的经济周期波动。

在表17-1中，假设边际消费倾向 $\beta = 0.5$，加速数 $v = 1$，政府每期开支 g_t 为1亿元。在这些假定下，如果不考虑第1期以前的情况，那么从上期国民收入中来的本期消费为零，引致投资当然也为零。因此，第1期的国民收入总额就是政府在第1期的支出1亿元。

第2期政府支出仍为1亿元。但由于第1期有收入1亿元，在边际消费倾向为0.5的情况下，第2期的引致消费为：

$$c_2 = \beta y_1 = 0.5 \times 1 = 0.5 （亿元）$$

第2期的引致投资为：

$$i_2 = v(c_2 - c_1) = 1 \times (0.5 - 0) = 0.5 （亿元）$$

因此，第2期的国民收入为：

$$y_2 = g_2 + c_2 + i_2 = 1 + 0.5 + 0.5 = 2 （亿元）$$

同样可算出第3期收入为2.5亿元，第4期的收入为2.5亿元，以下各期收入也都以同样方法计算出。

从公式 $y_t = \beta y_{t-1} + v(c_t - c_{t-1}) + g_t$ 和表17-1中可以看出，边际消费倾向越大，加速数就越大，政府支出对国民收入变动的作用也越大。

据此，在社会经济生活中，投资、收入和消费相互影响、相互调节，通过加速数，增加的收入和消费会引致新的投资，通过乘数，投资又使收入进一步增长。假定政府支出为一个固定的量，则靠经济本身的力量自行调节，会自发形成经济周期。经济周期中的不同

表 17-1   乘数和加速数的相互作用

时期 (t)	政府购买 (g_t)	从上期国民收入中来的本期消费 (c_t)	引致的本期私人投资 (i_t)	国民收入总额 (y_t)	经济变化趋势
1	1	0	0	1	—
2	1	0.5	0.5	2	复苏
3	1	1	0.5	2.5	繁荣
4	1	1.25	0.25	2.5	繁荣
5	1	1.25	0	2.25	衰退
6	1	1.125	−0.125	2	衰退
7	1	1	−0.125	1.875	萧条
8	1	0.9375	−0.0625	1.875	萧条
9	1	0.9375	0	1.9375	复苏
10	1	0.96875	0.03125	2	复苏
11	1	1	0.03125	2.03125	繁荣
12	1	1.015625	0.015625	2.03125	繁荣
13	1	1.015625	0	2.015625	衰退
14	1	1.0078125	−0.0078125	2	衰退

阶段正是乘数与加速数交互作用而形成的：投资影响收入和消费（乘数原理）；反过来，收入和消费又影响投资（加速原理）。两种作用相互影响，形成累积性的经济扩张或收缩的局面，这是某些西方学者对经济波动所做的一种解释。他们认为，只要政府对经济实行干预，就可以改变或缓和经济波动。例如，采取适当的扩张性政策刺激投资，采取某些政策鼓励提高劳动生产率以提高加速数，以及采取某些鼓励消费的措施，就可以克服或者缓和经济的萧条或波动。

17.2　实际经济周期模型

20世纪80年代以后的新古典宏观经济学派认为，经济波动主要是由意料之外的原因造成的，因而他们提出了自己的经济周期理论。这种经济周期理论主要包含货币经济周期理论和实际经济周期理论。由于新古典宏观经济学派自己也认为，货币经济周期理论的说服力不够强，因此，我们在这里简要介绍一下实际经济周期理论。

17.2.1　作为波动根源的技术冲击

新古典宏观经济学的实际经济周期理论认为，宏观经济经常会受到一些实际因素的冲击，明显的两个例子是石油危机和农业歉收，还有诸如战争、人口增减、技术革新等。虽然冲击的具体原因有很多，但是它们引起经济波动的途径是有限的：或者使人们的偏好发生变动，或者改变技术状况（生产率），或者使可利用的资源发生变动等。实际经济周期理论认为，其中最常见、最值得分析的是技术冲击所引起的经济周期，而技术冲击被看成经济波动的根源。

古典经济学在解释经济的周期性扩张阶段时，曾经提到技术变化对产出和就业的正向影响。但是，在古典经济学家那里，技术变化专指机器设备的革新。现代的新古典宏观经济学家所提出的理论则有所不同，他们不仅要用技术变化解释经济的增长，还要用它解释劳动生产率的变动。为此，实际经济周期理论接受了新古典经济增长理论对技术变化的定义，即技术变化包括任何使生产函数发生移动，而不涉及生产要素数量变化的因素。[①]根据这个宽松的定义，管理的成功与失败也会构成技术冲击，从而带来技术变化。

下面，我们对实际经济周期的基本理论做一个简明的介绍。

17.2.2 基本理论

在人口和劳动力固定的情况下，一个经济中所生产的实际收入主要取决于技术和资本存量，从而总量生产函数可以表示为：

$y=zf(k)$

式中：y表示实际收入；k表示资本存量；z表示技术状况。生产中的技术变动反映在z值发生的变化上，z值的变动表现为生产函数的变动。假定资本折旧率为δ，于是没有被折旧的资本存量为$(1-\delta)k$，那么，在所考察时期的期末，经济中可供利用的资源为当期的产量加上没有折旧的资本存量，即$zf(k)+(1-\delta)k$。

实际经济周期理论假定，经济中每个人都具有相同的偏好。这相当于经济中存在反映所有人利益的代表。该理论进一步假定，这个代表的偏好仅仅依赖可延续未来无限期的每年的消费。此人每年对更多消费的偏好减少，即从消费获得的边际效用递减。这样，此人最好的做法就是在整个生命期内均匀地消费。

图17-2给出了生产函数和总资源函数。横轴k为资本存量，纵轴J表示实际收入、消费、下期的资本存量和投资。总资源函数为$zf(k)+(1-\delta)k$。向右下方倾斜的直线为经济中的约束线（又称消费和资本积累可能性曲线），它反映消费与积累的关系，当期用来消费的最大量为当期收入加上没折旧的资本量。如果这个没折旧的资本量被消费掉，则下一时期将没有资本存量。已知约束线的斜率为-1，因为下一期一单位额外资本存量的增加正好来自当期一单位消费量的减少。约束线上的每一点都可供经济社会选择。假定约束线上的A点，代表经济的稳定状态。这时，下期资本存量为k_0，投资为i_0，消费为c_0（为简单起见，忽略政府购买支出和净出口），实际收入为y_0。如果资本存量k_0保持不变，生产函数（从而总资源曲线）也不发生变动，则消费、投资和实际收入将会重复下去。

图17-3说明了实际经济周期理论对宏观经济波动的解释。经济原有的稳定状态为图17-3中的A点，现在假定由于技术进步，使z值从z_0增加到z_1，则生产函数和总资源函数向上移动。对原有的资本存量k_0，产量增加到y_1，总资源增加到$y_1+(1-\delta)k_0$，从而使下期的消费和资本积累相应地增加。这表现为约束线向右移动。如果新约束线上的A′点是被经济社会所选择之点，则资本存量增加到k_1，消费上升到c_1。

① PLOSSER C I. Understanding real business cycles [J]. Journal of Economic Perspectives，1989，3（3）：51-77.

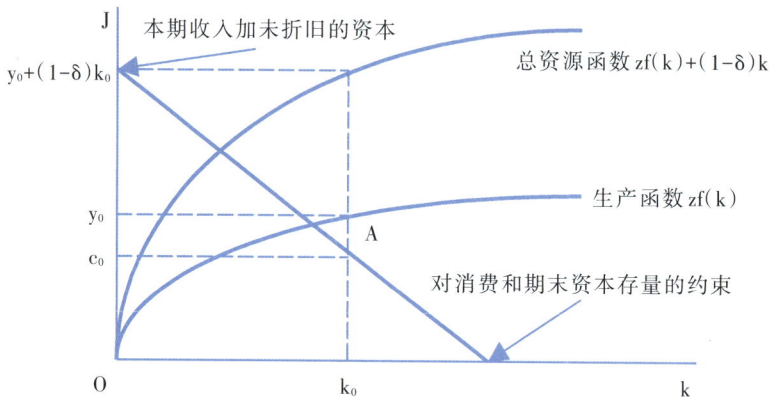

图17-2 生产函数和总资源函数

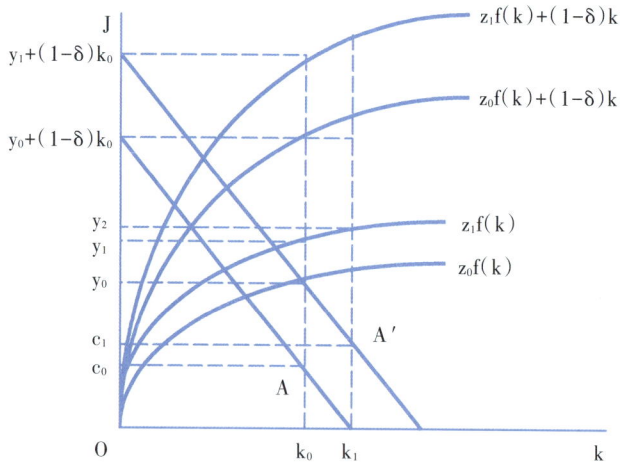

图17-3 实际经济周期理论对宏观经济波动的解释

若没有进一步的技术变化，在 k_1 水平的资本存量之下，则实际收入在下一个时期进一步增加到 y_2，相应地，经济的总资源也会增加。在下一个时期，关于消费和资本存量的约束线又会往右移动。这些进一步的变动在图17-3中并没有表示出来，但可以想象，资源约束线向外移动会在接下来的时期相继发生，但向外移动的幅度会越来越小。经济会向新的稳定状态收敛。最终，资本存量、收入、消费和投资都将增加到各自新的稳态水平上。

总之，实际经济周期理论在这里强调的是，技术的变化是收入和投资变动的根源。

本章小结

1.经济周期（又称商业循环）是指经济活动沿着经济发展的总体趋势所表现出的有规律的扩张和收缩。

2.经济周期大体上会经历4个阶段：繁荣、衰退、萧条和复苏。

3.经济周期分为平均长度为50年左右的长周期、平均长度为9到10年的中周期和平均长度为40个月左右的短周期。

4.现代经济周期理论可以大致划分为凯恩斯主义的经济周期理论和非凯恩斯主义的经济周期理论。在众多的非凯恩斯主义的经济周期理论中，比较有名的有消费不足论、投资过度理论、货币信用过度论、创新理论、心理理论、太阳黑子论、政治周期理论。在凯恩斯主义的经济周期理论中，乘数-加速数模型是一个有代表性和有影响的模型。乘数-加速数模型试图把外部因素和内部因素结合在一起对经济周期做出解释，同时特别强调投资变动的因素。

5.新古典宏观经济学派认为，经济波动主要是由意料之外的原因造成的，因而他们提出了自己的经济周期理论。其中实际经济周期理论认为，宏观经济经常会受到一些实际因素的冲击，其中最常见、最值得分析的是技术冲击方面。

本章基本概念

经济周期　长周期　中周期　短周期　消费不足论　投资过度理论　货币信用过度论　创新理论　心理理论　太阳黑子论　政治周期理论　加速原理　资本-产量比率加速数

复习思考题

1.经济周期各阶段的主要特点是什么？
2.经济周期各类型的长度及相互关系是怎样的？
3.乘数原理和加速原理发生作用的条件分别是什么？
4.乘数-加速数模型是怎样解释经济周期波动的？
5.实际经济周期理论是怎样解释经济周期波动的？

第18章
经济增长理论

学习目标

学习目标

通过学习本章，你应该能够：

◎明白西方经济学中经济增长和经济发展之间的区别。

◎了解经济增长的衡量和源泉、经济增长问题的研究方法。

◎掌握经济增长因素的分析：索洛剩余、丹尼森和库兹涅茨的经济增长因素分析要点。

◎明白哈罗德经济增长模型的基本内容。

◎掌握索洛的新古典经济增长模型的基本内容。

◎了解经济增长的黄金分割率、最优经济增长的途径问题。

◎掌握内生经济增长理论和模型：外部性条件下的内生经济增长模型、凸性经济增长模型。

18.1 经济增长概述

18.1.1 经济增长与经济发展

考察国民经济长期变动问题常涉及两个既紧密相联又有区别的概念，即经济增长和经济发展。

1.经济增长

在宏观经济学中，经济增长通常被规定为GDP（产量）的增加。这里，产量既可以表示为经济的总产量，也可以表示为人均产量。经济增长的程度可以用增长率来描述。

如果用Y_t表示t时期的总产量，Y_{t-1}表示（t-1）期的总产量，则总产量的增长率G_t可表示为：

$$G_t = \frac{Y_t - Y_{t-1}}{Y_{t-1}}$$

如果用y_t表示t时期的人均产量，y_{t-1}表示（t-1）期的人均产量，则人均产量的增长率g_t为：

$$g_t = \frac{y_t - y_{t-1}}{y_{t-1}}$$

2.经济发展

如果说经济增长是一个"量"的概念，那么经济发展就是一个比较复杂的"质"的概念。经济发展不仅包括经济增长，而且包括国民的生活质量，以及整个社会经济结构和制度结构的总体进步。总之，经济发展是反映一个经济社会总体发展水平的综合性概念。一般而言，经济发展理论和问题由发展经济学进行专门研究，在宏观经济学中则主要涉及经济增长理论。

18.1.2　经济增长的源泉

宏观经济学通常借助宏观生产函数来研究经济增长的源泉。宏观生产函数可以把经济中的产出与生产要素的投入和技术状况联系在一起。宏观生产函数可以表示为：

$$Y_t = A_t f(N_t, K_t)$$

式中：Y_t、N_t 和 K_t 依次表示 t 时期的总产出、投入的劳动量和投入的资本量，A_t 表示 t 时期的技术状况。依据上述关系，我们可以得到一个描述生产要素增长率、产出增长率与技术进步增长率之间关系的方程，称其为增长率的分解式，即

$$G_Y = G_A + \alpha G_L + \beta G_K$$

式中：G_Y 表示产出增长率；G_A 表示技术进步增长率；G_L 和 G_K 分别表示劳动和资本增长率；α 和 β 表示参数，它们分别是劳动和资本的产出弹性。

从增长率分解式可知，产出的增加可以由 3 种力量（或因素）来解释，即劳动、资本和技术进步。换句话说，经济增长的源泉可被归结为劳动和资本的增长以及技术进步。

有时，为了强调教育和培训对经济增长的潜在贡献，还可以把人力资本作为一种单独的投入写进生产函数。所谓人力资本就是体现在个人身上的获取收入的潜在能力的价值，它包括天生的能力和才华以及通过后天教育训练而获得的技能。把人力资本作为一种单独投入时，生产函数可被写为：

$$Y_t = A_t f(N_t, K_t, H_t)$$

式中：H_t 表示人力资本。

18.1.3　研究经济增长问题的方法

经济增长问题实际上是社会潜在生产能力的长期变化趋势问题。这种趋势可以用一条长期产出增长的趋势线来表示。在图 18-1 中，横轴表示时间，纵轴表示产出。向上倾斜的产出增长趋势线表示潜在生产水平不断增加的过程。经济增长问题是要说明，什么因素决定了长期中产量的增长率；或者说，产出增长的长期趋势是受什么因素影响的，并按照什么规律变化的。

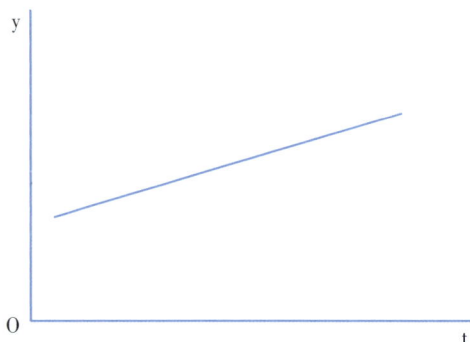

图 18-1　产出的增长趋势

宏观经济学对这类问题的解答有两种互相补充的分析方法：

（1）经济增长模型，把增长过程中生产要素供给、技术进步、生产率增长、储蓄和投资之间的互动关系模型化。

（2）经济增长的核算，把不同因素对产量增长的贡献程度数量化。

这两种方法构成了宏观经济学中分析经济增长问题的基本框架和方法。

18.2　经济增长因素的分析

经济增长是复杂的经济和社会现象。影响经济增长的因素很多，正确地认识和估计这些因素对经济增长的贡献，对理解和认识现实的经济增长和制定促进经济增长的政策都至关重要。因此，经济增长因素分析就成为现代经济增长理论的重要组成部分。很多经济学家都投入到这方面的研究中，做出了重要的贡献。

18.2.1　索洛对经济增长因素的分析

诺贝尔经济学奖获得者、美国麻省理工学院的经济学家罗伯特·索洛，在20世纪50年代曾经根据美国1909—1949年的数据对经济增长的源泉和因素进行了分析。他得出了令人惊奇的结论：在该阶段，每工作小时的产品增长中，超过80%的部分是由技术进步引起的。

索洛采用了下面的方程，来分析影响经济增长的各种因素的贡献：

$$\frac{\Delta Y}{Y}=(1-\theta) \cdot \frac{\Delta N}{N}+\theta \cdot \frac{\Delta K}{K}+\frac{\Delta A}{A}$$

该公式的含义为：

产出增长率=劳动收入份额×劳动增长率+资本收入份额×资本增长率+技术进步增长率

式中：$(1-\theta)$和θ分别表示产品中劳动和资本的收入份额，Y表示产出量，N表示就业的劳动力，K表示所使用的资本量，A表示技术水平。劳动或资本的贡献等于它们各自的增长率乘以该投入在收入中所占的份额。技术进步或者全要素生产率的增长由该方程等号右边的第3项代表。全要素生产率的增长率是在所有的投入不变的情况下，作为生产方法改进的结果而导致产量增加的幅度。或者说，它是从相同的生产要素中获得更多产量时全要素生产率的增长。

索洛认为，产量增长的源泉就在于资本和劳动的增长以及技术进步。他认为，1909—1949年，美国GDP的年平均增长率为2.9%，其中0.32%归于资本积累的贡献，1.09%归于劳动投入增长的贡献，剩余的1.49%归于技术进步的贡献。此外，在人均产量增长的1.81%中，1.49%也来自技术进步。

索洛衡量和计算技术进步所做贡献的方法被叫作剩余法或者索洛剩余。这对分析经济增长问题是一个重要的贡献。不过，这种方法显然存在不足，即它有可能将资本、劳动、技术进步之外的因素都当作技术进步来处理。

18.2.2　丹尼森对经济增长因素的分析

美国经济学家丹尼森是继索洛之后最全面分析经济增长因素的经济学家。在经济增长因素分析中首先遇到的问题是经济增长因素的分类。丹尼森把经济增长因素分为两大类：生产要素投入量和生产要素生产率。关于生产要素投入量，丹尼森把经济增长看成劳动、资本和土地投入的结果，其中土地可以看成不变的，其余两个则是可变的。关于生产要素生产率，丹尼森则把它看成产量与投入量之比，即单位投入量的产出量。生产要素生产率主要取决于资源配置状况、规模经济和知识进展。具体而言，丹尼森把影响经济增长的因素归结为6个：劳动、资本存量的规模、资源配置状况、规模经济、知识进展、影响单位投入产出量的其他因素。

丹尼森进行经济增长因素分析的目的就是通过测定具体数量，把产量增长率按照各个增长因素所做的贡献，分配到各个增长因素上去，再把分配的结果用来比较长期经济增长中各个因素的相对重要性。

在1985年出版的《1929—1982年美国经济增长趋势》一书中，丹尼森根据美国国民收入的历史统计数字，对上述各个增长因素进行了考察和分析，其结果被总结在表18-1中。

表18-1　　　　　　　　　1929—1982年美国国民收入增长的源泉

增长因素	增长率（%）
总生产要素投入	1.90
劳动	1.34
资本	0.56
单位生产要素投入的产量	1.12
知识	0.66
资源配置	0.23
规模经济	0.26
其他	−0.03
国民收入	3.02

资料来源　DENISON E. Trends in American economics growth, 1929–1982 ［M］. Washington, D. C.: The Brookings Institution, 1985: 111.

注：在原始资料中，表18-1中的"1.12"为"1.02"，"3.02"为"2.92"。在本书中，作者根据表中的数量关系进行了相应的修改。

根据1929—1982年的数据，丹尼森计算出，3.02%的实际产量年增长率中的1.9%应归功于生产要素投入的增加；每工作小时的产品增长率为1.12%，其中0.66%应该归功于技术进步。

从表18-1中可以看出劳动增加对经济增长的贡献相当大。其原因可以部分地从经济增长的分解式中得到解释，即劳动的产出弹性相对较大，所以劳动的增长率就有相对大的权重。

下面来看生产要素生产率增加或每单位生产要素投入产量的源泉。令人震惊的事实是，知识的进步解释了技术进步对经济增长约2/3的贡献。此外，资源配置这一因素对生产要素生产率增加的贡献也不可忽视。例如，人们从薪酬低的工作"跳槽"到更好的工作，从而导致产量的增加或收入的增长。另一个重要情形是劳动力从农村转到城市就业而引起的生产要素的再配置。

还有一个重要因素是规模经济。从表18-1中可以看到，收入平均增长中超过10%的部分要归功于经济中运作规模的扩大。当经济运作的规模扩大时，每单位产量要求的投入更少。这主要是因为在小规模水平上使用技术，在经济上可能效率不高，但在更大的生产规模上会产生节约，带来规模经济效应。

据此，丹尼森的结论是，知识进展是发达国家最重要的经济增长因素。丹尼森所说的知识进展包括的范围很广，包括技术知识、管理知识的进步和由于采用新的知识而产生的结构和设备的更有效的设计在内，还包括从国内的和国外的有组织的研究、个别研究人员和发明家，以及简单的观察和经验中得来的知识。丹尼森所谓的技术知识是关于物品的具体性质和如何具体地制造、组合以及使用它们的知识。他认为，技术进步对经济增长的贡献是明显的，但是，把生产率增长的大部分仅仅看成采用新技术和知识的结果显然是错误的。他强调管理知识的重要性。管理知识就是广义的管理技术和企业组织方面的知识。在丹尼森看来，管理技术和企业组织知识的进步更可能降低生产成本，增加国民收入，因此，其对国民收入的贡献比对改善产品物理特性的影响更大。总之，丹尼森认为，技术知识和管理知识进步的重要性是相同的，不能只重视前者而忽视后者。

18.2.3　库兹涅茨对经济增长因素的分析

诺贝尔经济学奖获得者、美国经济学家西蒙·库兹涅茨对经济增长因素的分析更具特色。库兹涅茨对经济增长因素的分析是运用统计分析方法，通过对国民生产总值及其组成部分的长期估量、分析与研究，进行各国经济增长的比较，从各国经济增长的差异中探索影响经济增长的因素。库兹涅茨在一系列关于经济增长的著作中提出的推动经济增长的因素，主要是知识存量的增加、劳动生产率的提高和结构方面的变化。

1.知识存量的增长

库兹涅茨认为，随着社会的发展和进步，人类社会迅速增加了技术知识和社会知识的存量，当这种知识存量被人们利用的时候，它就成为现代经济高速的总量增长和迅速的结构变化的源泉。但知识本身不是直接生产力，由知识转化为现实的生产力要经过科学发现、发明、革新、改良等一系列中间环节。知识的转化过程需要有一系列中介因素，这些中介因素是：①对物质资本和劳动力的训练进行大量的投资；②企业家有能力克服一系列从未遇到的障碍；③知识的使用者要对技术是否适宜运用给出准确的判断等。在这些中介因素的作用下，经过一系列知识的转化过程，知识最终会变为现实的生产力。

2.生产率的提高

库兹涅茨认为，现代经济增长的特点是人均产值的高增长率。为了弄清什么是导致人均产值高增长率的主要因素，库兹涅茨对劳动和资本生产要素对经济增长的贡献进行了长期分析。他得出的结论是，以人均产值高增长率为特征的现代经济增长的主要原因是劳动生产率的提高。

3.经济结构变化

库兹涅茨认为，发达国家在它们经济增长的历史过程中，经济结构转变迅速。从部门来看，先从农业活动转向非农业活动，再从工业活动转移到服务性行业。从生产单位的平均规模来看，是从家庭企业或独资企业发展到全国性甚至跨国性的大公司。从劳动力在农业和非农业生产部门的分配来看，在美国，1870年全部劳动力的53.5%在农业部门，到1960年则降低到7%以下。在比利时，农业劳动力占全部劳动力的比例从1846年的51%降到1961年的7.5%。以前要把农业劳动力降低50个百分点，需要经历许多世纪，现在，在一个世纪中，农业劳动力占全部劳动力的比例就减少了30到40个百分点，主要是由迅速的经济结构变化所引起的。库兹涅茨强调，发达国家经济增长时期的总体增长率和生产结构的转变速度都比它们在现代化以前高得多。库兹涅茨把知识力量因素和生产因素与结构因素相联系起来，以强调结构因素对经济增长的影响。不难看出，库兹涅茨对经济增长因素的分析与丹尼森分析的一个不同之处是，他重视结构因素对经济增长的贡献。库兹涅茨认为，发展中国家经济结构变动缓慢，结构因素对经济增长的影响比较小。这主要表现在，发展中国家传统结构束缚着被聚集在传统农业部门中的60%以上的劳动力，而传统的生产技术和生产组织方式阻碍经济增长；同时，制造业结构不能满足现代经济增长对它提出的要求，需求结构变化缓慢，消费水平低，不能形成对经济增长的强有力刺激。

关于经济增长与收入分配的关系，库兹涅茨提出了所谓的倒U字假说。他在1954年美国经济学会年会上所做的演说中，首次论述了这一观点，即随着经济发展而来的"创造"与"破坏"改变着社会、经济结构，并影响着收入分配。库兹涅茨利用各国的资料进行了比较研究，他得出的下述结论流传较广："在经济未充分发展的阶段，收入分配将随同经济发展而趋于不平等。其后，经历收入分配暂时无大变化的时期，到达经济充分发展的阶段，收入分配将趋于平等。"

如果用横轴表示经济发展的某些指标（通常为人均产值），纵轴表示收入分配不平等程度的指标，则这一假说揭示的关系呈倒U字形，因而被命名为库兹涅茨的倒U字假说，又称库兹涅茨曲线。

库兹涅茨在说明这一倒U字形曲线时，设想了一个将参加收入分配的部门划分为农业、非农业两个部门的模型。在这种情况下，各部门收入分配不平等程度的变化可以用如下3个因素的变化来说明：按部门划分的个体数的比率、部门之间收入的差别、部门内部各方收入分配不平等的程度。库兹涅茨推断，这3个因素将随同经济发展而起下述作用：

（1）在经济发展的初期，由于不平等程度较高的非农业部门的比率加大，整个分配趋于不平等。

（2）一旦经济发展达到较高水平，由于非农业部门所占的比率居于支配地位，比率变化所起的作用就将变小。

（3）部门之间的收入差别将缩小。

（4）作为使收入不平等程度提高的重要因素——财产收入所占的比率将降低，以收入再分配为主旨的各项政策将被采用等，各部门内部的分配将趋于平等。总的来说，收入分配将趋于平等。

库兹涅茨假说提出后，一些经济学家曾经就有关倒U字形成的过程、导致倒U字的原因以及平等化过程，进行过较多的讨论。经济发展的资料表明：库兹涅茨曲线不符合第三世界国家的实际情况。换言之，随着经济发展的进程，第三世界国家的收入不平等越来越悬殊，并没有向平等方向转变。

18.3 哈罗德模型

经济增长理论经历了研究成果较为密集的两大阶段：

第一阶段是20世纪50年代末到60年代，最重要的经济增长模型是哈罗德模型、多马模型、索洛模型和斯旺模型。

第二阶段是20世纪80年代中期以后，其最有名的代表是诺贝尔经济学奖获得者、美国芝加哥大学经济学教授卢卡斯和美国加利福尼亚大学伯克利分校经济学教授罗默的内生经济增长模型。

从开辟经济增长理论的一个发展方向角度看，哈罗德模型的作用和重要性是显而易见的。由于哈罗德模型和多马模型相比，被认为具有较丰富的内容，所以，我们将哈罗德模型作为第一阶段的代表，在这里加以介绍。

18.3.1 哈罗德模型的假设前提

（1）全社会只生产一种产品；

（2）储蓄S是国民收入Y的函数[①]，即S=sY，这里的s代表社会的储蓄比例，即储蓄在国民收入中所占有的份额；

（3）生产过程中只用两种生产要素，即劳动L和资本K；

（4）劳动力按照一个固定不变的比率增长；

（5）不存在技术进步，也不存在资本折旧问题；

（6）生产规模报酬不变，也就是说，生产1单位产品所需要的资本和劳动的数量都是固定不变的。

18.3.2 哈罗德模型的公式

哈罗德认为，一个社会的资本（存量）和该社会的总产量或实际国民收入之间存在一定的比例，这一比例被称为资本-产量比率，现在，我们以v来表示它。若以K和Y依次代表资本和产量（国民收入），则有：

K=vY

随着社会资本的增长，该社会的产量也会增长，假设二者的增长量依次为ΔK和ΔY。二者之比被称为边际资本-产量比率。如果原有的资本-产量比率等于边际资本-产量比率，那么就有：

ΔK=vΔY

由于（假设）不存在折旧，资本存量的增量ΔK就全部来自新的投资，也就是说，ΔK=I，因此，上面的式子可以写成：

I=vΔY

---

① 为了特定的需要，我们在这里暂时以大写字母表示实际变量。

另一方面，从哈罗德模型的假设（2）可以得到：

S=sY

按照凯恩斯的理论，只有当I=S时，也就是只有当投资等于储蓄，或者说储蓄全部用于投资时，经济活动才能达到均衡状态。哈罗德以凯恩斯提出的这个均衡条件为基础，进一步提出，在经济增长过程中，同样只有实现了I=S这一条件，经济才能实现均衡增长。根据I=vΔY式和S=sY式，可以得到：

vΔY=sY

或者　ΔY/Y=s/v

该方程即哈罗德模型的基本方程。它表明，要实现均衡的经济增长，国民收入增长率就必须等于社会储蓄倾向与资本–产量比率二者之比。如果上述基本方程中的v是资本的实际变化量与国民收入的实际变化量的比率，那么在一定储蓄比例之下，由此而导出的国民收入增长率被称为实际增长率，用G_A表示。于是，ΔY/Y=s/v的式子就可写为：

G_A=s/v

哈罗德认为，要进行动态理论探讨，考虑企业家的预期和企业家满意等心理因素是非常重要的。如果把资本–产量比率v理解为企业家意愿中所需要有的资本–产量比率，用v_r表示它，那么基本方程就可以写为：

G_w=s/v_r

这里的收入增长率是与企业家所需要的资本–产量比率v_r相适合的收入增长率，也是企业家满意的收入增长率。哈罗德把它称为"有保证的增长率"，用G_w表示。

根据G_A=s/v，有：

G_Av=s

根据G_w=s/v_r，有：

$G_w v_r$=s

于是得到：

G_Av=s=$G_w v_r$

上式表明，如果现实经济活动的实际增长率G_A等于企业家感到满意的增长率，即有保证的增长率G_w，那么实际资本–产量比率v就必然等于企业家所需要的（或者说希望保持的）资本–产量比率v_r。或者说，如果国民收入按照G_w增长，那么与实际产量或实际收入的增长相联系的实际资本增量就会等于企业家感到满意的资本增量。由于积累或资本增量实际上取决于投资者的意愿，所以，只要国民收入按照G_w增长，就会使企业家保持愿意进一步实现类似增长的心理状态，从而国民收入就会年复一年地按照G_w增长下去。正是由于这个原因，哈罗德才把G_w称为有保证的增长率。这里的"有保证"是指"由于资本家满意而得到保证"的意思。

18.3.3　哈罗德模型的问题

但是，哈罗德的经济增长模型遇到了两个不容易解决的问题。

1.存在性问题

第一个问题是经济沿着均衡途径增长的可能性是否存在，或者说，在实际经济活动中，是否存在一条像哈罗德所描述的均衡增长途径。这个问题又被称为存在性问题。

由于经济的实际增长率是许多各不相同的决策者的预期、决策和外部环境等多种因素共同作用的结果，因此，人们没有理由期望经济活动实际上一定会长期持久地按照"有保证的增长率"增长下去。同时，还应该考虑就业水平这一因素，要说明经济的实际增长率与劳动力增长率二者之间的关系。要实现劳动力的充分就业，国民收入的增长率就必须等于劳动力的增长率。按照哈罗德的说法，首先，国民收入要实现均衡增长就必须等于 G_W。其次，要实现充分就业的均衡增长，就必须满足：

$$G_A = G_W = \frac{s}{v} = \frac{s}{v_r} = n = G_N$$

式中：n 表示一国的人口增长率。这一等式表明了一国经济要实现充分就业均衡增长的必要条件。

哈罗德把符合上述条件的增长率称为自然增长率，用 G_N 来表示。显然，$G_N = n$。据说，这是社会所能达到的最大的、"最适宜的"增长率。如果上面的式子所表明的条件得到满足，那么经济活动就会按照 $s/v = s/v_r = n$ 这一比率增长。在现实经济活动中，$s/v = s/v_r = n$ 这种情况毕竟是有可能出现的，所以，哈罗德认为，实现充分就业均衡增长的可能性是存在的。但另一方面，由于储蓄比例，实际资本-产量比率和劳动力增长率分别是由各不相同的若干因素独立地决定的，因此，除非偶然的巧合，这种充分就业的均衡增长是不会出现的。于是，哈罗德认为，虽然 $G_A = G_W = G_N$ 这种理想的充分就业均衡增长途径是存在的，但是，一般说来，实现充分就业均衡增长的可能性是极小的。也就是说，在一般情况下，经济很难按照均衡增长途径增长。

2.稳定性问题

第二个问题是经济活动若偏离了均衡增长途径，是否能够自动地趋向均衡增长途径。这个问题被称为稳定性问题。

现在进一步考察 $G_A v = s = G_W v_r$，可以看到，只有当实际的资本-产量比率 v 等于合意的资本-产量比率 v_r 时，经济的实际增长率 G_A 才会等于有保证的增长率 G_W。如果 G_A 大于（或小于）G_W，那么，v 就会小于（或大于）v_r。也就是说，一旦实际增长率大于（或小于）有保证的增长率，企业的固定资产和存货就会少于（或多于）企业家所需的数量。这种情况促使企业家增加（或减少）订货，增加（或减少）投资，从而使实际产量水平进一步提高（或降低），使实际增长率 G_A 与有保证的增长率 G_W 之间出现更大的缺口。现有的实际经济增长就会在市场上的企业中产生相应的反应，使得 G_A 进一步大于（或小于）G_W。因此，哈罗德得出结论，实际增长率与有保证的增长率之间一旦发生了偏差，经济活动不仅不能自我纠正，而且会产生更大的偏离。这个结论被称为哈罗德的不稳定原理（也有人将哈罗德模型的不稳定性说成是刃锋理论）。这意味着，资本主义经济发展很难稳定在一个不变的发展速度上，不是连续上升，便是连续下降，呈现出剧烈波动的状态。

18.4　新古典经济增长模型

一些学者认为哈罗德经济增长模型得出的结论过于悲观，而且不符合战后资本主义国家经济发展的事实。第二次世界大战后西方各国的经济发展经验表明，各国的国民收入虽然经常处于波动之中，却没有出现过哈罗德经济增长模型所指出的那种大起大落的状态。为了改变这一情况，一些经济学家在20世纪50年代提出了与哈罗德、多马不同的经济增长模型，其中以美国索洛提出的新古典经济增长理论最为有名。

新古典经济增长模型可以用前面提到过的两个方程加以表示：

$$Y=Af(N，K)$$

$$\frac{\Delta Y}{Y}=(1-\theta)\cdot\frac{\Delta N}{N}+\theta\cdot\frac{\Delta K}{K}+\frac{\Delta A}{A}$$

索洛的新古典经济增长理论的基本前提假定包括：

（1）社会储蓄函数为S=sY，式中的s是作为参数的储蓄率。

（2）劳动力按一个不变的比率n增长，即 $\Delta N/N=n$。

（3）生产的规模报酬不变。这里，暂时不考虑技术进步，即令 $\Delta A/A=0$。

索洛将经济中的生产函数表示为人均形式：

$$y=f(k)$$

式中：y表示人均产量；k表示人均资本（也可以说是资本-劳动比率）。图18-2表示了该生产函数的图形。从图18-2中可以看出，随着每个人拥有的资本量的上升，即k值的增加，每个工人的产量也增加，但由于边际报酬递减规律，人均产量增加的速度是递减的。

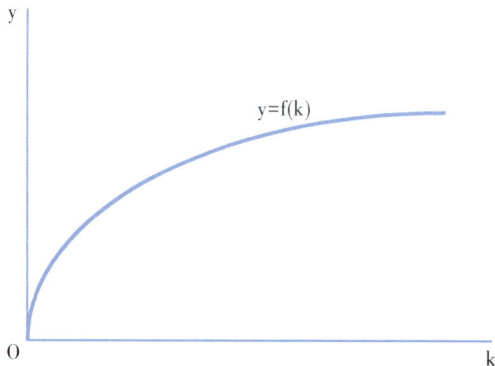

图18-2　人均生产函数曲线

根据经济增长率分解式，在前提假定（2）和不考虑技术进步的条件下，产出增长率唯一地由资本增长率解释。下面，我们较细致地考察资本与产量的关系。

一般地，资本增长量大小由投资量决定，投资量又由储蓄（或投资）量决定，或者说，受储蓄量的限制；储蓄（或投资）量又依赖收入量，收入或产量又要受资本大小的影响。于是，资本、产量和储蓄（或投资）之间就存在一个相互依赖的体系。

在这个体系中，资本对产出的影响可由人均生产函数 y=f(k) 来描述。投资量变化对资本总存量的影响是明显和直观的，无须进一步说明。产出对储蓄的影响可以用储蓄函数来描述。因此，在该体系中，需着重说明的是储蓄对资本存量变化的影响。

18.4.1　新古典经济增长模型的基本方程

在一个只包括家庭部门和企业部门的简单经济中，经济的均衡条件为：I=S，即投资或资本存量的总增加量等于储蓄量。资本存量的变化等于投资减去折旧。当资本存量为 K 时，假定折旧是资本存量 K 的一个固定比率 δK（$0<\delta<1$），则资本存量的变化 ΔK 为：

$$\Delta K = I - \delta K$$

根据 I=S=sY，上面的式子可以写成：

$$\Delta K = sY - \delta K$$

该式两边同时除以劳动数量 N，可得：

$$\Delta K/N = sy - \delta k$$

另一方面，注意到 k=K/N，于是 k 的增长率可写为：

$$\frac{\Delta k}{k} = \frac{\Delta K}{K} - \frac{\Delta N}{N} = \frac{\Delta K}{K} - n$$

即

$$\frac{\Delta K}{K} = \frac{\Delta k}{k} + n$$

最后一个等式用到了 $\Delta N/N = n$。于是就有：

$$\Delta K = (\Delta k/k)K + nK$$

再对等式两边同除以 N，可得：

$$\Delta K/N = \Delta k + nk$$

将 $\Delta K/N = sy - \delta k$ 式和上式合并，消去 $\Delta K/N$，则可得到：

$$\Delta k = sy - (n+\delta)k$$

这就是新古典经济增长模型的基本方程。这一关系式表明，人均资本的增加等于人均储蓄 sy 减去 $(n+\delta)k$ 项。$(n+\delta)k$ 项可以这样来理解：劳动力增长率为 n，一定量的人均储蓄必须用于装备新工人，每个工人占有的资本为 k，这一用途的储蓄为 nk。另一方面，一定量的储蓄必须用于替换折旧资本，这一用途的储蓄为 δk。总计为 $(n+\delta)k$ 的人均储蓄被称为资本广化。人均储蓄超过 $(n+\delta)k$ 的部分则导致了人均资本 k 的上升，即 $\Delta k>0$，这被称为资本深化。因此，新古典经济增长模型的基本方程可以表述为：

资本深化=人均储蓄-资本广化

18.4.2　稳态分析

在新古典经济增长模型中，稳态是指一种长期均衡状态。在稳态时，人均资本达到均衡值并维持在均衡水平不变，在忽略了技术变化的条件下，人均产量也达到稳定状态。因此，在稳定之下，k 和 y 达到一个持久性的水平。

根据上述的定义，要实现稳态，即 $\Delta k=0$，则人均储蓄必须正好等于资本广化。换句话说，新古典经济增长理论中的稳态条件是：

$$sy=(n+\delta)k$$

需要注意，稳态虽然意味着 y 和 k 的值固定，但总产量和资本存量都在增长。实际上，在稳态中，总产量和总的资本存量的增长率均与劳动力增长率相等，即均为 n。理解这一点，只需注意到劳动人口以速度 n 增长，因此，由于 k=K/N 固定，所以总资本存量 K 必须与劳动力按同比率 n 增长。又由于 y=Y/N，且在稳态时 y 亦固定，因此，总产量 Y 也必须按比率 n 增长。总之，在新古典经济增长理论的框架内，稳态意味着：

$$\frac{\Delta Y}{Y}=\frac{\Delta N}{N}=\frac{\Delta K}{K}=n$$

新古典经济增长模型的稳态可以用图 18-3 来分析。

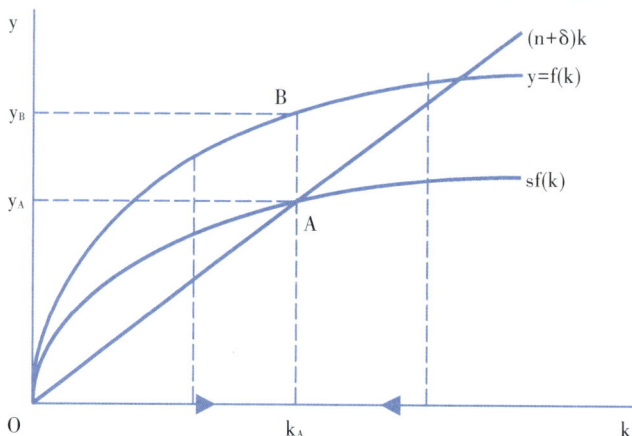

图 18-3　经济增长的稳态

图 18-3 中的 sf(k) 曲线为人均储蓄曲线。由于储蓄率 s 介于 0 和 1 之间，所以，人均储蓄曲线与人均生产函数曲线具有同样形状，但位于生产函数的下方。在这一坐标系中，通过原点，且斜率为 (n+δ) 的直线表示资本广化，即 (n+δ)k 线。

根据上述分析，在稳态时，有 sy=(n+δ)k，因此，在图 18-3 中，(n+δ)k 线和 sf(k) 曲线必定相交。交点 A 所对应的人均资本为 k_A，人均产量为 y_A，这时人均储蓄恰好等于资本广化的需要，即 $sy_A=(n+\delta)k_A$，亦即人均储蓄恰好足够为不断增长的人口提供资本（设备）和替换折旧资本，而不会引起人均资本的变化。

在 A 点的左边，sf(k) 曲线比 (n+δ)k 线高，这表明储蓄高于资本广化的需要。结果，当经济运行在 A 点左侧时，就存在资本深化。资本深化意味着每个工人占有的资本存量上升，即 Δk>0。因此，在 A 点的左边，经济中的人均资本 k 有上升的趋势，如横轴上的箭头所示。随着时间推移，k 向 k_A 逼近，最终用于资本广化所需的资本数量增加到这样一点，即 k_A 点，在这一点上，所有的储蓄都仅用于保持人均资本 k 不变，经济达到稳定状态。在 A 点右方，情况正好相反，人均储蓄不能满足资本广化的需要，这时有 Δk<0。所以，在 A 点右方，人均资本 k 有下降的趋势，如图 18-3 中横轴上的箭头所示。

下面考虑一下经济在向稳态过渡的时期里经济增长的情况。当经济处于资本深化的阶段时，y 和 k 会逐步上升，就是说 Y/N 和 K/N 向其稳态值接近。如果 Y/N 上升，则 Y 就会增

长得比 N 快。因而:

ΔY/Y>ΔN/N=n

这表明,在资本深化阶段,产量增长率高于其稳态值。这意味着,在其他条件相同的情况下,资本贫乏的国家的经济增长快于资本富裕的国家。随着资本存量的深化,即 k 接近 k_A,增长率会慢下来。同样道理,如果资本富裕国家的人均资本下降时(k 大于 k_A 且向 k_A 逼近时),产量的增长率就会降低到 n 以下。

以上的论述表明,当经济偏离稳定状态时,无论人均资本过多还是过少,都存在某种力量使其恢复到长期的均衡。这表明,新古典经济增长理论展示了一个稳定的动态增长过程。

18.4.3 储蓄率的增加

图 18-4 显示了储蓄率的增加是如何影响产量增长的。

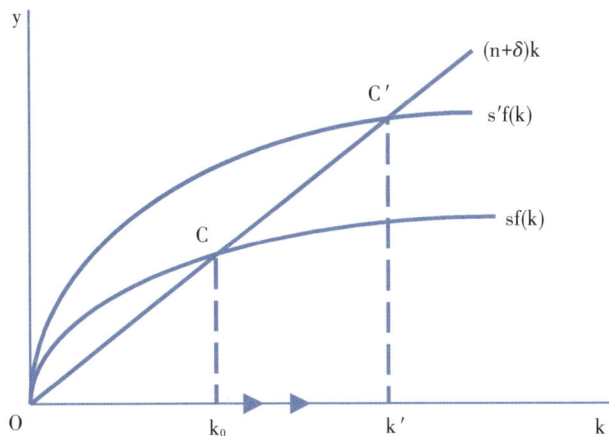

图 18-4 储蓄率增加的影响

在图 18-4 中,经济最初是位于 C 点的稳态均衡。现在假定人们想增加储蓄,使储蓄曲线上移至 s′f(k) 的位置。这时新的稳态为 C′ 点。比较 C 点和 C′ 点可以知道,储蓄率的增加提高了稳态的人均资本和人均产量。

对从 C 点到 C′ 点的转变,这里要指出两点:

第一,从短期看,更高的储蓄率也导致了总产量和人均产量增长率的增加,这可以由人均资本从初始稳态的 k_0 上升到新的稳态中的 k′ 这一事实中看出。因为增加人均资本的唯一途径是资本存量比劳动力更快地增长,进而又引起产量的更快增长。

第二,由于 C 点和 C′ 点都是稳态,按照前面关于稳态的分析,稳态中的产量增长率是独立于储蓄率的。从长期看,随着资本积累,增长率逐渐降低,最终又回落到人口增长率的水平。

图 18-5 概括了以上分析。其中(a)图显示了人均收入的时间路径。储蓄率上升导致人均资本上升,从而增加人均产量,直至达到新的稳态为止。(b)图则显示了产量增长率的时间路径。储蓄率的增加导致资本积累,从而带动了产量的暂时性的较高增长。但随着资本积累,产量的增长率最终会回落到人口增长率的水平上。

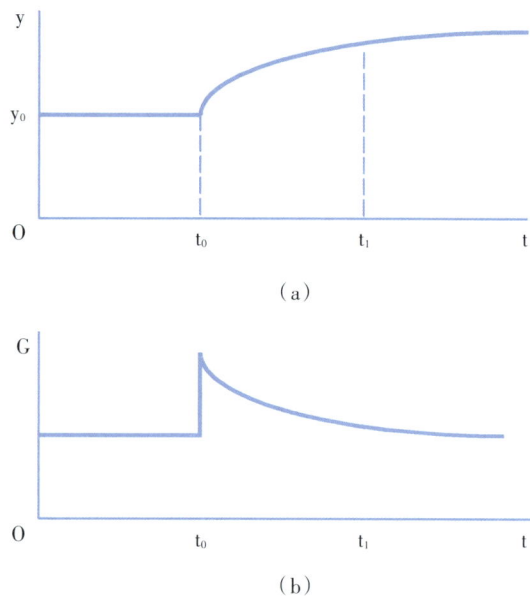

图 18-5 人均产出和增长率随时间变化的轨迹

总之，新古典经济增长理论由此得到结论：储蓄率的增加不能影响稳态增长率，但确实能提高收入的稳态水平。

18.4.4 人口增长

新古典经济增长理论虽然假定劳动按一个不变的比率 n 增长，但当把 n 作为参数时，就可以说明人口增长对产量增长的影响（如图 18-6 所示）。

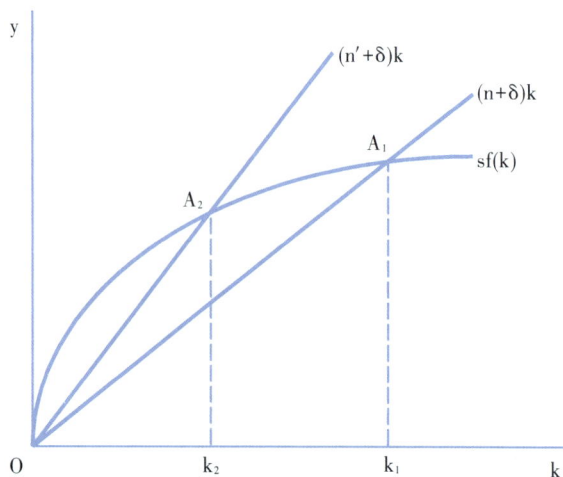

图 18-6 人口增长的影响

图18-6中，经济最初位于A点的稳态均衡。现在假定人口增长率从n增加到n′，则图18-6中的(n+δ)k线便移动到(n′+δ)k线的位置，这时，新的稳态均衡为A_2点。比较A_2点与A_1点可知，人口增长率的增加降低了人均资本的稳态水平（从原来的k_1减少到k_2），进而降低了人均产量的稳态水平。这是新古典经济增长理论的又一重要结论。西方经济学家进一步指出，人口增长率上升所产生的人均产量下降，正是许多发展中国家面临的问题。两个有着相同储蓄率的国家仅仅由于其中一个国家比另一个国家的人口增长率高，就可以有非常不同的人均收入水平。

对人口增长进行比较静态分析的另一个重要结论是，人口增长率的上升增加了总产量的稳态增长率。理解这一结论的重点在于懂得稳态的真正含义，并且注意到A_1点和A_2点都是稳态均衡点。

18.4.5 资本增长的黄金分割率

从上面的分析可以知道，储蓄率可以影响稳态的人均资本水平，而人均资本水平又决定了人均产量水平。从全社会的角度看，产出可用在消费和积累两个方面。产出一定时，消费多了，积累就少了；反之亦然。因此，这里存在一个如何处理积累与消费的关系问题。显然，对这个问题的回答取决于人们对经济发展目标的认识。

很多学者认为，经济增长是一个长期的动态过程，因此，提高一个国家的人均消费水平是一个国家经济发展的根本目的。在这一认识下，费尔普斯于1961年找到了满足人均消费量最大化的人均资本量的公式，这一公式的含义被称为黄金分割率。

在新古典经济增长理论的框架中，可以较容易地推导出黄金分割率。

借助图18-7，可以知道，人均消费量在图形上可以表示为曲线f(k)与直线nk之间的距离。（为了简化问题，我们在这里假定不考虑折旧，即假定参数δ=0。）

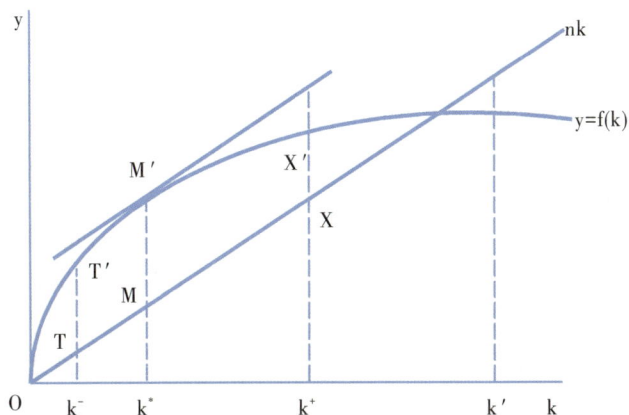

图18-7 经济增长的黄金分割率

从图18-7中可以看到，如果一个经济中选定一个较低的人均资本水平，如k^-，这时人均消费量等于较小的距离TT′。此外，如果一个经济选择较高的人均资本水平，如k^+，人均消费量仍然等于较小的距离X′X。这时，虽然人均产出较高，但人均储蓄（或投资）的需要量也很大，因而人均消费仍然不高。最后，要是该经济选择很高的人均资本水平，如k′，则图18-7表明，在这种情况下，社会上根本就没有任何产出可以用以消费了。

上面的分析暗含着一个有意义的问题，即如果一个经济的发展目标是使人均消费达到最大化，那么在技术和劳动增长率固定不变时，如何选择人均资本量呢？对此，费尔普斯给出了明确的回答。费尔普斯的结论被称为黄金分割率，其基本内容是：为达到社会上人均消费量的最大化，就要使人均资本量的选择达到这样的程度，即应该使人均资本的边际产品等于劳动增长率。用方程来表示就是：

$$f'(k^*)=n$$

黄金分割率可以用图形的方式加以论证。借助图18-7，问题可转化为在图18-7中如何选择k使曲线f(k)和直线nk之间的正向距离最大。从图18-7中可知，应选择k^*，这时人均消费量等于线段MM′的长度。从图18-7中可以看出，在k^*处，曲线f(k)的切线的斜率与直线nk的斜率相等，由于直线nk的斜率为n，而曲线f(k)在k^*处的斜率为$f'(k^*)$，故$f'(k^*)=n$成立。

从黄金分割率可知，如果一个经济中，人均资本量高于黄金分割率的水平，则可通过消费掉一部分资本使平均每个人的资本下降到黄金分割率的水平，就能够提高人均消费水平。此外，如果一个经济拥有的人均资本少于黄金分割率的数量，则该经济能够提高人均消费的途径是在目前缩减消费，增加储蓄，直到人均资本达到黄金分割率的水平。

应该指出，上面关于黄金分割率的阐述包含着某种意义上的最优化的思想，从而暗示了最优化思想和方法被应用于经济增长问题的可能性。

在经济增长问题的研究中，最优经济增长问题是宏观经济学中最近这些年来发展较为迅速的领域，而且最优经济增长的一些原理和思想已被当作基础知识写进了宏观经济学较高级的教材中。因此，我们有必要介绍一下最优经济增长理论的入门知识，以便对宏观经济的前沿问题有所了解。虽然最优经济增长的一般思想和基本问题并不难懂，但大多数论述最优增长的文献都采用较复杂的数学工具。不过，我们并不打算用那些复杂的数学模型表达。现在，我们以一个简单的最优增长问题来说明什么是最优经济增长的理论。

最优经济增长就是寻求一个经济增长的最优途径问题。假定经济的总产出仅依赖使用的资本数量，总产出或总收入是消费与投资之和。又假定这一计划的目标是使整个计划期内的总效用最大化。这里，总效用被假定为某个由消费决定的已知函数。

以Y、C、I和K分别表示产出、消费、投资和资本存量。从动态的观点出发，它们都是时间的函数。在任何时点上，投资被定义为资本存量的变化，即$I=dK/dt$。令t_0和t_1表示计划期的初始时刻和终止时刻。以U(C)和$Y=f(K)$分别表示效用函数和生产函数。

由总产出的定义：$Y=C+I$，可以得到：

$$f(K)=C(t)+\frac{dK}{dt}$$

或者　$$\frac{dK}{dt}=f(K)-C(t)$$

假定在时点t_0和t_1的资本存量分别为K_0和K_1，即$K(t_0)=K_0$，$K(t_1)=K_1$。根据上面的叙

述，在连续变化的时间内，这一计划问题的数学表达式为：

$$\max \int_{t_0}^{t_1} U[C(t)]dt \qquad (18-1)$$

$$s.t. \quad \frac{dK}{dt}=f(K)-C(t) \qquad (18-2)$$

$$K(t_0)=K_0 \quad K(t_1)=K_1 \qquad (18-3)$$

式（18-1）表示目标函数的最大化。积分$\max \int_{t_0}^{t_1} U[C(t)]dt$表示在整个计划期内的总效用。式（18-2）和式（18-3）表示这一计划问题的约束条件。

用通俗的语言来说，这一问题的实质就是，如何选择（或安排）消费C(t)，使得经济在满足约束条件（18-2）和约束条件（18-3）的计划期内的总效用最大化。这个简单例子基本上概括了最优经济增长的特点和结构。一般地说，最优经济增长问题的通俗提法是，当社会目标已经确定时，经济社会从各种不同的可行的增长路径中挑选出一条路径，以使社会目标函数最大化。

因此，最优经济增长问题通常是一个最优控制的问题。在最优经济增长问题中，通常把变量分成状态变量和控制变量（或政策工具）。控制变量是能为人们所控制的变量。而状态变量是表达所考察事物的特征，而且它是随控制变量的变化而变化的变量。上面所考察的例子中，状态变量为资本K，控制变量为消费C。描述状态变量如何随控制变量的变化而变化的方程被称为状态方程。状态方程通常为动态方程，它记述了所考察的事物是如何随着时间的推移而演变的。（在最优经济增长问题中，状态方程通常由反映连续变量情况下的微分方程和反映离散变量情况下的差分方程来描述。）例如，一国的经济在2021年的状态可以认为是取决于2020年的经济状态、2020年生效的各种政策以及这些政策对有关状态变量的影响。在最优增长问题中，通常要给定状态变量的初始值，并对有关变量施加一定的约束。其实际含义在于反映所考察的经济社会所面临的资源积累情况和限制条件。

最优经济增长问题或模型主要由以下3个要素构成：用来评价经济增长路径选择的目标函数、用来描述所考察的经济社会是如何随着时间的推移而运行的状态方程、有关变量的初始约束条件以及最终的约束条件。在所考察的例子中，这3个要素分别由上面的式（18-1）、式（18-2）和式（18-3）给出。这一最优增长问题如果用最优控制理论的术语来表述就是，在满足约束条件（18-2）和约束条件（18-3）的情况下，求出最优人均消费函数C(t)，使目标函数方程（18-1）达到最大。在几何图形上，这个问题可叙述为，在多条消费路径中，选取一条消费路径，以使目标函数达到最大化。

从一定意义上说，最优经济增长问题与经济学中的典型的最优化问题（如消费者选择问题）有相同之处，即都是一定的约束条件下，追求目标函数的最大化。

然而，两者之间也有明显的不同。最优化问题往往寻找一条与时间有关的路径（函数），而像诸如消费者选择这样的一般经济学中的最优化问题一般是静态最优化问题，当有关的参数确定下来后，这一问题的解往往是某些确定的数值。

应该指出，最优经济增长问题的求解通常要用最优控制理论中的一些特殊方法，但这已超出了本书应有的范围。

18.5　内生经济增长理论——经济增长理论的新发展

18.5.1　新古典经济增长理论的缺陷

以索洛的经济增长模型为基础和代表的新古典经济增长理论，从20世纪60年代到80年代中期，一直在经济增长理论的研究中占据主导地位。在这一期间，许多相关研究都是用数据分析来验证新古典经济增长理论的结论和推论。例如，对技术进步、劳动和资本对经济增长的贡献份额进行定量分析，以便为政府制定促进经济增长的政策提供数值依据等。

然而，随着时间的推移，新古典经济增长理论也暴露出一些不足或缺陷。

从理论方面来说，新古典经济增长理论假定经济中的生产函数具有规模报酬不变的性质。这往往与事实不符。对大多数工业化国家来说，由于这些国家的生产资源配置比较合理，整个经济部门间相互协调能力较强，再加上信息传递准确有效，所以生产资源的总体利用率高，其结果就是少量的生产投入有可能带来大量的产出。而一些发展中国家由于不具备工业化国家的生产条件，再加上政策的失误，就有可能导致规模报酬出现递减。

此外，在新古典经济增长理论中，稳态增长率是外生的，该模型本身无法对劳动力增长率和技术进步率做出解释。因而，该理论也就无法对控制人口增长率、提高技术进步速度提出相应的政策建议。而事实上，许多国家经济增长的事例都说明这两个参数的大小对经济增长至关重要，而且政策制定者可以对它们施加影响。现在许多西方学者都认为，增长率的外生化是新古典经济增长理论最主要的缺陷。

除了在理论方面的缺陷之外，新古典经济增长理论在解释现实方面也碰到了很大的麻烦。新古典经济增长理论的一个重要结论是，不同国家的经济增长具有趋同性，即有着相同技术和人口增长率的国家最终会有大致相同的稳态增长率（尽管收入的稳态水平可能会各异）。然而，根据世界银行在1992年公布的《世界发展报告》所提供的数据，在1965—1990年，美国人均收入年增长率为4.7%，日本为4.1%，韩国为7.1%，巴西为3.3%，墨西哥为2.8%，印度为1.9%。这些数据显示，在这20多年的长时期中，各国之间存在经济增长率上的较大差异。这显然与新古典经济增长理论的趋同论点相矛盾。

在这样的背景下，自从20世纪80年代中后期以来，美国经济学家罗默和卢卡斯等人在对新古典经济增长理论进行反思的基础上，相继发表了他们研究经济增长的一系列新成果，逐步形成了新经济增长理论。新经济增长理论是指用规模收益递增和内生技术进步来说明围绕一国长期经济增长和各国经济增长率差异而展开的研究成果的总称。新经济增长理论最重要的特征是试图使经济增长率内生化。从这点出发，新经济增长理论又被称为内生经济增长理论。由于篇幅和分析技术上的原因，我们在下面只是简要介绍部分内生经济增长理论的基本情况。

18.5.2　新经济增长理论的概况

各种新经济增长模型可以根据不同的标准加以分类。根据新经济增长模型所依赖的基本假设条件的差异，可以将新经济增长理论分为完全竞争条件下的内生经济增长模型和垄断竞争条件下的内生经济增长模型。完全竞争条件下的内生经济增长模型出现得较早。这类模型基本上代表了新经济增长理论的第一个发展阶段。垄断竞争条件下的内生经济增长模型出现于20世纪90年代，它取消了前一类经济增长模型中过于苛刻的完全竞争假定，在垄断竞争的假设下说明技术进步的产生和均衡经济增长率的决定。这类经济增长模型的出现，标志着新经济增长理论进入了第二个发展阶段。由于篇幅和技术上的复杂性，我们在下面仅仅简要概述完全竞争条件下的新经济增长模型。这类新经济增长模型又可以根据各模型关于总量生产函数的不同规定，分为两种基本类型：外部性条件下的内生经济增长模型、凸性经济增长模型①。

1. 外部性条件下的内生经济增长模型

外部性条件下的内生经济增长模型采用马歇尔提出的外部经济分析法研究经济增长问题。这类模型假定，总量生产函数呈现规模收益递增的特征。造成规模收益递增的原因在于技术产生的溢出效应。对单个厂商而言，技术进步表现为一种外部经济，因此，厂商是价格接受者。这样就可以在完全竞争的假设下说明技术进步对经济增长的影响。外部性条件下的内生经济增长模型主要包括罗默的知识溢出模型、卢卡斯的人力资本溢出模型、巴罗的公共产品模型和拥挤模型、克鲁格曼-卢卡斯-扬的边干边学模型等。其中罗默模型和卢卡斯模型最具代表性。

最早用技术外部性解释经济增长的模型是肯尼斯·约瑟夫·阿罗（K. J. Arrow）于1962年提出的干中学（learning by doing）模型。阿罗模型试图将新古典经济增长模型中的外生技术进步内生化。为此，阿罗假设技术进步是投资的副产品，是厂商在生产中积累经验的结果。一个厂商的投资不仅会提高自身的生产率，而且将提高全社会所有其他厂商的生产率，因此，技术进步是经济系统的内生变量。在阿罗模型中，由于存在技术溢出，不存在政府干预时的经济均衡状态是一种社会次优状态，均衡的经济增长率将低于社会最优经济增长率。阿罗模型的缺陷在于：在这一模型中，由于技术溢出不够强，内生的技术进步不足以推动经济持续增长。为了保证经济增长能够实现，必须要求人口以一个外生比率增长。由于必须用外生的人口增长说明经济增长，阿罗模型还不是一个内生增长模型。

罗默（1986）将阿罗模型向前推进了一步。在罗默的知识溢出模型中，知识和技术是私人厂商进行意愿投资的产物，像物质资本投资一样，私人厂商进行知识投资也将导致知识资本的边际收益递减。为了说明即使在人口增长率为零时，知识积累也足以保证经济实现长期增长，罗默假设知识具有足够强的溢出效应，知识溢出足以抵消固定生产要素存在引起的知识资本边际产品递减的趋势，从而使知识投资的社会收益率保持不变或呈递增趋势。因此，知识积累过程不会中断，经济能够实现长期增长。

卢卡斯（1988）建立了另一个重要的内生经济增长模型。卢卡斯的人力资本溢出模型实际上是将阿罗模型与宇泽弘文（1965）提出的另一个经济增长模型结合起来，用人力资本的溢出效应解释技术进步，说明经济增长是人力资本不断积累的结果。宇泽弘文模型是从不同于阿罗模型的角度将新古典经济增长模型中的外生技术进步内生化。宇泽

①　在西方经济学中，所谓生产技术具有凸性是指，当存在两种能够生产相同产量的生产方法时，这两种方法的加权平均也至少能生产相同的产出量。

弘文的做法是假定经济中存在从事人力资本积累的部门——教育部门。教育部门以线性技术生产人力资本。人力资本的不断积累保证经济能够实现持续增长。人力资本在宇泽弘文模型中的作用与外生技术进步在新古典经济增长模型中的作用一样，二者都导致有效劳动量的增加，从而使物质资本积累不再呈现规模收益递减趋势，而经济将以不变的比率持续增长。

罗默认为，技术进步表现为私人厂商投资于研究活动而生产出新知识。卢卡斯认为，技术进步是教育部门进行人力资本投资的结果。与他们不同，巴罗（1990）认为，技术进步表现为政府提供服务所带来的私人厂商生产率和社会生产率的提高。

2.凸性经济增长模型

完全竞争条件下的内生经济增长模型的第二条研究思路，是在总量生产函数规模收益不变，即凸性生产技术的假设下，说明经济实现内生增长的可能性。采用这条研究思路的经济增长模型有AK模型、琼斯–真野惠里模型、雷贝洛模型、金–雷贝洛模型、拉德尤模型等。下面，我们简要说明AK模型。

AK模型假定总量生产函数具有最简单的线性形式：

$$Y=AK$$

式中：A表示反映技术水平的正的常数；K表示资本存量。

假定储蓄率是参数s；没有人口增长和资本折旧，则所有的储蓄都化为资本存量的增加，于是有：

$$\Delta K=sY=sAK$$

或者　　$\Delta K/K=sA$

这样，储蓄率就影响到了资本增长率。进一步说，既然产量与资本成比例，产量增长率也等于：

$$\Delta Y/Y=sA$$

在这种情况下，储蓄率s越高，产量的增长率也将越高。

由于假定资本具有不变的边际产品，资本积累过程不会中断，所以即使经济中不存在任何技术进步，资本积累也足以保证经济沿着一条平衡增长的路径增长。

18.5.3　新经济增长理论的验证

西方经济学家对新经济增长理论进行实际验证的结果，使人们对经济增长问题的认识又深化了一步。

1.关于增长趋同论的看法

内生的经济增长理论暗示，在具有不同储蓄率和投资率的国家之间，应该有增长率上的持续差异。而过去的新古典经济增长理论预测这些差异仅仅在一段转换时期内会影响到产量的增长率。

美国经济学家鲍莫尔等人在1989年的一项研究成果中得出的结论认为，有证据表明，工业化国家正在向美国的收入水平趋近。而美国被认为是在可进行国际比较项目（ICP）下以收入标准衡量的世界最富有的国家。这一研究结论至少是暂时支持了新古典经济增长理论的"趋同"观点。

但是，巴罗的观点更具普遍意义。巴罗在20世纪90年代初的论文中指出，尽管那些投资更多的国家趋向经济增长更快，但是，更高的投资对经济增长的影响似乎是暂时的，因为更高的投资会使经济停止在人均收入更高但增长率不会更高的稳定状态。这种看法与新古典经济增长理论的预测是吻合的。巴罗把这一结论叫作"有条件的趋同"，也就是说，各个国家正在依照GDP中投资份额的不同条件决定的稳定状态趋同。当然，稳定状态也会依照其他变量（如政府支出在GDP中的份额、人力资本的投资率等）的情况发生变化。

巴罗的研究表明，有条件的趋同以每年2%的速度进行。其速度并不快，是一个缓慢的过程。他说如果一国的收入水平当前只有美国的5%，大概经过35年才会达到美国收入水平的10%。如果两国间影响收入水平的其他变量相同，该国就不可能指望通过"自然而然的"新古典的趋同力量追上美国。

2.对物质资本、设备投资和基础设施投资作用的估计

对把GDP中的更大部分用于投资在经济增长上所产生的短期效应，美国经济学家进行了两方面的验证性研究：

（1）布拉德福德·德龙（J. Bradford Delong）和劳伦斯·萨默斯（Lawrence H. Summers）认为，在机器设备上的投资报酬率约为每年20%。这个比率是相当高的。由此，这两人主张，应该通过投资税优惠对机器设备投资予以补贴。不过，问题在于20%的投资回报率属于谁。如果它属于投资者，补贴就不必要；如果属于社会，补贴就是必要的。

（2）政府基础设施投资的作用。戴维·阿肖尔（David Aschauer）认为，美国在20世纪70至80年代的增长减速，在很大程度上要归咎于政府投资的减少。不过，也有人认为，基础设施投资是对私人投资的补充。只有在私人投资需要基础设施时，后者的投资才会对生产率的增长有较大的贡献；不过，在道路和教育方面，与此有所不同。

当然，公共部门的资本存量很大，也是其对经济增长有所贡献的重要原因。

3.对人力资本作用的验证

这方面的证据是支持人力资本对经济增长的积极意义的。尼古拉斯·格里高利·曼昆（Nicholas Gregory Mankiw）、戴维·罗默（David Romer）和戴维·维尔（David Weil）认为，将人力资本引入新古典经济增长模型，可以解释很多现象（如经济增长率的长期差异）。

4.关于生产率增长的考察

一般说来，与内生经济增长理论有关的研究工作并未解释生产率增长减速的原因，也未说明如何才能恢复生产率的增长。

阿尔文·扬（Alwyn Young）对比性地考察了新加坡和中国香港经济增长的情况。他发现，两地从1960年到1990年的人均经济增长率都是6%。在此期间，中国香港的投资在地区生产总值中所占的比重平均约为20%，新加坡的投资在GDP中所占的比重则从1960年的9%上升到1985年的大约40%。在投资存在巨大差异的情况下，扬发现，在30年间，中国香港的生产率增长达到了平均每年3.5%，而新加坡的生产率增长基本为零。

在试图解释这种明显差异的时候，扬注意到中国香港有一个基本上自由放任的市场和政府，新加坡则坚持对经济实行严格的控制，政府间接地指导大多数投资。扬认为，新加坡在引进外资和新技术时过快，有超越本地企业与工人消化能力的问题，这反而阻碍了生产率的增长。

18.6 关于经济增长问题的争论

一些西方经济学家注意到，一国在经济增长的同时引起了环境污染、资源耗竭等严重问题，进而他们对经济增长提出了异议。本部分简要介绍西方国家关于经济增长问题的一些争论。

18.6.1 增长极限论

1968年，意大利菲亚特公司董事长帕塞伊邀请西方国家30名科学家、经济学家、教育家和实业家在意大利的首都罗马讨论人类当时和将来的处境。这些人就是后来所谓的"罗马俱乐部"的成员。罗马俱乐部委托美国麻省理工学院管理学教授麦多斯把讨论的情况整理成书。麦多斯在1972年出版了《增长的极限》。在这本书中，麦多斯等人提出了一种对经济增长持悲观态度的理论。

这一理论认为，影响人类社会经济增长的主要因素有5个，即人口增长、粮食供应、资本投资、环境污染和资源耗竭。这5个因素的共同特点在于，它们的增长都是指数增长，即按一定的百分比递增。有关的学者分析了这5种增长因素的变化及相互影响。通过建立一个世界模型，得出的结论是：1970年以后，人口和工业仍维持着指数增长，但迅速减少的资源将成为约束条件，使工业化不得不放慢速度。工业化达到最高点，人口和污染还会继续增长。但由于食物与医药缺乏引起死亡率上升，最后人口增长停止，人类社会将在2100年之前崩溃。

这些学者认为，要摆脱这一困境，实现全球经济均衡增长的措施主要是：①在1975年停止人口增长；②在1980年停止工业资本增长；③每一单位工业品的物质消耗降到1970年的1/4；④经济的重点从物质生产转到服务业上；⑤环境污染降低到1970年数值的1/4；⑥增加对粮食的生产，农业投资重点用于增加土地肥力与水土保持等。总之，麦多斯等人的基本观点是，世界经济体系的基本行为方式是人口和资本的指数增长和随后的崩溃。由于麦多斯等人对人类前途抱着悲观的态度，所以西方经济学家称他们的模型是"崩溃的模型"或"世界末日模型"。

由于《增长的极限》一书涉及的是人类前途问题，而结论又是那样阴暗和耸人听闻，所以该书出版后，立即引起了西方学术界的激烈争论。通过争论，形成了赞成经济增长和反对经济增长的两种对立观点。下面，我们简述一下西方学者对增长极限论的批评。

有些学者认为，增长极限论是新形势下的马尔萨斯人口论的翻版，麦多斯等人只是"带着计算机的马尔萨斯"。西方学者认为，麦多斯等人的世界末日模型结论是否正确，取决于所选择的基本经济关系是否恰当，估计的参数是否正确。而麦多斯等人的世界末日模型在这些方面都有缺点。例如，有的学者根据麦多斯等人的世界末日模型，假定自1970年起，自然资源发现（包括回收）率每年增长2%，控制污染的技术能力每年增长2%，粮食产量每年增长2%。按照这样的假定，改变了模型结构时，计算机计算的结果表明，产量和人口增长都不受限制，崩溃永远不会发生。人们还对世界末日模型做了另一个实验，就是把模型的开始时期由1900年提前到1850年，且用该年各个变量的实际数值作为起点水平，答案是，世界在1970年左右就会崩溃。

索洛对世界末日模型予以了否定。他认为，世界末日模型是伪科学，因此，也是公共政策的负导向。世界末日模型从假设到结论之间的逻辑关系非常简单和明显，从这个意义上说，它更像是一个假设，而不是一个结论。

18.6.2 增长怀疑论

增长极限论偏重说明持续经济增长的不可能性，但是，如果持续经济增长是可能的，这种增长就是应该追求的吗？一些西方经济学家从价值判断的角度对经济增长的价值提出了怀疑。

美国经济学家米香认为，为实现经济增长所付出的社会和文化的代价太大了。

首先，持续的经济增长使人们失去了许多美好的享受，如无忧无虑的闲暇、田园式的享受、清新的空气等。

其次，经济增长所带来的仅仅是物质享受的增加，但物质享受不是人类快乐的唯一源泉，随着社会的发展，人们也并不把物质享受作为唯一的目标。

最后，人对幸福的理解取决于他在社会上的相对地位，因此，经济增长尽管增加了个人收入的绝对量，但并不一定能提高他在社会上的相对地位，这样也就并不一定能给他带来幸福。

总之，在米香看来，技术进步、经济增长仅仅是物质产品的增加，而不是幸福的增加。在经济增长中，人们失去的幸福太多了，因此，即使经济增长是可能的，也是不可取的。

18.7 推动经济增长的经济政策

大多数新经济增长模型都强调了模型的政策含义。罗默、卢卡斯等人认为，如果政府不对科学技术的发展加以倡导，那么分散经营的经济增长率会过低。因此，政府可以通过对研究和开发提供补贴而达到促进经济增长的目的。琼斯、雷贝洛等人认为，各国政府实施不同的税收政策和贸易政策是导致各国经济增长率存在差异的重要原因，政府应采用降低资本税、关税等政策措施鼓励资本积累和国际贸易，以促进经济增长。

一般说来，政府对决定经济增长的技术进步、资本形成和劳动投入这3个因素都可以产生影响。特别是当存在市场失灵，而经济增长又比较缓慢的时候，政府往往会提出许多刺激经济增长的政策。但是，总的说来，在长期中，财政政策对总产出具有影响，而货币政策几乎没有什么影响。具体而言，财政政策会影响经济增长的3个因素。作为财政政策的重要组成部分的政府支出、税收和转移支付，都会对潜在GDP产生影响。当然，政府支出不会对劳动、资本和技术立即产生重大影响，但是，以后其影响可能会逐渐增强。下面，我们就分别从几个方面对政府刺激经济增长的经济政策加以说明。

18.7.1 改善技术增长和生产率的政策

一般说来，政府推动和改善经济增长的最好政策就是推动和促进教育的发展，推动提高人力资本的培训工作，因为一支高度熟练的劳动大军显然是成功地提高生产率的一种关键性因素。

正如我们在技术生产函数中可以看到的那样，技术增长的一个重要来源就是对技术研究和创新开发的投资。

此外，教育和技术的研究与开发都具有溢出效应，它们都可以带来超过其研发者私人收益之外的社会收益。如果通过自发的机制，个人和厂商在教育和研究上选择的支出水平低于社会最优水平，政府就可以考虑通过拨款或提供补贴，来刺激这些活动。在美国，对研究和实验的税收抵免，为研究和开发支出提供了税收方面的激励。这一特殊的税收抵免，对厂商而言，相当于减免了它们的研究和开发支出的20%的税收额。如果研究和开发计划是技术增长的一个重要来源，这样的税收激励应该能够促进技术增长。如果研究和开发计划的资助者不能获得它的全部收益，通过税收系统为此目的使用公共资金就是合理的。

18.7.2 刺激资本形成的政策

长期以来，刺激经济增长的政策几乎完全集中在资本形成上，因为资本存量的增加必定促进经济增长。经验和研究已经证明，在数量上，每一个额外百分点的资本增长将大约增加0.3个百分点的产出增长。而为了将产出每年提高1个百分点，资本存量每年必须提高3.3个百分点。当然，新工厂和机器的增加，可能会带来促进生产率提高的额外的技术创新。

在经济条件的恰当组合下，投资的大量增长是有可能的。例如，美国在1962年的时候投资处于衰退的水平上。当时的美国总统肯尼迪实行了第一项投资税抵免政策，以刺激社会的投资。这一刺激资本形成的政策，加上当时普遍的扩张条件，使美国的投资额从1962年的3 060亿美元增加到1966年的4 010亿美元，增长了大约30%。但是，这种增长率的趋势并不能就此保持下去，几年后资本增长率就降了下来。为达到同原来一样的资本增长率，投资税抵免政策不得不增强力度。

18.7.3 增加劳动供给的政策

根据经验性分析，就业增长对经济增长的影响是资本增长的2倍多。就业量每多增长1个百分点，将使产量增长提高0.7个百分点。也就是说，为使产出增长率每年增加1%，就业量每年需要增加1.4%。个人所得税的减免是加强对就业的激励，促使人们努力工作的一个途径。因为个人所得税的提高会减少工人的工作所得，从而降低工人的工作积极性。所以，个人所得税的减免就能够改善激励，促进工作的积极性。比如，美国政府在1981年和1986年通过生效的税收减免政策，就是以这一观点为基础的。

不过，所得税的减免政策也会产生反向的作用和效果。这就是说，当所得税的减免使人们的收入增加，从而使他们的经济状况得到改善时，他们也许会减少劳动供给。这样一来，减免税收政策的净效应也可能会很小。图18-8表明，当劳动供给曲线很陡峭时，供给与需求也许会相交于几乎相同的就业水平上。在这种情况下，减轻税收的政策就将无法较大幅度地刺激就业和经济增长。

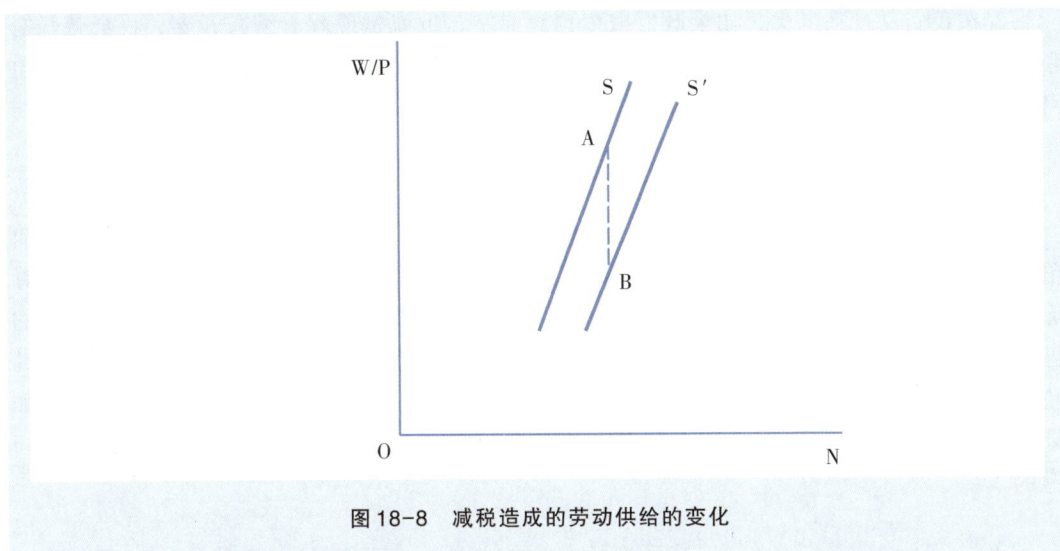

图18-8　减税造成的劳动供给的变化

在图18-8中，减税使劳动供给函数成比例地向下移动。S曲线为降低税率之前的劳动供给曲线，A点为该劳动供给曲线上的任意一点。S′曲线为降低税率之后的劳动供给曲线。S′曲线上的B点所代表的实际工资与S曲线上的A点的工资减税后的实际工资相等。B点在A点的下面，两点之间的距离等于减税的量。B点的劳动供给量与A点的劳动供给量相同，因为在这两个点上工人得到的实际工资是相同的。这样，一条几乎垂直的劳动供给曲线的下移，对就业几乎没有什么实质性影响。

刺激经济增长的政策并不一定要采取减税的方式。在一国的政府对收入需求增大的情况下，通过减税政策来大力改善工作激励机制将变得不太可能。这时，可以考虑的另外一种形式的政策就是税制改革。税制改革可以降低税率，从而保持税收收入不变。这可以通过减少税收扣除和降低工作收入的税率而达到。因为税收收入不变，平均纳税人缴纳的税收数额不变，也就没有收入效应，因为税率降低所导致的税收收入的减少被减少税收扣除带来的税收收入的增加抵销了。这种形式的税制改革必然包含所得税累进程度的降低。真正对工作激励起作用的是边际税率，即对收入的最后一单位货币起作用的税率。例如，一个对最初几千美元以上的收入征收大致相同税率的固定统一的税收系统，可以在较低的边际税率下征得相同数量的税收收入。这种税制改革不会降低工作努力的收入效应，劳动供给曲线将以替代效应的全部数量移动。

18.7.4　赤字预算下的扩张性政府支出政策对经济增长的影响

政府扩张性的支出一般地会投向公共设施和基础设施，而公共设施和基础设施将会在长期里为私人投资的增长创造条件。所以，扩大政府开支的政策会在长期里间接地有利于经济增长。

但是，这种增加基础设施的政府公共投资政策也有副作用。在以前的分析中，我们知道，当政府采用以赤字财政来扩大政府支出的财政政策时，如果货币供给量没有发生变化，经济中通常会由于利率的上升而对私人投资产生一种挤出效应。这就是说，如果从长期考虑，这种情况造成的私人投资的减少将会影响经济增长。

现在我们反过来考虑，如果政府减少预算赤字，也就是说政府缩减开支，将会减轻对私人投资的挤出效应，从而对长期经济增长产生积极作用，那么，缩减政府开支的政策也可以被看作激励私人投资增加和减少排挤私人投资的政策。

18.7.5 推动经济增长的政府政策的可行性

我们说，尽管上述政府的经济政策有可能推动经济的增长，但是，问题并不如此简单。因为这些政策的实行，需要社会和政府为了长远的利益而牺牲当前利益。削减预算赤字会要求更高的税收或更低的支出。但是，收入太低，不足以应付长期以来形成的已经很高的政府其他支出。而高税收也会降低私人投资的增长。其他推动经济增长的政策，如调整产业政策、减少已有的管制、注重环境保护等，都需要政治上的支持。如果这些政策会触及一些人的既得利益，则它们在政治上能否被批准或通过，也是成问题的。

本章小结

1. 经济增长通常被规定为 GDP（产量）的增加。经济增长的程度可以用增长率来描述。经济增长的源泉可被归结为劳动和资本的增长以及技术进步。人力资本就是体现在个人身上的获取收入的潜在能力的价值，它包括天生的能力和才华以及通过后天教育训练而获得的技能。经济增长问题实际上是社会潜在生产能力的长期变化趋势问题。

2. 宏观经济学中分析经济增长问题有两种互相补充的分析方法：一是经济增长模型，它把增长过程中生产要素供给、技术进步、生产率增长、储蓄和投资之间的互动关系模型化；二是经济增长的核算，它把不同因素对产量增长的贡献程度数量化。

3. 全要素生产率的增长率是在所有投入不变的情况下，作为生产方法改进的结果而导致产量增加的幅度。或者说，它是从相同的生产要素中获得更多产量时全要素生产率的增长。

4. 索洛衡量和计算技术进步所做贡献的剩余法对分析经济增长问题是一个重要的贡献。不过，其不足之处是，它有可能将资本、劳动、技术进步之外的因素都当作技术进步来处理。

5. 丹尼森把影响经济增长的因素归结为 6 个：劳动、资本存量的规模、资源配置状况、规模经济、知识进展、影响单位投入产出量的其他因素。丹尼森的结论是，知识进展是发达国家最重要的经济增长因素。

6. 库兹涅茨在一系列关于经济增长的著作中提出的推动经济增长的因素，主要是知识存量的增加、劳动生产率的提高和结构方面的变化。

7. 哈罗德模型表明，要实现均衡的经济增长，国民收入增长率就必须等于社会储蓄倾向与资本-产量比率二者之比。哈罗德的经济增长模型遇到了两个不容易解决的问题：一是经济沿着均衡途径增长的可能性是否存在，也被称为存在性问题；二是经济活动偏离了均衡增长途径，是否能够自动地趋向均衡增长途径，也被称为稳定性问题。

8.索洛的新古典经济增长模型认为，要使经济实现长期均衡增长，人均储蓄必须正好等于资本广化。新古典经济增长理论也认为，人口增长率的增加降低了人均资本的稳态水平，进而降低了人均产量的稳态水平，但是增加了总产量的稳态增长率。

9.费尔普斯提出的黄金分割率认为，为达到社会上人均消费量的最大化，就要使人均资本量的选择达到使人均资本的边际产品等于劳动增长率这样的程度。

10.增长率的外生化和它在不同国家之间的趋同化，是新古典经济增长理论上最主要的缺陷。

11.完全竞争条件下的新经济增长模型可以根据对总量生产函数的不同规定，分为两种基本类型：

（1）外部性条件下的内生经济增长模型，采用马歇尔提出的外部经济分析法研究经济增长问题。这类模型假定，总量生产函数呈现规模收益递增的特征。造成规模收益递增的原因在于技术产生的溢出效应。对单个厂商而言，技术进步表现为一种外部经济，因此，厂商是价格接受者。这样就可以在完全竞争的假设下说明技术进步对经济增长的影响。该类模型主要包括罗默的知识溢出模型、卢卡斯的人力资本溢出模型、巴罗的公共产品模型和拥挤模型、克鲁格曼-卢卡斯-扬的边干边学模型等。其中罗默模型和卢卡斯模型最具代表性。

（2）凸性经济增长模型是在总量生产函数规模收益不变，即凸性生产技术的假设下，说明经济实现内生增长的可能性。

本章基本概念

经济增长　人力资本　全要素生产率的增长率　倒U字假说　有保证的增长率　自然增长率　存在性问题　稳定性问题　不稳定原理　资本广化　资本深化　黄金分割率

复习思考题

1.经济增长的源泉是什么？

2.索洛是用什么方法衡量和计算经济增长中的技术进步作用的？

3.丹尼森把影响经济增长的因素归结为哪些方面？

4.丹尼森认为发达国家最重要的经济增长因素是什么？

5.库兹涅茨认为推动经济增长的因素主要是什么？

6.哈罗德和多马认为，要实现均衡的经济增长必须满足什么条件？

7.哈罗德的经济增长模型遇到了哪两个不容易解决的问题？

8.索洛的新古典经济增长模型认为，要使经济能够实现长期均衡增长的条件是什么？

9.费尔普斯提出的黄金分割率的内容是什么？

10.新古典经济增长理论最主要的缺陷表现在哪些方面？

11.外部性条件下的内生经济增长模型的特征是什么？

12.凸性经济增长模型的特征是什么？

13.增长极限论的主要论点是什么？

14.增长怀疑论的主要论点是什么？

15.政府推动经济增长的政策有哪些？

16.什么是经济增长的趋同论？你如何判断趋同的前景？

第19章
新古典宏观经济学

通过学习本章，你应该能够：

◎了解新古典宏观经济学的主要理论渊源。

◎明白新古典宏观经济学的基本假设。

◎掌握新古典宏观经济学的基本观点。

◎掌握新古典宏观经济学的基本理论模型。

◎明白新古典宏观经济学的政策含义和主要政策观点。

19.1 新古典宏观经济学的理论渊源

新古典宏观经济学的理论渊源主要是现代货币主义的新货币数量论、自然率假说，以及古典经济学关于理性人和市场自动调节机制有效性的观点。现代货币主义是20世纪50年代后期在美国出现的一个经济学流派。美国经济学家弗里德曼被公认为是现代货币主义的创始者和领袖。我们在前面有关章节中曾经介绍过弗里德曼的货币需求函数理论和有关的消费理论、通货膨胀理论。这里，我们将主要介绍一下自然率假说。

19.1.1 现代货币主义的自然率假说

自然率主要指自然失业率。按照自然率假说，任何一个市场经济中都存在一个自然失业率，其大小取决于该社会的技术水平、资源数量和文化传统。在长期中，该社会的经济会趋向自然失业率（如6%）的水平。经济政策可以暂时使实际失业率大于或小于自然失业率，但是在长期中不行。

持有自然率假说观点的现代货币主义者认为，社会上只存在摩擦性失业和自愿性失业，二者之和在全部劳动力中所占有的比例就是自然失业率。实际上，这种观点意味着在长期中经济中不存在非自愿性失业的现象。

19.1.2 现代货币主义的主要观点及政策

1.现代货币主义的主要观点

根据新货币数量论和自然率假说，现代货币主义者形成了他们的基本理论观点：

（1）货币供给量对名义收入的变动具有决定性作用。

（2）在长期中，货币数量的作用主要在于影响价格以及其他用货币表示的名义变量（如货币工资等），而不能影响就业量和实际国民收入那样的实际变量。所以，通货膨胀归根到底是一种货币现象。

（3）在短期中，货币供给量是可以影响像就业量和实际国民收入那样的实际变量的。

（4）私人经济在市场自发作用下具有自身的内在稳定性，国家干预的经济政策只会使它的稳定性遭到破坏。

2.现代货币主义的政策

以弗里德曼为首的现代货币主义者根据其理论和对经验资料所做的分析，还提出了与凯恩斯主义者不同的政策。这主要表现在以下几点上：

（1）反对凯恩斯主义的财政政策。弗里德曼认为，以需求管理为宗旨的财政政策最终都是通过货币量的扩张和收缩来实现其经济调节作用的，而由于扩张性财政政策的挤出效应，私人投资会随着政府支出的增加而减少，其后果往往造成用非生产性投资代替了生产性投资，从而影响了劳动生产率的改善。此外，过度的政府开支也会带来通货膨胀。因此，财政政策不但无效，而且对经济有害。

（2）反对凯恩斯主义者所实行的、根据情况变化来制定和执行的斟酌使用（相机抉择）的货币政策。弗里德曼认为，由于经济政策的滞后性，斟酌使用（相机抉择）的货币政策不仅无效，而且会使经济波动更加剧烈。

（3）极力主张实行单一规则的货币政策。弗里德曼认为，货币政策只能胜任两项任务：一是能够防止货币本身成为经济混乱的一个主要根源；二是能够给经济提供一个稳定的环境。所以，在没有通货膨胀的情况下，按国民收入平均的增长率再加上人口增长率来规定并公开宣布一个长期不变的货币增长率，是货币政策唯一的最佳选择。现代货币主义的这一以货币供给量作为货币政策的唯一控制指标，而排除利率、信贷流量、准备金等因素的政策建议也被称为单一的政策规则。

19.2 新古典宏观经济学的基本假设

20世纪70年代，以美国为首的西方国家处于严重的滞胀困境之中。传统的凯恩斯主义因为提不出解决困境的对策而逐渐丧失了社会和公众的信任。在这种形势下，出现了作为现代货币主义延续与发展的理性预期学派。该学派采用并发展了理性预期观点，形成了一系列与传统的凯恩斯主义经济学相反的见解。由于这一系列的说法大体上与凯恩斯主义理论出现以前的古典学派观点相一致，所以，理性预期学派也被称为新古典宏观经济学派，其主要代表人物有卢卡斯、萨金特、华莱士、巴罗等。其中，诺贝尔经济学奖获得者卢卡斯居于最为重要和显著的地位。

新古典宏观经济学派的理论依赖4个假设条件：个体经济利益最大化、理性预期、市场出清和自然率假说。前边对自然率假说已经做过说明，这里仅对另外3个假设加以解释。

1.关于个体经济利益最大化的假设

新古典宏观经济学认为，宏观经济现象是个体经济行为的结果。宏观经济理论必须具有微观经济理论的基础，特别是要符合人们追求个体经济利益最大化这个微观经济学的基本假设。

2.关于理性预期的假设

所谓理性预期，是指在有效地利用一切信息的前提下，对经济变量做出的在长期中平均说来最为准确的而又与所使用的经济理论、模型相一致的预期。

理性预期包含3层意思：

（1）做出经济决策的经济主体是理性的。为了追求自身的最大经济利益，经济主体总是力求对未来做出正确的预期。

（2）为了做出正确的预期，经济主体总是力图得到有关的一切信息，其中包括反映经济变量之间因果关系的经济理论和模型，以及有关的资料与数据等。

（3）经济主体在预期时不会犯系统性的错误。也就是说，经济主体会随时随地根据他们所得到的新信息来修正其预期值的错误。因此，从整体上和长期中来看，理性预期对某一经济变量的未来预期值与未来的实际值是基本一致的。所以，也可以讲，理性预期是指在长期中人们会准确地预期到会趋向实际数值的经济变量的值。[①]

3.关于市场出清的假设

这是指工资和价格都具有充分的灵活性，都可以根据供求情况迅速进行调整。这样，产品市场和劳动市场就都不会出现超额供给的情况。因为产品市场出现超额供给的情况时，价格就会下降，直至价格降到使买者愿意购买为止；如果劳动市场出现超额供给的情况，工资水平就会下降，直至使雇主愿意在某个工资水平上雇用所有想工作的失业者。因此，每一个市场都会处于或趋向供求相等的一般均衡状态。

19.3 新古典宏观经济学的基本观点

根据有关假设，新古典宏观经济学派得出了一系列的理论结论。

19.3.1 关于宏观经济政策无效的观点

这里涉及的宏观经济政策既指财政政策，也指货币政策。根据新古典宏观经济学派关于自然率的假设，市场经济在长期中会处于自然失业率（如6%）的状态。凯恩斯主义经济学派认为，宏观经济政策的目的和效果就在于使经济社会脱离这种失业状态。但新古典宏观经济学派认为，凯恩斯主义经济学派的这种做法是不必要的；即使有必要，按照理性预期的假设条件，也不可能达到目的。这就是说，宏观经济政策是无效的。

新古典宏观经济学派认为，可以借用菲利普斯曲线说明这点。例如，当经济处于6%的自然失业率时，假设实际通货膨胀率为零，如图19-1中的菲利普斯曲线上的A点所示。

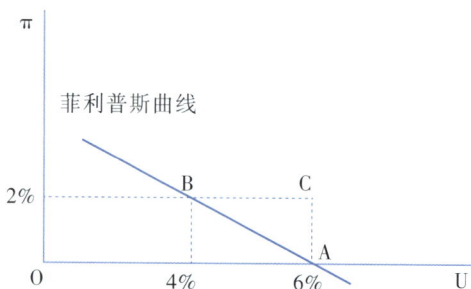

图19-1　以菲利普斯曲线说明宏观经济政策无效

[①] 许多人对理性预期学派的这一见解感到不解。他们认为普通人是无法预期到连计量经济学的复杂预测模型都难以预期到的事情的。理性预期学派一些人的解释是：鸟没有学过复杂的空气动力学，却能飞得很好。他们认为：人们会利用一切信息来改善他们的预测，因为人们会从吃亏上当中吸取教训。对此，这些人还经常引用一句西方俗语："你可以在一段时期内欺骗所有的人，或者在长时期内欺骗一部分人，但是绝不能在长时期内欺骗所有的人。"

假设人们根据过去的通货膨胀率来形成预期通货膨胀率，那么，在 A 点，由于过去的实际通货膨胀率为零，所以，现在的预期通货膨胀率也为零。这时，如果政府企图把失业率降低到4%，从图19-1中可以看到，它必须使用财政或货币政策来造成2%的通货膨胀率，使经济沿着菲利普斯曲线到达图中的 B 点。因为 B 点所代表的失业率为4%，而4%的失业率正是政府所要追求的目标。

为什么2%的通货膨胀率能把失业率降到4%呢？按照理性预期学派的说法，当通货膨胀率为2%时，由于所有的价格都上涨了相同的比例，所以，劳动者发现，工资上涨了2%；企业家也发现，产品价格也上涨了2%。但是，由于信息的传递和供给等都不够完善，企业家只看到自己产品的价格上涨，却未能考虑到其他产品价格变动的情况。因此，他们误以为自己产品价格的上涨是自己产品需求增加的信号，于是企业家扩大生产，由此产生对劳动的需求增大，而劳动者也会相应增加劳动供给量。这样一来，这些原因就会促使整个社会的国民收入（y）上升到相当于4%失业率（或96%就业率）时的水平，即到达图19-1中的 B 点。在 B 点，失业率和实际通货膨胀率分别为4%和2%。

然而，新古典宏观经济学家指出，B 点仅能暂时存在。因为根据理性预期，企业家会很快搜集到有关通货膨胀的信息，从而发现自己产品价格的上涨是通货膨胀的结果，而不是对自己产品需求的增加，即在 B 点，由于实际通货膨胀率为2%，所以企业家的预期通货膨胀率从零变为2%。这样，他们会减少产量。同理，劳动者也会搜集到有关通货膨胀的信息，从而发现自己的货币工资水平上涨完全是通货膨胀的结果，其实际工资水平仍然是原先的水平。这样，劳动者也会减少其劳动供给量。企业和劳动者在得到新信息情况下调整其经济行为，使社会经济移动到 C 点。在 C 点，失业率又恢复到原来的6%，而实际的和预期的通货膨胀率均为2%。这一结果也可以从下面的方程中得到：

$$\pi_t = \pi^e + h \cdot \frac{y - y^*}{y^*}$$

在 C 点，π_t（实际通胀率）$=\pi^e$（预期通胀率）$=2\%$。因此：

$$\pi_t - \pi^e = 0 = h \cdot \frac{y - y^*}{y^*}$$

所以，$y = y^*$，即失业率处于相当于 y^* 的6%的自然率水平。该结果表明：财政政策和货币政策并没有达到它们的目标，而仅仅造成了通货膨胀率的提高。

由此，新古典宏观经济学派得出结论，由于理性预期，一切宏观经济政策都是无效的。

宏观经济政策无效的结论意味着：要想使政策有效，其就必须具有欺骗性，使人们得不到有关政策的真实信息。然而，这一点在事实上又是做不到的，因为宏观经济政策的真正内容和后果迟早要为公众所了解。

作为新古典宏观经济学先驱的现代货币主义重点反对凯恩斯主义的财政政策和不适当的货币政策，而新古典宏观经济学派反对一切宏观经济政策。

19.3.2 关于适应性预期错误的观点[①]

适应性预期是指人们仅仅根据过去的信息而预测未来。直到20世纪70年代，凯恩斯主义者经常在他们的宏观计量经济学模型中使用适应性预期的说法。

---

① 斯诺登，文. 现代宏观经济学发展的反思［M］. 黄险峰，等译. 北京：商务印书馆，2000：143-144.

但是，新古典宏观经济学家认为，适应性预期是错误的。因为人们预期未来时，除了以过去的事实作为依据，也要考虑事态在将来的变化。例如，人们在估计某种商品的价格时，除了考虑该商品过去的价格以外，也要照顾到将来的变化对该商品的供求影响。因此，适应性预期不但不符合现实，而且违反了人们为实现自己利益的最大化必须学会利用一切信息（包括有关将来的信息），来寻求最精确预期的原则。所以，一切使用适应性预期的模型都是错误的。这也意味着1970年以前的全部凯恩斯主义计量经济学模型都不够精确。

19.3.3 反对凯恩斯主义经济学斟酌使用（相机抉择）的政策或者对经济运行微调的政策

这个观点的理论基础是所谓的卢卡斯批判。[1]卢卡斯认为，人们对将来的事态做预期时，不但要考虑过去的情况，还要估计现在的事件对将来的影响，并且根据他们所得到的预期结果来改变和调整其行为。由于行为的改变会使经济模型的参数发生变化，而参数的变化又难以衡量，因此，经济学家很难评价经济政策的效果。

我们仍以前面说过的价格调整方程为例。[2]该方程中，π^e是一个参数，代表人们的预期通货膨胀率，但它又部分地取决于人们对目前经济政策的态度。这就是说，斟酌使用（相机抉择）或微调政策本身会造成π^e的改变，从而会改变宏观经济政策的效果。假设在过去，减少3%的国民收入就能成功地使5%的通货膨胀率降为零，这并不意味着当通货膨胀率为10%时，减少6%的国民收入就能达到通货膨胀率为零的目标。因为人们对3%和6%的国民收入所做出的通货膨胀率预期不同，所以不能根据3%政策的经验来判断6%政策的效果。

由于斟酌使用（相机抉择）或微调政策代表在某一种具体情况下所执行的具有特殊性的政策，所以，政策的制定者并不知道经济模型中参数的数值变动，从而无从决定政策力度的大小以及效果的好坏。这说明斟酌使用（相机抉择）或微调政策是靠不住的。

在政策建议方面，新古典宏观经济学者并没有明确地提出他们的主张，这与古典宏观经济学不主张国家干预的观点完全是一脉相承的。

19.4 新古典宏观经济学的基本理论模型

19.4.1 传统的总供给曲线

传统的总供给曲线是在货币工资具有完全灵活性的假定下得到的（如图19-2所示）。AS曲线是一条位于充分就业产量y^*上的垂直线。它的意义是，不论价格P的数值如何，经济所提供的产量或国民收入均为不变的y^*。由于总供给曲线为一条垂直线，所以，任何一条总需求曲线与它相交之点均处于垂直线上，如图19-2中的A、B点所示。这表明，社会的生产总是处于自然就业率的水平，从而不会出现长期的大量失业现象。正是由于这一原因，传统理论不能解释资本主义的经济波动，从而被凯恩斯主义经济学所代替。

① LUCAS R E, Jr. Studies in business cycle theory [M]. Cambridge, Mass.: MIT Press, 1981.
② BLANCHARD O. Macroeconomics [M]. International ed. Upper Saddle River, New Jersey: Prentice-Hall International, 1997.

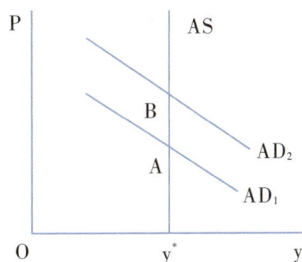

图 19-2 传统的总供给曲线

对凯恩斯主义经济学持否定态度的新古典宏观经济学企图弥补传统理论的这一缺点。他们企图在传统理论的基础上来"解释"资本主义的经济被动。为此，他们对传统的总供给曲线做了一些修改和补充。

19.4.2 附加预期的总供给曲线

理性预期学派对传统的总供给曲线所做的修改和补充主要是给它添加了一个预期变量。

新古典宏观经济学派完全同意传统古典宏观经济学理论的劳动供给和需求取决于实际工资（W/P）的说法。不过，他们认为，在决定实际工资的大小时，劳动供给方面所依据的价格和劳动需求方面所依据的价格并不是同一个价格。

新古典宏观经济学派认为，社会中各行业在任何时候都确切知道自己产品的价格。但是，它们对整个社会的价格水平的变动未必确切地了解，至少在短暂的时期内如此。当通货膨胀出现时，各行业的价格会普遍上涨。在短期内，各行业都感到自己产品的价格在上升，然而，其不知道，这种上涨是由通货膨胀造成的。因此，各行业都会按照原有价格或预期的价格（P^e）来决定其供给量，而产品的需求量取决于通货膨胀所造成的实际价格（P）。劳动市场的情况也是如此，即劳动的供给方面使用预期价格（P^e）来决定实际工资，而在劳动的需求方面使用实际价格（P）。

把实际的 P（在劳动的需求曲线方面的 P）和预期的 P^e（在劳动的供给曲线方面的 P^e）的差别考虑在内，就可得到图 19-3。

在图 19-3（a）中，W 为货币工资，N_d 和 N_s 为相当于不同数值的 P 的劳动需求曲线和供给曲线，P^e 为预期价格，$N_d{}'$ 是根据 $P=P_1$ 的实际价格水平而做出的劳动需求曲线。假定 N_s 为劳动者根据 $P^e=P_1$ 给出的劳动供给曲线，即假定预期的价格水平正好等于实际的价格水平，换句话说，就是在需求方面的 P 与在供给方面的 P^e 是相同的。因此，N_s 曲线与 $N_d{}'$ 曲线相交于 E_1 点，E_1 点决定了就业量的数值为 N^*，从而得到对应的产量 y^*。于是，在图 19-3（b）中得到 A_1 点（y^*，P_1）。假设图 19-3（a）中 P^e 的数值不变，而实际价格由 P_1 上涨到 P_2。这时，由于 P^e 不变，所以 N_s 曲线的位置不变，然而，由于 $P_2>P_1$，所以劳动需求曲线的位置由 $N_d{}'$ 上升到 $N_d{}''$。其含义是，由于实际价格的提高，整个社会只有在货币工资 W 出现相同比例的上升时，厂商才会雇到原有数量的劳动。现在 N_s 曲线和 $N_d{}''$ 曲线相交于 E_2 点，E_2 点所对应的就业量为 N_2，由此产生出对应的收入 y_2，从而得到了图 19-3（b）中的 A_2 点（y_2，P_2）。按照这一思路继续下去，便可得到一系列的点，将其用光滑的曲线

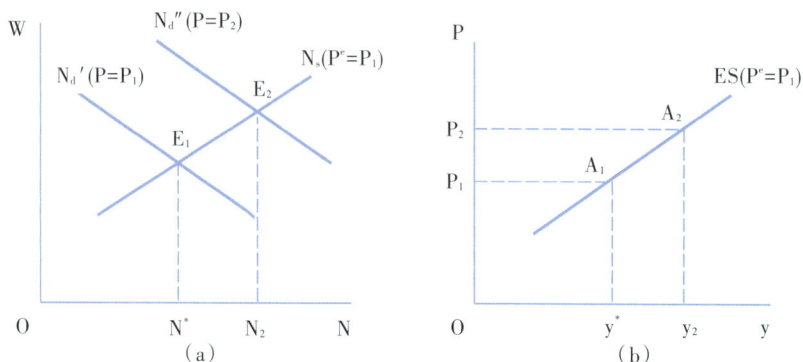

图19-3 附加预期的总供给曲线的推导

连接起来便得到附加预期的总供给曲线 ES（$P^e=P_1$）。它表示在一定预期的 P_1 下与各个实际的价格 P 相对应的 y 的数值。图 19-3（b）中的 ES 曲线是以 P^e 的某一数值为前提的。可以设想，P^e 可以具有许多不同的数值，而对应每一个 P^e 数值都存在一条相应的 ES 曲线。从理论上讲，ES 曲线的数量是很多的，其中每一条 ES 曲线与传统的总供给曲线都相交于一点（如图 19-4 所示）。

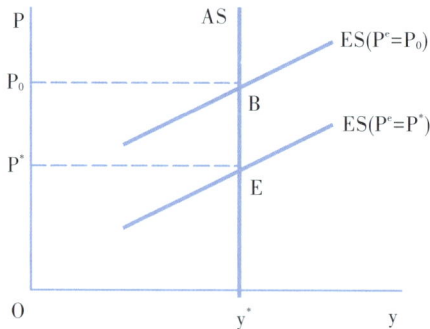

图19-4 附加预期的总供给曲线与传统总供给曲线

图 19-4 中的 B 点代表预期的 P^e 与实际的 P_0 相一致，E 点代表预期的 P^e 与实际的 P^* 相一致，如此等等。虽然图 19-4 仅表示出了两条 ES 曲线，但是我们可以想到，该图应该具有很多的 ES 曲线，其中每一条曲线分别代表某一特定数值的预期价格。

上面所论述的仅仅是劳动市场所导致的情况，新古典宏观经济学派认为，社会上一切市场所导致的情况都是如此。因此，附加预期的总供给曲线必然存在。[①]

19.4.3 基本理论模型

我们考虑一个由附加预期的总供给曲线 ES 和总需求曲线 AD 构成的经济模型。假定经济社会在开始时处于 y^* 垂直线、ES 曲线和 AD 曲线的相交之点。又假设 AD 曲线由于某些因素的影响而发生移动，那么，根据这一模型而决定的价格水平和收入水平这

① 斯诺顿，文. 现代宏观经济学发展的反思［M］. 黄险峰，等译. 北京：商务印书馆，2000：13-14.

时是多少呢？

对这一问题，新古典宏观经济学派的答案取决于 AD 曲线的位置是受到意料之中的因素的影响，还是受到意料之外的因素的影响。

按照西方经济学家公认的说法，AD 曲线的位置可以由于许多外生变量或外界因素的影响而改变。这些外界因素包括财政政策、货币政策、国际收支逆差或顺差、外汇行情的波动以及气候变化等。某些因素完全是意料之外的，如地震、台风、气候的突然改变等。某些因素完全是意料之中的，如政府的财政政策、货币政策或其他经济政策（假设这些政策是公开执行的）。另一些因素则是介于两者之间的情况，如仅仅被部分地觉察到的国际收支逆差或顺差、外汇行情的波动等。其中被觉察到的部分属于意料之中的部分，还没有被觉察到的部分则是意料之外的部分。

1.意料之中的因素所造成的结果

现在，假设 AD 曲线位置的改变完全是受意料之中的因素的影响，那么，ES 和 AD 的经济模型如何决定价格水平 P 和产量 y 呢？这个问题的答案可以通过图 19-5 加以说明。

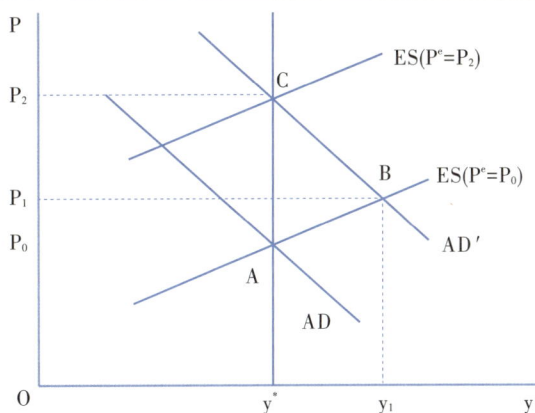

图 19-5 意料之中的因素所造成的结果

在图 19-5 中，假定经济社会在开始时处于 A 点，即处于 y^* 垂直线、ES（$P^e=P_0$）和 AD 曲线的相交之点。又假设完全由于意料之中的因素的影响，AD 曲线移动到 AD′ 的位置，那么，情况变动以后的 P 和 y 各是多少呢？

图 19-5 表明：ES（$P^e=P_0$）曲线和 AD′ 曲线相交于 B 点。B 点处的价格水平和产量分别为 P_1 和 y_1。从表面上看，P_1 和 y_1 似乎就是问题的答案。

但是，新古典宏观经济学派认为，B 点不可能成为问题的答案，因为 B 点的答案违反理性预期的假设。如果 B 点代表问题的答案，那么，根据经济模型（ES（$P^e=P_0$）曲线与 AD′ 曲线的交点）而推算出来的 P 必然是 P_1，此时，预期的 P 必然是 P_0（因为在 ES（$P^e=P_0$）曲线与 y^* 垂直线的交点，预期的 P 必然等于实际的 P，从而 $P^e=P_0$）。因此，在这里，预期的 P 和根据经济模型推算出来的 P 并不相等。由此可知，B 点所涉及的 P^e 并不是理性预期的价格。既然理性预期学派假设每个参与经济活动的人的预期都是理性的，所以，B 点不能长期存在，从而 P_1 和 y_1 也不能构成问题的答案。

那么，什么是理性预期学派的答案呢？AD′曲线是意料之中的因素所造成的。这就是说，在有效地利用一切信息的情况下，AD′曲线的位置已是众所周知的。在这种情况下，显然，图19-5中的C点可以使预期的P^e和根据模型而推算出来的价格相等，因为C点是根据$P^e=P_2$而得到的另一条ES曲线、y^*垂直线和AD′曲线的交点。从点C是ES（$P^e=P_2$）曲线与AD′曲线的交点来看，P_2是根据经济模型而推算出来的价格。从点C是ES（$P^e=P_2$）曲线和y^*垂直线的交点来说，则$P^e=P_2$。因此，3条线相交于一点，就意味着预期的价格和根据模型而推算出来的价格相等。这时的预期就是理性预期，从而C点就代表问题的答案。C点所代表的价格和产量分别为P_2和y^*。把C点和原来的A点相比较，价格已从P_0上涨到P_2，产量却不变，仍然为y^*。因此，意料之中的因素所造成的总需求的变动只能使价格水平上升或下降，并不能导致整个经济社会就业量或产量的变动。

新古典宏观经济学派的上述结论具有明显的政策含义。它意味着，既然一切公开执行的宏观经济政策，包括财政和货币政策在内，都属于意料之中的因素，那么，宏观经济政策就只能改变价格水平，而不会造成就业量或产量的上升或下降。这也意味着，凯恩斯主义经济学派所主张的通过宏观经济政策来改变就业量的说法是错误的。

2.意料之外的因素所造成的结果

虽然意料之中的因素所造成的AD曲线的变动不能改变y的数值，但是，新古典宏观经济学派认为，意料之外的因素所造成的AD曲线的变动可以导致y的变动。事实上，按照该学派的说法，资本主义市场经济波动的唯一原因恰恰在于意料之外的因素。这一想法也可以通过图19-6加以说明。

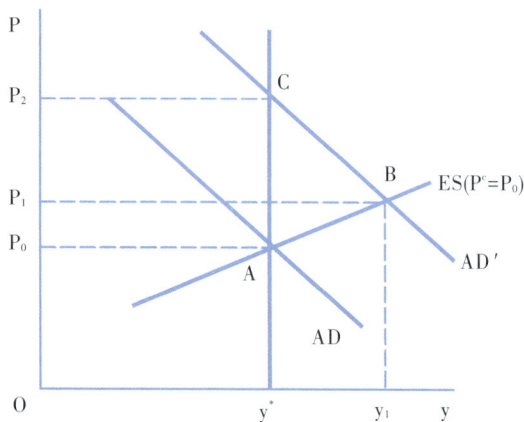

图19-6　意料之外的因素所造成的结果

在图19-6中，经济社会在开始时仍然处于A点，但AD曲线移到AD′的位置是由不能事先知道的意料之外的因素造成的。因此，虽然AD曲线已经移动到AD′的位置，但参与经济活动的人并不能觉察到这一事实，他们还以为AD曲线处于原有的位置。在该情况下，他们对价格的理性预期只能是P_0。因为如果AD曲线的位置没有移动，预期的价格就是P_0，而根据经济模型推算出来的价格也是P_0。这就是说，即使存在理性预期，价格水平和产量也可以由于意料之外的因素而发生波动。在这个例子中，它们分别变为P_1和y_1的数值。可以看到，理性预期一方面维护了传统西方经济学的总供给曲线，另一方面以意料之外的因素的影响来解释资本主义市场经济活动水平的上升和下降。

理性预期学派认为，对意料之外的因素所造成的价格和产量的波动，国家不能使用宏观经济政策来加以避免，或使经济保持稳定。由于意料之外的因素无法事先得知，所以参加经济活动的人，包括国家的经济管理人员在内，事先都不知道这些因素的存在，更谈不到理解这些因素的作用。因此，即使宏观经济政策是有效的，国家的经济管理人员也无从执行这些政策。

理性预期学派的最终结论是，在任何情况下，宏观经济政策都是无效的。

19.5 新古典宏观经济学的主要观点

新古典宏观经济学在经济政策含义上基本是经济自由主义的倾向，主张尽可能地实行自由放任的经济政策，让市场机制充分地发挥自行调节的作用，反对政府对经济生活干预过多，特别是反对实行凯恩斯主义的宏观经济政策。

一般说来，新古典宏观经济学沿袭货币主义的传统，在说明货币政策在理性预期条件下将完全无效的同时，也对财政政策提出了更多的反对意见。

财政包括政府收入和支出两个方面，其中支出可以作为整体加以研究，而对收入方面有必要做进一步的划分。从广义上说，政府为支出筹措资金的方法有3种：征税、发行货币和公债。其中，货币的发行被认为是一种特殊形式的税收。因而，通常并不把发行货币作为一项单独的收入列在政府预算收入之中。因此，政府收入一般是指税收和公债。另一方面，公债是用来弥补政府支出和税收之间的差额（赤字）的，所以在狭义上，只有税收才被认为是政府收入。巴罗曾经分别就政府的支出、税收和公债做了较深入的分析。[①]这里，我们仅说明新古典宏观经济学关于公债的分析。

19.5.1 公债非中性理论

公债和税收有共同之处，它们都是从公众手中抽取一部分收入，再把这些资金转交给政府，供公共开支之用。但两者也有重要区别，其中一点是，税收是由政府分派下来强制执行的，而债券的购买是人们自愿地把资金以交换的形式转让给政府，旨在获得以后的利息和分期偿付。二者更深层次的区别在于公债将公共开支的偿还负担推迟到了未来，这一点对人们的行为（最终对宏观经济）会产生何种影响，正是各种公债理论产生分歧之处。

凯恩斯主义经济学者不仅把公债作为弥补财政赤字的一个重要手段，而且将其作为政府实施财政政策、进行宏观经济调控的一个重要工具。对此，凯恩斯主义经济学者提出了所谓的"公债哲学"。其要点是：

第一，公债的债务人是国家，债权人是公众。国家与公众的根本利益是一致的，政府欠公众的债也就是自己欠自己的债。

第二，如果政府的政权是稳定的，这就保证了债务的偿还是可靠的、有保证的，不会引起信用危机。

① BARRO R J. The neoclassical approach to fiscal policy [M]//BARRO R J. Modern business cycle theory. Cambridge, Mass.: Harvard University Press, 1989: 178-235.

第三，公债不会对子孙后代构成负担。因为发行公债可以促使资本更多、更快地形成，加快经济增长的速度，从而使子孙后代在偿付公债之后，还能得到更多的财富和消费。

由此，凯恩斯主义经济学者把用发行公债来弥补增加支出所造成的政府预算赤字这一办法，看作经济萧条时期刺激总需求的重要途径。

总之，在凯恩斯主义经济学者看来，公债的效果是非中性的，即是有益处的。

19.5.2　李嘉图等价定理

新古典宏观经济学家巴罗利用理性人的假说，复兴了19世纪初的著名古典经济学家李嘉图曾经提出的一个重要观点，即征税和举债在本质上是等价的，因而公债的效果是中性的，既不会给经济带来好处，也不会带来坏处。

李嘉图在其经典性著作《政治经济学及赋税原理》一书中提出了一种推测：在某些条件下，政府无论是使用债券还是使用税收来筹资，其效果是等价的或者相同的。西方经济学家将这种观点叫作李嘉图等价定理。从表面上看，以税收筹资和以债务筹资并不相同。将政府对一个人征税与出售相当于该税收额的债券给同一个人，以后再同利息一起偿还给他这两种情况相比较，似乎最终并没有改变这个人的财富数量。但是，政府的任何债券发行都包含了将来的偿还义务，从而在将来偿还时会导致社会承担更多的税收。如果人们意识到这一点，他们将会把相当于未来额外税收的一部分财富储蓄起来。结果，人们在购买公债情况下可支配的财富数量与征税时的情况一样。李嘉图本人并不认为上述推测完全符合现实，但是巴罗认为按理性预期行事的人们正是如此行事的。因此，无论是通过税收融资还是通过债务融资，其效果都是相同的。

巴罗在《政府债券是净财富吗？》[①]一文中指出，当政府出售债券以弥补减税的收入损失时，具有理性预期的人同时会意识到：将来为了还本付息，他会面临更重的税负。政府借债对他只是一种推迟了的纳税。为了应付将来的税收负担，人们将会把由于减税而增加的收入储蓄起来，以备将来应付增加的税收，而不是花掉那些因暂时减税而增加的收入。

早在巴罗发表这篇文章之前，一些经济学家已经认识到对将来赋税的预期会促使消费者储蓄更多，但他们认为这种抵消作用只是部分地发生。人们不可能永远活着，有些人在债券需要兑付以前会死去。如果偿付公债所导致的更重的赋税负担部分地落在后代身上，今天的纳税人确实感到他们的财富更多些，因此花费也会更多一些。

针对这种想法，巴罗认为，假定今天的纳税人通过遗产与后代有联系，那么李嘉图等价定理最终还是成立的。理由是：消费者是关心后代的，他们不仅从自己的消费中获得满足，而且从其孩子的消费（成长）中得到快乐；他们的孩子又关心自己的孩子，情况会如此继续下去……由于人们这种代与代之间的联系，今天的纳税人就会像他们能永远活着一样地行动。如果政府增加财政预算赤字，纳税人知道他们的孩子可能面临更重的税负，他们就会考虑留给后代更多的遗产。为此，他们就要更多地储蓄，而不会增加其目前的消费。

巴罗所复兴的李嘉图等价定理有很强的政策含义。如果人人都认识到他们的纳税只是被推迟了，那么，政府通过借款而增加的任何支出都将被私人储蓄的等额增加所抵消，结果，既不存在消费扩张，也没有收入增加的乘数效应。这样一来，无论政府用减税的办法还是用举债支出的办法来刺激经济的财政政策，都是无效的。

---

① BARRO R J. Are government bonds net wealth？[J]. Journal of Political Economy, 1974, 82(6): 1095–1117.

本章小结

1.新古典宏观经济学的理论渊源主要是新货币数量论、自然率假说，以及古典经济学关于理性人和市场自动调节机制有效性的观点。

2.新古典宏观经济学的基本假设主要有：个体经济利益最大化、理性预期、市场出清和自然率假说。

3.新古典宏观经济学在其基本假设基础上提出的基本理论观点包括：

（1）宏观经济政策是无效的，因而应该由市场机制对经济进行自动调节。

（2）以往经济理论中关于人们的适应性预期的看法是错误的，应该代之以理性预期。

（3）反对凯恩斯主义经济学斟酌使用（相机抉择）的政策或者对经济运行微调的政策。

4.新古典宏观经济学基本理论模型的主要特点是，在分析中令长期总供给曲线为一条潜在产出水平上的垂直线，给短期总供给曲线附加了预期因素。

5.新古典宏观经济学在经济政策含义上基本是经济自由主义的倾向，主张尽可能地实行自由放任的经济政策，让市场机制充分地发挥自行调节的作用，反对政府对经济生活干预过多，特别是反对实行凯恩斯主义的宏观经济政策。

6.新古典宏观经济学家巴罗以李嘉图等价定理为依据提出了公债中性论，认为征税和举债在本质上是等价的，因而公债的效果是中性的，既不会给经济带来好处，也不会带来坏处。

本章基本概念

自然率假说　　理性预期　　适应性预期　　卢卡斯批判

复习思考题

1.新古典宏观经济学的主要理论渊源是什么？

2.新古典宏观经济学的基本假设有哪些？

3.新古典宏观经济学的基本理论观点是什么？

4.新古典宏观经济学的总供给曲线有什么特点？

5.新古典宏观经济学在财政政策方面的基本观点是怎样的？

第 20 章
新凯恩斯主义经济学

学习目标

通过学习本章，你应该能够：

◎了解新凯恩斯主义经济学的特点。

◎把握新凯恩斯主义经济学关于黏性工资与价格的看法。

◎掌握新凯恩斯主义经济学的基本理论模型。

◎明白新凯恩斯主义经济学的政策。

20.1　新凯恩斯主义经济学的特点

面对新古典宏观经济学派的责难和挑战，一批仍然信奉凯恩斯主义基本思想的西方经济学家，也随着新古典宏观经济学派的成长而形成了新凯恩斯主义经济学派。其中的代表性人物是约瑟夫·斯蒂格利茨（Joseph E. Stiglitz）、曼昆、乔治·阿克尔洛夫（George Akerlof）、戴维·罗默、约翰·泰勒（John B. Taylor）等人。这一学派的特点主要表现在以下两个方面：对新古典宏观经济学派的某些观点加以肯定和吸收、对原有的凯恩斯主义观点的坚持。

20.1.1　对新古典宏观经济学派的某些观点加以肯定和吸收

新凯恩斯主义者认为，新古典宏观经济学派有两个观点是可以肯定的，因而应该被吸收过来。

1.理性预期的观点

新凯恩斯主义者虽然并不认为人们最终能够准确地预期到现实的情况，但是他们也认为，人们会为了自己的利益而尽量搜集信息，以使预测能够趋于准确；搜集的信息不但涉及过去的情况，而且牵涉到未来的事态。

2.宏观经济学必须以微观经济学为基础的观点

新凯恩斯主义者同意，宏观经济理论必须符合微观经济学的假设条件，特别是个人利益最大化的假设条件，也就是说，宏观经济理论必须以微观经济学为基础。

20.1.2　对原有的凯恩斯主义观点的坚持

在部分地吸收新古典宏观经济学派观点的同时，新凯恩斯主义者也坚持了一些凯恩斯主义原有的观点。

1.工资和价格刚性或黏性的观点

工资和价格刚性或黏性的观点在凯恩斯主义经济学中占有特殊的地位。其被认为是导致经济波动的一个重要原因。新凯恩斯主义者仍然坚持工资和价格的刚性或黏性。他们认为，虽然从理论上说，工资和价格应该灵活地涨落，以便保持供求的均衡，但是，实际的观察表明二者并不随时随地发生变动。因而，二者的刚性或黏性是客观存在的事实。

2.市场"非出清"或"不出清"的观点

新凯恩斯主义者认为，正是由于工资和价格的刚性或黏性，所以市场上的供求量未必经常相等，即经常处于和新古典宏观经济学派的假设相反的市场"非出清"或"不出清"状态。不论这一状态存在的原因究竟是什么，新凯恩斯主义者都认为，市场"不出清"状态毕竟是客观存在的事实。

3.卢卡斯批判不适用斟酌使用（相机抉择）的政策

新凯恩斯主义者认为，卢卡斯批判的有效性仅限于政策发生巨大变动时。这就是说，只有当经济政策的性质或幅度发生重大变动时，经济模型的参数（如价格调整方程中的 π^e 和 h）才会出现较显著的变动，从而卢卡斯批判才能生效。[1]但是，斟酌使用（相机抉择）的政策往往代表政策的微小变动，比如利率提高 0.25 个百分点。在这种情况下，参数的变动微不足道，完全可以忽视不计。因此，不能根据卢卡斯批判对斟酌使用（相机抉择）的政策加以全盘否定。

4.不赞同李嘉图等价定理

新凯恩斯主义者认为，李嘉图等价定理是否成立值得质疑。其原因在于：

第一，普通人即使具有理性，也未必像巴罗所说的那样能够有远见地考虑到政府增发公债而引起的将来赋税的增加。

第二，人的生命是有限的，而偿债的时期可能在生命结束之后。即使普通人能够想到偿债问题，但利己的动机会使他们并不关心这一点。巴罗所提到的"对后代人的关心正如对自己一样"的看法是否能够成立还有待于事实的验证。[2]

5.挤出效应的影响会受到条件的限制

对此，新凯恩斯主义者提出了两个限制条件：[3]

第一，挤出效应只有当 LM 曲线处于垂直状态时才会完全发生作用。也就是说，只有在这种情况下，政府的投资才会把私人投资完全挤掉。然而，LM 曲线的垂直状态仅仅是一个特殊状态，只有国民收入达到充分就业以后才可能如此。问题是，在充分就业已经实现后，政府已经没有直接投资的必要了。

第二，在达到充分就业以前，虽然政府投资可以部分地挤掉私人投资，但是，如果政府同时采用适当的扩大银根的政策加以配合，则利率未必上升很多。这样一来，被挤掉的私人投资的数量就很少，甚至为零。

6.经济萧条对自然失业率具有持久性作用

持久性（hysteresis）作用的意思是：经济萧条状态的长时期存在可以对自然失业率的数值产生持久性的作用。比如，在长时期的萧条状态中，失业劳动者已经掌握的技术会荒疏，从而成为一个不满足雇主需要的劳动者。又比如，长期的萧条可以使失业者丧失寻找工作的勇气，或者使他习惯懒散的生活，因而失去寻找工作的动力。凡此种种都会加大自然失业率的数值。持久性作用的概念就是新凯恩斯主义者提出来的。

持久性作用的政策含义是很明显的。由于它不但会导致暂时性的失业，而且会增大长期失业大军的比例，所以，国家更有必要来推行克服萧条状态的经济政策。

① HALL R E H, TAYLOR J B. Macroeconomics [M]. 3rd ed. New York: Norton, 1991: 503.
② MANKIW N G. Macroeconomics [M]. 3rd ed. New York: Worth, 1992: 429-433.
③ DORNBUSCH R, FISCHER S, STARTZ R. Macroeconomics [M]. 7th ed. Boston: McGraw-Hill, 1998: 248-252.

20.2　新凯恩斯主义经济学对刚性或黏性工资与价格的重视

新凯恩斯主义经济学一方面吸收了新古典宏观经济学派的理性预期和以微观经济学为基础的观点，另一方面坚持了凯恩斯主义经济学派原有的工资和价格刚性或黏性、市场不出清以及斟酌使用（相机抉择）的经济政策的必要性等观点。因此，新凯恩斯主义者至少面临着两项任务：

其一，在承认理性预期和微观经济学基础（如个人利益最大化）的前提下，提供刚性或黏性工资和价格存在的理由；

其二，用工资和价格刚性或黏性来解释经济波动的原因，并证实斟酌使用（相机抉择）的经济政策的必要性。

20.2.1　工资刚性或黏性存在的理由

新凯恩斯主义者认为，工资由劳动合同所规定。在协商合同时，劳动者根据他所估计的或预期的价格水平（P^e）来决定他要求的工资率（W^e）。在合同期限内，劳动者必须按照他根据预期的价格水平而计算出的 W^e 提供劳动。即使在此期间实际的价格水平（P）有所变动，劳资双方也必须遵守 W^e 的数值。由此，新凯恩斯主义者提出了工资刚性或黏性存在的以下理由：

1. 工资合同的长期性

工资合同有具体期限，而且一般不短暂。在美国的重要行业中，劳动合同的期限往往为3年。[①]也就是说，工资率在3年内不能改变。由于工资合同的期限较长，所以工资便具有刚性或黏性。

2. 工资合同具有分批到期的性质

社会的全部工资合同不可能同时签订，也不可能同时到终止期。现实情况往往是：一批工资合同尚在执行中，另一批工资合同已经到期限，还有一些工资合同已经执行了3/4的期限等。新凯恩斯主义者认为，工资合同的这种分批到期的性质会使工资具有刚性或黏性。

3. 效率工资论

所谓效率工资，是指能够保证工人劳动效率较充分发挥的工资水平。在实际经济生活中，为了保持工人的劳动积极性，厂商会愿意支付比平均工资稍多一点的工资；否则，工人易外流到其他厂商那里，或者劳动积极性不高。为了补充流失的工人，培训新员工，厂商将花费更多的培训费用。如果在岗的工人劳动积极性较高，实际上也意味着厂商付出了高工资。所以，为了使原有员工不外流，并且保持他们的劳动积极性，厂商一般也不愿意轻易降低工资。这样一来，工资就具有了刚性或黏性。

4. 就业与失业员工的差别

与厂商签订了工资合同的人，其工资水平已经被工资合同所固定。虽然失业的员工会愿意接受较低的工资，但厂商一般无法和他们进行联系，无法实施低工资的办法。这样，实际工资水平也会保持其刚性或黏性。

① HALL R E, TAYLOR J B. Macroeconomics [M]. 3rd ed. New York: Norton, 1991: 450.

20.2.2　价格刚性或黏性存在的理由

1.市场的不完全性

市场的不完全性有可能是垄断造成的。而垄断成分的存在也意味着厂商具有一定程度的控制价格上涨或下降的力量。

2.工资刚性或黏性①

工资是构成企业产品成本的一个重要部分。工资刚性或黏性的存在会使产品成本较少变化或没有变化。当市场情况不变时，厂商也就没有多大必要去改变产品的价格。

3.菜单成本

厂商改变价格时，需要重新印刷产品价格表，向客户通报改变价格的信息和理由，所有这一切都会引起一笔额外的开支或费用。这就像餐馆由于价格改变而重新印制新菜单价目表要花费一些成本一样，所以这些开支或费用被称为菜单成本。虽然菜单成本的数值并不很大，但是，如果菜单价目表变动的次数很多，也会给厂商带来一些不利之处，比如使顾客感到麻烦和不快等。②出于这种考虑，当价格改变带来的好处与上述成本和麻烦相比，或是相当，或是后者更大时，厂商也许就不愿意改变价格了。

4.价格分批变动的性质③

和工资变动的情况一样，社会上所有商品的价格并不是在相同时刻一起变动的。一部分价格会受到销售合同的限制，不能任意改变，由此也可以造成价格的刚性或黏性。即使是不受销售合同限制的价格，如零售业的价格，厂商一般也不会做出较大幅度的调整。因为如果其他厂商不这样做，单个厂商的单独行动就有可能招致不利的后果。出于这一考虑，在改变价格时，厂商往往会采取试探性的举措，对价格做较微小的改变。这样的做法也就使价格具有了刚性或黏性。

新凯恩斯主义提出的这些造成工资和价格刚性或黏性的原因是要说明：尽管人们的预期是理性的，而且人们有使自己的利益最大化的动机，但社会的市场经济体制和结构会使工资和价格必然具有刚性或黏性。而这种刚性或黏性又导致了产量和就业量的波动，以致使政府采用斟酌使用（相机抉择）的宏观经济政策成为必要。

20.3　新凯恩斯主义经济学的基本理论模型

为了说明新凯恩斯主义对经济波动的解释④，有必要首先说明新凯恩斯主义的短期总供给曲线。

新凯恩斯主义的短期总供给曲线可以从图 20-1 中推导出来。其中（a）图中的 N_d 和 N_s 分别表示劳动的需求曲线和供给曲线，它们都是实际工资 W/P 的函数。不过，在事实上，劳动的需求方面所支付的和劳动者所得到的只能是货币工资。因此，劳动的需求和供给两个方面都必须使用一定的价格水平 P 去除货币工资才能得到实际工资 W/P。

① HALL R E, TAYLOR J B. Macroeconomics ［M］. 3rd ed. New York: Norton, 1991: 449.
② HALL R E, TAYLOR J B. Macroeconomics ［M］. 3rd ed. New York: Norton, 1991: 444-447.
③ MANKIW N G. Macroeconomics ［M］. 3rd ed. New York: Worth, 1992: 314-315.
④ 严格说来，新凯恩斯主义者使用两个经济模型来解释产量和就业量的波动：一个模型把工资刚性或黏性当作波动的原因；另一个模型把价格的波动当作原因。除了原因的差别以外，二者的形式和结果基本相同。为了简化论述，这里把两个原因放在同一模型之中。

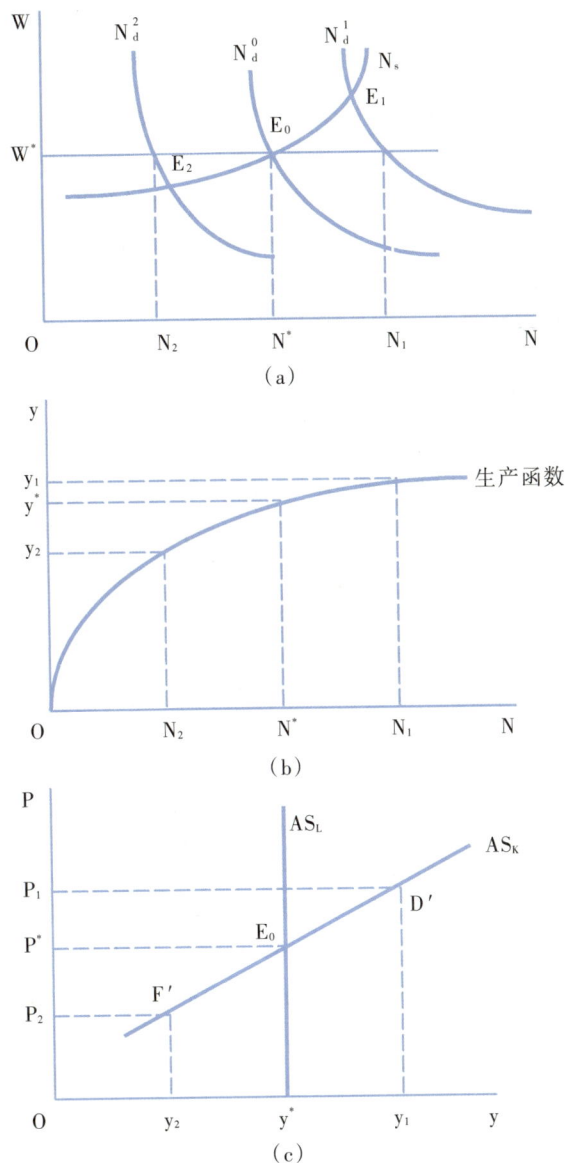

图 20-1　新凯恩斯主义短期总供给曲线的推导

　　新凯恩斯主义者认为，厂商在决定其所支付的实际工资的多少时，应该用该厂商的产品价格去除货币工资。因为微观经济学的原理已经表明，对厂商而言，只要劳动的边际产品（代表劳动给厂商带来的利益）大于它为了这一劳动而必须支付的代价（劳动的实际工资），厂商便会增加雇用的人数，一直到代表其收益的边际产品与代表其成本的实际工资相等时为止。这就是说，每一行业的厂商都会用本行业产品的实际价格去计算他所支付的实际工资。既然社会上各行各业都由厂商所经营，那么，厂商整体必然会用实际存在的价格指数或价格水平 P 去计算实际工资。从供给方面来看，图 20-1（a）中的 N_s 当然也是实际工资 W/P 的函数。在劳动者用什么样的 P 去除 W，以便得到实际工资 W/P 的问题上，新凯恩斯主义者认为，不论劳动者是否知道实际价格水平是多少，劳动的供给曲线所使用的 P 只能是在签订合同时他们所预期的价格 P^e。

正是根据一定的 P^e，劳动者的代表（工会）才与厂商通过讨价还价达成工资合同（规定货币工资 W 的大小）。工资合同一经签订，不论情况如何变化，双方都必须遵守。这就是说，在合同期内，根据 P^e 而决定的 W 是黏着不变的。另一方面，在同一期间，实际价格水平可以经常变动，而整个社会的厂商又是按实际价格水平 P 来决定对劳动的需求的。如果 P 正好等于 P^e，则如图 20-1（a）所示，N_d^0 曲线是根据与 P^e 相等的 P^e 而做出的劳动需求曲线。由于 $P=P^e$，所以 N_s 曲线和 N_d^0 曲线相交于 E_0 点。该点表示的价格水平 P 和就业量 N 顺次为 P^* 和充分就业的就业量 N^*，将其代入生产函数，可知相应的充分就业的产量为 y^*，于是在图 20-1（c）中即可找到与 P^* 和 y^* 相对应的点 E_0。E_0 点便是新凯恩斯主义短期总供给曲线上的一点。

新凯恩斯主义者认为，厂商雇用劳动者的实际数量取决于 W 和 N_d 的共同作用。例如，在工资合同期内，价格水平从 P^* 上升到 P_1，这时图 20-1（a）中的劳动需求曲线从 N_d^0 移动到 N_d^1。由于 W^* 已为工资合同所规定，不能改变，为了取得最大利润，厂商只能根据既定的货币工资 W^* 和新的劳动需求曲线 N_d^1 来决定雇用的劳动数量。由图 20-1（a）所示，这时厂商实际雇用的劳动数量为 N_1，从而产出数量为 y_1。于是，在图 20-1（c）中可得到与 P_1 和 y_1 相对应的点 D'。如果实际的 $P=P_2$，则 N_d 曲线处于图 20-1（a）中的 N_d^2 的位置。按照同样的步骤便可找出 N_d^2 与 W^* 两条曲线交点 E_2 所决定的 N_2，于是在图 20-1（c）中又得到 F' 点。

总之，在工资具有刚性或黏性的情况下，从不同的价格可得到不同的变业量，根据这些不同的 N 便可在图 20-1（b）中得到不同的 y，从而可在图 20-1（c）中找到不同的点（如点 E_0、D'、F' 等）。用一条光滑的曲线将这些点连在一起便可得到图 20-1（c）中的曲线 AS_K，这便是新凯恩斯主义的短期总供给曲线。

由上述短期总供给曲线的推导过程可以知道，若货币工资降低，即图 20-1（a）中的 W^* 下移，则在同一价格水平下，由于劳动需求量将提高，从而总产出将相应增加。这意味着，若货币工资下降，则短期总供给曲线将向右方移动。

在长期中，由于 W 会逐渐调整到使 W/P^e 等于 W/P，所以 P^e 等于实际的价格。这就是说，劳动者可以按照实际的价格来决定 W 的大小，因而能使 N_d 曲线和 N_s 曲线相交于充分就业（或自然失业率）之点。因此，新凯恩斯主义认为，长期的总供给曲线是图 20-1（c）中的对应 y^* 的垂直线 AS_L。

上述的结果是仅就劳动市场的情况而言的。其实，在产品市场，结果也是相同的。由于价格的刚性或黏性，每一种产品的市场供应价格在短期内只能是 P^e，即供应厂商所期望得到的刚性或黏性价格。然而，在需求方面，由于对某一产品的需求往往来自不同的地方（如餐馆、食堂、糖果厂、面包房、挂面厂等都需要购买面粉），所以需求价格代表实际的价格水平 P。按照和劳动市场相类似的步骤，同样可以得到与图 20-1 相同的短期和长期供给曲线。

把新凯恩斯主义和新古典经济学的劳动市场的情况加以比较，可以看到，前者的劳动市场处于不出清的状态，供求之间存在差距，如图 20-1（a）中的 E_2E_0 和 E_0E_1 所示。在后者的劳动市场中，存在市场出清的状态，如图 20-1（a）中的 E_1 和 E_2 点所示。这种市场不出清和市场出清的差别也应该存在于其他市场中。

20.4　新凯恩斯主义经济学的政策

原凯恩斯主义经济学主要是针对经济萧条提出的。新凯恩斯主义经济学派继承了这一倾向，也试图对市场经济的波动进行新的解释，并进而提出其政策。

20.4.1　对宏观经济波动的分析

新凯恩斯主义经济学家对宏观经济波动的分析，是用总需求曲线和总供给曲线并结合长期劳动合同的交错性质来说明的，如图 20-2 所示。

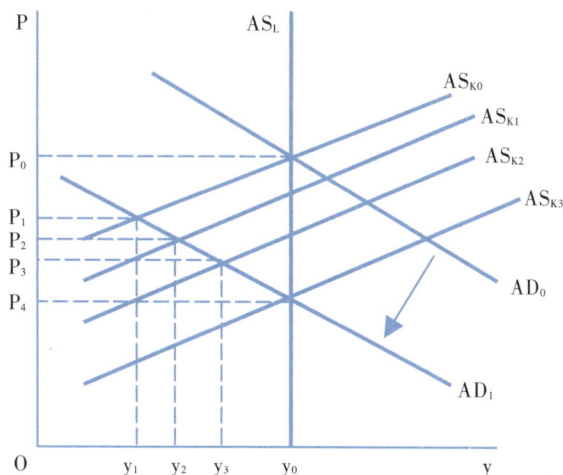

图 20-2　新凯恩斯主义对经济波动的解释

假定经济起初位于总需求曲线 AD_0 和新凯恩斯主义短期总供给曲线 AS_{K0} 的交点上，这时价格水平为 P_0，实际收入为 y_0。假定经济受到总需求的冲击，例如，由于企业对将来收益的预期发生变化而减少了投资需求；或者全球经济的萎缩使净出口需求减少；或者政府由于某种原因而增税；或者政府支出突然减少；或者货币供给的减少引起了总需求的减少等。总需求的减少反映在总需求曲线上，使总需求曲线从 AD_0 向左移动到 AD_1 的位置。

现在假定劳动市场的工资合同为期 3 年，且每年都有工资合同总数 1/3 数量的合同需要重新签订。按照新凯恩斯主义经济学理论，总需求曲线移动到 AD_1 的位置后，实际收入会下降到 y_1，价格水平也会下降到 P_1。这种状态将一直持续到第 1 批劳动合同被重新签订时为止。在第一批占总数 1/3 的劳动合同重新签订时，劳动供求双方达成了较低的货币工资合同，较低的货币工资使短期总供给曲线向右移动到 AS_{K1}，这时价格水平下降到 P_2，实际收入增加到 y_2。到了需求冲击后的第 2 年，当第 2 批劳动合同重新签订时，劳动供求双方又达成了较低的货币工资合同。较低的货币工资又使短期总供给曲线进一步向右移动到 AS_{K2} 的位置，相应地，价格水平下降到 P_3，收入增加到 y_3。类似地，到了第 3 批劳动合同重新签订时，总供给曲线向右移动到 AS_{K3} 的位置，这时，价格水平下降到 P_4，而收入恢复到了总需求冲击前的充分就业的水平 y_0。

按照上述例子分析，在新凯恩斯主义者看来，整个经济经历了 3 年左右的衰退。这便是新凯恩斯主义对宏观经济波动所做的解释。

20.4.2　新凯恩斯主义者稳定经济的政策

新凯恩斯主义者在经济政策方面所持有的观点是，由于价格和工资的刚性或黏性，经济在遭受总需求冲击后，从一个非充分就业的均衡状态回复到充分就业的均衡状态，是一个缓慢的过程。因此，用政策来刺激总需求是有必要的，不能等待工资和价格向下的压力带来经济恢复，因为这是一个长期的痛苦过程。

假定在图 20-3 中，经济最初处于由总需求曲线 AD_0 和总供给曲线 AS_k 的交点 A 所确定的充分就业状态。这时的收入和价格水平分别为 y_0 和 P_0。在为期一年的劳动合同被签订后的某一天，由于经济遭受总需求冲击，总需求曲线 AD_0 移动到 AD_1 的位置。这时，实际收入下降到 y_1，价格水平下降到 P_1。这时，政府有两种选择：一是使该经济停留在价格水平为 P_1、收入水平为 y_1 的萧条状态（至少短期如此）；二是采取旨在刺激总需求的政策。新凯恩斯主义者主张实行第 2 种方案。按照这一方案，总需求曲线将从 AD_1 回复到原来的 AD_0 的位置，从而使经济回复到原来充分就业的状态。直到这一年的年末，尽管厂商和工人都有理性预期，但原有的劳动合同没到期，因而就没有新的劳动合同签订。这意味着 AS_k 曲线并没有变动。这样，上述稳定性政策就是有必要的。

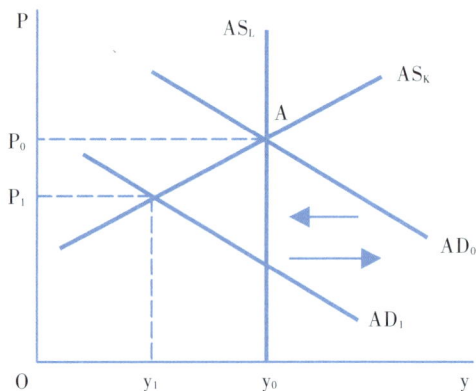

图 20-3　新凯恩斯主义者稳定经济的政策

除了迅速恢复充分就业的必要性以外，新凯恩斯主义者还认为，斟酌使用（相机抉择）的经济政策还有另外一个必要性：当外部冲击到来时，这种政策可以抵消外部冲击，使总需求保持在充分就业的水平。这就是说，在图 20-3 中，总需求曲线不会从 AD_0 移动到 AD_1 的位置。例如，当出口下降时，政府可以采用扩大内需的政策来补充出口量的下降。

本章小结

1.新凯恩斯主义经济学的主要特点是：（1）对新古典宏观经济学派关于理性预期和宏观经济学必须以微观经济学为基础的观点加以肯定和吸收；（2）对原有的凯恩斯主义关于

工资和价格刚性或黏性、市场"非出清"或"不出清"、卢卡斯批判不适用斟酌使用（相机抉择）的政策、不赞同李嘉图等价原理、挤出效应的影响会受到条件的限制、经济萧条对自然失业率具有永久性作用等基本观点的坚持。

2.新凯恩斯主义经济学派认为，由于工资合同的长期性、工资合同具有分批到期的性质、效率工资论、就业与失业员工的差别，工资具有刚性或黏性。

3.新凯恩斯主义经济学派认为，由于市场的不完全性、工资刚性或黏性、菜单成本、价格分批变动的性质等，价格具有刚性或黏性。

4.新凯恩斯主义在经济政策方面所持有的观点是，由于价格和工资的刚性或黏性，经济在遭受总需求冲击后，从一个非充分就业的均衡状态回复到充分就业的均衡状态，是一个缓慢的过程。因此，用政策来刺激总需求是有必要的，不能等待工资和价格向下的压力带来经济恢复，因为这是一个长期的痛苦过程。

本章基本概念

持久性作用　　效率工资　　菜单成本

复习思考题

1.新凯恩斯主义经济学的主要特点是什么？

2.新凯恩斯主义经济学是怎样说明工资刚性或黏性的？

3.新凯恩斯主义经济学是怎样说明价格刚性或黏性的？

4.工资和价格的刚性或黏性对新凯恩斯主义经济学有什么重要意义？

5.新凯恩斯主义在经济政策方面所持有的基本观点是什么？

6.新凯恩斯主义经济学是怎样说明经济波动的？

第21章
当前西方宏观经济学的
基本共识、分歧及发展动向

学习目标

学习目标

通过学习本章，你应该能够：

◎了解当前西方宏观经济学的基本共识。

◎了解当前西方宏观经济政策方面的基本分歧。

◎了解当前西方宏观经济学的发展动向。

21.1 当前西方宏观经济学理论的基本共识

通过对新古典宏观经济学和新凯恩斯主义经济学的有关论述，我们可以看到，尽管目前西方宏观经济学中的分歧还比较多，但也在一定程度上存在一些共识。为了使读者对西方宏观经济学的现状有一个更全面的了解，我们在本部分对目前西方宏观经济学的基本共识做一个最概括、最简要的说明。①这些共识主要表现在以下几方面：

（1）在长期中，一国生产商品和服务的能力（即经济的供给方面）决定着该国居民的生活水平。从对这种供给能力的衡量和估计方面来说，首先，GDP是衡量一国经济福利水平的一项重要指标。实际GDP衡量了一个国家满足其居民需要和愿望的能力。从某种角度和一定程度上讲，宏观经济学最重要的问题就是：究竟什么因素决定了GDP的水平和GDP的增长？其次，在长期中，GDP依赖劳动、资本和技术在内的生产要素情况。当生产要素增加和技术水平提高时，GDP将得到增长。

（2）在短期中，总需求水平能够影响一国生产的商品和服务的数量。虽然一国经济中生产商品和服务的能力是在长期中决定GDP的基础，但在短期内，GDP也依赖经济的总需求水平。所有影响总需求水平的变量及其变化，都能够引起经济波动。消费者更强的信心、较多的预算赤字和较快的货币增长都可能增加产量和就业，从而减少失业。

（3）预期在决定经济的行为方面发挥重要作用。居民和企业如何对政策的变化做出反应，决定了经济变化的规模，甚至有时还决定经济变动的方向。

（4）无论是新古典宏观经济学还是新凯恩斯主义经济学都承认，经济的短期总供给曲线近乎是一条水平直线，而长期总供给曲线近乎是一条位于潜在产量水平上的垂直线。

（5）在研究方法上，新古典宏观经济学的完全理性经济人假设和动态随机一般均衡的模型分析方法日益被接受。

21.2 当前西方宏观经济政策方面的基本分歧

除去上述当前西方宏观经济学理论的基本共识之外，我们也应该注意到，西方经济学家至今仍未解决的一些争论问题依然存在。这些争论主要表现在关于宏观经济政策方面。

---

① ［1］MANKIW N G. Macroeconomics ［M］. 2nd ed. New York: Worth Publishers, 1994: 477-480. ［2］BLANCHARD O. Macroeconomics ［M］. London: Prentice-Hall International, Inc., 1997: 620-621.

21.2.1　GDP是否随机变动?

近些年来，经济学家围绕经济波动问题存在一个较大的争论，即GDP是否随机变动（random walk）? 这种波动的原因到底是总需求还是总供给? 这个问题的要害在于，如果GDP的波动基本上是持续不停的，那么，作为凯恩斯主义宏观经济学理论核心支柱的总需求变动问题，就必然变得不那么重要了。另外，如果GDP持续无规律地变动，是否还存在一个经济增长的应有趋势? 或者说，经济的波动还存在向其趋势回归的问题吗?

赞成这种观点的人认为:

（1）从总供求模型来看，随着时间的推移，总需求冲击的作用会逐渐消失，因为长期总供给曲线是垂直的。

（2）如果冲击的作用是持久的，那么，冲击的来源必定是其他方面的，而不是总需求方面的。持这种意见的人，如查尔斯·尼尔森（Charles Nelson）和查尔斯·普洛瑟（Charles Plosser），对此还进行了统计数据的检验。他们的观点构成了对实际经济周期理论的支持。但是，不少经济学者仍然认为总需求的冲击是造成经济偏离其正常趋势和阐释经济周期变动的主要原因。

此外，关于就业率的高低是什么原因造成的，是否是劳动者选择工作与否的"跨时替代"造成的，这些也是与均衡实际经济周期理论相联系的争论。

21.2.2　经济政策的决策者是否应该努力去稳定经济?

有目共睹的事实表明，在市场经济中，经济的周期性波动似乎是无法避免的。但是，对经济的波动应该采取何种态度和对策，经济学家存在不同的看法，看法有时甚至是完全相反的。

1.赞成的意见

赞成的意见认为，经济的活动本身并不总是处于理想的状态，它经常会受到总供给或者总需求的冲击，从而呈现一种起伏变动的状态。经济活动的上下起伏既降低资源的配置效率，也影响经济的正常发展，还会影响人们的福利状况。根据宏观经济学的有关理论，经济政策的决策者既然有可能借助宏观经济政策（主要是财政政策和货币政策）在短期内影响总需求，在长期内影响总供给，从而影响经济活动，那么，借助上述手段，缓解经济波动、稳定社会经济，对社会来说就是一件好事。如果对稳定宏观经济，明知其可为而不为，则实在是不明智的。所以，经济政策的决策者完全应该努力运用宏观经济政策去稳定经济。再具体一点就是，要采取"逆风向行事"的宏观经济政策，当经济萧条时采取扩张总需求的政策，当经济过热时采取紧缩总需求的政策。持赞成意见的经济学者认为，如果没有政府积极的和有效的政策干预，经济活动表现出来的波动幅度也许更大，情况也许更严重。

2.反对的意见

一类反对者认为，经济本来是稳定的，恰恰是宏观经济政策造成了大而无效率的经济波动，所以，在经济活动中，政府根本就不应该采取任何宏观经济政策，而应该完全由市场机制引导人们的分散决策，以便在自发的市场经济活动中自然而然地保持基本稳定的状态。

另一类反对者认为，经济中出现波动当然不好，稳定经济的动机也不能说不好，可是，尽管在理论上借助宏观经济政策可以稳定宏观经济，但是在实践运用上存在较大的障碍，因为任何政策的实施都不可能立即见效，都会存在一定的时滞。具体说来，政策时滞可以分为内在时滞和外在时滞。从美国的情况来看，尽管实行稳定性财政政策的外在时滞不长，但其内在时滞较长，是其最大问题，它往往造成财政政策对经济时机适应性的失当。而货币政策的内在时滞虽短，但是其外在时滞相当长，这也会延误对失衡的经济活动进行有效调整。

所以，经济政策的决策者要想采取适当的稳定经济的政策，就必须能够准确地预期到政策真正发生作用的时滞和未来的经济状况。但是，实践证明，进行准确的预期是非常困难的。任何预期几乎都无法保证其准确性和及时性。所以，经济政策决策者稳定经济的政策实践，不仅不能真正起到稳定经济的作用，反而会因为无法准确预期而产生错误调整和调整过度，从而在实际上加剧宏观经济的波动。持有这种意见的经济学者因而也认为，历史上大的经济波动和萧条，往往就是由错误的稳定政策推动的。其实，经济现象就像人体一样，当病因不明或者不确定时，最后让病人借助自身的抵抗力慢慢自行恢复；不恰当和不合时宜地采取哪怕是诊治的手段，也会酿成恶果。经济情况也是如此。所以，不当的干预还不如不干预。二者相比，不当的干预比不干预会带来更大的伤害。

此外，在政府对经济情况进行预期并采取稳定性政策时，人们也会对政府的稳定性政策给自己可能带来的影响进行预期。如果人们的预期准确或者大致准确，他们就会对政府的稳定性政策采取有利于自己的对策。当政府不能在采取稳定性政策的同时准确预测到人们的这种预期及其反应并采取措施时，稳定性政策的效果就会大打折扣。因此，出于准确预期经济中未来所有因素变化的困难，经济政策的决策者就不应当为采取稳定性经济政策而努力。

21.2.3　财政政策与货币政策应该是规则的还是斟酌使用（相机抉择）的？

1.赞成按照规则制定政策的意见

一部分经济学者认为，财政政策和货币政策应该按照规则来制定。因为斟酌使用（相机抉择）政策存在 3 个问题：

其一，它无法限制无能的政策决策者，也不能限制他们在利己的机会主义动机下滥用权力。这种情况很难保证某些政策决策者在制定和运用货币政策时不会有稳定经济之外的考虑（比如，运用某种政策来为某个政治家的选举服务）。采取斟酌使用（相机抉择）政策，可能反而加剧了经济的不稳定（政治性经济周期即是一例）。

其二，斟酌使用（相机抉择）的货币政策也许会引起更高的通货膨胀水平。由于政策决策者也许在短期内遇到失业与通货膨胀之间的交替关系，再加上公众在通货膨胀条件下无法消除通货膨胀预期，他们无法真正达到零通货膨胀的目标。充其量，他们只能以某种程度的通货膨胀来实现较低的失业率。

其三，政策决策者的宣言与政策实践结果不一致，以及情况的变化导致政策前后不一致，会在一定程度上损坏人们对政策决策者的信任。于是，人们不再相信政策决策者关于其政策结果的预言。在人们对政府产生信任危机的情况下，稳定性政策便不再产生作用。比如，这种情况下，人们对通货膨胀的预期往往高于政策预期的结果。而人们的通货膨胀预期越高，其后就可能产生越高的通货膨胀率。这也就是有预期的菲利普斯曲线向上移动的情况。

鉴于上述这种情况，货币政策就不能是斟酌使用（相机抉择）的，而只能是按规则行事的。按规则行事的货币政策将会始终按照一个不变的、与经济增长速度相一致的比率来增加货币供给。这将消除政策决策者的无能和权力的滥用，也可以避免政治性的经济周期。此外，这会消除政策性宣言与实际结果的不一致，防止有预期的菲利普斯曲线向上移动的情况发生。

反对采取斟酌使用（相机抉择）政策的经济学者赞成按照规则制定经济政策，比如在财政政策方面实行自动稳定器的做法。采用自动稳定器的做法与政策规则的作用相似，但又可以自然具有相机抉择作用。自动稳定器的作用既可以减少与稳定性政策相联系的时滞，又可以在必要时无须通过任何有意的政策变动就可以刺激或者抑制经济活动。例如，一方面，所得税制度在经济进入衰退时不必改变任何税收办法或政策就可以自动实行减税；另一方面，经济进入衰退时，失业保障和社会福利制度自动增加了政府对个人的转移支付。这些作用加起来，与政府实行斟酌使用（相机抉择）的稳定性政策相类似，但是，它们又不具有斟酌使用（相机抉择）的稳定性政策所需要的时滞。货币政策当然也应该是规则的。

2. 赞成斟酌使用（相机抉择）政策的意见

另一部分经济学者认为，自动稳定器的作用实际上并不大，也不应该实行规则的货币政策，而应该实行斟酌使用（相机抉择）的货币政策。他们认为，斟酌使用（相机抉择）的货币政策尽管有缺点，但是，其最大的优点是具有灵活性。由于经济活动具有不确定性，政策决策者不可能事先考虑到一切情况，提前做好一切准备工作，所以，最好的办法是任命最适当的人去掌握货币政策，根据实际经济情况，自由地、灵活地处理问题。持有上述意见的经济学者认为，反对者提出的斟酌使用（相机抉择）政策引出的问题有假想的成分，实际上并不会产生那么明显和严重的问题。真正的问题在于，制定货币规则固然很好，但实际上是无法真正就好的规则达成共识的；在无法达成好的共识之前，社会只能采用斟酌使用（相机抉择）的货币政策。由此可见，斟酌使用（相机抉择）的货币政策是社会从实际出发的一种可行的选择。

21.2.4　中央银行是否应该将零通货膨胀率作为货币政策目标?

通货膨胀会给社会带来一定的危害或成本，但是，经济学者对此的看法有所不同。一些经济学者认为，这种危害或成本至少在温和的通货膨胀情况下并不大，因此，温和的通货膨胀是可以容忍的。另外一些经济学者认为，即便是温和的通货膨胀，其危害和成本也是相当大的。所以，公众不喜欢通货膨胀，特别不喜欢速度过快的通货膨胀。他们把通货膨胀当作重要的社会问题之一。

1. 赞成将零通货膨胀率作为中央银行政策目标的意见

赞成把零通货膨胀率作为中央银行政策目标的经济学者认为，究竟要不要将零通货膨胀率作为政策目标，需要通过达到零通货膨胀率的成本大小来判断。菲利普斯曲线表明，降低通货膨胀率要以暂时较高的失业率和较低的产量为代价。当人们了解到这种代价的暂时性后，通货膨胀预期将会下降，这就会改善菲利普斯曲线的短期交替关系。在预期调整后，在长期中，通货膨胀和失业之间的替代关系将不复存在。可见，降低通货膨胀率是一项暂时有成本而长期有好处的政策。当反通货膨胀造成的暂时性经济衰退过去之后，零通货膨胀率的好处就会到来，并将持续下去。具有远见卓识的政策决策者当然应该选择这种长远有好处而暂时会付出一些代价的政策。

此外，降低通货膨胀率的代价在实际上并没有一些人所想象得那么大。如果人们非常信任货币当局，或者货币当局能够宣布一种可信的承诺，则通货膨胀预期就会更低，通货膨胀和失业之间的替代关系将更好地改善，降低通货膨胀率的成本就会更小。

当然，零通货膨胀率也是一个很好的、使人放心的最终目标。它比任何其他指标更能够表明物价稳定和通货膨胀成本的完全消除。

2.反对将零通货膨胀率作为中央银行政策目标的意见

那些反对将零通货膨胀率作为中央银行政策目标的经济学者认为，尽管物价稳定是受欢迎的，但是，与温和的通货膨胀相比，零通货膨胀率并没有太大的好处，而且为了实现零通货膨胀率需要付出较大的代价。牺牲率的估算表明，为降低1%的通货膨胀率，需要减少1年产量的5%左右。[1]而反通货膨胀的社会代价更大，因为收入分配不平均，降低通货膨胀率的代价对社会上的低收入者就显得更加沉重。从另一方面说，温和的通货膨胀的代价并不是很大。如果社会生产率不能提高，人们的生活水平也并不会仅仅由于通货膨胀率的降低而得到提高。考虑到政策决策者可以在实际上不降低通货膨胀率而降低许多通货膨胀成本，则以持久性的经济衰退和失业增加来降低温和的通货膨胀率就是不可取的了。所以，反对将零通货膨胀率作为中央银行政策目标的经济学者认为，不追求零通货膨胀率目标，而是学会在温和的通货膨胀率下生活，也许是更可取的。

21.2.5　政府是否应该在财政上实行平衡预算?

平衡预算实际上也是一种财政政策规则。对此，经济学家也持有不同的意见。

1.赞成平衡预算的意见

主张政府应该实行平衡预算规则的经济学家认为，政府的财政赤字会造成政府债务，而政府债务会将负担强加在子孙后代纳税人身上。当这些债务及其累计的利息到期时，子孙后代纳税人将不得不支付较高的税额，从而影响他们自己的生活与福利。当然，他们也可以选择借新债还旧债的办法，将负担继续转嫁给下一代。另外，预算赤字会降低公共储蓄或形成负的公共储蓄，引起实际利率上升和社会投资减少，最终产生产量和收入降低的后果。

出于上述考虑，主张政府应该实行平衡预算的经济学者认为，预算赤字只能在战争时期和经济暂时衰退时期出现，而一般情况下不应该出现。正常情况只能与正常的平衡预算相适应。

2.反对平衡预算的意见

大多数经济学者是反对政府平衡预算的严格规则的。他们认为，预算赤字或者盈余对经济来说有时是合适的。

第一，预算赤字或者盈余会有助于稳定经济，而平衡预算规则会削弱税收和转移支付对经济的稳定作用;

第二，预算赤字或者盈余可以用来减少税制引起的激励扭曲;

第三，诚然，预算赤字造成的政府债务会对年轻人形成负担，但是，这种负担与他们一生的收入相比并不算大。

---

① 曼昆. 经济学原理: 下册 [M]. 梁小民, 译. 北京: 生活·读书·新知三联书店, 北京大学出版社, 1999: 400.

另外，不能孤立地看待预算赤字的影响，应该把其他政策与预算赤字结合起来通盘考虑。政府可以通过调整社会保障政策来缓解预算赤字带来的影响；在家庭中，上一代人也可以采取诸如增加储蓄的办法来防止下一代人生活质量的下降。再说，政府也可以从长计议，将债务在一个更长的时间内分布开来，或者说，将债务在多代人之间传递下去，而这样的传递是没有终点的。此外，政府实行预算赤字的办法是为了推动经济增长；当经济增长时，下一代人的负担自然会减轻。所以，反对政府实行平衡预算的经济学者认为，预算赤字的问题实际上是被主张政府应该实行平衡预算规则的经济学者夸大了，政府不应该在财政上实行平衡预算规则。

21.2.6　政府是否应该为了鼓励储蓄而修改税法（税制）？

1.赞成为了鼓励储蓄而修改税法（税制）的意见

赞成为了鼓励储蓄而修改税法（税制）的经济学者认为，一国的储蓄率高低是其能否实现长期繁荣的重要因素。较高的储蓄率为较高的投资率提供了可能，而较高的投资率又会推动经济增长，推动就业和收入的增加。如果能够通过有关的税收法律和法规对人们产生足够的储蓄激励或吸引力，国家就会得到更多的储蓄，最终会引起经济的繁荣。但是，现实中，有关法律和法规对储蓄征税太高，对某些形式的资本收入进行双重征税的规定，都严重影响了储蓄的增长。此外，遗产税、某些社会福利和医疗援助也都会妨碍对储蓄增加的激励。所以，为了鼓励储蓄从而促进资本的增长，应该考虑对税法实行修改。

2.反对为了鼓励储蓄而修改税法（税制）的意见

反对为了鼓励储蓄而修改税法（税制）的经济学者则认为，尽管增加储蓄是一件好事，可是，税收政策并不以鼓励储蓄为唯一目的。如果仅仅为了鼓励储蓄而修改税法，则可能给那些承受能力最弱的人增加了负担。这违背了税收负担必须公平分配的原则。

首先，因为高收入家庭的储蓄比例高于低收入家庭是一个事实，所以任何鼓励储蓄的税收变动都将趋向高收入家庭。享受税收优惠的退休金账户也会通过减少那些可以利用这些账户的富人的税负来迫使政府增加穷人的税负。

其次，许多研究表明，储蓄比较缺乏弹性，就是说，储蓄量的变动对储蓄收益并不很敏感。因而，通过减少对资本收入征税来提高实际收益的税法（税制），将使富人更富，却未见得能使储蓄增加更多。

最后，经济理论也不能确定高收益率就一定可以增加储蓄，因为替代效应和收入效应二者谁大谁小，是不确定的。一方面，替代效应会增加储蓄。因为较高的储蓄收益率会增加储蓄者未来的收入，进而可以增加他们未来的消费，使他们愿意减少当前的消费而增加储蓄。另一方面，收入效应会减少储蓄。因为较高的储蓄收益率会增加储蓄者未来的收入，所以，当前家庭少储蓄一些也不会影响未来的消费水平。当二者相抵消，或者收入效应大于替代效应时，通过降低资本收益税来提高收益率就不会增加储蓄。

反对为了鼓励储蓄而修改税法（税制）的经济学家还认为，实际上，增加国民储蓄的途径并不限于税收优惠。比如说，减少财政预算赤字将会增加公共储蓄。而增加对富人的税收来减少财政预算赤字，恰好可以增加公共储蓄，并促进子孙后代的繁荣。

由此可见，在考虑到公共储蓄的情况下，鼓励储蓄的税法（税制）可能会减少政府收入，增加预算赤字。因为在这种情况下，如果私人储蓄的增加不能大于预算赤字的增加，增加储蓄激励的税法（税制）也许会使问题更加恶化。

总之，通过经济学者之间关于政策的争论，我们可以看出，由于经济活动的复杂性，人们（包括经济学者）对经济问题的了解实在无法做到尽善尽美，因而，任何一种经济理论和政策都不可能尽善尽美。所以，对任何一种宏观经济政策或建议，都不存在简单而绝对的肯定或否定观点。经济学者和政策决策者必须从经济和政治等方面全面地评价各种观点和政策，经过分析和比较再决定政府在不同条件下究竟应该在稳定经济问题方面发挥什么样的作用。

21.3 西方宏观经济学的发展动向

20世纪90年代以后，诺贝尔经济学奖的颁发对象在一定程度上向我们显示了宏观经济学的发展动向。我们曾经在论述西方宏观经济政策理论的演变时指出，随着理性预期理论的兴起，宏观经济学对预期在经济政策制定中的作用给予了相当的重视，由此产生了博弈论在宏观经济政策方面的应用。事实上，这也构成了西方宏观经济学，特别是宏观经济政策理论的一种发展。此外，在经济全球化的过程中，进一步研究开放宏观经济学的重大问题；在寻求宏观经济学的微观经济学基础的过程中，进一步对以前宏观经济学研究所忽略的问题，如信息问题、制度问题的研究；对经济增长中规模经济及其变动的研究，都是目前宏观经济学深入研究的前沿。

21.3.1 经济政策的博弈论研究

按照西方经济学家的说法，政府为了达到某种既定目标，如低通货膨胀率，需要通过宏观经济政策对工资合同施加影响。而其结果又取决于民众如何预期未来的价格水平和对政府做出反应。这样一来，政策的作用过程就变成了政府（中央银行）与民众（特别是工会）之间的一个博弈过程。

通过货币政策影响工资的博弈过程，其规则是，民众（如工会）以一致要求增加货币工资作为第一步行动。民众（如工会）须在增加名义工资还是不增加名义工资之间做出选择。政府采取第二步行动。如果政府可以自由运用相机抉择权，它就可以在提高货币供应增长率和不提高货币供应增长率之间做出选择。于是，这场博弈活动存在表21-1中的可能结果。

表 21-1 博弈活动的可能结果

民众（如工会）面临的选择			
不增加工资		增加工资	
政府面临的选择			
不提高货币增长率	提高货币增长率	不提高货币增长率	提高货币增长率
可能的结果			
低通货膨胀率 低失业率	高通货膨胀率 低失业率	低通货膨胀率 高失业率	高通货膨胀率 高失业率

21.3.2 对时间不一致性的研究

民众（如工会）与政府之间的博弈模型也说明了宏观经济政策的一个重要特点，即时间不一致性将影响经济结果。

假定在工资谈判前，政府公布紧缩性货币政策，希望它有助于节制工资上涨。如果政府坚持这样做，那么对民众（如工会）来说最有利的选择是不要求与预期通货膨胀相一致的工资上涨。这样将产生理想的结果：低通货膨胀率、低失业率。如果民众（如工会）坚持要求增加工资，而政府仍坚持紧缩性货币政策，失业率就会提高。

不过，如果民众（如工会）设想，在签订不要求工资上涨的工资合同后，政府还会不会把不提高货币增长率作为最好的政策呢？一般说来，答案往往是否定的。

实际情况是，出于政治原因，政府常常倾向采取以高通货膨胀率换取低失业率的政策。这就出现了一种可能性：如果民众（如工会）同意不增加货币工资，政府很可能想抓住这个机会来减少失业。由于工资已经被钉住，更快的货币增长至少在短期内有利于创造就业机会。结果，工人遭受实际工资下降的损失。

另一种情况是，若民众（如工会）签订了增加货币工资的合同，政府决策者面临的选择则是：或者坚持紧缩性政策，让失业率上升；或者放弃紧缩性政策，以减少失业。在这种情况下，民众（如工会）便会预期政府很可能放弃原来的紧缩性政策，而选择目前看来更好的政策：加快货币扩张，以降低失业率。一项原本适合今天的政策，随着时间的推移，很可能不再适合明天。这就发生了时间不一致性。[①]借助时间不一致性的概念，我们可以知道政府最初的低通货膨胀率政策会因为时间不一致性而受挫。如果民众（如工会）意识到了这一点，并预期货币将更快地增长，那么，签订增加货币工资的合同总会使他们的处境好一些。假如真如预期的那样，中央银行放弃了紧缩性政策，则其结果很可能是高通货膨胀率，就业却不会增加。

由此看来，如果政府可以根据情况的变化自由选择某个时期的政策，即使是最好的政策也存在通货膨胀的倾向。政策的时间不一致性告诉人们，如果没有什么办法能硬性规定政府必须执行其原来的计划，政府就有权选择目前看来更好的政策。问题在于，如果经济主体（如工会）意识到这种情况，他们就会预测政策的变化并采取相应的行动，以阻止政策决策者所设想的目的的实现。

因此，赢得信誉的可靠办法就是：借助人人都相信政策决策者必须遵从有约束力的规则，来消除政府可以改变政策的可能性。在时间不一致性的概念提出之前，赞成规则的人倾向非干预主义。他们认为反通货膨胀政策是无效的，甚至是有害的。时间不一致性的概念不仅使宏观经济政策争论的焦点转移到了积极干预政策是否有效的问题上，而且向人们表明，建立对规则的信任比具体的规则本身更为重要。

21.3.3 新制度主义经济学和新经济史学研究对宏观经济学的影响

诺贝尔经济学奖获得者罗纳德·科斯（Ronald Coase）、道格拉斯·诺斯（Douglass North）的研究，为宏观经济学注意到制度在经济活动中的作用开辟了道路。尽管科斯的

---

① "时间不一致性"这一概念于1977年最先由基德兰德与普雷斯科特在《宁要单一规则，不要相机抉择——最优计划的不一致性》中提出来的。

成果更多地被应用于微观经济学方面的进一步深入研究，但是，诺斯的研究成果对宏观经济学的进一步发展不无借鉴意义。一些经济学者，特别在对一些发展中国家的经济问题进行研究时，已经在尝试对宏观经济学做进一步的制度分析。可以预期，今后在这方面的研究很可能会出现一些新的成果。

21.3.4　经济全球化对宏观经济政策的挑战

20世纪末21世纪初，世界经济发生了重大的变化，以信息技术为代表的新产业的出现，不仅带动了相关国家的经济增长，而且对世界经济格局的变化产生了重要的影响。在信息技术飞跃发展的情况下，经济全球化迅速发展。经济全球化使各国市场经济的格局发生了较大的变化，使各国市场经济的运作方式和调控方式也发生了较大的变化。开放经济条件下的宏观经济政策及有关的经济机制等理论问题，成为宏观经济学研究的外延扩张方向。

在经济全球化条件下，市场开始不再以国别和地域为基本划分条件（尽管以往的外汇市场和期货市场也在一定程度上具有这种性质），而是互相渗透、互相融合的，企业的一切经济行为都以全世界为考虑对象或经营范围。国别和地域的利益日益被模糊化（GDP指标取代GNP指标的过程，可被看作国别利益和国别观点被淡化、地域观点被强化的一个例证）。更大的区域经济正在成为经济走向全球化的一个中间形态和过渡阶段（尽管大的区域化经济可能持续更长的时间，才会向进一步的全球化经济过渡，但是这一过程已经开始了）。亚太经济合作组织（APEC）、石油输出国组织、欧盟、北美自由贸易区等都是这种过渡形态的具体表现。

经济全球化和新的区域化进程对宏观经济学提出了新的挑战。原有的宏观经济政策利益大打折扣，国家的经济利益和经济安全难以得到保证，国家的宏观经济调控政策效果大受影响。在这种形势下，宏观经济学究竟应该如何应付、如何变化、站在谁的立场上、变动趋势如何，都是有待各国经济学者认真研究的问题。2000年诺贝尔经济学奖得主、美国的罗伯特·蒙代尔（Robert Mundell）提出的国际收支调节模型、国际货币在区域内一体化的理论，为开放经济条件下的宏观经济政策及有关的经济机制问题开辟了方向。当然，在这方面，目前的宏观经济学界在继续研究，但尚未提出更多积极的研究成果。

21.3.5　信息经济学研究的深入推动对宏观经济学微观基础的研究

2001年诺贝尔经济学奖授予了以研究信息经济学问题著称的3位经济学家：阿克尔洛夫、迈克尔·斯宾塞（Michael Spence）、斯蒂格利茨。这表明他们致力研究的不对称信息的市场理论受到重视和产生重要影响。我们已经看到，当前宏观经济学研究的微观方向因为信息经济学的发展而得到加强。

作为新凯恩斯主义经济学的重要代表人物，这3位经济学家的研究体现出了这样的特点：

第一，他们将宏观经济学的研究与微观经济学的研究更紧密地联系起来，从而将已有的对宏观经济学的微观基础的研究向前大大地推进了一步。

第二，他们将信息经济学的研究进一步推广到应用层次，从而大大丰富了宏观经济学的研究内容和方法，使经济学者重新审视以往的宏观经济学理论和政策研究结果，展开更深层的研究。

第三，他们的研究进一步表明，信息不对称的确是造成市场不均衡和缺乏效率的重要原因，而不完全竞争的市场是经济中的常态，从而为政府对经济进行干预的必要性再次做出论证，也为政府干预指明了一个新的方向。

第四，他们的研究进一步表明，凯恩斯主义经济学与新古典宏观经济学的趋同或者接近，似乎已经成为宏观经济学发展的一种日趋明朗的趋势。

本章小结

西方宏观经济学是在经济活动中借助理论争论和实践检验不断发展深化的。宏观经济学在基本理论方面共识的形成，就是这种发展过程的产物。但是，经济实践活动在发展，各种新的情况不断出现，在很多情况下，理论认识显然是滞后于实践的。由于经济活动的复杂性和人们认识的局限性，在宏观经济政策方面，经济学者对一些主要问题仍然存在争论，没有得出共识。但是，我们应该知道，争论是共识之母，实践是理论发展之源。我们在学习宏观经济学的过程中，既要学习那些共识，也应了解分歧与争论，更要关注当前宏观经济学的发展动向。只有这样，才能积极主动地学习和运用宏观经济学的理论知识，恰当地把握和运用适当的方法，在发展变动的经济活动中为新时代中国特色社会主义社会建设服务。

1.当前西方经济学的主要共识主要表现在：

（1）在长期中，一国生产商品和服务的能力（即经济的供给方面）决定着该国居民的生活水平。

（2）在短期中，总需求水平能够影响一国生产的商品和服务的数量。

（3）预期在决定经济的行为方面发挥重要作用。

（4）无论是新古典宏观经济学还是新凯恩斯主义经济学都承认，经济的短期总供给曲线近乎一条水平直线，而长期总供给曲线近乎一条位于潜在产量水平上的垂直线。

（5）在研究方法上，新古典宏观经济学的完全理性经济人假设和动态随机一般均衡的模型分析方法日益被接受。

2. 经济学者在宏观经济政策方面主要就以下5个方面的问题继续存在争论，没有得出一致的看法和基本共识。这些问题是：

（1）GDP是否随机变动？

（2）经济政策的决策者是否应该努力去稳定经济？

（3）财政政策与货币政策应该是规则的还是斟酌使用（相机抉择）的？

（4）中央银行是否应该将零通货膨胀率作为货币政策目标？

（5）政府是否应该在财政上实行平衡预算？

（6）政府是否应该为了鼓励储蓄而修改税法（税制）？

3. 博弈论在宏观经济政策方面的应用，构成了西方宏观经济学，特别是宏观经济政策理论的一种发展。

4. 作为宏观经济政策一个重要特点的时间不一致性问题，不仅使宏观经济政策争论的焦点转移到了积极干预政策是否有效的问题上，而且向人们表明，建立对规则的信任比具体的规则本身更为重要。

5. 宏观经济学已经注意到并开始研究制度在经济活动中的作用。

6. 开放经济条件下的宏观经济政策及有关的经济机制等理论问题，成为宏观经济学研究的外延扩张方向。

7. 宏观经济学研究的微观方向因为信息经济学的发展而得到加强。

本章基本概念

时间不一致性

复习思考题

1. 当前西方经济学的主要共识表现在哪些方面？

2. 当前西方经济学家在宏观经济政策方面继续存在争论的主要问题是哪些方面的？

3. 当前西方宏观经济学的发展动向表现在什么方面？

4. 宏观经济博弈模型可以说明宏观经济政策的一个什么重要特点？

5. 什么因素会引起货币政策和财政政策的时滞？

6. 政策时滞对宏观经济政策的争论起到了什么作用？

7. 政治性经济周期对政策争论有何影响？

8. 民众对政府的信任会怎样影响降低通货膨胀率的代价？

9. 你是否赞成零通货膨胀率目标？

10. 预算赤字是否具有合理性？怎样估算其危害性？

11. 试分析抑制社会储蓄的政策和制度原因。

12. 增加储蓄的税收激励是否一定能够引起储蓄和投资的增加？

［1］曼昆. 宏观经济学［M］. 卢远瞩，译. 10版. 北京：中国人民大学出版社，2020.

［2］亚伯，伯南克，克劳肖. 宏观经济学［M］. 9版. 章艳红，柳丽荣，译. 北京：中国人民大学出版社，2020.

［3］高鸿业. 西方经济学［M］. 7版. 北京：中国人民大学出版社，2018.

［4］多恩布什，费希尔，斯塔兹. 宏观经济学［M］. 王志伟，译校. 12版. 北京：中国人民大学出版社，2017.

［5］斯蒂格利茨，沃尔什. 经济学：下册［M］. 黄险峰，张帆，译. 4版. 北京：中国人民大学出版社，2013.

［6］萨克斯，拉雷恩. 全球视角的宏观经济学［M］. 费方域，等译. 上海：上海三联书店，上海人民出版社，2012.

［7］袁志刚，欧阳明. 宏观经济学［M］. 2版. 上海：格致出版社，上海人民出版社，2012.

［8］麦克康耐尔，布鲁伊. 经济学——原理、问题和政策［M］. 侯立平，等译. 17版. 北京：高等教育出版社，2011.

［9］萨缪尔森，诺德豪斯. 经济学：下册［M］. 萧琛，等译. 19版. 北京：商务印书馆，2010.

［10］巴罗. 宏观经济学——现代观点［M］. 沈志彦，陈利贤，译. 上海：格致出版社，上海三联书店，上海人民出版社，2008.

［11］霍尔，帕佩尔. 宏观经济学——经济增长、波动和政策［M］. 沈志彦，译. 6版. 北京：中国人民大学出版社，2008.

［12］易纲，张帆. 宏观经济学［M］. 北京：中国人民大学出版社，2008.

［13］奥沙利文，谢菲林. 经济学：下册［M］. 杜焱，等译. 北京：北京大学出版社，2001.

［14］鲍莫尔，布莱德. 经济学：原理与政策［M］. 叶伟强，等译，沈阳：辽宁教育出版社，1999.

［15］DORNBUSCH R，FISCHER S，STARTZ R. Macroeconomics［M］. 12th ed. New York：McGraw-Hill Education，2013.

［16］BLANCHARD O. Macroeconomics［M］. 2nd ed. Englewood Cliffs，NJ：Printice Hall，2000.

［17］GORDON R J. Macroeconomics［M］. 4th ed. Boston：Little，Brown & Company，1987.

中英文名词对照

出口	export
储蓄	saving
存货投资	inventory investment
存款准备金	deposit reserve

D

单一规则	single rule
弹性	elasticity
动态模型	dynamic model
短期	short-run
短期边际消费倾向	short-run marginal propensity to consume
对外贸易	foreign trade
对外贸易乘数	foreign trade multiplier

F

法定存款准备金	required deposit reserve
法定存款准备金率	required deposit reserve rate
繁荣	prosperity
反通货膨胀	disinflation
非均衡	disequilibrium
非意愿性投资	unintended investment
非自愿性失业	involuntary unemployment
菲利普斯曲线	Philips Curve
服务	service
浮动汇率	floating exchange rate
复苏	recovery

G

刚性价格	rigid price
个人可支配收入	personal disposable income
个人收入	personal income
个人所得税	personal income tax
工资	wage
工资-物价螺旋式上升	wage-price spiral
公开市场操作	open market operation
公债	public debt
功能性财政	functional finance

供给	supply
供给函数	supply function
供给曲线	supply curve
购买力平价	purchasing power parity
古典二分法	classical dichotomy
古典经济学	classical economics
股票/存量	stock
固定汇率	fixed exchange rate
关税	tariffs
国际分工	international division of labor
国际收支平衡	balance of international payment
国库券	treasury bills
国民生产净值	net national product (NNP)
国民生产总值	gross national product (GNP)
国民收入	national income (NI)
国内生产净值	net domestic product (NDP)
国内生产总值	gross domestic product (GDP)
国内生产总值折算指数	GDP deflator
H	
宏观经济学	macroeconomics
缓冲存货	buffer stock
汇率	exchange rate
混合经济	mixed economy
活期存款	demand deposit
货币	money
货币乘数	money multiplier
货币的收入流通速度	income velocity of money
货币供给	money supply
货币幻觉	monetary illusion
货币基础	monetary base
货币流通速度	velocity of money
货币市场	money market
货币数量论	quantity theory of money
货币需求	demand for money

经济增长	economic growth
经济周期	economic cycle
净出口	net export
净投资	net investment
静态分析	static analysis
就业理论	employment theory
绝对收入消费理论	absolute income hypothesis of consumption
均衡	equilibrium
均衡产出	equilibrium output
均衡增长	equilibrium growth
K	
开放经济	open economy
凯恩斯革命	Keynesian revolution
凯恩斯主义	Keynesianism
凯恩斯主义经济学	Keynesian economics
康德拉季耶夫周期	Kandratieff Cycle
可变汇率	flexible exchange rate
可支配收入	disposable personal income (DPI)
跨期预算约束	inter-temporal budget constraint
L	
LM 曲线	LM curve
劳动	labor
劳动供给曲线	supply curve of labor
累进税	progressive tax
李嘉图等价	Ricardian Equivalence
理性预期	rational expectation
利率	interest rate
利率弹性	interest rate elasticity
利率敏感性	interest rate sensitivity
利率平价	interest rate parity
利润	profit
利息	interest
联邦储备体系	federal reserve system
流动性偏好	liquidity preference

流动性陷阱	liquidity trap
流量	flow
卢卡斯供给曲线	Lucas supply curve
M	
贸易赤字	trade deficit
名义 GDP	nominal GDP
模型	model
摩擦性失业	frictional unemployment
N	
内生变量	endogenous variable
内生增长理论	endogenous growth theory
内在稳定器	built-in stabilizer
黏性工资	sticky wage
黏性价格	sticky price
P	
配额	quotas
批发物价指数	wholesale price index (WPI)
平衡预算	balanced budget
平衡预算乘数	balanced budget multiplier
平均储蓄倾向	average propensity to save
平均消费倾向	average propensity to consume
普通股	common stock
Q	
企业	corporation
企业所得税	corporate income tax
前定价格水平	predetermined price level
前向预期的消费理论	forward-looking theory of consumption
潜在的 GNP	potential GNP
R	
人力资本	human capital
融资限制效应	financing constraint effect
S	
萨伊定律	Say's Law
商业银行	commercial bank

生产函数	product function
生产者价格指数	producer price index
生命周期假说	life cycle hypothesis
失业	unemployment
失业率	unemployment rate
实际 GDP	real GDP
实际 GNP	real GNP
实际工资	real wage
实际汇率	real exchange rate
实际经济周期模型	real business cycle model
实际利率	real interest rate
市场	market
市场出清	market clearing
市场失灵	market failure
适应性预期	adaptive expectation
收入	income
收入恒等式	income identity
收入理论	income theory
收入政策	income policy
收益	revenue
衰退	recession
税收乘数	tax multiplier
税收激励	tax incentive
税收收入弹性	elasticity of tax revenue
松动银根政策	easy-money policy
T	
替代效应	substitution effect
贴现	discounting
贴现率	discount rate
通货紧缩	deflation
通货膨胀	inflation
投机动机	speculative motive
投机需求	speculative demand
投入	input

需求积压	backlog of demand
需求拉动的通货膨胀	demand-pull inflation
Y	
银行货币	bank money
引致投资	induced investment
引致需求	derived demand
有保证的增长率	warranted rate of growth
有效需求	effective demand
预防需求	precautionary demand
预期	expectation
预期通货膨胀	expected inflation
预算赤字	budget deficit
预算盈余	budget surplus
Z	
再贴现率政策	rate of rediscount policy
增值	value added
增值税	value-added tax
债券	bonds
折旧	depreciation
折旧扣除	depreciation deduction
折弯的需求曲线	kinked demand curve
斟酌使用（相机抉择）的政策	discretionary policy
证券市场	security market
政策规则	policy rule
政府购买	government purchase
政府债务	government debt
政府支出	government expenditure
政府支出乘数	government expenditure multiplier
支出	payment/expenditure
支出法	expenditure method
指数	index
指数化	indexing
滞胀	stagflation
中间产品	intermediate goods

中央银行	central bank
中周期	intermediate cycle
周期性失业	cyclical unemployment
朱格拉周期	Juglar Cycle
转移支付	transfer payment
转移支付乘数	transfer payment multiplier
资本	capital
资产	asset
资金可利用效应	availability effect of finance
自动稳定器	automatic stabilizer
自然失业率	natural unemployment rate
自愿性失业	voluntary unemployment
自主投资	autonomous planned investment
总产量	total product
总成本	total cost
总供给	aggregate supply
总供给曲线	aggregate supply (AS) curve
总量分析	aggregate analysis
总收益	total avenue
总投资	gross investment
总需求	aggregate demand
总需求曲线	ggregate demand (AD) curve
总需求的扰动	aggregate demand's disturbance
总需求–通货膨胀曲线	aggregate demand-inflation curve
最终产品	final goods